Handelspolitik und Welthandel in der Internationalen Politischen Ökonomie

Holger Janusch
(Hrsg.)

Handelspolitik und Welthandel in der Internationalen Politischen Ökonomie

Ein ideengeschichtlicher Überblick

Hrsg.
Holger Janusch
Rheinische Friedrich-
Wilhelms-Universität
Bonn, Deutschland

ISBN 978-3-658-28655-2   ISBN 978-3-658-28656-9   (eBook)
https://doi.org/10.1007/978-3-658-28656-9

Die Deutsche Nationalbibliothek verzeichnet diese Publikation in der Deutschen Nationalbibliografie; detaillierte bibliografische Daten sind im Internet über http://dnb.d-nb.de abrufbar.

© Springer Fachmedien Wiesbaden GmbH, ein Teil von Springer Nature 2020
Das Werk einschließlich aller seiner Teile ist urheberrechtlich geschützt. Jede Verwertung, die nicht ausdrücklich vom Urheberrechtsgesetz zugelassen ist, bedarf der vorherigen Zustimmung des Verlags. Das gilt insbesondere für Vervielfältigungen, Bearbeitungen, Übersetzungen, Mikroverfilmungen und die Einspeicherung und Verarbeitung in elektronischen Systemen.
Die Wiedergabe von allgemein beschreibenden Bezeichnungen, Marken, Unternehmensnamen etc. in diesem Werk bedeutet nicht, dass diese frei durch jedermann benutzt werden dürfen. Die Berechtigung zur Benutzung unterliegt, auch ohne gesonderten Hinweis hierzu, den Regeln des Markenrechts. Die Rechte des jeweiligen Zeicheninhabers sind zu beachten.
Der Verlag, die Autoren und die Herausgeber gehen davon aus, dass die Angaben und Informationen in diesem Werk zum Zeitpunkt der Veröffentlichung vollständig und korrekt sind. Weder der Verlag, noch die Autoren oder die Herausgeber übernehmen, ausdrücklich oder implizit, Gewähr für den Inhalt des Werkes, etwaige Fehler oder Äußerungen. Der Verlag bleibt im Hinblick auf geografische Zuordnungen und Gebietsbezeichnungen in veröffentlichten Karten und Institutionsadressen neutral.

Planung/Lektorat: Jan Treibel
Springer VS ist ein Imprint der eingetragenen Gesellschaft Springer Fachmedien Wiesbaden GmbH und ist ein Teil von Springer Nature.
Die Anschrift der Gesellschaft ist: Abraham-Lincoln-Str. 46, 65189 Wiesbaden, Germany

Danksagung

Der Welthandel und die Handelspolitik sind eng verflochten mit Fragen zum Wohlstand und der Entwicklung einer Nation, aber auch mit Problemlagen betreffend Macht, Lobbyismus, Demokratie, Sicherheit und Frieden. Ziel dieses Sammelbandes ist es, den Leserinnen und Lesern über eine ideengeschichtliche Einführung die theoretischen Kernargumente der Befürworter und Gegner des Freihandels näherzubringen und zur kritischen Auseinandersetzung mit den vielfältigen Theorien anzuregen. Hierdurch soll die Leserinnen und Leser darin bekräftigt werden, aktuelle Problemlagen mit Blick auf den internationalen Handel aus verschiedenen analytischen Perspektiven zu betrachten. Als Inspiration für dieses Buch dienten die ideengeschichtlichen Lehrveranstaltungen von Gert Krell und Peter Niesen aus meiner Zeit als Student an der Goethe-Universität Frankfurt am Main. Ich danke Gert Krell und Peter Niesen von ganzem Herzen für ihre damalige exzellente und engagierte Lehre, die mein Wissenschaftsverständnis grundlegend prägte und meine Leidenschaft für die Auseinandersetzung mit Theorien weckte. Auch danke ich herzlich Peter Massing und Gotthard Breit, deren Sammelband *Demokratietheorien: Von der Antike bis zur Gegenwart* mich zur grundlegenden Idee des vorliegenden Sammelbandes inspirierte.

Ein besonders herzliches Danke gilt allen Autorinnen und Autoren – Günther Ammon, Maria Behrens, Sarah Beringer, Thilo Bodenstein, Lutz Brangsch, Michael Franke, Nina Grönhardt, Maria Gwynn, Michael Heidinger, Jens Hiller, Martin Keim, Kristina Kurze, Daniel Lorberg, Volker Mittendorf, Sebastian Möller, Nelia Müller, Julia Schwanholz, Marcus Wolf und Hubert Zimmermann – für ihre vielen Mühen und die tolle Zusammenarbeit, die die Verwirklichung dieses Sammelbandes erst ermöglichte. Meinem Kollegen und Freund Daniel Lorberg danke ich für seine Unterstützung bei der Organisation des Sammelbandes und die vielzähligen konstruktiven Gespräche über Theorien der Internationalen

Politischen Ökonomie. Zu guter Letzt bedanke ich mich ganz herzlich bei meinem Onkel Norbert Zabel sowie den studentischen Hilfskräften Theresa Hämmerl und Lea Kings, die mich tatkräftig bei der Bearbeitung und Finalisierung des Sammelbandes unterstützen.

Inhaltsverzeichnis

Die Anfänge der Industriellen Revolution und des Kapitalismus

Jean-Baptiste Colbert 3
Günther Ammon

Adam Smith 13
Martin Keim

David Ricardo 25
Michael Heidinger

Immanuel Kant 37
Volker Mittendorf

Die Erschließung des Weltmarktes und der Imperialismus

Friedrich List 53
Maria Behrens

Karl Marx & Friedrich Engels 65
Sebastian Möller und Marcus Wolf

Wladimir I. Lenin 79
Lutz Brangsch

Der Protektionismus in der Weltwirtschaftskrise und der Regionalismus der Zwischenkriegszeit

Eli F. Heckscher & Bertil G. Ohlin 93
Nina Grönhardt

Elmer E. Schattschneider 105
Holger Janusch

Albert O. Hirschman 119
Holger Janusch

Die Nachkriegszeit und der Beginn der europäischen Integration

Jacob Viner 133
Sarah L. Beringer

Ernst B. Haas... 145
Julia Schwanholz und Kristina Kurze

Die Dekolonialisierung und die Nord-Süd-Beziehungen im Welthandel

Raúl Prebisch & Hans W. Singer................................. 157
Sebastian Möller

Fernando H. Cardoso und Enzo Faletto........................... 177
Daniel Lorberg

Johann Galtung.. 189
Nelia Miguel Müller

Die Ölkrisen und der *American Decline*

Charles P. Kindleberger.. 203
Hubert Zimmermann

Stephen D. Krasner.. 215
Holger Janusch

Mancur Olson 227
Thilo Bodenstein

Robert O. Keohane... 239
Jens Hiller

Susan Strange 253
Maria A. Gwynn

Die fortschreitende Globalisierung im Welthandel

Paul R. Krugman 265
Daniel Lorberg

Andrew Moravcsik 279
Kristina Kurze und Julia Schwanholz

Peter A. Hall und David Soskice 289
Michael Franke

Autorenverzeichnis

Günther Ammon, Prof. Dr., Lehrstuhl für International Business and Society Relations mit Schwerpunkt Lateinamerika, Fakultät für Wirtschafts- und Sozialwissenschaften, Friedrich-Alexander-Universität Erlangen-Nürnberg.

Maria Behrens, Prof. Dr., Professor für Internationale Beziehungen und Vergleichende Politikwissenschaft, Institut für Politikwissenschaft, Bergische Universität Wuppertal.

Sarah L. Beringer, Dr., Wissenschaftliche Referentin, Deutsches Historisches Institut Washington DC.

Thilo Bodenstein, Dr., Associate Professor, School of Public Policy, Central European University Budapest.

Lutz Brangsch, Dr. oec., Wissenschaftlicher Referent, Institut für Gesellschaftsanalyse, Rosa-Luxemburg-Stiftung.

Michael Franke, Dr., Wissenschaftlicher Mitarbeiter, Institut für Politikwissenschaft, Bergische Universität Wuppertal.

Nina Grönhardt, Dr., Fakultät für Wirtschafts- und Sozialwissenschaften, Friedrich-Alexander-Universität Erlangen-Nürnberg.

Maria A. Gwynn, Dr., Wissenschaftliche Mitarbeiterin, Institut für Völkerrecht, Rheinische Friedrich-Wilhelms-Universität Bonn & Senior Research Associate, Global Economic Governance, Blavatnik School of Government, University of Oxford.

Michael Heidinger, Dr., Bürgermeister der Stadt Dinslaken.

Jens Hiller, Dr., Lehrbeauftragter für Politikwissenschaft, Fachgruppe Sozialwissenschaften, Fachhochschule für öffentliche Verwaltung NRW, Köln.

Holger Janusch, Dr., Akademischer Oberrat, Institut für Anglistik, Amerikanistik und Keltologie, Rheinische Friedrich-Wilhelms-Universität Bonn.

Martin Keim, Prof. Dr., Professor für International Economics and Foreign Trade, Fachbereich Wirtschaftswissenschaften, Hochschule Worms.

Kristina Kurze, Dr., DAAD-Langzeitdozentin für Internationale und Europäische Politik, Andrássy Universität Budapest.

Daniel Lorberg, Dr., Projektdirektor und Direktor für Wirtschafts- und Sozialwissenschaften, Solar Decathlon Europe, Bergische Universität Wuppertal.

Volker Mittendorf, Dr., Akademischer Rat, Institut für Politikwissenschaft, Bergische Universität Wuppertal.

Sebastian Möller, Wissenschaftlicher Mitarbeiter, Institut für Politikwissenschaft, Universität Bremen.

Nelia Miguel Müller, Wissenschaftliche Mitarbeiterin, Lehrstuhl für International Business and Society Relations mit Schwerpunkt Lateinamerika, Fakultät für Wirtschafts- und Sozialwissenschaften, Friedrich-Alexander-Universität Erlangen-Nürnberg.

Julia Schwanholz, Dr., Institut für Politikwissenschaft, Georg-August-Universität Göttingen.

Marcus Wolf, Wissenschaftlicher Mitarbeiter, Arbeitsstelle Internationale Politische Ökonomie, Otto-Suhr-Institut für Politikwissenschaft, Freie Universität Berlin.

Hubert Zimmermann, Prof. Dr., Professor für Internationale Politik, Lehrstuhl für Internationale Politik, Philipps-Universität Marburg.

Einleitung

Mit der „Entdeckung" Amerikas im 15. Jahrhundert und der anschließenden Kolonisation durch die europäischen Mächte begann die Herausbildung eines Handels, der alle Hemisphären, Kontinente und Regionen der Welt miteinander verband. Zwar gab es bereits zuvor einen Handel zwischen den Kontinenten. Sinnbildlich hierfür steht die Seidenstraße, eine Handelsroute, die bereits in der Antike einen regen Austausch von Waren, Personen und Ideen zwischen dem Mittelmeer und Ostasien kennzeichnete. Doch erst die europäische Kolonisation integrierte häufig mit Gewalt Regionen in allen Teilen der Welt in einen umfassenden Welthandel. Zeitgleich mit dem europäischen Kolonialismus entwickelte sich der Merkantilismus als führende wirtschaftspolitische Denkschule, die maßgeblich die Handelspolitik der europäischen Mächte beeinflusste. Der Merkantilismus maß den Reichtum einer Nation in dessen Anhäufung von Edelmetallen, insbesondere Gold und Silber. Demnach war das oberste Ziel der Merkantilisten wie Jean-Baptiste Colbert die Gestaltung einer Handelspolitik, die den Import von Edelmetallen und den Export von Fertigwaren förderte. Erst ab dem 18. Jahrhundert begann der aufkommende Liberalismus, das merkantilistische Denken abzulösen. Liberale Denker wie Adam Smith und später David Ricardo sahen den Reichtum einer Nation nicht mehr in der Höhe der Gold- und Silberreserven eines Landes, sondern in der Höhe ihres Konsums. Da internationale Arbeitsteilung die Produktivität steigere, wodurch wiederum der Konsum jeder Nation wachse, plädierten die liberalen Denker für Freihandel zwischen den Nationen. Darüber hinaus betonten Vertreter des Liberalismus wie Immanuel Kant den friedensschaffenden Effekt von Handel, da ein Krieg zwischen Nationen umso kostspieliger sei, je mehr diese miteinander verflochten seien.

Zu Beginn des 19. Jahrhunderts hatte die industrielle Revolution bereits Großbritannien erfasst und zur führenden Industrienation aufsteigen lassen, während auf dem kontinentalen Festland Europas die Industrialisierung noch am Anfang stand. Entgegen der Meinung der liberalen Denker Großbritanniens sah Friedrich List eine Gefahr im Freihandel für Nationen, die nicht auf dem industriellen Stand Großbritanniens waren. Freihandel führe zu einer universellen Untertänigkeit der aufholenden Nationen unter die britische Hegemonie. In Folge der voranschreitenden Industrialisierung Europas beginnt im späten 19. Jahrhundert das Zeitalter des Imperialismus, in dessen Folge die letzten Teile, insbesondere Afrikas und Asien, in die kapitalistische Struktur des Welthandels integriert werden. Karl Marx und Friedrich Engels sahen diese Kolonisation als Folge des Kapitalismus, der zur Lösung von Handelskrisen fortwährend neue Märkte erschließt, wodurch jedoch nur neue und noch größere Krisen vorbereitet werden und sich zugleich die Mittel zu deren Lösung verringerten. Aufbauend auf diesen Ideen erkennt später Wladimir Lenin den Imperialismus als das höchste Stadium des Kapitalismus, das durch die Schaffung von Monopolen und der Verschmelzung des Finanzkapitals und des Industriekapitals geprägt sei. Dieses Endstadium kennzeichnet Lenin zufolge zugleich die wachsende Bedeutung des Kapitalexports gegenüber dem Warenexport.

Unter der Hegemonie des Vereinigten Königreichs bis in die 1920er Jahre hatte sich ein stabiler und stetig wachsender Welthandel entwickelt. Theoretische Ansätze von Eli F. Heckscher und Bertil Ohlin und darauf aufbauend später Wolfgang F. Stolper und Paul A. Samualson versuchten die Zusammensetzung des Außenhandels über die relative Ausstattung der Länder mit den Faktoren Kapital und Arbeit zu erklären. Hauptargument ist die These, dass relativ arbeitsreiche beziehungsweise kapitalreiche Länder einen Kostenvorteil bei Herstellung von arbeitsintensiven beziehungsweise kapitalintensiven Gütern besitzen und deshalb diese Güter exportieren. Gegen Ende der 1920er Jahre läutete der Krach an der New Yorker Börse die Weltwirtschaftskrise ein, infolgedessen es zu einem weltweiten Rückgang der Industrieproduktion kam. Um die heimischen Industrien zu schützen, erließen die Vereinigten Staaten den *Smoot-Hawley Tariff Act,* der die Zölle auf unzählige Importe dramatisch erhöhte. Als Folge erhoben viele Länder Vergeltungszölle, woraufhin der bereits leidende Welthandel zusammenbrach und die Weltwirtschaftskrise sich weiter verschärfte. Eine Erklärung für das Zustandekommen dieser fatalen Handelspolitik der Vereinigten Staaten erkennt Elmer E. Schattschneider in dem Einfluss wirtschaftlicher Interessengruppen auf politische Entscheidungsprozesse im Kongress, worin er zugleich eine Gefahr für die Demokratie sah. In Folge der Weltwirtschaftskrise prägte ein Bilateralismus die Handelspolitik der 1930er Jahre und führte zu einer Regionalisierung des Welthandels. Der Welthandel richtete sich dabei immer weniger nach wirtschaftlichen

Faktoren, sondern orientierte sich zunehmend an politischen Aspekten. Albert O. Hirschman erkennt in diesem Bilateralismus, insbesondere mit Blick auf die Handelspolitik Deutschlands seit Machtergreifung der Nationalsozialisten, das geeignete Mittel, Handelspolitik als machtpolitisches Instrument einzusetzen. So könnten große, reiche und industrialisierte Länder über einen Bilateralismus gezielt die Abhängigkeit kleiner, armer und landwirtschaftlicher Länder erhöhen, um sie somit erpressbar zu machen.

Nach dem Zweiten Weltkrieg entstand auf der Konferenz in Bretton Woods eine neue Ordnung für die Weltwirtschaft, die sich vor allem an den Vorstellungen der Vereinigten Staaten orientierte. Während der Internationale Währungsfonds als Garant für ein System fester Wechselkurse stand, scheiterte zwar die Schaffung einer internationalen Handelsorganisation, jedoch entstand später mit dem *General Agreement on Tariffs and Trade* (GATT) ein multilateraler Handelsvertrag. Eine grundlegende Norm dieses Vertrags war das Meistbegünstigungsprinzip, wonach die teilnehmenden Länder einen einheitlichen Zoll auf Importe unabhängig von ihrem Herkunftsland erheben sollten. Die Schaffung der Benelux-Union und der Zollunion zwischen Italien und Frankreich gegen Ende der 1940er Jahre gefährdete jedoch das Prinzip der Meistbegünstigung, da die Mitgliedsländer einer Zollunion ihre Zölle untereinander abschaffen, jedoch weiterhin auf Importe aus Drittländern erheben. Jacob Viner verweist im Zuge dieser Entwicklung auf die handelsschaffenden und handelsumlenkenden Effekte von Zollunionen beziehungsweise regionalem Freihandel. Demnach führte ein Regionalismus zu Handelsverzerrungen, wodurch die globale Wohlfahrt entgegen vorheriger Außenhandelstheorien sogar sinken kann. Zugleich erkennt Ernst B. Haas im Kontext der beginnenden europäischen Integration, dass regionale Integration eine funktionale Eigendynamik entwickelt, wonach die Integration in einem spezifischen Politikfeld sich auf weitere Politikfelder überträgt und immer weitere Kooperation anregt. Neben den Studien zum Regionalismus entwickelt sich in den 1960er Jahren auch zunehmend eine Forschung zu Interessengruppen, die später maßgeblich die Theorien zur Handelspolitik beeinflussen sollte.

Während die europäische Integration die ehemaligen Kriegsgegner Europas über den Handel miteinander zunehmend verband, prägte vor allem die einsetzende Entkolonialisierung die Handelsbeziehungen Europas zu den Ländern des Südens. So erlangten in den 1940er bis 1970er Jahren die meisten ehemaligen Kolonien ihre Souveränität. Trotz der weltumgreifenden Entkolonialisierung war der Welthandel zwischen dem Norden und dem Süden jedoch weiterhin durch einen ungleichen Tausch geprägt. Rohstoffe stellten weiterhin die Hauptexportgüter vieler Entwicklungsländer dar, während die Exporte verarbeiteter Waren weitestgehend den Industrienationen vorbehalten blieben. Hans Singer und Raúl Prebisch sehen den ungleichen Austausch und die damit verbundene Verschlechterung des realen Güteraustauschverhältnisses, der *terms of trade,* der Entwicklungsländer als Ursache für die fehlende Entwicklung des Südens. Die These spiegelt sich später auch in der Forderung der Entwicklungsländer nach einer Neuen Weltwirtschaftsordnung wieder. Inspiriert von dieser These sowie von marxistischen Denkern entwickelten später Vertreter aus Lateinamerika wie Fernando H. Cardoso und Enzo Faletto, aber auch deutsche Wissenschaftler wie Dieter Senghaas die Dependenztheorie, nach der die Unterentwicklung der ehemaligen Kolonien über die historische Abhängigkeit zu den Kolonialmächten erklärt werden kann. Als notwendige Schlussfolgerung ergibt sich hieraus die Forderung nach einer autozentrierten Entwicklung über eine importsubstituierende Industrialisierung, also dem Aufbau eigener Industrie durch eine Abkopplung vom Welthandel. Eine durchaus verwandte, aber stärker strukturelle Perspektive nimmt Johan Galtung ein, wonach der Welthandel trotz der Entkolonialisierung immer noch durch eine strukturelle Gewalt gekennzeichnet ist und weiterhin von einer Form des Imperialismus gesprochen werden kann.

Eingebettet im nach dem Zweiten Weltkrieg geschaffenen Bretton-Woods-System, das auf der Koppelung des Dollars an das Gold und auf festen Wechselkursen basierte, wuchs der Welthandel bis zu den eintretenden Ölkrisen in den 1970er Jahre rasant an. Der mit dem Welthandel wachsende weltweite Bedarf an Dollarreserven und die zeitgleich begrenzten Goldbestände der Vereinigten Staaten untergruben jedoch zunehmend das Vertrauen in die Golddeckung des Dollars. Der Aufstieg anderer Industrieländer, insbesondere Deutschlands und Japans, sowie die hohen Ausgaben der Vereinigten Staaten aufgrund des Vietnamkriegs erhöhten zudem den Druck, bis schließlich das System fester Wechselkurse zusammenbrach. Im Zusammenhang mit der damals geführten Debatte über einen *American decline,* also dem Niedergang der Vormachtstellung der Vereinigten Staaten, sieht Stephen D. Krasner, aufbauend auf den Ideen von Charles P. Kindleberger, den Untergang eines Hegemonen als Gefahr für einen offenen Welthandel. Eine gänzlich andere Erklärung für den Aufstieg und Untergang von Nationen liefert Mancur L. Olson, indem er den Blick auf Interessengruppen in einem Land wirft. So fördern stabile Demokratien das Erstarken partikularistischer Interessengruppen, die wirtschaftliche Ressourcen zu ihren Gunsten umverteilen, was wiederum langfristig die ökonomische Effizienz und Rate technischer Innovation einer Nation senkt.

Ebenfalls vor dem Ende der Hegemonie der Vereinigten Staaten untersucht Robert O. Keohane die Stabilität internationaler Institutionen, sogenannter

Regime, welche unter der Führung der Vereinigten Staaten nach dem Zweiten Weltkrieg in der internationalen Wirtschaftsordnung etabliert wurden. Im Gegensatz zum Weltwährungsregime, das durch den Wandel des Internationalen Währungsfonds geprägt war, erwies sich jedoch das Welthandelsregime im Rahmen des *General Agreement on Tariffs and Trade* trotz des Machtverlusts der Vereinigten Staaten als stabil in seiner Funktion für die Regelung des Welthandels. Doch die These des *American decline* bleibt nicht unhinterfragt. So erkennt Susan Strange zwar einen Verlust der wirtschaftlichen Machtstellung der Vereinigten Staaten an, weshalb diese weniger über direkten Zwang andere Staaten beeinflussen können, jedoch verfügten die Vereinigten Staaten weiterhin über strukturelle Macht. Demnach bestimmen die Vereinigten Staaten immer noch die Regeln der globalen politischen Ökonomie und damit die Beziehungen von Staaten untereinander, mit Menschen und mit Unternehmen.

Mit dem Aufschwung Deutschlands und Japans in der Nachkriegszeit konzentrierte sich der Welthandel zugleich immer mehr auf wenige Industrieländer. Der intraindustrielle Handel, also der Austausch von gleichartigen Gütern, war ein bestimmendes Merkmal des Welthandels gegen Anfang der 1980er Jahre. Bei der Erklärung des intraindustriellen Handels zwischen den Industrieländern stieß jedoch die bisherige auf David Ricardo basierende Außenhandelstheorie an ihre Grenzen, da sie von einer fortschreitenden Spezialisierung ausging, die sich aus der unterschiedlichen relativen Ausstattung der Länder mit den Faktoren Arbeit und Kapital begründete. Diese Lücke konnte von Paul R. Krugman gefüllt werden, der als Grund für den intraindustriellen Handel zwischen den Industrieländern die Kostenvorteile durch Massenproduktion und die zunehmende Produktdifferenzierung anführte. Der intraindustrielle Handel zeigt sich besonders im Rahmen der europäischen Integration. Entgegen dem Neofunktionalismus sieht Andrew Moravcsik allerdings nicht eine funktionale Eigendynamik als Triebfeder der europäischen Integration, sondern die Nationalstaaten, die geprägt durch ihre nationalen Gesellschaften und deren Interessen, in Verhandlungen Integrationsschritte beschließen, wie der Vertrag von Maastricht zur Gründung der Europäischen Union zu Beginn der 1990er Jahre belegt.

Trotz des Aufstiegs von Handelsmächten wie Japan und Deutschlands und der voranschreitenden europäischen Integration erwies sich die Prognose eines hegemonialen Untergangs der Vereinigten Staaten allerdings als verfrüht. Mit dem Ende des Kalten Krieges und dem Verbleib der Vereinigten Staaten als einzige Supermacht stieg der Welthandel in den 1990er Jahren rasant an. Die zunehmende Globalisierung führte zugleich zu Befürchtungen, dass sich der angelsächsische Kapitalismus in allen Teilen der Welt durchsetzen werde. Dieser These widersprachen jedoch Peter A. Hall und David Soskice, welche die

Unterschiede zwischen liberalen und koordinierten Marktwirtschaften hervorhoben. Während erstere sich durch möglichst freie Märkte und Wettbewerb auszeichnen, sind Netzwerke und Kooperation zwischen Unternehmen sowie Arbeitgeberinnen und Arbeitgeber und Arbeitnehmerinnen und Arbeitnehmern ein zentrales Merkmal in koordinierten Marktwirtschaften. Da jede Variation des Kapitalismus nach Hall und Soskice institutionelle Kostenvorteile bei der Produktion spezifischer Güter verspricht, werden sich demnach die Formen des Kapitalismus im Rahmen der voranschreitenden Globalisierung weiter ausdifferenzieren.

Der kurze Blick auf die historischen Entwicklungen des Welthandels sowie die theoretischen Ideen verdeutlichen, dass Theorie und Empirie sich gegenseitig bedingen. So können historische Entwicklungen im Außenhandel und der Handelspolitik die Entstehung theoretischer Argumente erklären und auf die Grenzen der Theorien bei der Erklärung empirischer Ereignisse verweisen. Auf der anderen Seite können theoretische Ideen maßgeblich die Handelspolitik und damit Entwicklungen des Welthandels beeinflussen.

Ziel und Aufbau des Buches

Das Ziel dieses Buches ist die Vermittlung zentraler Begriffe, Theoreme und Hypothesen zum Welthandel und der Handelspolitik, wodurch die Leserinnen und Leser nicht nur die Kernargumente der Befürworter und Gegner von Freihandel kennenlernen sollen, sondern auch erlernen sollen, sich mit diesen kritisch auseinanderzusetzen. Während volkswirtschaftliche Außenhandelstheorien meist die Wirkung von Außenhandel auf den Wohlstand und dessen Verteilung innerhalb und zwischen den Nationen im Blick haben, finden in der folgenden Abhandlung auch politökonomische und politikwissenschaftliche Werke Beachtung, die ihren Schwerpunkt auf nachholende Entwicklung, Macht und zwischenstaatliche Abhängigkeiten sowie Institutionen und den Einfluss von Interessengruppen in der Handelspolitik legen.

Für die Vermittlung der zentralen theoretischen Argumente zum Welthandel und der Handelspolitik wird für dieses Buch ein ideengeschichtlicher Aufbau gewählt. Das Hauptaugenmerk eines jeden Artikels liegt auf der Erläuterung und Interpretation der zentralen theoretischen Argumente. Ergänzend zu den Erläuterungen werden originale Textstellen der ausgewählten zentralen Werke zitiert. Die Zitation der Primärquellen ermöglicht den Leserinnen und Leser einen unmittelbaren Einblick in die Argumentation sowie Wissenschafts- und Schreibstile der Autorinnen und Autoren der klassischen Werke, wodurch der Zugang zu den theoretischen Argumenten erleichtert und zur kritischen Auseinandersetzung und Interpretation mit diesen angeregt werden soll.

Einleitung

Neben der Erklärung und Interpretation theoretischer Argumente wird zu Beginn jedes Artikels ein Blick auf den historischen Kontext und die ideengeschichtliche Entstehung der ausgewählten zentralen Werke zum Außenhandel und der Handelspolitik geworfen. Durch die Einordnung der Werke in ihren jeweiligen historischen Kontext, insbesondere mit Bezug auf die damaligen Entwicklungen im Welthandel, sollen die Leserinnen und Leser ein tieferes Verständnis für die Entstehung der diversen und teils gegensätzlichen Überlegungen entwickeln. Hierdurch soll nicht nur den Leserinnen und Lesern der Zugang zu den theoretischen Argumenten erleichtert werden, sondern es sollen auch zugleich die Grenzen der theoretischen Überlegungen erkennbar werden. Zusammenfassend ergeben die Beschreibungen der geschichtlichen Entstehungshintergründe der ausgewählten Werke einen umfassenden Überblick über die Entwicklungen, Krisen und Konflikte im Welthandel seit Beginn des kapitalistischen Zeitalters.

Über die Erklärung und Interpretation theoretischer Kernargumente sowie deren Einordnung in ihren historischen Kontext hinaus wird in jedem Beitrag auf die Rezeption des jeweiligen zentralen Werks eingegangen. Dabei wird sowohl erläutert, inwiefern der Autor vorherige Werke aufgreift oder infrage stellt, als auch reflektiert, inwiefern das erläuterte Werk folgende wissenschaftliche Werke beeinflusst hat. Darüber hinaus wird auch der Einfluss des erläuterten Werks auf seinerzeitige politische Konzepte und Ideen sowie deren Umsetzung in der Welthandelspolitik näher beschrieben. Der ideengeschichtliche Blick des vorliegenden Buches, der neben der Erläuterung und Interpretation auch die Rezeption zur Entstehungszeit der ausgewählten Werke aufgreift, verdeutlicht, dass wissenschaftliche Werke durch ihren historischen Kontext geprägt werden und auf daraus entstehende Probleme reagieren, aber ihre enthaltenen Ideen und Weltbilder auch die zukünftige Handelspolitik und Entwicklungen im Welthandel maßgeblich beeinflussen können.

Aufgrund seines ideengeschichtlichen Blicks auf Theorien zum Welthandel und der Handelspolitik folgt dieses Buch einem chronologischen Aufbau. Von der Zeit des Merkantilismus über die Anfänge der Industriellen Revolution im 18. Jahrhundert, die Erschließung des Weltmarktes und den Imperialismus im 19. Jahrhundert sowie die Weltwirtschaftskrise und den Bilateralismus in der Zwischenkriegszeit bis hin zur Etablierung des multilateralen Welthandelsregimes in der Nachkriegszeit und der rasanten Globalisierung gegen Ende des 20. Jahrhunderts werden zentrale Werke der Internationalen Politischen Ökonomie chronologisch vorgestellt. Trotz des chronologischen Aufbaus ließe sich das vorliegende Buch jedoch auch nach thematischen Schwerpunkten ordnen.

Während bei den volkswirtschaftlichen Außenhandelstheorien meistens die Effekte von Freihandel auf die Wohlfahrt im Mittelpunkt stehen, werden die Handelspolitik und der Welthandel in der Internationalen Politischen Ökonomie im Wesentlichen unter den Gesichtspunkten von Entwicklung, Interessengruppen, Institutionen und Macht untersucht. Durch die in diesem Buch vorgenommene Auswahl sollen die Kernargumente dieser vielfältigen Aspekte der Handelspolitik und des Welthandels vorgestellt werden. Für Dozentinnen und Dozenten bietet das Buch zugleich den Vorteil, dass die vorliegende Auswahl zentraler Werke der Internationalen Politischen Ökonomie eine hervorragende Grundlage für die Konzeption von Seminaren mit unterschiedlichen Themenschwerpunkten und vielfältigen thematischen Akzenten zum Welthandel bietet.

Kapitelübersicht

Das vorliegende Buch ist in sechs Kapitel unterteilt, die sich jeweils mit einer historischen Phase betreffend die Entwicklungen im Welthandel und der Handelspolitik beschäftigt. Das erste Kapitel umfasst klassische Werke der Politischen Ökonomie, die in den Anfängen der Industriellen Revolution und der Frühphase des Kapitalismus zwischen dem 17. und dem Beginn des 19. Jahrhundert entstanden sind. Der erste Beitrag widmet sich Jean-Baptiste Colbert als Vertreter des Merkantilismus. Da für den Merkantilismus der Reichtum einer Nation in der Anhäufung von Edelmetallen bestand, bedarf es nach Colbert einer Förderung des Imports von Rohstoffen und des Exports von Fertigwaren, um eine positive Handelsbilanz zu erlangen. Es folgen im zweiten Beitrag die Lehren von Adam Smiths, der vor allem die wohlfahrtsteigernde Wirkung der Arbeitsteilung innerhalb und zwischen den Nationen lobte. Nach Smith wird die Wohlfahrt einer Nation durch eine „unsichtbare Hand" gesteigert, indem Unternehmer ihrem Eigennutzen folgen und der Staat auf Eingriffe wie die Erhebung von Zöllen verzichtet. Demnach steigert Freihandel die Wohlfahrt aller Nationen, wenn sich die Nationen auf die Güter spezialisieren, bei deren Produktion sie einen absoluten Kostenvorteil haben, also das sie effizienter produzieren können. Aufbauend auf diesen Gedanken entwickelt David Ricardo, der im dritten Beitrag behandelt wird, das Argument der komparativen Kostenvorteile, wonach sich Nationen auf den Export der Güter spezialisieren sollen, die sie zu geringeren Opportunitätskosten als die anderen Länder herstellen können. Der letzte Beitrag des ersten Kapitels erläutert die Ideen Immanuel Kants, der sich die Frage stellt, wie ein ewiger Frieden zwischen den Nationen hergestellt werden könne. Kant betont, dass neben einer republikanischen Verfassung der Nationen und einer internationalen Föderation der Außenhandel einen Frieden zwischen den Nationen

Einleitung XXI

garantieren kann. Denn, so sein Argument, wenn zwei Nationen durch regen Handel miteinander verbunden sind, führe ein Krieg zu einer Unterbrechung des Handels und schade damit beiden Seiten, weshalb es in diesem Fall im Eigeninteresse der Staaten sei, einen Krieg zu vermeiden.

Das zweite Kapitel wirft einen Blick auf zentrale Werke, die während der Hochphase der Industriellen Revolution und des Imperialismus im 19. Jahrhunderts und den Anfängen des 20. Jahrhunderts und der damit verbundenen Erschließung des Weltmarktes entstanden sind. Der erste Beitrag des zweiten Kapitels erläutert die Argumente Friedrich Lists, wonach Freihandel im Kontext der Vormachtstellung des industrialisierten Englands zu einer Knechtschaft aller anderen Länder, die zur damaligen Zeit noch in den Anfängen der Industrialisierung waren, führt. Demnach sollen Länder, die sich nachholend entwickeln wollen, zunächst Erziehungszölle strategisch für spezifische Industriebranchen erheben, damit sich wettbewerbsfähige Industrien in diesen Sektoren entwickeln können, die wiederum die Entstehung anderer Industrien befördern. Im zweiten Beitrag folgt mit Karl Marx und Friedrich Engels eine Kritik nicht nur am liberalen Freihandelsgedanken, sondern grundlegend am Kapitalismus und der damit verbundenen Ausbeutung des Proletariats durch die Bourgeoisie. Marx und Engels zufolge entstehen Handelskrisen im Kapitalismus aufgrund von Überproduktion, die bekämpft werden, indem neue Märkte wie Kolonien erschlossen werden. Hierdurch werden jedoch nur immer größere Krisen geschaffen und die Mittel zu deren Bekämpfung immer mehr verringert. Der dritte Beitrag des zweiten Kapitels widmet sich den Ideen Wladimir Lenins zum Imperialismus. Aufbauend auf den Marx'schen Vorstellungen erkennt Lenin im Imperialismus das höchste Stadium des Kapitalismus und einen Klassengegensatz nicht nur innerhalb, sondern auch zwischen den Nationen. Dieses Endstadium des Kapitalismus zeichnet sich dabei durch eine zunehmende Herausbildung von Monopolen und der wachsenden Bedeutung des Kapitalexports gegenüber dem Warenexport aus.

Das dritte Kapitel behandelt Werke, die zu Beginn des 20. Jahrhunderts, insbesondere im Kontext der Weltwirtschaftskrise und des folgenden Regionalismus im Welthandel vor dem Zweiten Weltkrieg, entstanden sind. Im ersten Beitrag werden die Lehren von Eli F. Heckscher und Bertil Ohlin vorgestellt, welche die Zusammensetzung des Außenhandels über die relative Faktorausstattung der Länder erklären. Danach besitzen relativ arbeitsreiche Länder einen komparativen Kostenvorteil bei der Herstellung von arbeitsintensiven Gütern, weshalb sie diese Güter exportieren. Umgekehrt exportieren kapitalreiche Länder kapitalintensive Güter. Im zweiten Beitrag wird ein Blick auf die Studie von Elmer E. Schattschneider geworfen, der die Verabschiedung des *Smoot-Hawley Tariff Act* über den Einfluss von Interessengruppen im US-Kongress erklärt. Das Gesetz erhöhte die Zölle der Vereinigten Staaten dramatisch, was einen weltweiten Protektionismus zur Folge hatte, der die Folgen der Weltwirtschaftskrise verschärfte. Schattschneider erklärt das Zustandekommen dieser fatalen Handelspolitik über den höheren Organisationsgrad und das stärkere Klassenbewusstsein wirtschaftlicher Interessengruppen, wodurch politische Entscheidungen im Kongress auf Kosten anderen Interessen gefällt wurden. Im letzten Beitrag des dritten Kapitels werden mithilfe der Überlegungen Albert O. Hirschmans die machtpolitischen Aspekte des Außenhandels erörtert. Hirschman sieht im Bilateralismus ein machtpolitisches Instrument, was er mit einem Blick auf die Handelspolitik des nationalsozialistischen Deutschlands veranschaulicht. So können große, reiche und industrialisierte Länder durch die Ausrichtung ihres Handels auf kleine, arme und landwirtschaftliche Länder ihren Einfluss erhöhen, da die schwächeren Handelspartner im Falle eines Handelsabbruches mit höheren Kosten konfrontiert sind, Substitute für ihre Importe und neue Märkte für ihre Exporte zu finden.

Im vierten Kapitel werden Ansätze der politischen Ökonomie vorgestellt, die kurz nach dem Zweiten Weltkrieg und während der Anfänge der europäischen Integration entstanden sind. Der erste Beitrag erläutert die theoretischen Argumente von Jacob Viner über die Auswirkungen von Zollunionen auf die wirtschaftliche Wohlfahrt. Viner belegt, dass Zollunionen neben handelsschaffenden auch handelsumlenkende Effekte verursachen. Regionale Handelsabkommen können im Vergleich zu globalem Freihandel demnach sogar die globale Wohlfahrt senken. Ein handelsumlenkender Effekt entsteht, wenn anfänglich günstigere Importe von Produzenten eines Drittlandes durch Güter von weniger effizienten Produzenten eines Mitgliedlandes der Zollunion ersetzt werden. Der zweite Beitrag widmet sich dem Klassiker von Ernst B. Haas zur europäischen Integration. Kernargument seines Werkes sind die sogenannten *Spill-over*-Effekte, wonach eine regionale Integration eines spezifischen Wirtschaftssektors eine Eigendynamik entwickelt und zu weiterer und tiefergreifenderer Integration in anderen Sektoren und letztendlich Politikfeldern führt. Die Folge regionaler Integration ist die zunehmende Übertragung nationalstaatlicher Kompetenzen auf supranationale Institutionen.

Im fünften Kapitel liegt der Schwerpunkt auf theoretischen Werken, die im Kontext der Entkolonialisierung nach dem Zweiten Weltkrieg entstanden und die Entwicklungsprobleme der Dritten Welt über den ungleichen Austausch zwischen Nord und Süd zu erklären suchen. Der erste Beitrag befasst sich mit der These der säkularen Verschlechterung der *terms of trade* von Hans Singer und Raúl Prebisch, was zugleich die Anfänge der Dependenztheorie darstellt. Nach dieser These bedingen der ungleiche Austausch und die damit verbundene

Verschlechterung des realen Güterauschtauschverhältnisses der Entwicklungsländer, der *terms of trade,* die fehlende Entwicklung des Südens. Der zweite Beitrag wirft einen Blick auf die Dependenztheoretiker Fernando H. Cardoso und Enzo Faletto, die die Unterentwicklung Lateinamerikas über die historische Abhängigkeit zu den ehemaligen Kolonialmächten, insbesondere in den Außenhandelsbeziehungen, erklären. Aus dieser Argumentation ergibt sich die Forderung einer Abschottung der Entwicklungsländer vom Weltmarkt, um so eine importsubstituierende Industrialisierung und damit autozentrierte Entwicklung in Gang zu setzen. Der letzte Abschnitt des fünften Kapitals präsentiert die strukturelle Theorie des Imperialismus nach Johan Galtung. Danach wird der Welthandel trotz der Entkolonialisierung immer noch durch Imperialismus und strukturelle Gewalt innerhalb und zwischen den Entwicklungsländern und Industrieländern geprägt, die es den Entwicklungsländern unmöglich machten, sich zu entwickeln.

Das sechste Kapital widmet sich Werken über den Welthandel, die während der Ölkrisen in den 1970er Jahre bis zum Ende des Kalten Krieges entstanden sind. Der erste Beitrag fokussiert sich auf Charles Kindlebergers Studie über die Weltwirtschaftskrise der Zwischenkriegszeit. Kindleberger sieht als Ursache für die Weltwirtschaftskrise und dessen Folgen das Fehlen eines führenden Hegemons mit einer dominierenden Wirtschaft. Auch wenn Kindleberger die Zwischenkriegszeit untersuchte, hatte sein Werk hohe Aktualität im Kontext der aufkommenden Debatte über einen *American decline,* also dem möglichen Untergang der Vereinigten Staaten als Hegemonen in der Weltwirtschaft. Im zweiten Beitrag wird die Theorie der hegemonialen Stabilität von Stephen D. Krasner vorgestellt, nach der es zu Freihandel während des Aufstiegs eines Hegemonen kommt. Ein hegemonialer Untergang führt hingegen zu einem Protektionismus im Welthandel. Der dritte Beitrag erläutert die zentralen Erkenntnisse Mancur L. Olsons zum Aufstieg und Untergang von Nationen. Nach Olson kommt es in stabilen Demokratien zu einem Erstarken partikularistischer Interessengruppen, die Verteilungskoalitionen bilden, um wirtschaftliche Ressourcen zu ihren Gunsten umverteilen. Der erstarkende Einfluss dieser Sonderinteressen lässt wiederum langfristig die ökonomische Effizienz und Rate technischer Innovation einer Nation sinken. Freihandel kann etablierte Verteilungskoalitionen brechen, da neue Marktteilnehmer hinzukommen können. Zur Erklärung des Erstarken partikularistischer Interessengruppen greift Olsons auf seine Theorie des kollektiven Handelns zurück, wonach kleinere Gruppen im politischen Entscheidungsprozess überrepräsentiert seien, da sie im Gegensatz zu größeren Gruppen mit weniger Trittbrettfahrern konfrontiert seien und sich deshalb besser organisieren könnten. Das Trittbrettfahrerproblem bezeichnet eine Situation, in der einzelne Mitglieder von dem kollektiven Handeln einer Gruppe profitieren, ohne jedoch einen Beitrag zu leisten.

Der vierte Beitrag des sechsten Kapitels beschreibt Robert O. Keohanes Überlegungen über die Stabilität der internationalen Wirtschaftsordnung. In seiner Regimetheorie widerspricht Keohane der These, dass ein hegemonialer Untergang internationale Kooperation unmöglich mache. Stattdessen förderten internationale Regime die Kooperation zwischen Staaten, auch wenn kein Hegemon im internationalen System existiere. Im fünften Beitrag wird die Kritik von Susan Strange an der These des hegemonialen Untergangs der Vereinigten Staaten vorgestellt. Nach Strange hätten die Vereinigten Staaten zwar an relationaler Macht eingebüßt, verfügten jedoch immer noch über strukturelle Macht. Während relationale Macht eine direkte Form des Zwanges zum Beispiel über Bestrafungen oder Belohnungen beschreibt, meint strukturelle Macht die Festlegung der Regeln des Spiels. So bestimmten die Vereinigten Staaten nach Strange immer noch die Struktur in der globalen politischen Ökonomie. Strange kritisiert zugleich die Außenhandelstheorie, die Außenhandel isoliert betrachte und deshalb Trends im Welthandel wie die ungleiche Partizipation und ungleiches Wachstum nicht erklären könnte. So könnten die Entwicklung des Welthandels und dessen Struktur nur im Zuge der Sicherheits-, Produktions-, Finanz- und Wissensstruktur verstanden werden.

Das siebte und letzte Kapitel wirft einen Blick auf die voranschreitende Globalisierung und europäische Integration in den 1980er und insbesondere 1990er Jahren. Der erste Beitrag wirft einen Blick auf die Neue Außenhandelstheorie von Paul R. Krugman, die den intraindustriellen Handel zwischen den Industrieländern, der den größten Teil des Welthandels ausmacht, über die Kostenvorteile durch Massenproduktion, die sogenannten *economies of scale,* und den unvollständigen Wettbewerb als Folge zunehmender Produktdifferenzierung erklärt. Im zweiten Beitrag wird der liberale Intergouvernementalismus nach Andrew Moravcsik vorgestellt, der die europäische Integration nicht als eine funktionale Eigendynamik wie der Neofunktionalismus versteht, sondern als einen Verhandlungsprozess zwischen den Nationalstaaten begreift. Hierfür bedarf es nach Moravcsik zunächst eines Blickes auf die gesellschaftlichen Akteure innerhalb eines Nationalstaates, um die Bildung stattlicher Präferenzen zu verstehen. Anschließend lässt sich dann über die zwischenstaatlichen Verhandlungen zwischen den Regierungen das Zustandekommen internationaler Verträge erklären. Der liberale Intergouvernementalismus verbindet die Theorie des kollektiven Handelns, das Konzept der asymmetrischen Interdependenz und Ansätze des Institutionalismus. Der letzte Beitrag erläutert den

Einleitung

Varities-of-capitalism-Ansatz, den Peter A. Hall und David Soskice im Zuge der Globalisierung der 1990er Jahre entwickelten. Danach lässt sich der Kapitalismus in liberale und koordinierte Marktwirtschaften unterteilen. Während sich liberale Markwirtschaften durch möglichst freie Märkte und Wettbewerb auszeichnen, bilden Kooperationen zwischen Unternehmen, Arbeitgeberinnen und Arbeitgebern und Arbeitnehmerinnen und Arbeitnehmern einen zentralen Bestandteil der koordinierten Marktwirtschaften. Daraus ergibt sich ein institutioneller komparativer Kostenvorteil der unterschiedlichen Marktwirtschaften bei der Herstellung spezifischer Güter. So haben liberale Marktwirtschaften einen Kostenvorteil bei der Produktion radikaler Innovationen, während koordinierte Marktwirtschaften einen Vorteil bei der Herstellung von Gütern besitzen, die inkrementell verbessert werden. Als Folge werden sich die unterschiedlichen Formen des Kapitalismus im Rahmen der voranschreitenden Globalisierung weiter ausdifferenzieren.

Die Anfänge der Industriellen Revolution und des Kapitalismus

Jean-Baptiste Colbert

Günther Ammon

Politik und Wirtschaft im 17. Jahrhundert werden im Wesentlichen von drei Ländern bestimmt. Frankreich, die Niederlande und England dominieren, das Heilige Römische Reich spielt nach den Verheerungen des Dreißigjährigen Krieges keine Rolle. Frankreich entwickelt sich im Verlauf des Jahrhunderts zu einer politischen Großmacht auf dem Kontinent und stützt sich dabei auf seine militärische Stärke. Im Welthandel allerdings kann es mit den Niederländern und England nicht konkurrieren. In den Niederlanden und England erleben Handel und Gewerbe eine Blütezeit. Die Niederlande werden die große Wirtschaftsmacht in der Mitte des 17. Jahrhunderts. Amsterdam wird zur beherrschenden Wirtschaftsmetropole, auch Rotterdam und Antwerpen werden Drehscheiben des Handels. Holland stützt sich dabei auf seine übermächtige Handelsflotte und sorgt für eine militärische Absicherung der weltweiten Handelsinteressen. Nach dem Westfälischen Frieden im Jahre 1648 dominieren die Niederlande den Welthandel in beeindruckender Weise. Sie beherrschen den Gewürzhandel, den Handel mit Diamanten, Elfenbein, Reis, Zucker, Kaffee und Fellen. Handelskompagnien wie die Ostindische und die Westindische Kompagnie errichten Niederlassungen.

Zum Ende des Jahrhunderts hin wächst England in die dominante Position. London wird zur größten Stadt Europas. Vor allem nach der *Glorious Revolution* im Jahre 1688 verbessert sich die Lage und London wird der Handels- und Finanzplatz in Europa. Um sich gegen die Konkurrenz durchzusetzen, führt England zwischen 1652 und 1674 Kriege gegen Holland, später auch gegen Frankreich. Die wirtschaftliche Ausgangsposition Frankreichs ist eine andere als bei den Seemächten Holland und England. Frankreich ist ein großer Flächenstaat,

G. Ammon (✉)
Friedrich-Alexander-Universität Erlangen-Nürnberg, Nürnberg, Deutschland
E-Mail: guenther.ammon@fau.de

spielt auf den Weltmeeren zunächst gar keine Rolle und denkt zuerst an die Entwicklung des Binnenmarktes. Wirtschaftspolitische Maßnahmen richten sich also auf die Vereinheitlichung des Inlandsmarktes durch die Aufhebung von Inlandszöllen, eine Vereinheitlichung des Rechtswesens und die Erschließung des Binnenmarktes durch Baumaßnahmen im Verkehrssektor. Dabei spielt ein Mann, Jean-Baptiste Colbert, eine herausragende Rolle.

Jean-Baptiste Colbert (1619–1683) stammt aus einer wohlhabenden Kaufmannsfamilie in Reims. Er besucht das Jesuitenkolleg, macht eine kaufmännische Lehre und tritt 1651 in die Dienste des Kardinals Mazarin. Sein Geschick führt dazu, dass er schnell aufsteigt. 1661 wird er von Ludwig XIV. zum Intendanten der Finanzen und des Handels ernannt. Von 1665 bis zu seinem Tode im Jahre 1683 liegt die gesamte Staatsverwaltung mit Ausnahme der auswärtigen Angelegenheiten und des Kriegsministeriums in seinen Händen. Colbert betreibt eine merkantilistische Wirtschaftspolitik, verbindet dabei unterschiedliche Ansätze zu einem Gesamtsystem und steht so sehr für diese Wirtschaftspolitik, dass man sie nach ihm Colbertismus genannt hat. Seine Leistung liegt weniger in der theoretischen Fundierung und Ausgestaltung dieser Wirtschaftspolitik als in ihrer praktischen Umsetzung. Colbert ist also kein wirklicher Theoretiker, er ist vielmehr praktischer Wirtschaftspolitiker, der Mann, der mit einer Vielzahl verschiedener Maßnahmen den Reichtum des Königreichs und den Wohlstand seiner Menschen steigern will. Er hat keine theoretischen Schriften hinterlassen, sondern eine Fülle von Texten, sehr häufig Briefe,[1] in denen er ganz konkrete Anweisungen gibt, wie das Ziel erreicht werden soll. Widmen wir uns also zunächst der Theorie, die seinen Maßnahmen zugrunde liegt, dem Merkantilismus.

Die Größe und Macht von Staaten bemisst sich einzig und allein in Geld, in Edelmetallen. Diese Prämisse ist der Ausgangspunkt aller weiteren Überlegungen. Man muss also alle denkbaren Anstrengungen unternehmen, um eine möglichst große Menge an Geld ins Land zu holen. Das Mittel der Wahl, um Geld ins Land zu bringen, ist der Handel.

> „Um den Handel zu stärken und die Schifffahrt zu entwickeln, die die Quelle allen Reichtums ist, haben Ihre Majestät die Compagnie du Nord gegründet, die dazu bestimmt ist, alle unsere Waren in die Länder des Nordens zu liefern und alle jene Waren mitzubringen, die dem weiteren Aufbau unserer Flotte dienen (…) Angesichts aller Maßnahmen, die ins Werk gesetzt werden, darf man hoffen, dass der Handel und die Schifffahrt Ihrer Untertanen in den nächsten zwanzig oder dreißig Jahren in dem gleichen Maße wachsen wird wie in den vergangenen Jahren."[2]

---

[1] Jean-Babtiste Colbert, „Lettres antérieures au ministère de Colbert, 1650–1661," in *Lettres, instructions et mémoires de Colbert*, herausgegeben von Napoléon III und Pierre Clément (Paris: Impr. Impériale, 1861/62).

[2] Colbert, „Lettres antérieures au ministère de Colbert, 1650–1661," Band 7, 244 f.

Die Außenhandelspolitik ist also ein ganz zentrales Politikfeld. Die Schwierigkeit besteht nun darin, dass in der merkantilistischen Sicht auf die Welt die in Europa umlaufende Geldmenge ebenso wie das gesamteuropäische Handelsvolumen als eine konstante Größe angesehen wird. Hier spiegelt sich das merkantilistische Denken in Nullsummenspielen, wonach der Gewinn des Einen der Verlust des Anderen ist. Sollte also die Edelmetallmenge in Frankreich steigen, so musste den Nachbarländern etwas abgenommen werden. Diese Vorstellung konstanter Größen ist allgegenwärtig und bezieht sich zum Beispiel auch auf die Anzahl der eingesetzten Schiffe. Die Zahl von 20.000 Schiffen – die Colbert annimmt – lässt sich nicht steigern. Eine Stärkung der französischen Flotte muss ergo zulasten der Holländer und der Briten gehen. Aus der Annahme konstanter Größen ergibt sich zwangsläufig eine Konkurrenzsituation oder – härter formuliert – ein Handelskrieg oder ein *guerre d'argent,* ein Krieg des Geldes, weil es letztlich ja um Reichtum und Macht, ausgedrückt in Edelmetallen geht.

„Was schlussendlich in dieser Frage ausschlaggebend ist: der Handel ist ein ewiger, friedlicher Krieg des Geistes und der Industrie zwischen allen Nationen. Er wird mit 20.000 Schiffen geführt und diese Zahl lässt sich kaum steigern. Jede Nation arbeitet unablässig daran ihren legitimen Anteil daran zu bekommen oder einen Vorteil gegenüber den anderen zu erringen.
Die Holländer kämpfen gegenwärtig in diesem Krieg mit 15–16.000 Schiffen, geführt von einer Regierung der Händler, deren Maximen und deren Macht ausschließlich darauf gerichtet sind, den Anteil am Handel zu behaupten oder zu erhöhen (…)Die Engländer verfügen über 3–4.000 Schiffe (…) Die Franzosen über 500 bis 600. Die beiden Letztgenannten können ihren Handel nur ausbauen, indem sie die Zahl ihrer Schiffe erhöhen und zwar im Rahmen jener 20.000 Schiffe, die den Handel bestreiten, und folglich muss man sie den Holländern mit ihren 15–16.000 Schiffen wegnehmen."[3]

Werfen wir einen Blick auf die Außenhandelspolitik. Importe, die immer zu einem Abfluss an Geld führen, müssen gesenkt werden und idealerweise beschränkt auf Güter, die im eigenen Land weiterverarbeitet werden. Exporte müssen gefördert werden. Dazu braucht man vor allem ein florierendes Gewerbe und Handwerk. Colbert betreibt also eine Gewerbeförderung, wir würden heute Industriepolitik dazu sagen. Die Zünfte werden gefördert, eine staatliche und halbstaatliche Aufsicht kümmert sich um die Qualität der Produkte. In manchen

---

[3]Colbert, „Lettres antérieures au ministère de Colbert, 1650–1661," Band 6, 269 f.

Fällen, so beispielsweise bei der Pariser Gobelinmanufaktur, übernimmt der Staat in eigener Regie. Eine ganz besondere Rolle spielt die Luxusgüterproduktion, noch heute beheimatet Frankreich mit LVMH (Louis Vuitton Moët Hennessy) den größten Luxusgüterkonzern der Welt. Die Qualität wird durch staatliche Gütesiegel garantiert. Zum Instrumentarium gehören auch Steuernachlässe, Darlehen oder die Einräumung von Monopolstellungen. Colbert betreibt so etwas wie Technologietransfer, indem er qualifizierte Fachkräfte aus dem Ausland anwerben lässt. Er lässt Maulbeerbäume einführen, um die Importabhängigkeit bei Seide zu verringern. In diesen Bereich der Wirtschaftsförderung gehört auch die Verbesserung der Infrastruktur. Colbert lässt Brücken und Straßen bauen, ein gewaltiges System an Kanälen erschließt den französischen Binnenmarkt. Der Spiegelsaal im Schloss von Versailles dokumentiert Frankreichs Stellung als High-Tech-Glasproduzent und Ludwig XIV. besucht Manufakturbetriebe, um das Interesse des Staates an der Gewerbeentwicklung zu demonstrieren.

Zur Lenkung des Außenhandels greift man auch zur Zollpolitik. Ausfuhrzölle werden gesenkt oder aufgehoben, Importzölle dagegen kräftig angehoben. So steigt der Zoll auf englisches Tuch von 6 Livres im Jahre 1632 auf 30 Livres 1654 und schließlich auf 80 Livres im Jahre 1667. Eine Fülle von weiteren Maßnahmen steht zur Verfügung. Die bereits angesprochene Handelsflotte wird ausgebaut, Colbert gründet – nach englischem und holländischem Vorbild – Handelskompanien, um den Kolonialhandel zu organisieren. Wo die Privatinitiative fehlt, werden staatliche Musterbetriebe eingerichtet. Genaueste Anweisungen, wie wir sie in seinen Briefen finden, und Durchführungsbestimmungen regeln alles im Detail.

Mit Blick auf die Außenhandelspolitik gilt das Theorem der aktiven Handelsbilanz als zentraler Bestandteil des Merkantilismus. In seinem Werk *England's Treasure by Forraign Trade* argumentiert Thomas Mun, ein englischer Vertreter des Merkantilismus und Direktor der *British East India Company,* für den Einsatz der Außenhandelspolitik, um den Staatsschatz eines Landes zu mehren. Zur Erreichung dieses Zieles sollte Ländern den Import von Gütern außer Rohstoffen beschränken und gleichzeitig den Export von Fertigwaren fördern. Hierdurch ließe sich eine aktive Handelsbilanz, also die Summe der Warenexporte übersteigt die Summe der Warenimporte, erzielen, wonach auch der Reichtum eines Landes steige.[4] Nach Moritz Isenmann ging es Colbert hingegen bei der Erhebung von Zöllen nicht um den Ausschluss von Importen, sondern vielmehr um einen Ausgleich des Preisvorteiles von Importen, so dass die Qualität eines Gutes am

---

[4]Thomas Mun, *England's Treasure by Forraign Trade* (New York: MacMillan and Co., 1889 [1664]).

Ende entscheiden sollte. Colbert unterscheidet sich in dieser Hinsicht von Vertretern des Merkantilismus. Colbert war dennoch fern der Vorstellungen späterer liberaler Ökonomen wie Adam Smith und David Ricardo (siehe entsprechende Beiträge), da für ihn nicht der Markt die bestimmende Determinante des Außenhandels war, sondern die „natürliche Ordnung". Nach Colbert sollten Länder überschüssige Güter exportieren, um das Notwendige zu importieren.[5]

Die Tatsache, dass Colbert und damit der Staat häufig und geradezu detailversessen in das wirtschaftliche Geschehen eingreifen, führt zu einer etwas einseitigen Wahrnehmung der französischen Handelspolitik. Wir kommen darauf im Rahmen der Besprechung der Rezeption nochmals zurück. Auch dass vom Krieg des Geldes die Rede ist, verstärkt diesen Eindruck. Auch Colbert hat davon gesprochen und manche seiner Texte lesen sich wie Gebrauchsanweisungen für diesen Krieg. So beschreibt er detailliert wie „der gesamte Handel" durch Zollmaßnahmen gesteuert werden soll. Dass Colbert deshalb immer wieder auf einen Befürworter des Staatseinflusses reduziert wird, wird seinem Handeln nicht wirklich gerecht. Schauen wir etwas genauer hin und folgen dabei Isenmann.[6]

Eine Handelspolitik, die über Einfuhrzölle die internationale Konkurrenz ausschalten möchte, kann nicht gut funktionieren. Wenn ein Land damit anfängt, können alle anderen mit den gleichen Maßnahmen kontern. Am Ende gibt es im Extremfall überhaupt keinen Außenhandel mehr. Auch Colbert ist sich dieses Problems bewusst. Seine Handelspolitik ist differenzierter. Das beginnt damit, dass er zwar vom Krieg spricht, aber eigentlich keinerlei Interesse an Handelskriegen hat. Neuere Interpretationen stellen darauf ab, dass Colbert den zunehmend kriegerischen Ludwig XIV. von realen Kriegen abbringen will, indem er ihm einen gewissermaßen virtuellen Krieg des Geldes in Aussicht stellt. Colbert bemüht sich dagegen um Handelsverträge. Beispielsweise verhandelt er jahrelang mit Großbritannien, letztlich zwar erfolglos, aber immer bemüht, eine Regelung zu finden.

Colbert geht von der Existenz einer natürlichen, legitimen, gottgegebenen Ordnung aus. In dieser Ordnung gibt es auch so etwas wie einen natürlichen Welthandel, in dem den verschiedenen Ländern „in Proportion zu ihrer Macht, der Anzahl ihrer Einwohner und der Länge ihrer Küsten" ein entsprechender Anteil am Handel zusteht. Der Handel ist definiert als Austausch von „Notwendigem" gegen „Überschüssiges". Die „natürliche Ordnung" ist dann etwas, was sich ergibt, wenn alle Länder das gegenseitig tauschen, was der eine vom anderen benötigt und zwar in dem Maße des ihnen jeweils zur Verfügung stehenden wirtschaftlichen Potenzials. Bei aller Konkurrenz geht es also nicht darum,

---

[5] Moritz Isenmann, „War Colbert ein „Merkantilist"?", in *Merkantilismus - Wiederaufnahme einer Debatte*, herausgegeben von Moritz Isenmann (Stuttgart: Franz Steiner Verlag, 2014), 143–167.
[6] Isenmann, „War Colbert ein „Merkantilist"?".

den wirtschaftlichen Gegner endgültig oder dauerhaft zu besiegen, sondern um die Wiederherstellung einer natürlichen Ordnung, die phasenweise außer Kraft gesetzt ist.

> „Der Überseehandel aller Länder wird mit ca. 20.000 Schiffen abgewickelt. In einer natürlichen Ordnung müsste jede Nation ihren Anteil daran haben und zwar im Verhältnis ihrer Macht, ihrer Einwohnerzahl und der Länge ihrer Küsten. Die Holländer haben 15–16.000 und die Franzosen maximal 500 oder 600. Der König unternimmt alles in seiner Macht stehende, um sich ein bisschen jener natürlichen Zahl anzunähern, die seinen Untertanen zustehen müsste."[7]

Colbert legt – das wird in den Verhandlungen mit Großbritannien sichtbar – Wert auf ein international gültiges Regelwerk und insistiert auf zwei Punkten. Zum einen geht es um die „Gleichbehandlung der Untertanen". Dabei sollen ausländische Händler genauso behandelt werden wie die einheimischen Händler, also Zölle und Abgaben nur dann entrichten, wenn sie auch von den Einheimischen gefordert werden. Der zweite Punkt betrifft die souveräne Gewalt der beiden Könige. Sie sollen Zölle erheben und Maßnahmen ergreifen dürfen, die sie für das Wohl des Landes für notwendig erachten, soweit sie dabei die Gleichbehandlung aller Händler wahren.

> „Der gesamte Handel besteht darin, die Einfuhrzölle für diejenigen Waren zu senken, die den Manufakturen im Inneren des Königreichs dienen; die Zölle für die Einfuhr gefertigter Waren zu erhöhen; diejenigen Waren, die von außen ins Land gekommen sind, bei ihrem Eintritt Abgaben entrichtet haben und wieder exportiert werden, vollständig von Abgaben zu befreien, und die im Inneren des Königreichs gefertigten Manufakturwaren bei den Ausfuhrzöllen zu entlasten."[8]

Colbert tritt damit für einen freien Handel bei allen Gütern ein. Der Staat aber soll – bis zu einem gewissen Grade – das eigene Handwerk und die eigenen Manufakturen schützen können. Importzölle können preisliche Vorteile der ausländischen Konkurrenz einebnen, womit die Konkurrenz gewahrt, aber vom Preis auf die Qualität verschoben wird. Damit ist auch klar, warum Colbert so sehr auf strenge Qualitätskontrollen setzt und dazu umfangreiche Kontrollmechanismen etabliert.

---

[7]Colbert, „Lettres antérieures au ministère de Colbert, 1650–1661," Band 2.2, 463 f.
[8]Colbert, „Lettres antérieures au ministère de Colbert, 1650–1661," Band 2.1, CCLXXI.

"Betrachtet man die hier dargelegten Elemente der Handelspolitik Colberts in ihrem Zusammenspiel, so ergibt sich eine bemerkenswert kohärente Vorstellung davon, wie der Handel auf internationaler Ebene ablaufen sollte. Politisch-rechtliche Prinzipien wurden darin mit ökonomischen Notwendigkeiten ebenso wie mit der (…) Rolle des Handels innerhalb der göttlichen Schöpfungsordnung kombiniert: Die „Gleichbehandlung der Untertanen" solle dafür sorgen, dass der Handel sowohl „frei" als auch ohne Diskriminierung ablief und jedes Land die ihm von der Vorsehung zugewiesenen Waren in den internationalen Austausch einbringen konnte. Die aus der staatlichen Souveränität abgeleitete Zollhoheit stellte wiederum sicher, dass der König innerhalb dieser allgemeinen „Handelsfreiheit" seiner Schutzfunktion gegenüber seinen Untertanen nachkommen konnte, indem er mit Hilfe von Importzöllen die preisliche Überlegenheit ausländischer Waren auf dem französischen Markt ausglich. Die wirtschaftliche Konkurrenz zwar nicht vollständig zu unterbinden, sie dadurch aber auf die Ebene der Qualität zu verschieben, war zudem die einzige Möglichkeit, gewerbliche Güter in die herkömmliche Definition vom Handel als einem Austausch von „Notwendigem" gegen „Überschüssiges" zu integrieren: Wenn eine ausländische Ware trotz eines hohen Preises der einheimischen vorgezogen wurde, dann deshalb, weil sie eine Qualität besaß, welche die im Inland produzierte nicht vorweisen konnte, weshalb ihr Kauf dann ebenfalls „notwendig" wurde. Nur so ist auch zu verstehen, dass Colbert zum „Notwendigen" nicht nur die zum reinen Überleben, sondern ausdrücklich auch die „für den Luxus notwendigen" Güter und Waren zählte."[9]

Zusammenfassend kann man also sagen, Colbert versucht zwei eigentlich gegenläufige Zielsetzungen miteinander zu verbinden: den freien internationalen Handel und den gleichzeitigen Schutz des heimischen Gewerbes. Beim Schutz des heimischen Gewerbes benutzt er ein merkantilistisches Instrumentarium von Eingriffen des Staates. Zentral ist dabei die Zollpolitik. Zölle sollen aber nicht die Märkte so manipulieren, dass die eigenen Produkte billiger sind als die ausländische Konkurrenz, sondern sie sollen preisliche Unterschiede ausgleichen, um den Wettbewerb auf die Qualität der Waren zu lenken. Wenn wir ihn denn unbedingt einordnen wollen, dann könnten wir Colbert als einen moderaten Merkantilisten bezeichnen.

Wir sagten bereits, Colbert ist kein Theoretiker. Sein Handeln gründet sich auf Vorstellungen, die zu seiner Zeit weit verbreitet sind. Wir finden sie bei Barthélemy de Laffemas (1545–1611) und Antoine de Montchrétien (1575–1621), auch

---

[9] Isenmann, „Colbert," 162–163.

in den Papieren von Richelieu, die Colbert gekannt hat. Die Grundprämissen waren dabei so selbstverständlich, dass sie Colbert in seiner Korrespondenz nicht erläutern musste. Deshalb nimmt er nur sehr gelegentlich darauf Bezug und wir mussten die Textstellen am Anfang aus seinen Werken an ganz verschiedenen Stellen entnehmen. In der Debatte über die Zeit hinweg steht Colberts Name für Merkantilismus, obwohl er theoretisch dazu kaum etwas beigetragen hat. Das ist umso verblüffender, als keine Einigkeit darüber herrscht, was unter Merkantilismus zu verstehen sei. Den Minimalkonsens, der sich auf die Steigerung von Macht und Wohlstand durch Zufluss von Edelmetallen, im Wesentlichen über den Handel, bei konstantem Handelsvolumen beschränkt, haben wir angesprochen. Viele andere Aspekte werden aber seit langer Zeit teils heftig diskutiert.

Im 18. Jahrhundert wenden sich die Physiokraten gegen jene Politik, die sie als Merkantilsystem bezeichnen. Adam Smith (siehe entsprechenden Beitrag) übernimmt in seinem *Wealth of Nations* von 1776 nicht nur den Begriff, sondern auch die Kritik, die sich gegen die irrtümliche Gleichsetzung des Reichtums eines Landes mit seinen Vorräten an Edelmetallen und die Fixierung auf das Erzielen einer positiven Handelsbilanz richtet. Diese Zielsetzung führt zu staatlichen Eingriffen in Form von Importzöllen oder Subventionen, die den freien Handel beeinträchtigen. Adam Smiths Kritik am Merkantilsystem ist Teil seiner Rechtfertigung für den Freihandel. Gleichzeitig ist damit eine Debatte um den Merkantilismus eröffnet, die bis heute anhält. In der zweiten Hälfte des 19. Jahrhunderts beschäftigt sich die Historische Schule der Volkswirtschaftslehre intensiv mit dem Merkantilismus. Gustav Schmoller und Wilhelm Roscher in Deutschland oder William Cunningham in England verstehen Merkantilismus als ein System, in dem der aktive, ja dirigistische Staat eingreift, um Wachstum zu erzielen und die Modernisierung der Wirtschaft voranzutreiben.

Insbesondere in der sogenannten Merkantilismusdebatte, die durch Eli F. Heckschers zweibändiges Werk über den Merkantilismus[10] in den 30er Jahren des letzten Jahrhunderts ausgelöst wurde, prallen die Meinungen aufeinander (siehe in Beitrag zu Eli F. Heckscher & Bertil G. Ohlin). Während Heckscher auf ein einheitliches System in den verschiedenen Ländern Europas abstellt, vertreten andere den Standpunkt, dass die nationalen Ausprägungen sehr unterschiedlich sind. Selbst die Forderung, auf eine Verwendung des Begriffs Merkantilismus ganz zu verzichten, wurde erhoben, hat sich aber nicht durchgesetzt. Diese Debatte geht bis heute weiter. Dies zeigt sich beispielhaft an dem bereits zitierten Buch „Merkantilismus – Wiederaufnahme einer Debatte" von Moritz Isenmann.

---

[10]Eli F. Heckscher, *Merkantilismus*, 2 Bände (Jena: Fischer Verlag, 1932).

Ganz unabhängig von dieser wissenschaftlichen Auseinandersetzung mit dem Merkantilismus vollzieht sich etwas anderes. In der öffentlichen Debatte reduziert sich Merkantilismus auf Staatseingriffe, die man teils fordert, teils bekämpft. In beiden Fällen aber spricht man gerne von (Neo)Merkantilismus. Im Zusammenhang mit der Förderung von Hochtechnologien in Frankreich auch von „*colbertisme high-tech*".[11]

Literaturverzeichnis

Elie Cohen, *Le colbertisme „high-tech": économie des Telekom et du grand projet* (Paris: Hachette, 1992).
Eli F. Heckscher, *Merkantilismus*, 2 Bände (Jena: Fischer Verlag, 1932).
Jean-Babtiste Colbert, "Lettres antérieures au ministère de Colbert, 1650–1661," in *Lettres, instructions et mémoires de Colbert*, herausgegeben von Napoléon III und Pierre Clément (Paris: Impr. Impériale, 1861/62).
Moritz Isenmann, „War Colbert ein „Merkantilist"?", in *Merkantilismus – Wiederaufnahme einer Debatte*, herausgegeben von Moritz Isenmann (Stuttgart: Franz Steiner Verlag, 2014), 143–167.
Thomas Mun, *England`s Treasure by Forraign Trade* (New York: MacMillan and Co., 1889 [1664]).

---

[11]Elie Cohen, *Le colbertisme „high-tech": économie des Telekom et du grand projet* (Paris: Hachette, 1992).

Adam Smith

Martin Keim

Die zweite Hälfte des 18. Jahrhunderts war geprägt von großen Veränderungen in Politik, Wirtschaft und Gesellschaft. Das bis dahin überwiegend von der Agrarwirtschaft geprägte Großbritannien erfuhr einen langanhaltenden Strukturwandel zu Gunsten der Industrialisierung. Durch die Abschaffung der Leibeigenschaft beziehungsweise durch die ‚Privatisierung' der Landwirtschaft entstanden nun Arbeitsmärkte, die nicht nur die Erträge in der Landwirtschaft deutlich steigen ließen, sondern auch Menschen für die industrielle Produktion freisetzte. Die industrielle Revolution ließ freie Gütermärkte entwickeln, die auch fortwährend größere Bedeutung bekamen, weil immer mehr Menschen mit eigenem Einkommen nun freien Zugang zu Gütern des täglichen Bedarfs hatten wie nie zuvor. Diese Güter waren Haushaltsutensilien wie Bestecke und Töpfe, aber auch Textilien. Mit steigender Konsumnachfrage stieg auch das Volumen der industriellen Produktion. Dafür wurde vor allem Eisen als einer der Schlüsselrohstoffe benötigt. Als Hauptenergieträger diente anstelle von Holz nun stärker Kohle, die in immer größerem Maße abgebaut wurde. Die Eisenverarbeitung ist Grundlage für die spätere Entwicklung der Dampfmaschine, aber viel mehr noch für die Entwicklung der Eisenbahn. Das Schienennetz wurde in Großbritannien vor allem zu Transportzwecken für den binnenwirtschaftlichen Verkehr aller dieser Güter ausgebaut. Aber auch die Infrastruktur für den Seeverkehr wurde kontinuierlich ausgebaut. Letzteres ging Hand in Hand mit der Expansion Großbritanniens auf große Überseegebiete wie Nordamerika, mehrere karibische Inseln oder Indien, die unter anderem das Erste Britische Weltreich bis 1783, später bis 1815 das

M. Keim (✉)
Fachbereich Wirtschaftswissenschaft/IBA, Worms, Deutschland
E-Mail: keim@hs-worms.de

Zweite Britische Weltreich, ausmachten. Nicht zuletzt auch wegen der Importmöglichkeit von Baumwolle erlebte die Textilindustrie einen Boom; die Spinning Jenny, die 1767 entwickelt wurde und zum Verspinnen von Baumwollfasern zu Garn eingesetzt wurde, steht als ein Paradebeispiel auch für die Industrialisierung der Textilindustrie. Insbesondere derartige Fabrikanlagen, aber eben auch der Ausbau des Eisenbahnnetzes, bedingten große Kapitalmengen. Zwar wurde zunächst der Kapitalbedarf durch Eigenkapital gedeckt, später nahm aber auch die Aufnahme von Fremdkapital zu, was ebenfalls zu einem Boom des Bankensektors führte, sodass Großbritannien dadurch über einen der größten Wertpapiermärkte der Welt verfügte.[1]

Adam Smith, der 1723 in Kircaldy (Schottland) geboren wurde, studierte an der Universität Glasgow Philosophie, Mathematik und Ökonomie, ehe er 1750 Professor für Logik und später für Moralphilosophie – dort waren eigentlich die damals ökonomischen Ideen angesiedelt – wurde. Sein erstes wichtiges Werk „Theorie der ethischen Gefühle" erschien 1759 und verlieh ihm großen Bekanntheitsgrad. Das zweite Werk *An Inquiry into the Nature and Causes of the Wealth of Nations*[2] oder kurz genannt „Reichtum der Völker" *(Wealth of Nations)* erschien 1776 und ist sein bekanntestes Werk. Das ca. 1000 Seiten umfassende Werk beinhaltet viele bis dahin existierende Konzepte und Ideen der Ökonomie. Inspiriert durch Reisen und dem Austausch des Wissens von Aufklärern und Physiokraten (wie etwa Voltaire und Quesnay) verbindet er als einer der ersten Wissenschaftler die einzelnen ökonomischen Fragmente zu einer geschlossenen Wirtschaftstheorie auf liberalem Fundament, die das Zeitalter der Nationalökonomie beziehungsweise der Klassischen Ökonomie einläutet, und aus der die Ökonomie als eigenständige wissenschaftliche Disziplin hervorgeht. Bis heute ist dieses Werk immer noch ein Standardlehrbuch für Studierende der Wirtschaftswissenschaften und das Fundament des ökonomischen Liberalismus. 1790 stirbt Smith in Edinburgh.

Das Werk ist in fünf Bücher unterteilt:[3] Buch I: Die Ursachen der Produktivitätssteigerung der Arbeit und die Ordnung der natürlichen Verteilung des Arbeitsertrages auf die einzelnen Bevölkerungsschichten; Buch II: Wesen, Akkumulation

---

[1] Volker Caspari, *Ökonomik und Wirtschaft: Eine Geschichte des ökonomischen Denkens* (Berlin: Springer Gabler, 2019).

[2] Adam Smith, *An Inquiry into the Nature and Causes of the Wealth of Nations* (Oxford: Oxford University Press, 1976[1979]). Da dieses Werk im Laufe der Jahrhunderte mehrfach ins Deutsche übersetzt wurde, haben sich für die englischsprachigen Begriffe *wealth* die Übersetzungen Wohlstand oder auch Reichtum, für *nations* die Begriffe Nationen oder auch Völker durchgesetzt. Diese können daher synonym verwendet werden.

[3] Die folgenden Buchtitel variieren ebenfalls sprachlich je nach gewählter Übersetzung in die deutsche Sprache.

und die Verwendung von Vermögen; Buch III: Die unterschiedliche Entwicklung des Wohlstands in verschiedenen Ländern; Buch IV: Systeme der Politischen Ökonomie; Buch V: Die Finanzen des Herrschers oder des Gemeinwesens.

Gleich zu Beginn des ersten Buchs bricht Smith mit den bis dahin existierenden Annahmen, dass die Quelle des Reichtums weder aus der Anhäufung von Edelmetallen wie etwa Gold oder Silber, insbesondere durch internationalen Handel (Merkantilisten), noch vor allem wegen des Nutzens von Grund und Boden (Physiokraten) stamme. Vielmehr war schon zu Zeiten Smiths zu beobachten, dass die binnenwirtschaftliche Nachfrage nach industriellen Produkten und Gütern des täglichen Bedarfs höher war als in anderen größeren europäischen Volkswirtschaften. Dadurch leitete Smith ab, dass der Güterkonsum, in Verbindung mit dem Produktionsfaktor menschliche Arbeit, die Arbeitsteilung sowie die daraus resultierenden Produktivitätssteigerungen der Schlüssel für Wohlstandsentwicklung war und eben einen größeren Einfluss hatte als der internationale Handel. Dies verdeutlicht Smith mit dem Beispiel des Stecknadelmachers. Ein einzelner Stecknadelmacher kann zwar die Stecknadel herstellen, indem er sämtliche Arbeitsvorgänge alleine bewerkstelligt. Smith schlägt allerdings vor, dass ein Stecknadelmacher nur für einen einzelnen Arbeitsvorgang in diesem Herstellungsprozess zuständig ist und das unfertige Zwischenprodukt an einen weiteren Stecknadelmacher weiterleitet, der den nächsten, und eben nur den nächsten Arbeitsschritt vollzieht und anschließend die weiterbearbeitete Stecknadel an den nächsten Stecknadelmacher weiterleitet. Dieser Vorgang geschieht so oft, bis die Stecknadel fertig ist.

> "To take an example, therefore, from a very trifling manufacture; but one in which the division of labour has been very often taken notice of, the trade of the pin-maker; a workman not educated to this business (which the division of labour has rendered a distinct trade), nor acquainted with the use of the machinery employed in it (to the invention of which the same division of labour has probably given occasion), could scarce, perhaps, with his utmost industry, make one pin in a day, and certainly could not make twenty. But in the way in which this business is now carried on, not only the whole work is a peculiar trade, but it is divided into a number of branches, of which the greater part are likewise peculiar trades. One man draws out the wire, another straights it, a third cuts it, a fourth points it, a fifth grinds it at the top for receiving the head; to make the head requires two or three distinct operations; to put it on, is a peculiar business, to whiten the pins is another; it is even a trade by itself to put them into the paper; and the important business of making a pin is, in this manner, divided into about eighteen distinct operations, which, in some manufactories, are all performed by distinct hands, though in others the same man will sometimes perform two or three of them. I have seen a small manufactory of this kind where ten men only were employed, and where some of them consequently

performed two or three distinct operations. But though they were very poor, and therefore but indifferently accommodated with the necessary machinery, they could, when they exerted themselves, make among them about twelve pounds of pins in a day. There are in a pound upwards of four thousand pins of a middling size."[4]

Der erste Effekt durch diese Arbeitsaufteilung ist, dass jeder Stecknadelmacher durch die Individualisierung seines Arbeitsbereichs sein Zwischenprodukt effizienter herstellen kann, das heißt, es werden Kosten – zum Beispiel Umrüstkosten – eingespart. Daher kann der einzelne Arbeiter im gleichen Zeitraum diesen Arbeitsschritt in größerer Häufigkeit vornehmen. Der zweite Effekt ist die sich dadurch ergebende Spezialisierung, denn durch ausschließliche Wiederholung des gleichen Arbeitsvorgangs ergeben sich wahrscheinlich im Laufe der Zeit auch Qualitätsverbesserungen. Diese Effekte führen zusammen zu höheren Produktivitätssteigerungen, wohlwissend, dass sich durch ständige Wiederholung derselben Arbeitsvorgänge eine gewisse Monotonie mit entsprechenden negativen Auswirkungen einstellen dürfte, was schon Smith selber festgestellt hatte.

Dieses einfache Beispiel des einzelnen Stecknadelmachers lässt sich auf die gesamte Gesellschaft übertragen: Ein Individuum kann nicht die Produktion aller für ihn benötigten Güter zur Deckung seiner Bedürfnisse alleine bewerkstelligen, sondern nur im Austausch mit anderen Individuen und deren Produktionsergebnissen. Smith und andere liberale Wissenschaftlerinnen und Wissenschaftler sehen den Konsum von Gütern – und daher die Produktion und steigenden Konsum über Produktivitätssteigerungen – als wahren Grund für den Reichtum einer Nation an. Smith erkennt in der Natur des Menschen eine ursprüngliche Neigung zum Tausch und Handel.

Damit eben der Austausch der produzierten Güter bestmöglich funktionieren kann, sollten Angebot und Nachfrage auf freien Märkten zusammenfinden dürfen. Der Marktteilnehmer richtet sein Angebot nämlich nach seinen persönlichen Fähigkeiten beziehungsweise seine Nachfrage nach seinen persönlichen Bedürfnissen und zur Maximierung seines eigenen Nutzens oder Interesses vor allem im Hinblick auf die Erhöhung des eigenen Lebensstandards aus. Wohlwollen oder Altruismus sind nicht die Triebfedern seines Handelns auf Märkten. Freiwillige Angebots- und Nachfragebeziehungen sowie daraus resultierende Preis- und Mengenbildungen können somit vor allem nur dann effizient sein, wenn der Staat nicht die Kontrolle oder die Koordination über diese Austauschbeziehungen hat:

---

[4]Smith, *An Inquiry into the Nature and Causes of the Wealth of Nations,* Buch I, Abschn. 1.3, 14 f.

Freie Konkurrenz beziehungsweise freier Wettbewerb werden also dafür benötigt, was im Gegensatz zum Merkantilismus ein deutlicher Paradigmenwechsel ist. Unterschiedliche Angebots- und Nachfragekonditionen können dann vor allem über flexible Preisbildungen angepasst werden, was zu einer Markträumung führt. In diesem Falle sprechen Ökonomen von gleichgewichtigen Märkten. Wenn beispielsweise mehr Güter produziert würden als zunächst nachgefragt, und somit ein Marktungleichgewicht vorliegen würde, könnte dies zu Preissenkungen führen, sodass die Produktion dieses Gutes zukünftig für weniger Anbieter interessant sein könnte. Das Angebot könnte deshalb mittelfristig sinken und dadurch würde der Markt wieder in ein Gleichgewicht zurückkehren. Der Preis ist also ein Indikator dafür, welche Güter und wie viele von ihnen nachgefragt würden.

In diesem Zusammenhang sei betont, dass nach Smith der Staat nicht für die (Wieder-)Herstellung des Marktgleichgewichts durch Interventionen benötigt würde. Überhaupt kommt bei Smith dem Staat eine gänzlich andere Rolle zu als noch zu merkantilistischen Zeiten: Er soll lediglich den Schutz des freien Wettbewerbs aufrechterhalten, das Angebot öffentlicher Güter wie die Innere Sicherheit und Landesverteidigung sicherstellen oder auch die Regulierung des Bankengeschäfts oder beispielsweise die Kontrolle von Zinssätzen. Gerade hier zeigt sich, dass Smith eben nicht der Vertreter eines reinen *laissez-faire*-Prinzips ist. Nicht zuletzt auch wichtig für den Aspekt des internationalen Handels weist Smith dem Staat eine besonders wichtige Funktion zu: die Bereitstellung beziehungsweise die Verbesserung von sicheren und funktionstüchtigen Verkehrswegen, also einer wettbewerbsfähigen Infrastruktur.

Bezogen auf den internationalen Handel weitet Smith die obigen Argumentationen aus, welche nun zu revolutionären neuen Ideen führen: Im vierten Buch führt Smith zunächst die negativen Folgen von Handelsbarrieren, insbesondere von Einfuhrbeschränkungen, auf. Diese sichern monopolistische Strukturen auf Inlandsmärkten, und eben in diesen sieht Smith ein Hemmnis zur Wohlfahrtserhöhung, denn „allgemein kann die Erwerbstätigkeit der Gesellschaft nie über das hinausgehen, was das Kapital der Gesellschaft beschäftigen kann." Der einzelne Teilnehmer am wirtschaftlichen Geschehen, derjenige also, der sein Kapital vermehren möchte, richtet seine Erwerbstätigkeit so aus, dass dabei die größtmögliche Wertschöpfung für ihn – und durch das Prinzip der unsichtbaren Hand[5] auch für die Gesellschaft – erzielt werden kann. Der einzelne Teilnehmer, so betont Smith, ist eine Privatperson, die besser vor Ort einschätzen kann, wie

---

[5] Das Prinzip der unsichtbaren Hand wird tatsächlich erstmalig und nur einmalig in diesem Werk an dieser Stelle namentlich erwähnt (Buch IV, Kap. 1).

die Wertschöpfung maximiert werden kann, als etwa ein Staatsmann oder Gesetzgeber. Smith unterstellt im Prinzip der unsichtbaren Hand dabei, dass Individuen nicht aus Nächstenliebe, sondern aus Eigenliebe handeln, und nicht unbedingt damit ausschließlich ihre eigenen Bedürfnisse befriedigen. Sie suchen eher nach größtmöglicher Realisierung ihres eigenen Vorteils, beziehungsweise sie streben an, die vorteilhafteste Beschäftigung für das verfügbare Kapital umzusetzen. Dabei schließt Smith nicht aus, dass das Individuum sich im Verhalten nicht auch in die Bedürfnisstruktur der anderen Marktteilnehmer hineinversetzen könnte.[6] Smith bezeichnet dieses Vorgehen als das Prinzip der *sympathy*. Das Konzept der unsichtbaren Hand dürfte nach Smith eben bei freiem Wettbewerb und entsprechender Konkurrenz durch die Verfolgung individueller Interessen auch stets das Gesamtinteresse fördern.

"Every individual is continually exerting himself to find out the most advantageous employment for whatever capital he can command. It is his own advantage, indeed, and not that of the society, which he has in view. But the study of his own advantage naturally, or rather necessarily leads him to prefer that employment which is most advantageous to the society. (…)
As every individual, therefore, endeavours as much as he can both to employ his capital in the support of domestick industry, and so to direct that industry that it produce may be of the greatest value; every individual necessarily labours to render the annual revenue of the society as great as he can. He generally, indeed, neither intends to promote the publick interest, nor knows how much he is promoting it. By preferring the support of domestick to that of foreign industry, he intends only his own security; and by directing that industry in such a manner as its produce may be of the greatest value, he intends only his own gain, and he is in this, as in many other eases, led by an invisible hand to promote an end which was no part of his intention. Nor is it always the worse for the society that it was no part of it. By pursuing his own interest he frequently promotes that of the society more effectually than when he really intends to promote it. I have never known much good done by those who affected to trade for the public good. It is an affectation, indeed, not very common among merchants, and very few words need be employed in dissuading them from it."[7]

---

[6] An diesem Beispiel kann man sehr schön sehen, wie sich ökonomischer Liberalismus und politischer Liberalismus im Sinne Immanuel Kants (siehe entsprechenden Beitrag) ergänzen, erkennt man doch hier eine recht pragmatische Umsetzung des kategorischen Imperativs.

[7] Smith, *An Inquiry into the Nature and Causes of the Wealth of Nations,* Buch IV, Abschn. 2.4, 454 ff.

Mit dem Beispiel des Schneiders und des Schumachers zeigt Smith die möglichen negativen Folgen auf, wenn der Staat die wirtschaftliche Freiheit des Einzelnen durch Monopolbindung einschränkt, was die zu Beginn des ersten Buchs vorgestellten Vorteile von Arbeitsteilung und daraus folgender Produktivitätssteigerung konterkarieren würde: Ein Schneider versucht eben nicht, seine Schuhe selbst herzustellen, sondern lässt sie von einem Schuhmacher produzieren und umgekehrt. Beide kennen ihre Vorteile beziehungsweise auch Nachteile dem anderen gegenüber und setzen ihre Ressourcen so ein, um eben diese Vorteile mit entsprechenden geringeren Kosten auszunutzen.

"To give the monopoly of the home-market to the produce of domestick industry, in any particular art or manufacture, is in some measure to direct private people in what manner they ought to employ their capitals, and must, in almost all cases, be either a useless or a hurtful regulation. If the produce of domestick can be brought there as cheap as that of foreign industry, the regulation is evidently useless. If it cannot, it must generally be hurtful. It is the maxim of every prudent master of a family, never to attempt to make at home what it will cost him more to make than to buy. The taylor does not attempt to make his own shoes, but buys them of the shoemaker. The shoemaker does not attempt to make his own cloaths, but employs a taylor."[8]

Die Einsparungspotenziale einerseits beziehungsweise die höheren Erträge andererseits, die beide Seiten dadurch generieren, können sowohl der Schneider als auch der Schumacher nun nutzen, um sich weitere Güter zu beschaffen, für die sie sonst nicht die finanziellen Mittel gehabt hätten. Mithilfe des bereits beschriebenen freien Austauschs der produzierten Güter über Märkte – über Angebot und Nachfrage, Preise und Mengen – kann aus einzelwirtschaftlichem Interesse die gesamtwirtschaftliche Wohlfahrt steigen.

Diese mikroökonomische Problematik, die also den Einzelnen betrifft, lässt sich auf Makroebene, und eben sogar im internationalen Rahmen, skalieren: Smith schlussfolgert, dass „wenn ein fremdes Land uns mit einer Ware billiger versorgen kann, als wir selbst sie erzeugen können, so sollten wir sie besser mit einem Teil des Ertrages unserer eigenen Tätigkeit – und zwar einer solchen, bei der wir einen Vorteil haben – von ihm kaufen."

---

[8]Smith, *An Inquiry into the Nature and Causes of the Wealth of Nations*, Buch IV, Abschn. 2.11, 456 f.

"What is prudence in the conduct of every private family, can scarce be folly in that of a great kingdom. If a foreign country can supply us with a commodity cheaper than we ourselves can make it, better buy it of them with some part of the produce of our own industry, employed in a way in which we have some advantage. (…) As long as the one country has those advantages, and the other wants them, it will always be more advantageous for the latter, rather to buy of the former than to make."[9]

Diese aus der Sicht von Smith nützliche Handlungsoption, also der Import von Gütern, würde nach merkantilistischer Sichtweise den Wohlstand des eigenen Landes mindern und wäre daher nur ein notwendiges Übel. Aber da diese Notwendigkeit zugleich auch in anderen Ländern besteht, wäre ein freier Austausch der Waren für beide Seiten ein Positivsummenspiel – und eben nicht ein Nullsummenspiel wie der Merkantilismus behauptet. Anhand des folgenden Beispiels soll exemplarisch dargestellt werden, warum der Freihandel für beide Länder eine beiderseitige höhere Wohlfahrt ermöglichen soll:

In einem Zwei-Länder-Modell – Land A und Land B – sollen zwei Güter – Gut I und Gut II – produziert werden. In Land A könnte Gut I in 5 h, das Gut II in 2 h hergestellt werden; in Land B sei der Fall umgekehrt: Hier würde die Produktion von Gut I 2 h, die Herstellung von Gut II 5 h betragen. Innerhalb von beispielsweise 20 h Arbeitszeit könnte bei Autarkie Land A nun vier Einheiten von Gut I oder zehn Einheiten von Gut II herstellen, Land B analog könnte zehn Einheiten von Gut II oder vier Einheiten von Gut I herstellen.[10]

Smith schlägt nun vor, dass jedes einzelne Land – wie im Beispiel des Schumachers – lediglich das Gut weiterhin produziert, bei dem es den sogenannten absoluten Kostenvorteil hat. In unserem Beispiel wäre der absolute Kostenvorteil durch die kürzeste Herstellungszeit repräsentiert: Im Falle des Gutes I hätte Land B einen absoluten Kostenvorteil, weil es für deren Herstellung nur 2/5 der Zeit benötigen würde wie die Herstellung einer Gütereinheit in Land A. Im Falle von Gut II hätte Land A den absoluten Kostenvorteil. Smith würde nun Land A empfehlen, sich ausschließlich auf die Produktion von Gut II, Land B lediglich auf

---

[9]Smith, *An Inquiry into the Nature and Causes of the Wealth of Nations,* Buch IV, Abschn. 2.12, 457 ff.

[10]Da beide Länder aber unter merkantilistischen Gesichtspunkten zunächst autark produzieren, müssten sie innerhalb dieser Zeit wohl eine Kombination der Produktion beider Güter vornehmen. So könnte beispielsweise Land A innerhalb der 20 h zwei Einheiten von Gut I und fünf Einheiten von Gut II produzieren, Land B fünf Einheiten von Gut I und zwei Einheiten von Gut II. Weitere Kombinationsmöglichkeiten kann der Leser eigenständig vornehmen.

die Produktion von Gut I zu konzentrieren, und somit die Produktion des jeweiligen anderen Gutes, für das es keinen absoluten Kostenvorteil hätte, komplett einzustellen. Nach 20 h hätte Land A also nun für das Gut I keine Einheiten produziert, für Gut II zehn Einheiten; umgekehrt wären in Land B zehn Einheiten von Gut I entstanden, dafür aber eben keine Einheit von Gut II.

Beide Länder haben nun aber nach diesen 20 h von den jeweiligen Gütern eine höhere Stückzahl produziert als sie für die eigene nationale Verwendung beziehungsweise Konsum benötigen. Dieser Überschuss – *vent for surplus* – könnte nun für den unbeschränkten internationalen Handel zur Verfügung gestellt werden. So könnte Land A beispielsweise fünf Einheiten von Gut II für eigene nationale Bedürfnisse behalten und die weiteren fünf Einheiten in das Land B exportieren. Land B wiederum würde fünf Einheiten von Gut I für eigene Zwecke behalten und die weiteren fünf Einheiten nach Land A exportieren. Am Ende des Tauschprozesses hätten beide Länder nun eine höhere Stückzahl von Gütern (jeweils fünf Einheiten von Gut I und Gut II) produziert als im Autarkiezustand oder wie im Falle von Handelsbeschränkungen etwa durch Zölle, die Smith rigoros ablehnt. Das heißt, dass die nationale Wohlfahrt jeweils in beiden Ländern durch eine höhere Güterversorgung gestiegen ist. Zudem hat sich die ‚internationale Wohlfahrt' insgesamt erhöht, denn von beiden Gütern sind nun jeweils zehn Einheiten produziert worden, also eine deutlich höhere Stückzahl, als wenn beide Länder unabhängig voneinander jeweils beide Güter produziert hätten. Somit stellen Importe nun nicht mehr wie nach merkantilistischer Sichtweise ein notwendiges Übel dar, sondern sie werden durch internationalen Austausch von Exporten wieder ausgeglichen. Die Kostenersparnis, die in beiden Ländern durch diese Prozesse realisiert wurde, führt zu einem zusätzlichen Freiraum, der nun zu anderen produktiven Zwecken genutzt werden kann, sodass sich daher die Wohlfahrt in beiden Ländern gleichzeitig noch einmal erhöht hat.

Smith lehnt in diesem Zusammenhang sämtliche Handelsbarrieren wie Zölle grundsätzlich ab, nur in Ausnahmefällen hält er sie für gerechtfertigt, zum Beispiel im Falle des Schutzes neuer, junger Industrien als sogenannte Erziehungszölle, aus Gründen der nationalen Sicherheit oder als Vergeltungsmaßnahme für den Fall erhobener Zollmaßnahmen durch das Ausland. Damit allerdings diese Austauschbeziehungen auf internationaler Ebene funktionieren können, müssen die teilnehmenden Staaten die entsprechenden Rahmenbedingungen entwickeln: Sie müssen nicht nur die entsprechenden Handelshemmnisse beseitigen, sondern zulassen, dass Individuen beziehungsweise private Unternehmen, die Produktion, Angebot und Nachfrage von Gütern sowie deren Austausch autonom durchführen können, damit das Positivsummenspiel durch Wohlfahrtsgewinn in beiden Ländern gelingen kann. Auch hier ist ein fundamentaler Unterschied zum

Merkantilismus festzustellen: Der Staat als alleiniger beziehungsweise führender Akteur in den außenwirtschaftlichen Beziehungen verliert seine Bedeutung zugunsten privater Akteure. In den darauffolgenden Jahrzehnten und Jahrhunderten greifen verschiedene liberale Denker wie Immanuel Kant (siehe entsprechenden Beitrag) diese Problematik auf und zeigen, dass die gegenseitigen ökonomischen Verflechtungen durch ihre positiven Abhängigkeiten wahrscheinlich zu dauerhafter Sicherheit und Frieden für die am wirtschaftlichen Prozess teilnehmenden Nationen und somit auch für ihre Individuen, beitragen dürften.

Adam Smith hat mit seinem Werk „Reichtum der Nationen" die bis dahin fragmentierten, einzelnen ökonomischen Ideen zu einer geschlossenen Theorie, basierend auf dem Fundament des Liberalismus, zusammengefasst.[11] Zu bedenken ist dabei stets, dass die neuartigen Konzepte und Ideen, dadurch dass Smith als einer der Pioniere auf diesem Feld durch eben diese Zusammenführungen dieses Wissens zu neuem Gedankengut beitrug, als Ausgangsposition für viele Relativierungen und Weiterentwicklungen durch andere Wissenschaftlerinnen und Wissenschaftler beigetragen hat. Trotzdem bleibt das umfassende Werk das Fundament für viele bis heute existierende politische, gesellschaftliche und wirtschaftliche Positionen.

Dabei hat generell das Konzept des wirtschaftlichen Liberalismus nicht nur Unterstützer, sondern spätestens durch das Einsetzen der Weltwirtschaftskrise ab 1929 und dem später erscheinenden Buch von John Maynard Keynes „Allgemeine Theorie der Beschäftigung, des Zinses und des Geldes" im Jahr 1936 mit dem Entstehen des Keynesianismus seine direkte Gegenbewegung erfahren. Bis heute führen die seitdem weiterentwickelten Denkschulen (Neoklassik, Monetarismus, Postkeynesianismus et cetera) ihre unterschiedlichen Ansätze über wirtschaftliche Konzepte und Prozesse immer wieder auf die ersten Ansätze von Smith und Keynes zurück.

---

[11] Nach Söllner (2015) ist allerdings nicht Smith der erste Wissenschaftler gewesen, der die bis dahin bestehenden ökonomischen Fragmente zu einer geschlossenen ökonomischen Idee zusammengeführt hat, sondern James Steuart hatte bereits mit seinem Werk *An Inquiry of the Principles of the Political Economy* im Jahr 1767 die Ökonomie als eigenständige wissenschaftliche Disziplin begründet. Dass Smith hingegen bis heute als Begründer der Klassischen Ökonomie beziehungsweise der Nationalökonomie gesehen wird, begründet Söllner mit dem Argument, dass Smith seine ökonomischen Ideen im Zusammenhang mit dem damaligen liberalen, marktwirtschaftlich orientierten aufkommenden Zeitgeist in Verbindung brachte, während Steuart seine ökonomische Theorie basierend auf dem damals an Bedeutung verlierenden Merkantilismus niederschrieb und deshalb schnell in Vergessenheit geriet. Siehe Fritz Söllner, *Die Geschichte des ökonomischen Denkens* (Berlin Heidelberg: Springer Gabler, 2015).

Zudem stecken im Freihandelskonzept mit seinen absoluten Kostenvorteilen erste Schwächen. Wenn wir bei dem Zwei-Länder-Zwei-Güter-Fall bleiben: Wie sollen beide Länder vom Außenhandel profitieren, wenn ein Land bei beiden Gütern über einen absoluten Kostenvorteil gegenüber dem anderen Land verfügt, das wiederum bei beiden Gütern jeweils einen absoluten Kostennachteil hat? Diese Frage beantwortet David Ricardo (siehe entsprechenden Beitrag) mit den Konzepten des komparativen Kostenvorteils und des Opportunitätskostenprinzips, durch die für beide Länder internationale Handelsbeziehungen doch noch lohnenswert werden können. Smith und Ricardo werden dadurch meist im Zusammenhang als Begründer der ersten wirtschaftsliberalen Außenhandelstheorien genannt.

Allerdings behandeln beide Wissenschaftler weitere zentrale Probleme ihrer theoretischen Überlegungen nicht: Die unterschiedliche Produktivität der Produktionsfaktoren Arbeit, Kapital und Boden wird von Ricardo später zwar noch aufgegriffen, doch dass die Staaten zum Beispiel über unterschiedliche Ausstattungen von Produktionsfaktoren verfügen, und nicht mehr vorrangig nur der Produktionsfaktor Arbeit entscheidend für den internationalen Handel ist, wird erst zu Beginn des 20. Jahrhunderts durch die Ökonomen Eli Heckscher und Bertil Ohlin aufgegriffen (siehe entsprechenden Beitrag). Aber auch bei diesen beiden Wissenschaftlern bleiben diese Produktionsfaktoren im internationalen Handel immobil. Gerade in der heutigen Zeit, bei den dynamischen internationalen Kapitalbeziehungen durch Zunahme der Kapitalmobilität und auch durch steigende Migration – und dadurch einer Zunahme der Mobilität des Produktionsfaktors Arbeit – ist die Begründung für Freihandel mit dem alleinigen Verweis auf Smith und Ricardo nicht mehr plausibel. So ist wohl deren bloße Namensnennung für Befürworter eines liberalen Welthandels eher von heuristischer Natur.

Literaturverzeichnis

Adam Smith, *An Inquiry into the Nature and Causes of the Wealth of Nations* (Oxford: Oxford University Press, 1976[1979]).
Fritz Söllner, *Die Geschichte des ökonomischen Denkens* (Berlin Heidelberg: Springer Gabler, 2015).
Volker Caspari, *Ökonomik und Wirtschaft: Eine Geschichte des ökonomischen Denkens* (Berlin: Springer Gabler, 2019).

David Ricardo

Michael Heidinger

Die wirtschaftliche Lage auf den britischen Inseln war Ende des 18. und zu Beginn des 19. Jahrhunderts im Wesentlichen geprägt durch die industrielle Revolution. Technische Neuerungen wie die Entwicklung und wirtschaftlich rentable Nutzung der Dampfmaschine sowie die Einführung industrieller Spinnmaschinen hatten erhebliche Auswirkungen auf die ökonomischen Rahmenbedingungen. Sie führten dazu, dass sich die Organisation von Arbeit in der britischen Volkswirtschaft wie auch anderenorts fundamental änderte. Die bisher durch handwerkliche Strukturen geprägten Arbeitsprozesse wurden abgelöst durch die industrielle Fertigung in zentral verorteten Fabriken. Diese gravierende Veränderung wie auch das sich um die Jahrhundertwende vollziehende große Bevölkerungswachstum hatten spürbare Auswirkungen auf die gesellschaftlichen Rahmenbedingungen sowie die soziale Situation der arbeitenden Klasse, die sich zunehmend prekärer darstellten. Gleichzeitig waren in der britischen Gesellschaft zu Beginn des 19. Jahrhunderts fühlbare protektionistische Tendenzen zu beobachten. Sie standen unter anderem im Zusammenhang mit den Napoleonischen Kriegen. Als diese durch die für die Briten erfolgreich verlaufende Schlacht bei Waterloo beendet wurden, entspannte sich die globale Versorgungssituation im Allgemeinen ebenso wie die Lage auf dem weltweiten Getreidemarkt im Besonderen deutlich. Dies hatte zur Folge, dass die Getreidepreise auch in Großbritannien unter Druck gerieten und sanken. Das Nachlassen der Getreidepreise rief wiederum den landbesitzenden Adel auf den Plan, der seinen politischen Einfluss nutzte, die britische Regierung ab dem Jahre 1815 zur Verabschiedung der sogenannten Korngesetze zu bewegen.

M. Heidinger (✉)
Dinslaken, Deutschland
E-Mail: heidinger@web.de

Die Korngesetze verboten zu Beginn die Einfuhr ausländischen Getreides, wenn der britische Getreidepreis unter einen im Gesetz festgeschriebenen Referenzwert sank, und sahen später bei sinkenden einheimischen Getreidepreisen das Wirksamwerden progressiv gestaffelter Zölle vor. Sie waren nachvollziehbarerweise von Anfang an politisch heftig umstritten. Während die britische Landwirtschaft sowie die Grundbesitzer naturgemäß zu den Profiteuren der Korngesetze gehörten, die bedingt durch die Handelsbeschränkungen hohe Renten erzielten, hatten unter anderem die Fabrikbesitzer die wirtschaftlichen Nachteile zu tragen. Letztere mussten feststellen, dass durch die (zu) hohen Getreidepreise die Lebenshaltungskosten der Arbeiterinnen und Arbeiter und damit deren Löhne unter Druck gerieten, und setzten sich folgerichtig gegen die Korngesetze zur Wehr. Trotz dieses erheblichen politischen Widerstands der neuen industriellen Bourgeoisie dauerte es bis zum Jahre 1846, bis die Korngesetze wieder aufgehoben wurden.

Vor dem Hintergrund dieses (wirtschafts-)historischen Kontexts und der hiermit korrespondierenden gesellschaftlichen Rahmenbedingungen verfasste David Ricardo (1772–1823) sein im Jahr 1817 erstmalig veröffentlichtes Hauptwerk *On the Principles of Political Economy and Taxation*.[1] Ricardo, in London als Sohn einer äußerst kinderreichen Einwandererfamilie zur Welt gekommen, engagierte sich auf Vermittlung seines Vaters schon früh an der Londoner Börse, machte sich mit 21 Jahren selbstständig und erarbeitete sich aufgrund seines geschickten Agierens als Makler bis zu seinem frühen Tod ein bemerkenswert hohes Vermögen. Sein Interesse, sich auch aus einer theoretischen Perspektive mit wirtschaftlichen Zusammenhängen zu beschäftigen, erwachte, als er sich – noch vor seinem dreißigsten Lebensjahr – mit dem Buch *An Inquiry into the Nature and Causes of the Wealth of Nations* von Adam Smith (siehe entsprechenden Beitrag) befasste. Gefördert wurde er dabei durch seinen Freund James Mill, den Vater von John Stuart Mill, der Ricardo ermutigte, seine wirtschaftstheoretischen Überlegungen zu Papier zu bringen. Mit seinen *Principles*, dem zweiten von ihm geschriebenen Buch, legte Ricardo, anders als Adam Smith, zwar kein umfassendes theoretisches Konzept zur Funktionsweise der Wirtschaft vor. Er griff in den 32 Kapiteln seiner Monographie aber alle diejenigen der zu seiner Zeit ökonomisch diskutierten Themen auf, die aus seiner Sicht kritischer Einlassungen bedurften. Dogmenhistorisch einen besonderen Stellenwert nehmen seine Betrachtungen zum Außenhandel ein, die hier im Zentrum der weiteren Ausführungen stehen werden.

Ricardos Analysen zur Außenwirtschaft fußen maßgeblich auf der Arbeitswerttheorie, die er als Vertreter der klassischen Nationalökonomie allen seinen

---

[1]David Ricardo, *On the Principles of Political Economy and Taxation* (Cambridge: Cambridge University Press, 2015 [1817]).

wirtschaftstheoretischen Überlegungen zugrunde legt. Im Kern besagt diese Theorie, dass sich der relative Tauschwert zweier Güter danach bemisst, wie viele Arbeitsstunden jeweils zu ihrer Produktion benötigt worden sind. Auf diesem theoretischen Fundament konstatiert Ricardo zu Beginn von Kap. VI („On Foreign Trade") seiner *Principles,* in dem er die wichtigsten Teile seiner Außenwirtschaftstheorie niedergeschrieben hat, dass eine Ausweitung des auswärtigen Handels nicht unmittelbar zu einer Steigerung der Summe der Werte eines Landes führt.

"Under a system of perfectly free commerce, each country naturally devotes its capital and labour to such employments as are most beneficial to each. This pursuit of individual advantage is admirably connected with the universal good of the whole. By stimulating industry, by regarding ingenuity, and by using most efficaciously the peculiar powers bestowed by nature, it distributes labour most effectively and most economically, while, by increasing the general mass of productions, it diffuses general benefit, and binds together by one common tie of interest and intercourse, the universal society of nations throughout the civilised world. It is this principle which determines that wine shall be made in France and Portugal, that corn shall be grown in America and Poland, and that hardware and other goods shall be manufactured in England.

In one and the same country, profits are, generally speaking, always on the same level; or differ only as the employment of capital may be more or less secure and agreeable. It is not so between different countries. If the profits of capital employed in Yorkshire, should exceed those of capital employed in London, capital would speedily move from London to Yorkshire, and an equality of profits would be effected; but if in consequence of the diminished rate of production in the lands of England, from the increase of capital and population, wages should rise, and profits fall, it would not follow that capital and population would necessarily move from England to Holland, or Spain, or Russia, where profits might be higher."[2]

Zwar bedeute die Intensivierung des Außenhandels eine Zunahme der im Inland verfügbaren Waren und damit der hiermit korrespondierenden Annehmlichkeiten. Da aber der Wert aller im Ausland erworbenen Waren durch die zur Bezahlung für sie hingegebene Menge der inländischen Produkte Boden und Arbeit gemessen werde, werde sich der Wertansatz im Inland – streng der Logik der Arbeitswerttheorie folgend – nicht erhöhen, wenn durch die Erschließung neuer Märkte eine größere Menge ausländischer Waren als Tauschäquivalent für eine bestimmte Menge inländischer Produkte erworben werden könne.

---

[2]Ricardo, *On the Principles of Political Economy and Taxation,* 156–157.

Diese Feststellung verdeutlicht Ricardo durch ein Zahlenbeispiel, wonach ein Kaufmann gegen die Hergabe von englischen, das heißt, inländischen Waren mit einem Wert von 1000 £ eine Menge ausländischer Waren erwirbt, die er auf dem englischen beziehungsweise inländischen Markt für 1200 £ verkaufen kann. Mit der vorstehenden Kapitalanlage ist der Kaufmann folglich in der Lage, einen Profit in Höhe von 20 % zu erzielen. Dabei ist nach Ricardo die Höhe des Profits völlig unabhängig davon, ob der Kaufmann 25 oder 50 Fässer Wein importiert, wenn er zu dem einen Zeitpunkt die 25 Fässer und zu einem anderen Zeitpunkt die 50 Fässer für dieselbe Summe von 1200 £ verkauft. In beiden Fällen betrage der Profit die gleichen 20 % und es werde der gleiche Wert nach England beziehungsweise in das Inland importiert. Erst in dem Fall, in dem die für 1000 £ eingeführten ausländischen Waren für einen höheren Betrag als 1200 £ im Inland verkauft werden können, steige der Profit des betreffenden Kaufmanns über die allgemeine Profitrate. Dies werde zur Folge haben, dass so lange Kapital in diesen profitablen Wirtschaftszweig fließen werde, bis ein sinkender Weinpreis die Profite wieder auf den vorherigen Stand reduzieren werde.

An dieser Stelle setzt sich Ricardo kritisch mit der von Adam Smith aufgestellten Behauptung auseinander, dass die großen Profite, welche mitunter im auswärtigen Handel zu erzielen seien, zu einer Steigerung der allgemeinen Profitrate im Inland führten. Als Folge der Vorteilhaftigkeit des auswärtigen Handels würde Kapital aus anderen inländischen Verwendungsmöglichkeiten abgezogen, was dort ein Steigen der Preise und damit der zu realisierenden Profite bedinge. Maßgeblich für diesen Effekt sei nach Smith, dass die Kapitalwanderung aus den Sektoren, in denen Güter für den inländischen Handel produziert werden, hin zu den Sektoren für den auswärtigen Handel und die damit einhergehende geringere Produktion bei konstanter Nachfrage die Knappheit erhöhe. Zwar stimme er mit Smith darin überein, dass es aufgrund von Gleichgewichtsprozessen eine Tendenz zur Angleichung der Profite in den verschiedenen Wirtschaftszweigen gebe. Er bezweifle aber, dass die Angleichung durch das Steigen der Profitraten auf das im auswärtigen Handel erzielbare höhere Niveau erfolge. Er sei vielmehr der Meinung, dass die Profitrate des bevorzugten Sektors schnell auf das allgemeine inländische Niveau fallen werde.

Zur Begründung führt Ricardo aus, dass er zum einen den von Smith unterstellten Mechanismus bestreite: Es werde eben nicht notwendigerweise weniger Kapital für die Produktion inländischer Güter aufgewendet, solange sich nicht die Nachfrage nach diesen Gütern reduziere. Zum anderen lasse sich seine These stützen durch die Betrachtung der drei Fallgestaltungen, wonach für den Kauf ausländischer Waren entweder der gleiche oder ein größerer oder auch ein geringerer Anteil der englischen beziehungsweise inländischen Produktionsfaktoren Boden und Arbeit verwendet werden.

Bleibe der für den Kauf ausländischer Waren aufgewendete Teil der Produktionsfaktoren unverändert, dann bedeute dies, dass sich auch die Nachfrage nach den inländischen Gütern und damit auch der für deren Produktion verwendete Anteil an den Produktionsfaktoren nicht ändere. Werde dahingegen als Folge des geringeren Preises ausländischer Güter ein kleinerer Teil der Produktionsfaktoren Boden und Arbeit für den Kauf ausländischer Waren verwendet, so könnten mehr Ressourcen auf den Kauf inländischer Güter konzentriert werden. Dementsprechend bedinge der Teil der Einkünfte der Konsumenten, der nicht mehr dem Erwerb ausländischer Güter gewidmet werde, eine höhere Nachfrage nach inländischen Gütern. Gleichzeitig seien die für die erhöhte Produktion inländischer Güter erforderlichen Produktionsfaktoren verfügbar, da sie nun nicht mehr für die Produktion der dem Kauf ausländischer Waren dienenden Güter benötigt würden. Dies bedeute in der Konsequenz, dass parallel zur erhöhten Nachfrage nach inländischen Gütern auch deren Angebot steige. Vor diesem Hintergrund sei ein dauerhafter Anstieg von Preisen und Profiten ausgeschlossen. Werde schließlich die letztgenannte Fallgestaltung betrachtet, dass ein größerer Teil der englischen beziehungsweise inländischen Produktionsfaktoren für den Kauf ausländischer Güter verwendet werde, so sei festzustellen, dass für den Kauf inländischer Güter weniger Ressourcen zur Verfügung stünden. Für die Allokation des Produktionsfaktors Kapital bedeute das, dass er in dem Maße, in dem er bei der Produktion inländischer Güter freigesetzt werde, nunmehr bei der Produktion der für den Erwerb ausländischer Waren produzierten Güter eingesetzt werde. Aus den vorstehenden Überlegungen schlussfolgert Ricardo, dass in allen betrachteten Fällen die wertmäßige Summe der Nachfrage nach in- und ausländischen Gütern konstant und durch die Einkünfte sowie das Kapital des Landes begrenzt sei: Steige die eine Nachfrage, müsse die andere sich verringern. Ein außenhandelsinduzierter dauerhafter Anstieg der allgemeinen Profitrate ist damit in dieser Logik ausgeschlossen.

Nachdem Ricardo festgestellt hat, dass der Außenhandel zwar die Summe der Annehmlichkeiten eines Landes erhöhen könne, nicht aber die Summe der inländischen Werte oder das Niveau der allgemeinen Profitrate, geht Ricardo im Weiteren der Frage nach, welche Auswirkungen der relative Wert der Waren auf Umfang und Struktur des Außenhandels habe. Er unterstellt seinen Überlegungen die These, dass dieselbe Regel, welche den relativen Wert der inländischen Güter bestimme, nicht den relativen Wert der zwischen zwei oder mehreren Ländern gehandelten Waren definiere. So sei leicht nachvollziehbar, dass in einem System des unbeschränkten Handels jedes Land die Produktionsfaktoren Kapital und Arbeit in die Sektoren lenken werde, in denen die für das betreffende Land größten Vorteile erzielbar seien. Das Streben nach dem individuellen Vorteil, so

Ricardo in Anlehnung an die an dieser Stelle nicht zitierte „unsichtbare Hand" von Adam Smith, sei in bewundernswerter Weise mit dem Allgemeinwohl verbunden. Durch Anreize und die bestmögliche Nutzung der natürlichen Begabungen werde der Produktionsfaktor Arbeit effizient zugeteilt, der allgemeine Nutzen durch die Vermehrung der Güter erhöht und die weltweite Gesellschaft der zivilisierten Nationen durch ein gemeinsames Band des Interesses und des Verkehrs verbunden. Dieses Prinzip habe zur Folge, dass Wein in Frankreich und Portugal produziert, Getreide in Amerika und Polen angebaut und Metall- und andere Waren in England hergestellt werden.

Für die Profite gelte, dass sie sich in einem bestimmten Land immer auf demselben Niveau befänden. Zwischen zwei Ländern sei dies aber nicht der Fall. Zur Verdeutlichung führt Ricardo weiter aus, dass in einer inländischen Betrachtung Kapital sehr schnell von London nach Yorkshire abwandern würde, sollte der Profit auf angelegtes Kapital in Yorkshire höher sein. Durch diesen Prozess werde die Gleichheit der Profite unmittelbar wiederhergestellt. Der beschriebene Ausgleichsmechanismus gelte im internationalen Zusammenhang allerdings nicht. Sollten etwa die Profite in England fallen, zum Beispiel als Folge einer verringerten Ertragsrate auf seinen Böden, so resultiere daraus nicht notwendigerweise eine Kapitalwanderung in andere Länder, wo die Profitraten möglicherweise höher seien.

Mit diesem Hintergrund untersucht Ricardo die Bedingungen des internationalen Warenaustausches. Hierzu unterstellt er ein hypothetisches Szenario, wonach das Land Portugal keine Handelsbeziehungen mit anderen Ländern unterhält. In diesem Fall wäre Portugal nicht mehr in der Lage, einen Großteil seiner Produktionsfaktoren Kapital und Arbeit für die Erzeugung von Wein aufzuwenden, mit dem es für seinen Eigenverbrauch Tuch und Metallwaren aus anderen Ländern zu erwerben imstande wäre. Vielmehr würde Portugal dann genötigt sein, einen Teil seines Kapitals für die Produktion jener vormals importierten Güter vorzusehen. Wegen der schlechteren Produktionsbedingungen hätte das aber mit hoher Wahrscheinlichkeit negative Auswirkungen auf Qualität und Quantität der betreffenden Produkte. Entscheidend für die weitere Betrachtung sei, so Ricardo, dass die Menge Wein, die Portugal zum Erwerb des englischen Tuches einsetzen müsse, nicht durch die für die Herstellung der beiden Güter aufgewendeten Arbeitsvolumina bestimmt werde, wie es zu unterstellen wäre, wenn beide Güter in England oder in Portugal produziert werden würden. Um das berühmte Argument des „komparativen Kostenvorteils" zu untermauern und zu veranschaulichen, beschreibt Ricardo ein hypothetisches Szenario für den Handel zwischen England und Portugal mit fiktiven Zahlen.

"England may be so circumstanced, that to produce the cloth may require the labour of 100 men for one year; and if she attempted to make the wine, it might require the labour of 120 men for the same time. England would therefore find it her interest to import wine, and to purchase it by the exportation of cloth.

To produce the wine in Portugal, might require only the labour of 80 men for one year, and to produce the cloth in the same country, might require the labour of 90 men for the same time. It would therefore be advantageous for her to export wine in exchange for cloth. This exchange might even take place, notwithstanding that the commodity imported by Portugal could be produced there with less labour than in England. Though she could make the cloth with the labour of 90 men, she would import it from a country where it required the labour of 100 men to produce it, because it would be advantageous to her rather to employ her capital in the production of wine, for which she would obtain more cloth from England, than she could produce by diverting a portion of her capital from the cultivation of vines to the manufacture of cloth.

Thus England would give the produce of the labour of 100 men, for the produce of the labour of 80. Such an exchange could not take place between the individuals of the same country. The labour of 100 Englishmen cannot be given for that of 80 Englishmen, but the produce of the labour of 100 Englishmen may be given for the produce of the labour of 80 Portuguese, 60 Russians, or 120 East Indians. The difference in this respect, between a single country and many, is easily accounted for, by considering the difficulty with which capital moves from one country to another, to seek a more profitable employment, and the activity with which it invariably passes from one province to another in the same country."[3]

In Ricardos zitiertem Beispiel erfordert die Produktion des Tuches in England ein Arbeitsvolumen von 100 Personenjahren, während für die Herstellung von Wein 120 Personenjahre einzusetzen seien. Unter diesen Bedingungen sei es für England vorteilhaft, Wein einzuführen und ihn durch den Export von Tuch zu finanzieren. Um die Produktionsbedingungen in Portugal zu charakterisieren, unterstellt Ricardo, dass dort für die Herstellung von Wein nur 80 Personenjahre notwendig seien, während für die Produktion von Tuch nur 90 Personenjahre einzusetzen seien. Es sei daher für Portugal wirtschaftlich vorteilhaft, Wein im Austausch für Tuch auszuführen. Dieser Handel mache ökonomisch Sinn, obwohl die von Portugal eingeführte Ware im Inland mit weniger Arbeit als in England hergestellt werden könne. Die erstaunliche Konsequenz sei somit, dass Portugal das Tuch aus einem Land einführe, das zur Produktion des Gutes 100 Personenjahre einsetzen müsse, während es im Inland die gleiche Menge mit 90 Personenjahren produzieren könne.

---

[3]Ricardo, *On the Principles of Political Economy and Taxation,* 158–160.

Die ökonomische Ratio dieses Verhaltens sei der sich für Portugal ergebende wirtschaftliche Vorteil, den Produktionsfaktor Kapital für die Herstellung von Wein einzusetzen, wofür es im Austausch von England mehr Tuch importieren könne, als es durch eine Reallokation des Kapitals vom Weinbau in die Tuchproduktion im Inland zu produzieren imstande sei. Aus der Perspektive des portugiesischen Handelspartners sei festzustellen, dass England das Arbeitsprodukt von 100 Personenjahren für das von 80 hergebe. Dies könne zwar beim Handel zwischen Ländern, niemals aber im inländischen Warenaustausch stattfinden. Der ökonomische Grund hierfür sei die internationale Kapitalimmobilität, die es dergestalt im Inland nicht gebe. Dieses Zahlenbeispiel beschließt Ricardos Darstellung des Prinzips des „komparativen Kostenvorteils", mit dem er den Nachweis angetreten hat, dass sich der internationale Warenaustausch auch bei bestehenden „absoluten Kostenvorteilen" immer für alle Beteiligten rechnet.[4]

David Ricardo hat als Vertreter der klassischen Ökonomik seine wirtschaftstheoretischen Überlegungen maßgeblich auf dem Werk von Adam Smith aufgebaut, der ihn nicht nur zu seinen Studien inspirierte, sondern an dessen Ergebnissen er sich kritisch abarbeitete und sie zum Teil widerlegte. Im Unterschied zu Smith hat Ricardo mit seinem Werk keine umfassende Analyse zur Funktionsweise der Wirtschaft vorgelegt. Er hat sich in seinen Arbeiten vielmehr auf die Kernbereiche des Wirtschaftslebens konzentriert, die ihn interessierten und zu denen er etwas beitragen konnte. Diese Beiträge haben in je unterschiedlicher Weise die ökonomische Theorie beeinflusst. Eher ambivalent ist die Wirkungsgeschichte von Ricardos Arbeitswerttheorie, die von zahlreichen Ökonomen

---

[4]Das für Ricardos Außenhandelstheorie fundamentale Prinzip des komparativen Kostenvorteils veranschaulichen Krugman et al. durch ein Beispiel aus dem Sport. Sie beleuchten die Karriere von Babe Ruth, der als bedeutendster Baseball-Spieler in die US-amerikanische Sportgeschichte eingegangen ist. Obwohl Ruth sowohl als Schlagmann als auch als Werfer seinen Gegnern überlegen war, ist er doch nur als Schlagmann in Erinnerung geblieben, da er sich auf diese Tätigkeit spezialisierte. Das bedeutet: Im Team der Boston Red Sox hat ein Teammitglied die Position des Werfers eingenommen, wiewohl er in dieser Disziplin schlechter als Babe Ruth war. Für die Siegchancen der Boston Red Sox war diese Entscheidung gleichwohl rational, da die Kraft von Babe Ruth nicht ausreichte, in einem Spiel beide Funktionen zu übernehmen. Er konzentrierte sich insofern auf die Tätigkeit, in der seine relative sportliche Überlegenheit größer war als auf der Position des Werfers. Vgl. Paul R. Krugman, Maurice Obstfeld und Marc J. Melitz, *Internationale Wirtschaft: Theorie und Politik der Außenwirtschaft*, (Hallbergmoos: Pearson Deutschland, 2015, 10. Aufl.), 65 f.

massiv kritisiert worden ist.[5] Positiv aufgenommen worden sind Ricardos Grundgedanken dahingegen von Piero Sraffa, der durch eine Reformulierung, insbesondere der ricardianischen Wert- und Verteilungstheorie, die sogenannte Neoricardianische Schule begründet hat.[6] Deutlich bedeutsamer für die aktuellen ökonomischen Diskussionen sind Ricardos Überlegungen zu den finanzwissenschaftlichen Konsequenzen der Staatsverschuldung, die von Robert Barro zu einer umfassenden Theorie weiterentwickelt worden sind.[7] Den größten und nachhaltigsten Einfluss auf die ökonomische Theorie zeigen allerdings Ricardos Analysen zum Außenhandel. Sie sind unverzichtbarer Bestandteil einer jeden außenwirtschaftstheoretischen und -politischen Konzeption und haben David Ricardo als Ökonom „praktisch unsterblich gemacht"[8].

In diesem Sinne ist das sogenannte „Ricardo-Modell", also Ricardos in ein formalisiertes Modell gegossene, oben dargestellte Überlegungen zur Dokumentation der Idee des komparativen Kostenvorteils, Grundlage einer jeden Theorie des Außenhandels.[9] Das Grundmodell formuliert eine inländische und eine ausländische Volkswirtschaft mit nur einem Produktionsfaktor, in denen zwei Güter hergestellt werden. Die in den betrachteten Ländern annahmegemäß bestehende unterschiedliche Produktivität wird gemessen durch die jeweiligen Arbeitskoeffizienten, also die Anzahl von Arbeitsstunden, die zur Produktion einer bestimmten Menge des jeweiligen Gutes benötigt werden. Wird zudem von einer limitierten Faktorausstattung in beiden Ländern ausgegangen, so lassen sich für

---

[5]Vgl. zur Darstellung der wissenschaftlichen Leistung und Wirkung David Ricardos Heinz D. Kurz, „David Ricardo," in *David Ricardo, Über die Grundsätze der Politischen Ökonomie und der Besteuerung,* herausgegeben von Heinz D. Kurz und Christian Gehrke (Marburg: Metropolis-Verlag, 2006, 2. Aufl.), XI–LXX, hier: XXX ff., sowie zur Kritik der Arbeitswerttheorie insbesondere XXXVII ff.

[6]Vgl. Kurz, „David Ricardo," XXXV ff.

[7]Vgl. Phil Thornton, *Die großen Ökonomen* (Kulmbach: Börsenmedien AG, 2015), 58 ff.

[8]Dirk Ruschmann, „David Ricardo," in *Die zwölf wichtigsten Ökonomen der Welt – Von Smith bis Stiglitz,* herausgegeben von René Lüchinger (Zürich: Orell Füssli Verlag, 2009, 2. Aufl.), 41–59, hier: 52. Ricardos dogmenhistorische Bedeutung ist auch dem Tatbestand zu entnehmen, dass sein Name in keiner den Biographien der bedeutendsten Ökonomen gewidmeten Monographie fehlt. Vgl. als Nachweis auch das oben genannte Werk von Thornton, *Die großen Ökonomen.* Die in dem vorliegenden Beitrag zu David Ricardo gemachten biographischen Angaben sind den beiden vorstehenden Arbeiten entnommen.

[9]Vgl. statt anderer Oliver Lorz und Horst Siebert, *Außenwirtschaft* (Konstanz und München: UVK Verlagsgesellschaft, 2014, 9. Aufl.), 27 ff.; Krugman et al., *Internationale Wirtschaft,* 57 ff.

beide Volkswirtschaften die sogenannten Transformationskurven beschreiben: Sie definieren für jedes Land, auf welche Menge von Gut A verzichtet werden muss, um die Produktion von Gut B in einem bestimmten Umfang zu erhöhen. Wird nunmehr der Außenhandel zwischen den beiden Volkswirtschaften zugelassen, die Nachfrage berücksichtigt und die relativen Preise zugrunde gelegt, lässt sich unter Beachtung der Opportunitätskosten und des Wettbewerbs bestimmen, welche Mengen der Güter A und B in den beiden Volkswirtschaften jeweils produziert werden. Aus dem Modell lässt sich ableiten, dass sich der Außenhandel aus einer wohlfahrtstheoretischen Perspektive immer für beide Länder lohnt. Dies gilt auch für den Fall, dass ein Land aufgrund einer niedrigeren Produktivität bei der Produktion jedes Gutes absolute Kostennachteile aufweist. Das ist die zentrale Aussage des Ricardo-Modells.

Um die Komplexität der Realität besser abbilden zu können, ist das auf den Überlegungen von David Ricardo fußende Grundmodell in der Volkswirtschaftstheorie schrittweise erweitert worden. So lässt sich der den Außenhandel begünstigende Effekt des komparativen Kostenvorteils auch für Volkswirtschaften zeigen, in denen mehr als zwei Güter produziert und gehandelt werden. Eine weitere Differenzierung erfährt das Grundmodell durch die Berücksichtigung der empirisch zu beobachtenden Transportkosten. Sie beeinflussen den Umfang des Außenhandels und können jenseits einer kritischen Größenordnung prohibitiv wirken und damit dafür verantwortlich sein, dass der Handel mit einem bestimmten Gut unterbleibt. Paul Samuelson und Ronald Jones haben das einfache Ricardo-Modell zum Modell spezifischer Faktoren weiterentwickelt.[10] Es unterstellt analog zum Grundmodell, dass in den beiden betrachteten Volkswirtschaften jeweils zwei Güter produziert werden und der Produktionsfaktor Arbeit in der betreffenden Volkswirtschaft mobil ist, mithin ohne Beschränkung für die Produktion von Gut A oder B eingesetzt werden kann. Abweichend vom Grundmodell lässt es allerdings die Berücksichtigung weiterer Produktionsfaktoren zu, die insofern spezifisch sind, als sie nur für die Produktion eines bestimmten Gutes eingesetzt werden können. Die Einführung spezifischer Produktionsfaktoren beeinflusst in nachvollziehbarer Weise Art und Umfang des Außenhandels, an dessen grundsätzlicher Vorteilhaftigkeit ändert aber auch diese Modellerweiterung nichts. Eli Heckscher und Bertil Ohlin (siehe entsprechenden Beitrag) haben das Grundmodell zur sogenannten Faktorproportionentheorie weiterentwickelt, die den Außenhandel zwischen zwei Volkswirtschaften

---

[10]Vgl. Krugman et al., *Internationale Wirtschaft,* 93 ff.

mit jeweils zwei Gütern und zwei Produktionsfaktoren untersucht. Die Vorteilhaftigkeit des Außenhandels lässt sich auch für dieses Außenhandelsmodell zeigen, in dem eine Volkswirtschaft das Gut exportiert, das den in ihr reichlicher vorhandenen Produktionsfaktor intensiv(er) nutzt. Schließlich kann (für alle Beteiligten vorteilhafter) Außenhandel auch durch steigende Skalenerträge erklärt werden, wenn die im Grundmodell noch unterstellte Bedingung konstanter Skalenerträge aufgegeben wird. Diese Modellerweiterung ist ein wesentliches Thema der Neuen Außenwirtschaftstheorie, wie sie insbesondere von Paul R. Krugman entwickelt worden ist (siehe entsprechenden Beitrag).

Die Durchschlagskraft seiner Außenwirtschaftstheorie ist dafür verantwortlich, dass David Ricardo auch Gegenstand eines jeden außenwirtschaftspolitischen Diskurses ist. Seine säkulare Erkenntnis, dass sich Außenhandel als Folge des komparativen Kostenvorteils immer für alle Beteiligten lohnt, liegt jeder außenwirtschaftspolitischen Argumentation zugunsten eines ubiquitären Freihandels zugrunde. Folgerichtig wird Ricardo auch gegen die Existenz tarifärer und nicht-tarifärer Handelshemmnisse ins Feld geführt. In den Fällen, in denen Volkswirtschaften bewusst auf solche Handelshemmnisse zurückgreifen, um andere wirtschaftspolitische Ziele zu erreichen, lässt sich Ricardos (durch andere Ökonomen weiterentwickelter) Ansatz als Referenzmodell zur Bestimmung der Wohlfahrtsverluste verwenden, die als Opportunitätskosten den diskretionären Handelsbeschränkungen gegenzurechnen sind. In diesem Sinne prägen die Gedanken von David Ricardo auch nach zweihundert Jahren noch Theorie und Politik des Außenhandels. Dies gilt in besonderer Weise für die Gegenwart, die durch eine weltweit zu beobachtende massive Zunahme protektionistischer Tendenzen gekennzeichnet ist. Letzteren kann auch heute noch Ricardos zeitlose Erkenntnis entgegengehalten werden: „Außenhandel lohnt sich immer für alle!" Dies ist und bleibt der herausragende Wissenschaftsbeitrag des Wirtschaftswissenschaftlers, der 1817 mit seinen *Principles* maßgeblich die Ökonomik der Außenwirtschaft mitbegründet hat.

Literaturverzeichnis

David Ricardo, *On the Principles of Political Economy and Taxation* (Cambridge: Cambridge University Press, 2015 [1817]).
Dirk Ruschmann, „David Ricardo," in: *Die zwölf wichtigsten Ökonomen der Welt – Von Smith bis Stiglitz*, herausgegeben von René Lüchinger (Zürich: Orell Füssli Verlag, 2009, 2. Aufl.), 41–59.

Heinz D. Kurz, „David Ricardo", in: *David Ricardo, Über die Grundsätze der Politischen Ökonomie und der Besteuerung*, herausgegeben von Heinz D. Kurz und Christian Gehrke (Marburg: Metropolis-Verlag, 2006, 2. Aufl.), XI-LXX.

Oliver Lorz und Horst Siebert, *Außenwirtschaft* (Konstanz und München: UVK Verlagsgesellschaft, 2014, 9. Aufl.).

Paul R. Krugman, Maurice Obstfeld und Marc J. Melitz, *Internationale Wirtschaft: Theorie und Politik der Außenwirtschaft* (Hallbergmoos: Pearson Deutschland, 2015, 10. Aufl.).

Phil Thornton, *Die großen Ökonomen* (Kulmbach: Börsenmedien AG, 2015).

Immanuel Kant

Volker Mittendorf

Die Schrift *Zum ewigen Frieden*[1] verfasste Immanuel Kant (1724–1804) im Jahre 1795, einer Zeit des historischen Umbruches. Die amerikanischen Unabhängigkeitskriege und die amerikanischen Debatten um eine republikanische Verfassung[2] und vor allem die Französische Revolution, konkret der Erste Koalitionskrieg, bilden den internationalen Hintergrund, vor dem Kant diesen Aufsatz schreibt. Aus diesem Koalitionskrieg zwischen Frankreich auf der einen und Preußen, Österreich und einigen kleineren deutschen Staaten auf der anderen Seite hatte sich Preußen zurückgezogen. Mit der Unterzeichnung des "Basler Friedens" zwischen Frankreich und Preußen hatte erstmals ein europäischer Staat die Revolutionsregierung Frankreichs anerkannt.[3] Anderseits hatte Preußen damit die Kräfteverhältnisse im Krieg zwischen Frankreich und Österreich zu Gunsten Frankreichs verschoben. Innerhalb Preußens stand Kant seit dem Tod Friedrichs II von Preußen unter stärkerer Aufsicht der königlichen Zensur. Anders als Friedrich II, der sich selbst als aufgeklärter Herrscher verstand, war Fried-

---

[1]Immanuel Kant, "Zum ewigen Frieden," in *Kants gesammelte Schriften* (Abt. 1: Werke, Band 8: Abhandlungen nach 1781), herausgegeben von Königlich Preußische Akademie der Wissenschaften (Berlin: Reimers, 1912 [1795, erw. Aufl. 1796]), 341–386.

[2]Alexander Hamilton et al., *Die Federalist Papers; the Federalist Dt.*, Vollst. Ausg., 1. Aufl., Beck'sche Reihe, Teil 1734 (München: Beck, 2007).

[3]Manfred Kühn, *Kant: Eine Biographie* (München: Beck, 2005, 5. Aufl.), 443ff.; Christian Simon, „1795: Der Basler Frieden," *Basler Stadtbuch* (1995), 36–40.

V. Mittendorf (✉)
Bergische Universität Wuppertal, Wuppertal, Deutschland
E-Mail: mittendorf@uni-wuppertal.de

rich Wilhelm II ein frommer Protestant. Vor diesem Hintergrund und vor dem Hintergrund der Französischen Revolution verschärfte er die Zensurregelungen. Auf persönlichen Befehl des Königs hatte Kant am 1. Oktober 1794 die Auflage erhalten, sich nicht zu religionsphilosophischen Fragen zu äußern. Vor diesem Hintergrund standen auch seine anderen Schriften unter erhöhtem Zensurrisiko.

Inmitten dieses unruhigen Friedens lässt sich Kants Schrift als politische Stellungnahme, vor allem als eine populärwissenschaftliche Anwendung der Ergebnisse seiner Hauptwerke, den drei Kritiken zur Urteilskraft, zur praktischen und zur reinen Vernunft sowie der Metaphysik der Sitten lesen. Obwohl Kant selbst in der Vorrede zu seiner Schrift den Titel als Satire relativiert – sie sei der Überschrift eines holländischen Gasthofes entnommen, auf dem ein Kirchhof (das heißt ein Friedhof) abgebildet war – will Kant diesen Text nicht als belanglose Utopie verstanden wissen, sondern als etwas, was konkret ist.

„Der Friedenszustand unter Menschen, die nebeneinander leben, ist kein Naturzustand (*status naturalis*), der vielmehr ein Zustand des Krieges (348) ist, d. i. wenngleich nicht immer Ausbruch von Feindseligkeiten, doch immerwährende Bedrohung mit denselben. Er muß also gestiftet werden; denn die Unterlassung der letzteren ist noch nicht die Sicherheit dafür, und ohne daß sie einem Nachbarn von dem anderen geleistet wird (welches aber nur in einem gesetzlichen Zustand geschehen kann), kann jener diesen, welchen er dazu aufgefordert hat, als einen Feind behandeln."[4]

Es liegt nahe, den hier geäußerten Friedenszustand als Utopie zu deuten.[5] Jedoch geht Kant keinesfalls von einem utopischen Menschenbild oder einer grundlegenden Hinwendung aller Menschen zum Guten aus, wie bereits erwähnt. Im Gegenteil postuliert Kant, dass auch ein "Volk von Teufeln" einen Staat errichten könne, wenn sie den Verstand hätten. Die Tatsache, dass Menschen ihre Gesellschaften auch in unwirtlichen, wüstenartigen Umgebungen errichten, erklärt er gerade damit, dass dies durch eine Nötigung durch Krieg und Vertreibung und daher mit einer natürlichen Neigung des Menschen zum Bösen erklärbar sei. Gleichzeitig erwartet er, dass langfristig die natürliche Fähigkeit der Menschen zur Vernunft eine Annäherung an die von ihm skizzierte Ordnung hervorbringen werde. Sie ist vielmehr ein ernsthafter, wenngleich unverbindlichen Ratschlag an regierende Politiker, wie er im Text ausführlich (als "Geheimartikel" überschrieben) darlegt.

---

[4] Kant, "Zum ewigen Frieden," a.a.O., 348 f.
[5] ggf. als reale Utopie, vgl. Eckhart Arnold, "Eine Unvollendete Aufgabe: Die Politische Philosophie von Kants Friedensschrift," in *Immanuel Kant. Essays Presented at the Muğla University International Kant Symposium*, herausgegeben von Nebil Reyhani (Vadi Yayınları, 2006), 496–512, https://eckhartarnold.de/papers/2004_Kants_Friedensschrift/index.html.

Zentrales Motiv der Philosophie Kants ist die Vernunft. Die Schrift *Zum Ewigen Frieden* verfasst er vor diesem Hintergrund in Form eines allgemeinen Friedensvertrages unter Staaten mit einem erläuternden Anhang, in dem er sowohl das Spannungsverhältnis von ("Misshelligkeit und Einhelligkeit") von politischem Kalkül und normativen Ansprüchen der praktischen Vernunft untersucht. Der Vertrag besteht aus sechs Präliminarartikel, gleichsam Vorbedingungen, die zu einem wirksamen dauerhaften Frieden erfüllt sein müssen, den drei Definitivartikeln, mit denen er die Prinzipien *Republikanismus, Föderalismus* und *Weltbürgerrecht* als Verfassungsordnung für ein friedliches Miteinander der Staaten kennzeichnet, sowie zwei Zusätzen, die auf die Verbindlichkeit dieser Friedensordnung hinwirken und hindeuten. Mit Blick auf die Thematik des vorliegenden Sammelbandes zum Welthandel und Handelspolitik enthält Kants Schrift eine zunächst unscheinbare Textstelle, in der Kant die friedensstiftende Wirkung des Freihandels darlegt. Die friedensstiftende Wirkung des Freihandels ergibt sich allerdings nur im Gesamtzusammenhang von Kants Schrift, insbesondere den drei Definitivartikeln, weshalb im Folgenden die gesamte Schrift betrachtet wird.

Es trägt sicher zum Verständnis bei, wenn man Kants Schrift *Zum ewigen Frieden* als eine Anwendung seiner allgemeineren Arbeiten zur reinen und vor allem der praktischen Vernunft sowie zur Urteilskraft betrachtet, in denen er die bekannten Grundfragen behandelt: "1) Was kann ich wissen? 2) Was darf ich hoffen? 3) Was soll ich tun? 4) Was ist der Mensch?"[6] Generelle Annahme ist, dass der Mensch vernunftbegabt ist und dass in dieser Auffassung vor allem die praktische Vernunft – die Antwort auf die Frage: Was soll ich tun? – in der Fähigkeit und dem Willen jedes Einzelnen und jeder Einzelnen besteht, das Handeln an allgemein als richtig erkennbaren Handlungsvorsätzen auszurichten. Diese Vorsätze bezeichnet Kant als *Maximen*. Das, was Menschen wollen, kann in einem egoistischen, unüberlegten Wollen bestehen. Und nach Kant liegt es in der Natur des Menschen, zunächst diese egoistischen Bedürfnisse zu verspüren. Dieses subjektive Wollen ist bei Kant (in Anlehnung an David Hume) jedoch von einem allgemein als richtig erkannten Willen zu unterscheiden. Die Herausforderung der Aufklärung besteht entsprechend darin, den eigentlichen Willen als richtige Handlung zu erkennen. Bei der Frage, welches Handeln das richtige sei, weicht Kant entsprechend davon ab, das individuelle Glück ins Zentrum zu stellen und etwa das größtmögliche Glück für die größtmögliche Zahl von Menschen in den Mittelpunkt

---

[6]Immanuel Kant, *Kant's Gesammelte Schriften, Bd. 9. Abt. 1, Werke: Logik* (Berlin: Reimer, 1923), 25.

zu stellen, wie es etwa der Utilitarismus tut. Bei seinen Betrachtungen, wie eine einzelne Handlung als allgemein vernünftige Handlung erscheinen kann, kommt er zu dem Schluss, dass alle Maximen verallgemeinerbar sein müssen. Daraus leitet Kant als Grundlage aller moralischen Forderung den *kategorischen Imperativ* ab. Dieser *kategorische Imperativ*, den Kant als zentrale Forderung der praktischen Vernunft postuliert, besteht darin, den tatsächlichen Willen eines Menschen darin zu sehen, dass die eigenen Maximen dann moralisch richtig sind, wenn sie von allen Menschen als richtig angesehen werden können. Was vernünftig ist, ist verallgemeinerbar und nachvollziehbar.[7] Aufbauend auf einer solchen Annahme über vernünftiges Handeln formuliert Kant in Form des Vertrags zum ewigen Frieden, worin eine solche Vernunftlösung zwischen Staaten besteht.

Allgemein bedeutsam an den Präliminarartikeln erscheint die Analyse, welche Bedingungen erfüllt sein müssen, um Krieg zwischen Staaten unwahrscheinlicher zu machen. Sie stellen Voraussetzungen dar, aus denen sich die Aussagen der drei Definitivartikeln analytisch herleiten lassen. Allgemein lassen sich diese Voraussetzungen knapp so zusammenfassen, dass erstens Friedensregelungen zwischen Staaten unter Berücksichtigung aller Konfliktgründe beschlossen werden, zweitens die Selbstbestimmung von Völkern über ihre eigenen Angelegenheiten geachtet wird und keine territorialen Verschiebungen erfolgen, drittens auf lange Sicht eine Demilitarisierung erfolgt (keine stehenden Heere, sondern nur Milizarmeen), viertens die Möglichkeiten der Staaten für eine Kriegsfinanzierung eingeschränkt sind, fünftens eine Einmischung in die inneren Angelegenheiten eines anderen Staates nicht erfolgt sowie sechstens ein Kriegsvölkerrecht existiert, das darauf hinwirkt, dass ein Nachkriegsfrieden wirksam geschlossen werden kann.

Erst im Anschluss an diese Artikel erfolgt eine Skizzierung einer allgemeinen Friedensordnung. Hierbei ist Kants Beantwortung der Frage, was der Mensch sei, hervorzuheben: Kant geht wie Thomas Hobbes von einem Naturzustand aus, von der Unabhängigkeit von äußeren Gesetzen gekennzeichnet ist. Der Naturzustand ist demnach kein friedlicher, sondern ein möglicherweise kriegerischer Zustand. Grundlage ist somit ein eher negatives, zumindest ambivalentes Menschenbild. Obwohl Menschen sowohl zur Vergemeinschaftung neigen als auch dazu, sich zu isolieren,[8] schafft die Unsicherheit über die Absichten der anderen ein Sicherheitsinteresse. Nach Hobbes können Menschen diesem kriegerischen Naturzustand entrinnen, wenn sie einen Gesellschaftsvertrag untereinander schließen,

---

[7]Immanuel Kant, „Grundlegung zur Metaphysik der Sitten", in *Kant's Gesammelte Schriften, Bd. 4. Abt. 1, Werke: Kritik Der Reinen Vernunft* (Berlin: Reimer, 1911).

[8]So Kant 1784 in seiner Schrift „Idee zu einer allgemeinen Geschichte in weltbürgerlicher Absicht", AA VIII, 20.

durch den sie all ihre Rechte auf eine Autorität, also eine Staatsgewalt oder den von Hobbes genannten Leviathan, übertragen, die über Sanktionen den Friedenszustand zwischen den Menschen garantiert. Hierdurch kann nach Hobbes zwar innerhalb eines Staates ein Friedenszustand gewährleistet werden, allerdings ergibt sich hieraus nun ein Kriegszustand zwischen den Staaten, der sich nach Hobbes nicht aufheben lässt. In ähnlicher Weise formuliert Kant seine Schrift als einen Vertragstext, der nachweisen soll, dass es die Bedingungen der Vernunft sind, die auch unter den negativsten Bedingungen eines kriegerischen Naturzustands und pessimistischen Menschenbilds wie bei Hobbes ein permanenter Frieden möglich ist. Hierfür bemüht Kant in seinen Werken mehrfach das Bild eines Volkes von „Teufeln", die einen Staat errichten können „wenn sie nur Verstand haben" (366). Hierfür bedarf es jedoch einer spezifischen rechtlichen Verfasstheit, die nicht nur das Staatsbürgerrecht, also das Verhältnis zwischen Staat und ihren Bürgerinnen und Bürgern, sondern auch das Völkerrecht, also das Verhältnis zwischen Staaten, und Weltbürgerrecht, also das Verhältnis zwischen Staaten und ausländischen Bürgerinnen und Bürgern, umfasst.

Die erste Ausprägung für eine dauerhafte Friedenordnung betrifft die innere Verfasstheit der Staaten. Eine Friedensordnung ist nach Kant generell dann gegeben, wenn alle Staaten über eine republikanische Verfassung verfügten (erster Definitivartikel).

> „Die bürgerliche Verfassung in jedem Staate soll republikanisch sein.
> Nun hat aber die republikanische Verfassung, außer der Lauterkeit ihres Ursprungs, aus dem reinen Quell des Rechtsbegriffs entsprungen zu sein, noch die Aussicht in die gewünschte Folge, nämlich den ewigen Frieden; wovon der Grund dieser ist. - Wenn (wie es in dieser Verfassung nicht anders sein kann) die Beistimmung der Staatsbürger dazu erfordert wird, um zu beschließen, ob Krieg sein solle, oder nicht, so ist nichts natürlicher, als daß, da sie alle Drangsale des Krieges über sich selbst beschließen müßten (als da sind: selbst zu fechten; die Kosten des Krieges aus ihrer eigenen Haabe herzugeben; die Verwüstung, die er hinter sich läßt, kümmerlich zu verbessern; zum Übermaße des Übels endlich noch eine, den Frieden selbst verbitternde, nie (wegen naher immer neuer Kriege) zu tilgende Schuldenlast selbst zu übernehmen), sie sich sehr bedenken werden, ein so schlimmes Spiel anzufangen: Da hingegen in einer Verfassung, wo der Unterthan nicht Staatsbürger, diese also nicht republikanisch ist, es die unbedenklichste Sache von der Welt ist, weil das Oberhaupt nicht Staatsgenosse, sondern Staatseigenthümer ist, an seinen Tafeln, Jagden, Lustschlössern, Hoffesten u. d. gl. durch den Krieg nicht das mindeste einbüßt, diesen also wie eine Art von Lustpartie aus unbedeutenden Ursachen beschließen, und der Anständigkeit wegen dem dazu allezeit fertigen diplomatischen Corps die Rechtfertigung desselben gleichgültig überlassen kann."[9]

---

[9]Kant, "Zum ewigen Frieden," a.a.O., 349–351.

Unter einer republikanischen Verfassung versteht Kant explizit eine Regierungsform, in der Legislative und Exekutive voneinander getrennt sind. Entscheidend ist dabei diese Trennung, weil sie die Durchführung von Einzelentscheidungen von Herrschern in konkreten Situationen, die individuell, egoistisch, aus sehr nichtigen Motiven entscheiden können, an den *allgemeinen* Willen des Volkes bindet. In allen Staaten, in denen diese beiden Tätigkeiten nicht voneinander getrennt sind, werden willkürliche und damit unvernünftige Entscheidungen getroffen, was bei Kant die Unterscheidung zwischen Republik und Despotie ausmacht (352). Die friedensstabilisierende Wirkung der Gewaltenteilung sieht er darin, dass in dieser republikanischen, gewaltenteilenden Regierungsform, wie er sie versteht, die Legislative über den Krieg entscheiden muss und damit die Bürgerinnen und Bürger, die auch dessen Lasten zu tragen haben – durch Gefahr für Leib und Leben, Finanzierung und die Kriegsführung selbst. Unter Berücksichtigung aller Folgen wird eine solche Entscheidung eher gegen den Krieg getroffen werden. Wichtig ist es Kant dabei, dass eine Demokratie als *Staatsform,* also eine nichtgewaltenteilige Demokratie, ebenfalls despotisch gewürdigt wird. Er spricht sich daher für eine *repräsentative* Regierung in einer gewaltenteiligen Republik aus, was sich wohl am besten mit dem Begriff einer liberalen oder gewaltenteiligen Demokratie umschreiben lässt.

Darüber hinaus ist eine zweite Ausprägung dieses Friedenszustandes der föderale Umgang der Staaten miteinander als freie Staaten (zweiter Definitivartikel). Von Bedeutung ist dabei der Begriff des Föderalismus als eine freiwillige Befolgung des Völkerrechts und nicht die Unterwerfung der Staaten unter dieses Recht. Der begriffliche Unterschied besteht hierbei darin, dass das Völkerrecht wie das Recht innerhalb von Staaten *nicht* durch eine Exekutive vollzogen werden könne, sondern dass die Verbindlichkeit bei einer Rechtsverletzung in letzter Konsequenz nur durch einen Krieg hergestellt werde. Das Völkerrecht ist in diesem Sinne ein "Recht *zum* Kriege". Kant unterscheidet davon die theoretische Möglichkeit, dass sich Staaten unter eine gemeinsame Zwangsgewalt begeben, wodurch freilich an Stelle eines föderalen Bundes ein Völkerstaat und letztlich eine Weltrepublik entstehen würde. Die Möglichkeit hierfür sieht er jedoch aufgrund der von ihm unterstellten Anlage der Menschen zu Bösartigkeit nur theoretisch als gegeben an.

„Das Völkerrecht soll auf einen Föderalism freier Staaten gegründet sein.
  Völker als Staaten können wie einzelne Menschen beurtheilt werden, die sich in ihrem Naturzustande (d. i. in der Unabhängigkeit von äußern Gesetzen) schon durch ihr Nebeneinandersein lädiren, und deren jeder um seiner Sicherheit willen von dem andern fordern kann und soll, mit ihm in eine der bürgerlichen ähnliche Verfassung zu treten, wo jedem sein Recht gesichert werden kann. Die wäre ein

Völkerbund, der aber gleichwohl kein Völkerstaat sein müßte. Darin aber wäre ein Widerspruch: weil ein jeder Staat das Verhältniß eines Oberen (Gesetzgebenden) zu einem Unteren (Gehorchenden), nämlich dem Volk) enthält, viele Völker aber in einem Staate nur ein Volk ausmachen würden, welches (da wir hier das Recht der Völker gegen einander zu erwägen haben, so fern sie so viel verschiedene Staaten ausmachen und nicht in einem Staat zusammenschmelzen sollen) der Voraussetzung widerspricht."[10]

Bedeutsam in diesem Zusammenhang ist für Kant die Beobachtung, dass der Begriff *Recht* beibehalten werde. In der von ihm beobachteten Tatsache, dass jeder kriegführende Staat eine öffentliche Berechtigung für das Kriegführen für sich beansprucht, erkennt Kant einen Ansatz für einen vernunftgeleiteten föderalen Pakt als Friedensvertrag von Friedensverträgen, in dem mögliche Kriegsgründe einer allgemeinen Legitimation bedürfen, etwa wie es mit Kapitel VII der Charta der Vereinten Nationen „Maßnahmen bei Bedrohung oder Bruch des Friedens und bei Angriffshandlungen" versucht wird. Süffisant merkt er an, dass Regierungen nahezu immer öffentlich eine Kriegsbegründung suchen, welche die Kriegshandlung legitimiert. Nahezu immer stützten sie sich auf Argumente von Philosophinnen und Philosophen und Wissenschaftlerinnen und Wissenschaftler. Kant erkennt hierin einen Ansatz für einen vernunftgestützten Umgang mit Kriegsgründen, vermisst jedoch im Gegenzug, dass Kriege fast nie mit Bezug auf allgemeine Vernunftgründe unterlassen würden. Dieser Gedanke erscheint als Denkmuster im Text zentral, denn er begründet ihn vor allem im Anhang noch eingehender: als Spannungsverhältnis von Moral und Politik. Mit dieser Beobachtung wendet er sich gegen die Behauptung von Politikern, Moral und Politik seien voneinander unabhängig. Über die Vernunft, also die Fähigkeit, Überzeugungen mit der Wirklichkeit in Deckung zu bringen, seien beide miteinander verknüpft. Ein föderaler Völkerbund würde Kriege unter Abwägung allgemeiner Gründe eher unterlassen und nur im Ausnahmefall führen. Ohne einen solchen Bund steht das egoistische Motiv (Wollen) gegen allgemeine Vernunftgründe eines moralischen Willens.

Kant appelliert daher im „Geheimen Artikel" seiner Schrift, dass an Stelle einer kriegerischen Auseinandersetzung auch die Vernunftargumente von "Philosophen" gegen das Führen eines Krieges in die Entscheidung einbezogen werden sollen, auch wenn Politiker dies nicht offen zugeben. Diese Argumentation, von Kant vorsichtig formuliert, muss man dabei jedoch auch vor dem Hintergrund der

---

[10]Kant, "Zum ewigen Frieden," a.a.O., 354.

Tatsache lesen, dass Kant unter einer direkten Strafandrohung des Königs stand, wenn er zu offensichtlich gegen die Zensurbestimmungen verstieße.

Von besonderer Bedeutung für seine Erwartung einer langfristigen Entwicklung hin zu einer Friedensordnung ist die dritte Begründungslinie (dritter Definitivartikel), das Hospitalitätsrecht, also das Recht, andere Länder für eingeschränkte Zeit zu besuchen.

„Das Weltbürgerrecht soll auf Bedingungen der allgemeinen Hospitalität eingeschränkt sein.

Es ist hier (…) nicht von Philanthropie, sondern vom Recht die Rede, und da bedeutet Hospitalität (Wirthbarkeit) das Recht eines Fremdlings, seiner Ankunft auf dem Boden eines andern wegen, von diesem nicht feindselig behandelt zu werden. Dieser kann ihn abweisen, wenn es ohne seinen Untergang geschehen kann; so lange er aber auf seinem Platz sich friedlich verhält, ihm nicht feindlich begegnen. Es ist kein Gastrecht, worauf dieser Anspruch machen kann (wozu ein besonderer wohlthätiger Vertrag erfordert werden würde, ihn auf eine gewisse Zeit zum Hausgenossen zu machen), sondern ein Besuchsrecht, welches allen Menschen zusteht, sich zur Gesellschaft anzubieten, vermöge des Rechts des gemeinschaftlichen Besitzes der Oberfläche der Erde, auf der, als Kugelfläche, sie sich nicht ins Unendliche zerstreuen können, sondern endlich sich doch neben einander dulden zu müssen, ursprünglich aber niemand an einem Orte der Erde zu sein, mehr Recht hat, als der Andere. – Unbewohnbare Theile dieser Oberfläche, das Meer und die Sandwüsten, trennen diese Gemeinschaft, doch so, daß das Schiff, oder das Kameel (das Schiff der Wüste) es möglich machen, über diese herrenlose Gegenden sich einander zu nähern, und das Recht der Oberfläche, welches der Menschengattung gemeinschaftlich zukommt, zu einem möglichen Verkehr zu benutzen. (…) Auf diese Art können entfernte Welttheile mit einander friedlich in Verhältnisse kommen, die zuletzt öffentlich gesetzlich werden, und so das menschliche Geschlecht endlich einer weltbürgerlichen Verfassung immer näher bringen können."[11]

Beim „Hospitalitätsrecht" handelt es sich nicht um ein unbegrenztes Aufenthaltsrecht, sondern um ein Recht, das fremde Land und seine Verfassung kennenzulernen und sich auszutauschen, ohne dass die eine oder die andere Seite einem Risiko ausgesetzt würde. Bemerkenswert dabei ist, dass er dies aus der Kugelform der Erde herleitet, also aus der Tatsache, dass der Raum auf dieser Oberfläche begrenzt sei und es keinen logischen Grund zur Annahme gibt, dass eine Person mehr Recht habe, an einer bestimmten Stelle der Oberfläche zu sein als eine andere. Die vernunftgeleitete Überlegung dahinter ist vor allem, dass das

---

[11] Kant, "Zum ewigen Frieden," a.a.O., 357 f.

Wissen und das Verstehen der anderen es ermöglicht, den Frieden und die freiwillige Anerkennung der Rechte der Staaten zu unterstützen. Als empirisches Argument dafür, dass eine Weltgesellschaft sich entwickle und in Ansätzen bereits existiere, macht er die schon zu seiner Zeit erreichte Vernetzung und die Versorgung mit Information aus, da „die Rechtsverletzung an *einem* Platz der Erde an *allen* gefühlt wird".

Treibende Kraft in diesem Zusammenhang ist für Kant der Handelsgeist des Menschen, ein Begriff, der nur an dieser Stelle in Kants Schrift von größerer Bedeutung ist. Dass Kant nicht allgemein von der Wirtschaft oder dem Markt spricht, erscheint plausibel:[12] Die internationale Wirtschaft zwischen Staaten ist vor allem eine Handelsbeziehung. Und der langfristige Wohlstand durch den Handel ist das, was bei bestehendem Hospitalitätsrecht stärker dominiert als die kurzfristigen Begehrlichkeiten von Kriegen. Die Wirkung des eigennutzbetriebenen Handels erscheint Kant wohl wirksamer als etwa der Austausch zum Zwecke von Wissenschaft. Hier zeigt sich, dass Kant die Vernunft zwar nicht im Egoismus sieht, wie es etwa im Utilitarismus oder Teilen der Moralphilosophie Adam Smiths gesehen wird, sondern ist als Teil der Natur des Menschen eine Triebfeder, die von der Vernunft begleitet wird und unter den richtigen Umfeldbedingungen zu einer dauerhaften friedlichen Weltordnung führt. Ergänzend zur republikanischen Verfasstheit eines Staates und dem Völkerrecht ist somit für Kant der zwischenstaatliche Handel eine Triebfeder für einen dauerhaften Friedenszustand, da Krieg den für alle Seiten vorteilhaften Handel unterbricht:

„So wie die Natur weislich die Völker trennt, welche der Wille jedes Staats, und zwar selbst nach Gründen des Völkerrechts, gern unter sich durch List oder Gewalt vereinigen möchte; so vereinigt sie auch andererseits Völker, die der Begriff des Weltbürgerrechts gegen Gewaltthätigkeit und Krieg nicht würde gesichert haben, durch den wechselseitigen Eigennutz. Es ist der Handelsgeist, der mit dem Kriege nicht zusammen bestehen kann, und der früher oder später sich jedes Volks bemächtigt. Weil nämlich unter allen, der Staatsmacht untergeordneten, Mächten (Mitteln), die Geldmacht wohl die zuverläßigste sein möchte, so sehen sich Staaten (freilich wohl nicht eben durch Triebfedern der Moralität) gedrungen, den edlen Frieden zu befördern, und, wo auch immer in der Welt Krieg auszubrechen droht, ihn durch Vermittelungen abzuwehren, gleich als ob sie deshalb im beständigen Bündnisse ständen; denn große Vereinigungen zum Kriege können, der Natur der Sache nach, sich nur höchst selten zutragen, und noch seltener glücken. – Auf die

---

[12]Hierzu und für die folgenden Überlegungen: Otfried Höffe, *Kants Kritik der praktischen Vernunft Eine Philosophie der Freiheit* (München: C.H. Beck, 2012), Kap. 17.4.

Art garantirt die Natur, durch den Mechanism in den menschlichen Neigungen selbst, den ewigen Frieden; freilich mit einer Sicherheit, die nicht hinreichend ist, die Zukunft desselben (theoretisch) zu weissagen, aber doch in praktischer Absicht zulangt, und es zur Pflicht macht, zu diesem (nicht bloß schimärischen) Zwecke hinzuarbeiten."[13]

In der Disziplin Internationale Beziehungen bilden Kants Ideen zum ewigen Frieden die Grundlage für viele theoretische Ansätze und empirische Studien in der Friedens- und Konfliktforschung. Eine Vielzahl von Studien belegen, dass Demokratien zwar nicht friedfertiger als Autokratien sind, jedoch untereinander keine Kriege führen, weshalb viele Forscherinnen und Forscher von einem „Demokratischen Frieden" sprechen.[14] Demnach ließe sich ein ewiger Frieden erreichen, wenn alle Staaten demokratisch verfasst seien. Dennoch wird hierdurch Kants Erklärungsmechanismus für die Friedfertigkeit von Demokratien infrage gestellt, wonach Bürgerinnen und Bürger in Demokratien keinerlei Krieg zustimmen, da sie unter diesen leiden würden. In der aktuellen Debatte zum Demokratischen Frieden werden deshalb vielfältige andere Gründe angeführt, weshalb Demokratien nur untereinander keine Kriege führen, zum Beispiel dass Demokratien auf Normen basieren, Konflikte friedfertig auszutragen.[15] Trotz theoretischer und methodischer Kritik besteht in der Forschung ein breiter Konsens, der die Hypothese zum Demokratischen Frieden belegt.[16] Ergänzend zur demokratischen Verfasstheit bestätigen empirische Studien, dass auch die gemeinsame Mitgliedschaft von Staaten in internationalen Organisationen die Wahrscheinlichkeit kriegerischer Auseinandersetzungen zwischen Staaten verringert. Dieser empirische Befund weist eine Nähe zu Kants Ideen über einen Föderalismus zwischen Staat auf.

---

[13]Kant, "Zum ewigen Frieden," a.a.O., 368.

[14]John R. Oneal, Bruce Russett und Michael L. Berbaum, "Causes of Peace: Democracy, Interdependence, and International Organizations, 1885–1992," *International Studies Quarterly* 47:3 (2003), 371–393.

[15]William J. Dixon, "Democracy and the Peaceful Settlement of International Conflict," *American Political Science Review* 88:1 (1994), 14–32. Weitere interessante Erklärungen liefern zum Beispiel Karl R. DeRouen Jr. und Shaun Goldfinch, "Putting the Numbers to Work: Implications for Violence Prevention," *Journal of Peace Research* 42:1 (2005), 27–45; James D. Fearon, "Domestic Political Audiences and the Escalation of International Disputes," *American Political Science Review* 88:3 (1994), 577–592.

[16]Für eine Übersicht zur Forschung über den Demokratischen Frieden siehe Jarrod Hayes, "The Democratic Peace and the New Evolution of an Old Idea," *European Journal of International Relations* 18:4 (2012), 767–791.

Zu guter Letzt bestätigt eine Vielzahl von empirischen Studien auch den friedenstiftenden Effekt von Freihandel, wie ihn Kant beschreibt. Demnach führen Staaten umso weniger Kriege, je mehr Handel sie miteinander betreiben.[17] Interessant ist hierbei auch die Forschung zum Zusammenhang zwischen (liberaler) Demokratie[18] und Freihandel. So belegen Studien, dass Demokratien eine liberalere, offenere Außenhandelspolitik und damit mehr Außenhandel als Autokratien betreiben.[19] In Ergänzung zu den demokratischen Institutionen werden die geringere Sicherheitsbedrohung durch Demokratien und die größere Wählerschaft, der gegenüber eine demokratische Regierung verpflichtet ist, öffentliche Güter bereitzustellen, als Gründe für den Zusammenhang zwischen einer liberaler Handelspolitik und Demokratie genannt.[20] Umgekehrt belegen Studien aber auch, dass mehr Freihandel förderlich für die Demokratisierung eines Landes ist. Demnach besteht somit ein sich gegenseitig verstärkender Zusammenhang zwischen Demokratie und Freihandel, was sich wiederum positiv auf die Friedfertigkeit eines Staates auswirkt. Kants Schrift *Zum ewigen Frieden* inspirierte somit vielfältige Stränge und Debatten in der Disziplin der Internationalen Beziehungen, insbesondere der Friedens- und Konfliktforschung, die zugleich aber auch eine Nähe zu Fragen der Internationalen Politischen Ökonomie aufweisen. Aber auch für die politische Philosophie ist eine Beschäftigung mit Kants Schrift immer noch von Relevanz. Obwohl der weit über 200 Jahre alte Text "an begrifflichen Schwierigkeiten leidet und unseren historischen

---

[17] John R. Oneal und Bruce Russett, "The Kantian Peace: The Pacific Benefits of Democracy, Interdependence, and International Organizations, 1885–1992," *World Politics* 52:3 (1999), 1–37; Jarrod Hayes, "Investing in the Peace: Economic Interdependence and International Conflict," *International Organization* 55:2 (2001), 391–438.

[18] Untersuchungen zu diesem Thema beziehen sich dabei nahezu ausschließlich auf solche Demokratiedefinitionen, die auf einer gewaltenteilenden, rechtsstaatlichen Repräsentation beruhen. Siehe zum Beispiel Keith Jaggers und Ted R. Gurr, Transitions to Democracy. Tracking the Third Wave with Polity III Indicators of Democracy and Autocracy, in: Journal of Peace Research 32:4 (1995), 469–482; aufbauend auf Robert A. Dahl, *Vorstufen zur Demokratie-Theorie* (Tübingen: Mohr 1976).

[19] Helen V. Milner und Bumba Murkherjee, "Democratization and Economic Globalization," *Annual Review of Political Science* 12 (2009), 163–181.

[20] Siehe zum Beispiel Harry Bliss und Bruce Russet, "Democratic Trading Partners: The Liberal Connection, 1962–1989," *Journal of Politics* 60:4 (1998), 1126–1147; Helen V. Milner und Keiko Kubota, "Why the Move to Free Trade? Democracy and Trade Policy in the Developing Countries," *International Organization* 59:1 (2005), 107–145.

Erfahrungen nicht mehr angemessen" erscheint,[21] ist die Auseinandersetzung mit diesem Text allein schon wegen der Wirkung, die er auf verschiedene akademische Fächer und auch in der praktischen Politik hatte, von fortwährender Bedeutung.

Literaturverzeichnis

Alexander Hamilton et al., *Die Federalist Papers; the Federalist Dt.* (München: Beck, 2007).
Christian Simon, "1795: Der Basler Frieden," *Basler Stadtbuch* (1995).
Eckhart Arnold, "Eine Unvollendete Aufgabe: Die Politische Philosophie von Kants Friedensschrift," in *Immanuel Kant. Essays Presented at the Muğla University International Kant Symposium,* ed. Nebil Reyhani (Vadi Yayınları, 2006), 496–512.
Harry Bliss und Bruce Russet, "Democratic Trading Partners: The Liberal Connection, 1962–1989," *Journal of Politics* 60:4 (1998), 1126–1147.
Helen V. Milner und Bumba Murkherjee, "Democratization and Economic Globalization," *Annual Review of Political Science* 12 (2009), 163–181.
Helen V. Milner und Keiko Kubota, "Why the Move to Free Trade? Democracy and Trade Policy in the Developing Countries," *International Organization* 59:1 (2005), 107–145.
Immanuel Kant, "Zum ewigen Frieden," in *Kants gesammelte Schriften* (Abt. 1: Werke, Band 8: Abhandlungen nach 1781), herausgegeben von Königlich Preußische Akademie der Wissenschaften (Berlin: Reimers, 1912 [1795, erw. Aufl. 1796]), 341–386.
Immanuel Kant, *Kant's Gesammelte Schriften, Bd. 9. Abt. 1, Werke: Logik* (Berlin: Reimer, 1923).
Immanuel Kant, „Grundlegung zur Metaphysik der Sitten", in *Kant's Gesammelte Schriften, Bd. 4. Abt. 1, Werke: Kritik Der Reinen Vernunft* (Berlin: Reimer, 1911).
James D. Fearon, "Domestic Political Audiences and the Escalation of International Disputes," *American Political Science Review* 88:3 (1994), 577–592.
Jarrod Hayes, "Investing in the Peace: Economic Interdependence and International Conflict," *International Organization* 55:2 (2001), 391–438.
Jarrod Hayes, "The Democratic Peace and the New Evolution of an Old Idea," *European Journal of International Relations* 18:4 (2012), 767–791.
John R. Oneal, Bruce Russett und Michael L. Berbaum, "Causes of Peace: Democracy, Interdependence, and International Organizations, 1885–1992," *International Studies Quarterly* 47:3 (2003), 371–393.
John R. Oneal und Bruce Russett, "The Kantian Peace: The Pacific Benefits of Democracy, Interdependence, and International Organizations, 1885–1992," *World Politics* 52:3 (1999), 1–37.
Jürgen Habermas, "Kants Idee des Ewigen Friedens – aus dem historischen Abstand von 200 Jahren," *Kritische Justiz* 28:3, 293–319.

---

[21]Jürgen Habermas, "Kants Idee des Ewigen Friedens – aus dem historischen Abstand von 200 Jahren," *Kritische Justiz* 28:3, 293–319.

Karl R. DeRouen Jr. und Shaun Goldfinch, "Putting the Numbers to Work: Implications for Violence Prevention," *Journal of Peace Research* 42:1 (2005), 27–45.

Keith Jaggers und Ted R. Gurr, Transitions to Democracy. Tracking the Third Wave with Polity III Indicators of Democracy and Autocracy, in: *Journal of Peace Research* 32:4 (1995), 469–482.

Manfred Kühn, *Kant: Eine Biographie* (München: Beck, 2005, 5. Aufl.).

Otfried Höffe, *Kants Kritik der praktischen Vernunft Eine Philosophie der Freiheit* (München: C.H. Beck, 2012).

Robert A. Dahl, *Vorstufen zur Demokratie-Theorie* (Tübingen: Mohr 1976).

William J. Dixon, "Democracy and the Peaceful Settlement of International Conflict," *American Political Science Review* 88:1 (1994), 14–32.

Die Erschließung des Weltmarktes und der Imperialismus

Friedrich List

Maria Behrens

Ende des 18. Jahrhunderts setzte in Großbritannien als erstem Land die Industrialisierung ein. Um 1820 prägte die Industrie fast alle Lebensbereiche des Landes. Großbritannien besaß zu jener Zeit die günstigsten Voraussetzungen für eine Industrialisierung: Es verfügte über herausragende Außenhandelsbeziehungen, eine Vielzahl an Kolonien und war die führende Seemachtnation. Hinzu kamen technische Innovationen wie die Dampfkraft, die es nicht nur erlaubte, Konsumgüter (vor allem Baumwolltextilien) in größerer Stückzahl zu geringeren Preisen zu produzieren, sondern durch die Dampfschifffahrt auch schneller Rohstoffe aus den Kolonien ins Land zu importieren und industrielle Güter zu exportieren. Die technische Entwicklung war eine zentrale Grundlage, dass in Großbritannien bereits 1830 Textilien mehr als 70 % der britischen Exporte ausmachte.[1]

In dieser Zeit des wirtschaftlichen wie politischen Wandels waren die Interessen in Bezug auf Freihandel gespalten: Adelige Großgrundbesitzer traten für einen Agrarprotektionismus ein, während Unternehmer wie Arbeiter für den Freihandel kämpften.[2] Erstere setzten sich zunächst nach den Napoleonischen

---

[1] Vgl. Jürgen Osterhammel und Niels P. Petersson, *Geschichte der Globalisierung, Dimensionen, Prozesse, Epochen* (München: C.H. Beck, 2012, 5. Aufl.).

[2] Vgl. zu den Gegenbewegungen zum Freihandel vgl. Karl Polanyi, *The Great Transformation. Politische und ökonomische Ursprünge von Gesellschaften und Wirtschaftssystemen* (Wien: Europaverlag, 1977[1944]).

M. Behrens (✉)
Bergische Universität Wuppertal, Wuppertal, Deutschland
E-Mail: mbehrens@uni-wuppertal.de

© Springer Fachmedien Wiesbaden GmbH, ein Teil von Springer Nature 2020
H. Janusch (Hrsg.), *Handelspolitik und Welthandel in der Internationalen Politischen Ökonomie*, https://doi.org/10.1007/978-3-658-28656-9_5

Kriegen 1815 gegen die Vertreter des Freihandels durch.[3] Durch die Korngesetze *(Corn Laws)* wurde der Import von Getreide mengenmäßig mit dem Argument beschränkt, Großbritannien sei zu stark von Getreideimporten abhängig, müsse aber in der Lage sein, seine Bevölkerung selbst zu ernähren. Mit diesem Argument setzten sich die Landadeligen gegen billigere Agrarexporte vor allem aus den Vereinigten Staaten durch. Die Importbeschränkungen lösten wiederum eine Gegenbewegung aus: Es bildete sich um den Unternehmer Richard Cobden und den späteren Parlamentsabgeordneten John Bright 1839 die *Anti-Corn Law League,* die zu einer der einflussreichsten Lobbying-Vereinigung heranwuchs.[4] Ihre Forderung war die Abschaffung der Korngesetze, und sie wurden dabei von den Arbeiterinnen und Arbeitern unterstützt. In Reaktion auf die Korngesetze hatten die Amerikaner Zölle auf verarbeitete Produkte erhoben. Durch die Aufhebung der britischen Importbeschränkungen erhofften sich die Unternehmer, dass die Vereinigten Staaten in Reaktion wieder ihren Markt für verarbeitete Produkte öffnen würden, was auch tatsächlich geschah. Die Arbeiterinnen und Arbeiter wiederum waren an preisgünstigen Nahrungsmitteln interessiert, was wiederum für die Unternehmer den Vorteil hatte, die Löhne geringer halten zu können. Durch öffentlichkeitswirksame Kampagnen bewirkten sie, dass schrittweise die Importbeschränkungen verringert wurden. Schließlich gelang es dem Freihandelslager auch im Parlament durch Abgeordnete Fuß zu fassen, die dort für die Abschaffung der Korngesetze eintraten und schließlich bewirkten, dass 1846 die protektionistische Maßnahme mit einer knappen Mehrheit im Parlament ganz abgeschafft wurde. Hatten die Korngesetze, aber auch das Navigationsgesetz aus dem 17. Jahrhundert den wirtschaftlichen Aufstieg Großbritanniens unterstützt, erlaubte die durch die napoleonischen Kriege gewonnene militärische, politische und ökonomische Vormachtstellung des Landes (Pax Britannica) nun eine Wende zum Freihandel.

Die Wende hin zum Freihandel ist begleitet von einer sich Jahrzehnte hinziehenden Veränderung im Kräfteverhältnis des Lagers der Protektionisten zu Gunsten des Lagers der Freihändler. Daher wird das Jahr 1846 auch als die

---

[3]Zu den Vertretern des Freihandels im Parlament gehörte auch David Ricardo, der sich ab den 1820er Jahren wiederholt gegen die Korngesetze aussprach, vgl. Hansard of the House of Commons and the Lords, zum Beispiel 12. Mai 1820, 1, 329–332 (https://api.parliament.uk/historic-hansard/commons/1820/may/12/agricultural-distress, rev. 27.11.2018).

[4]Vgl. Jürgen Osterhammel, „Zur Geschichte des Freihandels," *Aus Politik und Zeitgeschichte*, Schwerpunktheft Freihandel 68:4-5 (2018), 11–17.

„Freihandelsrevolution"[5] bezeichnet, der andere Staaten folgten, bis schließlich um 1870 ganz Europa westlich von Russland zu einer Freihandelszone geworden war. In anderen Teilen der Welt setzte Großbritannien bei Widerstand seine Freihandelsidee auch durch militärische Gewalt wie in den Opiumkriegen (1839–1842 sowie 1856–1860) gegen das Kaiserreich China durch („Freihandelsimperialismus").[6]

Während Großbritannien das Geburtsland der Industriellen Revolution war und sich Anfang des 19. Jahrhunderts verstärkt dem Freihandel zuwendete, war Deutschland in der Position einer nachholenden wirtschaftlichen Entwicklung. Politisch war das Land durch Kleinstaaterei gespalten, was den Handel auf dem deutschen Gebiet erschwerte: Noch Ende des 18. Jahrhunderts gab es 1800 Zollgrenzen. Nach den Napoleonischen Kriegen wurde mit dem Wiener Kongress von 1814/1815 die territoriale Gliederung Deutschlands zwar neu geordnet: die Einzelstaaten (37 Fürstentümer und vier freie Städte) wurden als souverän anerkannt und im losen Staatenverbund, dem Deutschen Bund, vereinigt. Das einzige gemeinsame Staatsorgan, die Bundesversammlung, einem Gesandtenkongress der Einzelstaaten, war aber nicht in der Lage, die Vielzahl an Zollschranken abzubauen, da die Interessen zu weit auseinanderlagen. Diese innerdeutschen Zollschranken waren jedoch nicht allein der Grund für den wirtschaftlichen Rückstand Deutschlands. Hinzu kommen weitere Faktoren wie schlechte Verkehrsverhältnisse, Probleme bei der Kreditbeschaffung, geringe soziale Mobilität, niedrige Massenkaufkraft und die nur teilweise beseitige feudale Agrarverfassung.[7] Gleichwohl waren die Zollschranken ein Hindernis in der Bewältigung außenwirtschaftlicher Herausforderungen. Durch die Aufhebung der Kontinentalsperre, eine von Napoleon verfügte Wirtschaftsblockade, im Jahr 1813 strömten englische Industriegüter zu Dumpingpreisen auf den schlecht geschützten deutschen Markt, wovon besonders die Textilbranche betroffen war.

Diese historische Entwicklung ist Gegenstand des deutschen Ökonomen und Politikers Friedrich List (1789–1846). Er betont in seinem zentralen Werk *Das nationale System der politischen Ökonomie*[8] von 1841, dass der Vorsprung Englands in der Industrialisierung nicht auf die Theorie der Nationalökonomie von Adam Smith (siehe entsprechenden Beitrag), die er als die „herrschende Schule"

---

[5]Osterhammel, „Zur Geschichte des Freihandels," 13.

[6]Vgl. Christian Kleinschmidt, *Wirtschaftsgeschichte der Neuzeit* (München: C.H. Beck, 2017).

[7]Vgl. Hans-Werner Hahn, *Geschichte des Deutschen Zollvereins* (Göttingen: Vandenhoeck und Ruprecht, 1984), insbesondere 15–20.

[8]Friedrich List, *Das nationale System der politischen Ökonomie* (Tübingen: J.C.B. Mohr, 1959[1841]).

bezeichnet, zurückzuführen sei, sondern auf die geschichtliche Praxis. In seinem Werk, das in vier Bücher unterteilt ist (Geschichte, Theorie, Systeme und Politik), widmet sich der erste Teil der wirtschaftshistorischen Entwicklung der zu seiner Zeit wichtigsten Nationen. Er verdeutlicht darin die für die wirtschaftliche Entwicklung der einzelnen Nationen bedeutende „Wechselwirkung zwischen den gesellschaftlichen und den individuellen Kräften und Zuständen".[9] Zunächst jedoch unterteilt er die Staaten entsprechend ihres jeweiligen Entwicklungsstandes in fünf Stufen: 1. Zustand der ursprünglichen Wildheit, 2. Hirtenstand, 3. Agrikulturstand, 4. Agrikultur-Manufakturstand sowie 5. Agrikultur-Manufaktur-Handelsstand. Obgleich Vertreterinnen und Vertreter der Dependenztheorie wie Raúl Prebisch, Celso Furtado und vor allem Gunnar Myrdal sich in den 1950er Jahre auf List beriefen (siehe auch die Beiträge zu Hans W. Singer & Raúl Prebisch sowie zu Fernando H. Cardoso & Enzo Felatto),[10] beschränkt sich List in seiner weiteren Analyse auf die Länder der „gemäßigten Zone", da die Länder der „heißen Zone" naturbedingt nicht dazu geeignet seien, selbst Manufakturen aufzubauen und es daher für sie sinnvoller wäre, die Manufakturwaren aus den Ländern der „gemäßigten Zone" zu importieren und ihre Agrarprodukte („Kolonialwaren") an die weiter entwickelten Länder zu exportieren. Dadurch entstünde eine „kosmopolitische Teilung der Arbeit" im internationalen Handel, da die Länder der „gemäßigten Zone" dazu berufen seien, sich die Länder der „heißen Zone" als beherrschte Kolonien „tributbar" zu machen. Damit stuft List die Länder des Südens als quasi koloniales, agrarisches Hinterland ein, die die Länder der „gemäßigten Zone" mit Agrargütern und Rohstoffen zu versorgen haben.[11] Entsprechend konzentriert sich List in seiner folgenden wirtschaftshistorischen Analyse auf wirtschaftlich weiter entwickelte Länder, die er den Entwicklungsstufen 3 bis 5 zuordnet. Im internationalen Handel fallen Spanien, Portugal und Nepal in die untere Stufe, Deutschland und Nordamerika werden der nächst höheren zugeordnet, Frankreich steht an der Grenze zur höchsten Stufe. Nur Großbritannien hat es geschafft, die höchste Entwicklungsstufe zu erreichen.

In seiner Analyse der wirtschaftlichen Entwicklung zeigt List auf, dass England über besondere Vorteile gegenüber den anderen Ländern verfügte: über eine starke einheimische Industrie, eine starke Seeflotte, eine gut ausgebaute

---

[9]List, *Das nationale System der politischen Ökonomie,* 125.

[10]Vgl. Mauro Boianovsky, „Friedrich List and the Economic Fate of Tropical Countries," *History of Political Economy* 45:4 (2013), 647–691.

[11]Vgl. Onur Ulas Ince, „Friedrich List and the Imperial origins of the national economy," *New Political Economy* 21:4 (2016), 380–400.

Infrastruktur, einen starken Nationalstaat, der durch seine geographische Lage relativ immun gegen eine Invasion ausländischer Mächte war, über einen internen freien Handel, eine Vielzahl an Kolonien und über eine hohe produktive Kraft der Menschen. Er nennt somit verschiedenste Faktoren, die eine erfolgreiche Wirtschaftsentwicklung begünstigen und ein Land im internationalen Handel wettbewerbsfähig machen, im Fall von England sogar den Aufstieg zur Hegemonialmacht begünstigten. Doch nicht nur England, sondern jeder Nationalstaat strebe danach, die nächst höhere Entwicklungsstufe zu erreichen. Wie er am Beispiel Englands zeigt, bedient sich eine Nation zu diesem Zweck der Schutzzölle. So habe England die Einfuhr der besser verarbeiteten Stoffe aus Ostindien in die europäischen Staaten durch die Navigationsakten zunächst verhindert, damit sich die eigene heimische Industrie entwickeln konnte, obgleich es damit für seine Bevölkerung in Kauf nahm, schlechtere Stoffe zu konsumieren. Erst nachdem die eigene Industrie aufgebaut war, exportierte England nun selbst Stoffe in die Kontinentalländer.

Aufbauend auf dieser historischen Entwicklung Englands formuliert List ein differenziertes System des Schutzzolls zur ökonomischen Entwicklung einer Nation. Für Agrarländer ist die Einführung eines Schutzzolles kontraproduktiv, da der Freihandel es dieser Nation erst erlaube, dass für die Entwicklung nötige Know-how zu erwerben. Erst wenn das Agrarland soweit ökonomisch entwickelt sei, dass es durch die Einfuhr industrieller Güter in der weiteren Entwicklung behindert werde, ist nach List die Errichtung von Schutzzöllen sinnvoll.

„Ist die zu beschützende Manufakturkraft noch in der ersten Periode ihrer Entwicklung, so müssen die Schutzzölle sehr gemäßigt sein, sie dürfen nur allmählich mit der Zunahme der geistigen und materiellen Kapitale, der technischen Geschicklichkeiten und des Unternehmungsgeistes der Nation steigen. Auch ist keineswegs erforderlich, daß alle Industriezweige auf gleiche Weise beschützt werden. Besondern Schutz erfordern nur die wichtigsten Zweige, zu deren Betrieb große Anlags- und Betriebskapitale, viele Maschinerie, also viele technische Kenntnisse, Geschicklichkeiten und Übungen und viele Arbeiter erfordert werden und deren Produkte unter die ersten Lebensbedürfnisse gehören, folglich in Beziehung auf ihren Totalwert wie auf die nationale Selbständigkeit von der größten Wichtigkeit sind, wie z.B. die Wollen-, Baumwollen- und Leinenfabriken usw. Werden diese Hauptzweige gehörig beschützt und ausgebildet, so ranken alle übrigen minder bedeutenden Manufakturzweige auch bei geringerm Schutz an ihnen empor."[12]

---

[12] List, *Das nationale System der politischen Ökonomie*, 178.

Allerdings sind Schutzzölle nur so weit zu erheben, dass eine Konkurrenz als Anreizsystem für die heimische Industrie aufrechterhalten wird. Dabei seien die Einfuhrzölle frühzeitig bekannt zu geben und einzuhalten, damit sich die Unternehmen, aber auch die Arbeiterinnen und Arbeiter darauf einstellen könnten. Nur so könne gewährleistet werden, dass sich im Inneren das Kapital, die „Gewerbsgeschicklichkeit" und der „Unternehmungsgeist" entwickeln oder auch durch erwartete Gewinne/Löhne von außen in das Land einströmen können. List vergleicht die nationale Ökonomie an dieser Stelle mit dem Wachstum einer Pflanze, die keine abrupten Störungen verträgt. Entsprechend sei es unabdingbar, dass die Zollpolitik transparent und verlässlich gestaltet werde. Erst wenn ein Land auf vergleichbarer Entwicklungsstufe sei, wie das konkurrierende Land, könne es die Schutzzölle wieder fallen lassen. Nun sei es möglich, mit anderen Ländern Freihandelsverträge abzuschließen. Handelsverträge sind nach List nur legitim, wenn die Vorteile wechselseitig sind. Sind alle Länder auf vergleichbarem Entwicklungsstand, könne tatsächlich das kosmopolitische Prinzip Adams Smiths des globalen Freihandels zur Geltung kommen. Die Annahme von Adam Smith, dass freier Handel zum Wohlstand aller Nationen führt, stellt List nicht grundsätzlich infrage. Eine solche Universalunion sei nicht nur aus wirtschaftlicher Perspektive sinnvoll, sondern eine vorab vereinbarte politische Konföderation könne darüber hinaus im Sinne Immanuel Kants (siehe entsprechenden Beitrag) zum ewigen Frieden führen.

„Setzt man, wie die Schule verlangt, eine Universalunion oder eine Konföderation aller Nationen als Garantie des ewigen Friedens voraus, so erscheint das Prinzip der internationalen Handelsfreiheit als vollkommen gerechtfertigt. Je weniger jedes Individuum in Verfolgung seiner Wohlfahrtszwecke beschränkt, je größer die Zahl und der Reichtum derer ist, mit welchen es in freiem Verkehr steht, je größer der Raum ist, auf welchen sich seine individuelle Tätigkeit zu erstrecken vermag, um so leichter wird es ihm sein, die ihm von der Natur verliehenen Eigenschaften, die erworbenen Kenntnisse und Geschicklichkeiten und die ihm zu Gebot stehenden Naturkräfte zu Vermehrung seiner Wohlfahrtzwecke zu benützen. Wie mit den Individuen, so verhält es sich mit Gemeinheiten, Provinzen und Ländern. Nur ein Tor könnte behaupten, die Handelsunion sei den Vereinigten Staaten von Nordamerika, den Provinzen Frankreichs, den deutschen Bundesstaaten nicht so zuträglich als die Provinzialdouanen."[13]

---

[13]List, *Das nationale System der politischen Ökonomie*, 135.

Umso höher die industrielle Entwicklung sei und je gleichmäßiger die Länder in ihrer Entwicklung seien, desto unwahrscheinlicher komme es zu Kriegen. Der Interdependenztheorie (siehe in Beitrag zu Robert O. Keohane) vorweggreifend stellt List fest, dass bei vergleichbarer industrieller Entwicklung und unter der Bedingung des Freihandels die Schäden durch Kriege den Nutzen für die beteiligten Länder bei weitem überwiegen würden.

Allerdings nehme die „Schule" einen Zustand als gegeben an, der sich in Zukunft erst noch entwickeln müsse. Bei der gegebenen ungleichen Entwicklung der Staaten würde eine allgemeine Handelsfreiheit zu einer „Universaluntertänigkeit" der weniger entwickelten Länder unter der Universalherrschaft Englands führen und eben nicht zu der angestrebten Universalunion.

> „Die Schule hat einen Zustand, der erst werden soll, als wirklich bestehend angenommen. Sie setzt die Existenz einer Universalunion und des ewigen Friedens voraus und folgert daraus die großen Vorteile der Handelsfreiheit. Auf diese Weise verwechselt sie die Wirkung mit der Ursache. Zwischen den bereits vereinigten Provinzen und Staaten besteht der ewige Friede, aus dieser Vereinigung ist die Handelsvereinigung derselben erwachsen, und infolge des unter ihnen bestehenden ewigen Friedens ist ihnen die Handelsvereinigung so nützlich geworden. Alle Beispiele, welche die Geschichte uns aufzuweisen hat, sind solche, wobei die politische Vereinigung vorangegangen und die Handelsvereinigung gefolgt ist. Sie kennt kein einziges, wo diese vorangegangen und jene daraus erwachsen wäre. Daß aber unter den bestehenden Weltverhältnissen aus allgemeiner Handelsfreiheit nicht die Universalrepublik, sondern die Universaluntertänigkeit der minder vorgerückten Nationen unter die Suprematie der herrschenden Manufaktur-, Handels- und Seemacht erwachsen müßte, dafür sind die Gründe sehr stark und nach unserer Ansicht unumstößlich."[14]

Mit Verweis auf Adam Smith und die Navigationsakte argumentiert List, dass sich gerade im Fall Englands (Seemacht) gezeigt habe, dass Macht wichtiger für die Entwicklung einer Nationalökonomie sei, als Reichtum. Nur die Macht eines Nationalstaates gewährleiste die Kraft, die für die Entwicklung produktiver Kräfte im Inneren und die Erhaltung bestehenden Reichtums unabdingbar sei. „Unmacht" hingegen bedeute den Verlust nationaler Selbstständigkeit an diejenige Nation, die an Macht überlegen sei. List verweist somit bereits auf den Zusammenhang von Wohlfahrtsgewinnen und asymmetrischen Machtverhältnissen, die Albert O. Hirschman (siehe entsprechenden Beitrag) in seiner Theorie später aufgreift.

---

[14]List, *Das nationale System der politischen Ökonomie*, 138 f.

Um nicht in völlige Abhängigkeit eines mächtigeren Staates zu geraten, ist die Nutzung von Macht nach List für Nationalstaaten zur ökonomischen Entwicklung unerlässlich. Nur dadurch seien sie in der Lage Schutzzölle zu erheben, die so lange gerechtfertigt seien, bis die Nationalstaaten vergleichbare Entwicklungsstufen erreichten.

„Das Schutzsystem, insofern es das einzige Mittel ist, die in der Zivilisation weit vorgerückten Staaten gleich zustellen mit der vorherrschenden Nation, welche von der Natur kein ewiges Manufakturmonopol empfangen, sondern vor andern nur einen Vorsprung an Zeit gewonnen hat – das Schutzsystem erscheint, aus diesem Gesichtspunkt betrachtet, als das wichtigste Beförderungsmittel der endlichen Union der Völker, folglich der wahren Handelsfreiheit."[15]

Dabei ist List völlig klar, dass Schutzzölle zu höheren inländischen Preisen für die Verbraucher führen, da die heimischen Unternehmen die Güter nicht so preisgünstig erstellen können, wie das industriell weiterentwickelte Land:

„Die Nation muß materielle Güter aufopfern und entbehren, um geistige oder gesellschaftliche Kräfte zu erwerben; sie muß gegenwärtige Vorteile aufopfern, um sich zukünftige zu sichern. (…)
Wird daher durch die Schutzzölle ein Opfer an Werten gebracht, so wird dasselbe durch die Erwerbung einer Produktivkraft vergütet, die der Nation nicht allein für die Zukunft eine unendlich größere Summe von materiellen Gütern, sondern auch industrielle Independenz [=Unabhängigkeit] für den Fall des Krieges sichert. Durch die industrielle Independenz und die daraus erwachsende innere Prosperität erwirbt die Nation die Mittel zum auswärtigen Handel."[16]

Sobald das Land durch die Schutzzölle konkurrenzfähig geworden sei, seien die Zölle wieder zu beseitigen. Dabei bezieht List sein Schutzzollargument nicht allein auf den Nationalstaat. Zwar sah er die dringende Notwendigkeit – und setzte sich politisch engagiert dafür ein[17] – die Kleinstaaterei in Deutschland aufzuheben, da durch 38 Maut- und Zollsysteme die Produktivkraft zugrunde gehe. Generell aber vertrat er die Position, dass es von Vorteil sei, wenn sich unter der Bedingung vergleichbarer Entwicklungsstufen Staaten zu Handelsunionen zusammenschließen. In den damaligen Kongressen der großen Mächte

---

[15]List, *Das nationale System der politischen Ökonomie*, 139.

[16]List, *Das nationale System der politischen Ökonomie*, 152 f.

[17]Zur Biographie von Friedrich List siehe Eugen Wedler, *Friedrich List (1789–1846). Ein Ökonom mit Weitblick und sozialer Verantwortung* (Wiesbaden: Springer Fachmedien, 2013).

sah er bereits ein Embryo einer Universalunion. Für List stehen somit Nationalökonomie und Globalisierung, oder um Lists Begriff zu wählen, die Weltökonomie nicht im Gegensatz zueinander, sondern sind eng miteinander verwoben. Der hauptsächliche Fehler ist nach List, dass die kosmopolitische „Schule" nicht zwischen Privatökonomie, Nationalökonomie und Weltökonomie unterscheide. Während die Weltökonomie die Vorteile eines globalen Freihandels beschreibe, lehre die Nationalökonomie, wie eine Nation sich wirtschaftlich entwickeln könne. Die Schule, allen voran Jean Baptiste Say, der die Lehre von Adam Smith verwässere, mache den Fehler, Privatökonomie mit der Weltökonomie gleichzusetzen und der Nationalökonomie unter der Annahme, dass jegliche politische Handelsbeschränkungen von Nachteil seien, zu vernachlässigen. Eine Analyse der Nationalökonomie zeige jedoch, dass erst durch Schutzzölle der angestrebte weltweite Freihandel zwischen vergleichbar entwickelten Staaten erreicht werden könne. In diesem Zusammenhang verweist er auf den französischen Staatsmann und Ökonomen Jean-Baptiste Colbert (siehe entsprechenden Beitrag), der es durch ein durchdachtes Schutzzollsystem geschafft habe, den inneren Markt für die Industrie zu sichern und so die wirtschaftliche Entwicklung des Landes zu befördern.

In der aktuellen wissenschaftlichen Debatte wird List zumeist mit der Forderung nach solchen Schutzzöllen, oder auch dem Erziehungszoll, in Verbindung gebracht.[18] Viel bedeutender ist jedoch seine Theorie der produktiven Kräfte, die er von der Werttheorie von Adam Smith abgrenzt, beziehungsweise diese ergänzt. Der Tauschwert ist nach Adam Smith das Austauschverhältnis zwischen Gütern verschiedener Länder, der sich lediglich aus der in den Gütern enthaltenen Arbeit ergibt (objektiver Tauschwert). Der durch den Handel gewonnene Tauschwert oder auch das Kapital kann wiederum in die industrielle Produktion investiert und damit das wirtschaftliche Wachstum erhöht werden. Handelsschranken vermindern demnach das Kapital, das einem Land potenziell durch Freihandel möglich wäre. List kritisiert an dieser Stelle die Werttheorie von Adam Smith, die nur materielles Kapital berücksichtige und stellt die grundsätzliche Frage, wie denn überhaupt industrielle Produktivität entsteht.

> „Wir an unserem Teil glauben [dagegen] nachweisen zu können, daß eben dieser Eifer, die wichtige Entdeckung *„Teilung der Arbeit"* in ein vorteilhaftes Licht zu stellen, Adam Smith verhindert hat, die Idee *„produktive Kraft"*, die von ihm in

---

[18] Dieter Senghaas, „Friedrich List, Das nationale System der politischen Ökonomie, Stuttgart/ Tübingen 1841", in *Schlüsselwerke der Politikwissenschaft*, herausgegeben von Steffen Kailitz (Wiesbaden: VS Verlag für Sozialwissenschaften, 2007), 255–258.

der Einleitung und nachher noch oft, obwohl nur gelegentlich, ausgesprochen worden ist, weiter zu verfolgen und seine Lehre in einer viel vollkommeneren Gestalt darzustellen. Durch den großen Wert, den er seiner Idee „*Teilung der Arbeit*" beilegte, läßt er sich offenbar verleiten, die Arbeit selbst als den „Fonds" (Fund) aller Reichtümer der Nationen darzustellen, ungeachtet er selbst wohl einsieht, und es auch ausspricht, daß die Produktivität der Arbeit hauptsächlich von dem Grad der Geschicklichkeit und Zweckmäßigkeit abhänge, womit die Arbeit in Anwendung gebracht werde. Wir fragen: heißt es wissenschaftlich räsonieren, wenn man als Ursache einer Erscheinung etwas bezeichnet, was für sich selbst das Resultat einer Menge tiefer liegender Ursachen ist?"[19]

Mit seiner Theorie der produktiven Kräfte versucht er die Leistungsfähigkeit eines Landes zu erklären. Unter dem Begriff der produktiven Kräfte bezieht er eine Vielzahl an Faktoren ein wie Bevölkerungsgröße, Wissenschaft und Kultur, Bildung, Gesetze, Sicherheit der Person und des Eigentums, Freiheit und Recht, aber auch ein harmonisch ausgebildetes Verhältnis zwischen Landwirtschaft, industrielle Produktion und Handel. List verdeutlicht die besondere Bedeutung produktiver Kräfte für die Entwicklung eines Landes mit folgendem Beispiel: Er geht von zwei Familienvätern aus, beide Gutsbesitzer mit jeweils fünf Söhnen und Ersparnissen in Höhe von 1000 Talern. Der eine Familienvater legt das Geld an, um Zinsen zu erwirtschaften und lässt seine Söhne hart arbeiten. Der andere Familienvater hingegen lässt nur zwei Söhne auf dem Gutshof arbeiten, das Geld investiert er im Fall der anderen drei Söhne hingegen in deren Bildung. Im Resultat erwirtschaftet der erste Familienvater mehr Gewinn als der zweite Familienvater. Allerdings werden keine neuen Fertigkeiten erworben, wie im Fall der zweiten Familie, die zwar in der Gegenwart finanzielle Abstriche hinnehmen muss, durch die erworbenen neuen Fähigkeiten oder auch produktiven Kräfte der drei Söhne aber zukünftig mehr erwirtschaften wird, als die ersten Familien, deren produktive Kräfte sich nicht weiter entwickelt haben.[20] An das von ihm gegebene Beispiel wird deutlich, dass List mit dem Begriff der produktiven Kräfte die Bedeutung des heute diskutierten Humankapitals bereits erfasst hat.

Auf Staaten übertragen, dienen Schutzzölle dem Zweck der Entwicklung produktiver Kräfte in einem Land. Dabei ging es List nicht allein um den materiellen Schutz junger Industrien vor der Überschwemmung billiger Waren durch ein ökonomisch weiter entwickeltes Land, wie zu seiner Zeit England. Neben diesem ökonomischen Faktor der Entwicklung, legte er aber mit seinem Begriff der produktiven Kräfte besonderen Wert auf die Einbeziehung zum einen geistiger Faktoren wie Bildung, zum anderen gesellschaftlicher Faktoren wie Sicherheit und die geistige wie körperliche Freiheit des Individuums.

---

[19]List, *Das nationale System der politischen Ökonomie*, 145 (Herv. i.O.).
[20]List, *Das nationale System der politischen Ökonomie*, 146f.

Die lateinamerikanische Dependenztheorie (siehe in die Beiträge zu Hans Singer & Raúl Prebisch sowie zu Fernando H. Cardoso & Enzo Felatto) hingegen griff mit Verweis auf Friedrich List im Wesentlichen nur den ökonomischen Faktor auf: Die Schutzzölle sollten genutzt werden, damit in den Entwicklungsländern eine eigene Industrie aufgebaut werden kann. Die radikalere Variante der Dependenztheorie schlug sogar eine völlige Abschottung vom Weltmarkt vor, wobei diese sich jedoch nicht auf List berufen kann, der in einer kontrollierten Konkurrenz Anreize für die heimischen Unternehmen aufrechterhalten wollte.

Auf den umfassenderen Begriff der produktiven Kräfte von List bezieht sich die Innovationsforschung ab den 1990er Jahren in ihren Untersuchungen zu nationalen und regionalen Innovationssystemen oder aber auch in der Clusterforschung. So stellt Freedman fest: „However, as he [Bengt-Ake Lundvall, M.B.] and his colleagues would be the first to agree (and as Lundvall himself points out) the idea [of National System of Innovation, M.B.] actually goes back at least to Friedrich List's conception of `The National System of Political Economy´ (1841), which might just as well have been called `The National System of Innovation´".[21] Ziel dieser Forschung ist es, Faktoren, die nationale oder auch regionale Innovationen befördern, herauszuarbeiten. Daneben wird auch in der jüngeren entwicklungspolitischen Debatte auf das erweiterte Verständnis Lists von produktiven Kräften zurückgegriffen und als besonderen Governance-Modus in Schwellenländern diskutiert.[22]

Während das Werk von Friedrich List in anderen Ländern durchaus Anerkennung erfahren hat, wurde und wird er in Deutschland vergleichsweise wenig rezipiert und List zumeist auf den Erziehungszoll reduziert. Dabei hat er mit seinem Begriff der produktiven Kräfte früh die staatliche Rolle in der Förderung von Bildung oder in der Technologieentwicklung erkannt, die heute selbstverständlich anerkannt ist. Auch wird häufig übersehen, dass er – obgleich er sich zum Teil polemisch mit Adam Smith auseinandergesetzt hat – die generelle Idee eines globalen Freihandels nie abgelehnt, sondern im Gegenteil angestrebt hat. Nur war für ihn neben der Voraussetzung industriell vergleichbar entwickelter Länder eine weitere Voraussetzung die Universalrepublik, in denen sich die Staaten wechselseitig rechtlich anerkennen und auf Selbsthilfe verzichten. Nur wenn

---

[21]Chris Freeman, „The `National System of Innovation´ in historical perspective," *Cambridge Journal of Economics* 19:5 (1995), 5–25.

[22]Vgl. stellvertretend zum Beispiel Saun Breslin, „The 'China model' and the global crisis: from Friedrich List to a Chinese mode of governance?," *International Affairs* 87:6 (2011), 1323–1343.

diese Voraussetzungen erfüllt seien, könne sich eine Welthandelsunion und somit globaler Freihandel entwickeln. Somit kann List auch bereits als Vordenker der Idee von Global Governance verstanden werden.

Literaturverzeichnis

Chris Freeman, "The `National System of Innovation´ in historical perspective," *Cambridge Journal of Economics* 19:5 (1995), 5–25.

Christian Kleinschmidt, *Wirtschaftsgeschichte der Neuzeit* (München: C.H. Beck, 2017).

Dieter Senghaas, "Friedrich List, Das nationale System der politischen Ökonomie, Stuttgart/ Tübingen 1841", in *Schlüsselwerke der Politikwissenschaft*, herausgegeben von Steffen Kailitz (Wiesbaden: VS Verlag für Sozialwissenschaften, 2007), 255–258.

Eugen Wedler, Friedrich List (1789-1846). *Ein Ökonom mit Weitblick und sozialer Verantwortung* (Wiesbaden: Springer Fachmedien, 2013).

Friedrich List, *Das nationale System der politischen Ökonomie* (Tübingen: J.C.B. Mohr, 1959[1841]).

Hans-Werner Hahn, *Geschichte des Deutschen Zollvereins* (Göttingen: Vandenhoeck und Ruprecht, 1984).

Jürgen Osterhammel und Niels P. Petersson, *Geschichte der Globalisierung, Dimensionen, Prozesse, Epochen* (München: C.H. Beck, 2012, 5. Aufl.).

Jürgen Osterhammel „Zur Geschichte des Freihandels," *Aus Politik und Zeitgeschichte*, Schwerpunktheft Freihandel 68:4-5 (2018), 11–17.

Karl Polanyi, *The Great Transformation. Politische und ökonomische Ursprünge von Gesellschaften und Wirtschaftssystemen* (Wien: Europaverlag 1977[1944]).

Mauro Boianovsky, "Friedrich List and the Economic Fate of Tropical Countries," *History of Political Economy* 45:4 (2013), 647–691.

Onur Ulas Ince, „Friedrich List and the Imperial origins of the national economy," *New Political Economy* 21:4 (2016), 380–400.

Saun Breslin, "The 'China model' and the global crisis: from Friedrich List to a Chinese mode of governance?," *International Affairs* 87:6 (2011), 1323–1343.

Karl Marx & Friedrich Engels

Sebastian Möller und Marcus Wolf

Karl Marx (1818–1883) und Friedrich Engels (1820–1895) gehören zu den wohl einflussreichsten und bedeutendsten Theoretikern der politischen und politökonomischen Ideengeschichte. Sie haben wichtige ökonomische, philosophische, wirtschaftshistorische und soziologische Beiträge geleistet und sind damit aus dem Inventar sozialwissenschaftlicher Theoriebildung nicht mehr wegzudenken. Zugleich waren sie sowohl scharfsinnige Beobachter der entstehenden kapitalistischen Weltwirtschaft als auch wichtige politische Aktivisten der revolutionären Arbeiterbewegung.[1] Eine ausgearbeitete Theorie des Welthandels haben sie hingegen nicht entworfen, da ihr primäres analytisches Interesse dem Zusammenhang von Ware, Arbeit und Wert galt. Außenhandel und Imperialismus

---

[1]Eigentlich handelte es sich um eine Bewegung von Arbeitern und Arbeiterinnen. Frauen waren schon früh in die schwere Fabrikarbeit eingebunden und Teil der politischen Bewegung zur Verbesserung der Arbeits- und Lebensbedingungen, auch wenn die männlich dominierte Geschichtsschreibung dieser Tatsache weniger Beachtung schenkte. Die proletarische Frauenbewegung und prominente Frauen in der sozialistischen Bewegung (wie zum Beispiel Clara Zetkin) spielten allerdings erst gegen Ende des 19. Jahrhunderts eine stärkere Rolle. Siehe dazu Richard J. Evans, *Sozialdemokratie und Frauenemanzipation im deutschen Kaiserreich* (Berlin: Dietz, 1997).

S. Möller (✉)
Institut für Interkulturelle und Internationale Studien (InIIS), Universität Bremen, Bremen, Deutschland
E-Mail: smoeller@uni-bremen.de

M. Wolf
Institut für Interkulturelle und Internationale Studien (InIIS), Universität Bremen, Bremen, Deutschland
E-Mail: marcus.wolf@uni-bremen.de

spielten nichtsdestotrotz in ihrem umfangreichen Werk eine wichtige Rolle, nicht nur im *Manifest der Kommunistischen Partei*, das in diesem Beitrag im Mittelpunkt steht, sondern auch in den späteren Schriften sowie in zahlreichen Briefen und Zeitungsartikeln, in denen sie sich unter anderem mit den Handelskrisen des 19. Jahrhunderts auseinandersetzten.

Die damals in Westeuropa und Nordamerika aufkommende Industrialisierung bereitete den Boden für die Erschließung riesiger Landstriche mit Hilfe von Eisenbahnnetzen, aber auch für die zunehmende Verstädterung und Konzentration einer neuen Klasse von Arbeiterinnen und Arbeitern in den industriellen Zentren. Die folgende Textpassage aus dem *Manifest der Kommunistischen Partei*, zeugt in eindrucksvoller Weise von den massiven Umwälzungen durch Industrialisierung und Urbanisierung im viktorianischen England und auf dem europäischen Kontinent, die nicht nur Marx und Engels als „Erschütterung aller gesellschaftlichen Zustände" erlebt haben dürften.[2] Im Gegensatz zu anderen zeitgenössischen Beobachtern interpretieren sie diese Veränderungen aber als Stufe einer notwendigen historischen Entwicklung menschlicher Produktivkräfte und Siegeszug des Bürgertums (Bourgeoisie) über den Feudalismus. Manchester, wo Engels in der Textilfabrik seines Vaters als Kaufmann tätig war und zeitweise mit Marx am *Manifest* gearbeitet hat, verkörpert als erste moderne Industriestadt der Welt wie kaum ein anderer Ort den aufstrebenden Welthandel, vor allem mit Baumwolle.[3] Der prägende Charakter der beispiellosen sozioökonomischen Dynamik dieses Ortes im 19. Jahrhundert auf das Werk von Marx und insbesondere Engels ist kaum zu unterschätzen, da hier viele Transformationen und Konflikte des frühen Kapitalismus sichtbar wurden, die im folgenden Zitat gut veranschaulicht werden:

> „Die Geschichte aller bisherigen Gesellschaft ist die Geschichte von Klassenkämpfen. Freier und Sklave, Patrizier und Plebejer, Baron und Leibeigener, Zunftbürger und Gesell, kurz, Unterdrücker und Unterdrückte standen in stetem Gegensatz zueinander, führten einen ununterbrochenen, bald versteckten, bald offenen Kampf, einen Kampf, der jedesmal mit einer revolutionären Umgestaltung der ganzen Gesellschaft endete oder mit dem gemeinsamen Untergang der

---

[2] Zu den ökonomischen Umbrüchen der Zeit siehe Eric J. Hobsbawm, *The Age of Capital 1848–1875* (London: Abacus, 1977) und Jürgen Osterhammel, *Die Verwandlung der Welt. Eine Geschichte des 19. Jahrhunderts* (München: C.H. Beck, 2009). Michael Heinrich hat kürzlich den ersten Band einer umfangreichen Darstellung des Marxschen Werks im zeithistorischen Kontext veröffentlicht: Michael Heinrich, *Karl Marx und die Geburt der modernen Gesellschaft. Biographie und Werksentwicklung. Band I: 1818–1841* (Stuttgart, Schmetterling Verlag, 2018). Über Engels ist kürzlich ein lesenswerter Band erschienen: Michael Krädtke (Hrsg.), *Friedrich Engels oder wie ein Cotton-Lord den Marxismus erfand* (Berlin: Dietz, 2020).

[3] Zur Entwicklung des globalen Baumwollhandels siehe Sven Beckert, *Empire of Cotton. A New History of Global Capitalism* (London: Penguin, 2014).

kämpfenden Klassen: (...) Unsere Epoche, die Epoche der Bourgeoisie, zeichnet sich jedoch dadurch aus, daß sie die Klassengegensätze vereinfacht hat. Die ganze Gesellschaft spaltet sich mehr und mehr in zwei große feindliche Lager, in zwei große, einander direkt gegenüberstehende Klassen: Bourgeoisie und Proletariat. (...) Die Entdeckung Amerikas, die Umschiffung Afrikas schufen der aufkommenden Bourgeoisie ein neues Terrain. Der ostindische und chinesische Markt, die Kolonisierung von Amerika, der Austausch mit den Kolonien, die Vermehrung der Tauschmittel und der Waren überhaupt gaben dem Handel, der Schiffahrt, der Industrie einen nie gekannten Aufschwung und damit dem revolutionären Element in der zerfallenden feudalen Gesellschaft eine rasche Entwicklung. Die bisherige feudale oder zünftige Betriebsweise der Industrie reichte nicht mehr aus für den mit neuen Märkten anwachsenden Bedarf. Die Manufaktur trat an ihre Stelle. (...)

Aber immer wuchsen die Märkte, immer stieg der Bedarf. Auch die Manufaktur reichte nicht mehr aus. Da revolutionierte der Dampf und die Maschinerie die industrielle Produktion. An die Stelle der Manufaktur trat die moderne große Industrie, an die Stelle des industriellen Mittelstandes traten die industriellen Millionäre, die Chefs ganzer industrieller Armeen, die modernen Bourgeois. Die große Industrie hat den Weltmarkt hergestellt, den die Entdeckung Amerikas vorbereitete. (...) in demselben Maße, worin Industrie, Handel, Schiffahrt, Eisenbahnen sich ausdehnten, in demselben Maße entwickelte sich die Bourgeoisie, vermehrte sie ihre Kapitalien, drängte sie alle vom Mittelalter her überlieferten Klassen in den Hintergrund.

Die fortwährende Umwälzung der Produktion, die ununterbrochene Erschütterung aller gesellschaftlichen Zustände, die ewige Unsicherheit und Bewegung zeichnet die Bourgeoisepoche vor allen anderen aus. (...) Alles Ständische und Stehende verdampft, alles Heilige wird entweiht, und die Menschen sind endlich gezwungen, ihre Lebensstellung, ihre gegenseitigen Beziehungen mit nüchternen Augen anzusehen."[4]

Die von Marx und Engels beschriebene wirtschaftliche Dynamik ging aber auch mit massiven Wirtschaftskrisen und sozialen Verwerfungen einher. In Großbritannien setzte die Finanzkrise der Jahre 1837–1842 dem spekulativen Boom im Eisenbahnbau ein Ende, was zu einem spürbaren Anstieg der Arbeitslosigkeit und Armut und einem vorübergehenden Einbruch des Fernhandels führte. Marx analysierte insbesondere die Krise von 1857, eine der ersten Weltwirtschaftskrisen, in Beiträgen für die *New York Daily Tribune*.[5] Durch seinen wirtschaftshistorischen Zugang war es ihm möglich „wiederkehrende

---

[4] Karl Marx und Friedrich Engels, „Das Manifest der Kommunistischen Partei," in *Marx Engels Werke (MEW) Band 4*, (Berlin: Dietz Verlag, 1972), 462–467. Alle weiteren Referenzen zu Texten von Marx und Engels erfolgen mit dem Kürzel MEW und beziehen sich auf die Werksausgabe des Dietz Verlages (Berlin: 1956ff.).

[5] Karl Marx und Friedrich Engels, "Die Handelskrise in England," in *MEW 12*, 320–326; Karl Marx und Friedrich Engels, "Britischer Handel und Finanzen," in *MEW 12*, 570–573.

Phasen des modernen Handels"⁶ zu identifizieren: „Ruhe, gefolgt von Belebung, wachsendem Vertrauen, lebhafterem Geschäftsgang, Prosperität, Paroxismus, Überexpansion, Krach, Einschränkung, Stagnation, Notlage".⁷ Er argumentiert in diesem Zusammenhang vor allem gegen die Annahme der frühen Politischen Ökonomie, dass der Freihandel die Krisenanfälligkeit der Wirtschaft und die periodisch anwachsende Armut reduziere. Marx ging im Gegenteil davon aus, dass der Freihandel die Widersprüche zwischen Kapital und Arbeit vergrößere und zu immer stärkeren Krisen führe.

Die Handelskrisen des 19. Jahrhunderts waren oft zugleich auch Banken-, Finanz- und Schuldenkrisen (insbesondere 1837 und 1857). In den Beobachtungen von Marx und Engels spielt der Zusammenhang zwischen Handel und Finanzwesen daher auch eine prominente Rolle. Zudem prägte die voranschreitende Erschließung und Kolonialisierung der nicht-europäischen Welt ihr Denken. Im 19. Jahrhundert spitzte sich etwa der imperiale Wettlauf der Großmächte um Afrika zu und der Handel mit Asien gewann neue Dynamik. Der Ausbau der Segelschifffahrt und die aufkommenden Dampfschiffe brachten die Welt enger zusammen und beschleunigten den Handel mit Rohstoffen und Fertigwaren. Damit veränderten sich, wie Marx und Engels im *Manifest* schreiben, auch die Konsumbedürfnisse und Produktionsketten. Die ökonomische Dynamik wurde zusätzlich durch den Goldrausch in Kalifornien und Australien sowie die massenhaften Auswanderungen nach Amerika angefacht, die neue Territorien für den Kapitalismus zugänglich machten.⁸

Eine der wichtigsten handelspolitischen Auseinandersetzungen jener Zeit war der Streit um die englischen Korngesetze (1815–1846). Im Kern ging es dabei um Importzölle auf Getreide, die vor allem einheimischen Produzenten beziehungsweise Großgrundbesitzenden zu Gute kamen und ein Absinken des Brotpreises durch günstigeres Getreide aus dem Ausland verhinderten. Der Rücknahme dieser Schutzzölle unter Premierminister Robert Peel 1846, die als Beginn der britischen Freihandelspolitik gesehen wird,⁹ ging eine jahrelange Kampagne der 1839 in Manchester gegründeten *Anti-Corn-Law-League* voraus,

---

⁶*MEW 12*, 320.

⁷Karl Marx und Friedrich Engels, "Pauperismus und Freihandel – Die drohende Handelskrise," in *MEW 8*, 367.

⁸In einem Brief vom 24.08.1852 schreibt Engels an Marx: „Kalifornien und Australien sind zwei Fälle, die im „Manifest" nicht vorgesehen waren: Schöpfung großer neuer Märkte aus Nichts. Sie müssen noch herein" (*MEW 28*, 118).

⁹Anthony Howe, *Free Trade and Liberal England 1846–1946* (Oxford: Oxford University Press, 1998).

einer Koalition aus Liberalen und Industriellen („Manchesterliberalismus"), die teilweise auch Anklang unter Arbeitern und Arbeiterinnen fand. Marx hat sich aktiv in die Freihandelsdebatte eingebracht, die sich nach 1846 auch auf dem Kontinent entfaltete. In einer Rede für den Brüsseler Freihandelskongress im Januar 1848 analysiert er die unterschiedlichen Interessenslagen verschiedener Kapitalfraktionen und prognostiziert, dass sinkende Brotpreise, entgegen den Versprechen der Freihändler, nicht die Lage der Arbeitenden verbessern, sondern ihre Löhne drücken werden.[10]

Die zunehmende Verelendung politisierte die städtischen Arbeitermilieus und mit der letzten großen Hungersnot der vorindustriellen Zeit in den Jahren 1846 und 1847 spitzte sich die Lage noch einmal zu. Friedrich Engels selbst beschreibt 1845 in einer eindrucksvollen Studie die katastrophalen Lebensbedingungen des englischen Proletariats.[11] Die Unzufriedenheit mit Wirtschaftskrise, Armut, Hunger sowie die allgemeine Ablehnung der alten feudalen Strukturen befeuerten die revolutionären Bewegungen. Diese unterschieden sich zwar in ihren politischen Forderungen und Klassenhintergründen stark, nichtsdestotrotz gelang mit der Zeit eine paneuropäische Vernetzung in Ligen, Bünden und anderen Organisationsformen.

Vor diesem Hintergrund des Vorabends revolutionärer Aufstände in ganz Europa schrieben Marx und Engels Ende der 1840er Jahre das *Manifest der Kommunistischen Partei*. Marx war schon 1847 in die Neuausrichtung und Umbenennung des Londoner Bundes der Gerechten in den Kommunistischen Bund involviert.[12] Auf dem zweiten Kongress des Kommunistischen Bundes wurden Marx und Engels anschließend beauftragt, ein Manifest für die europäische Arbeiterbewegung zu schreiben, welches zugleich inhaltliche Leitlinie der neuen Organisation sein sollte. Für die Autoren sollte es zum weitverbreitetsten Werk ihres Schaffens werden, das als politisches Pamphlet und politökonomische Zeitdiagnose vor allem zur Mobilisierung der entstehenden Arbeiterbewegung diente. Das *Manifest* ist daher, anders etwa als *Das Kapital*,

---

[10] Karl Marx und Friedrich Engels, "Rede über die Frage des Freihandels," in *MEW 4*, 444–458, siehe dazu auch das Vorwort von Engels zur amerikanischen Ausgabe (Karl Marx und Friedrich Engels, "Schutzzoll und Freihandel," in *MEW 21*, 360–375).

[11] Friedrich Engels, "Die Lage der arbeitenden Klasse in England," in MEW 2, 202–509. Die Studie ist vermutlich eine der ersten ethnografischen Untersuchungen überhaupt. Engels lebte zeitweise in Manchester und studierte den Alltag des Industrieproletariats über einen längeren Zeitpunkt aus unmittelbarer Nähe. Siehe John Green, *Engels. A revolutionary Life* (London: Artery Publications, 2008), 69–98.

[12] Jonathan Sperber, *Karl Marx. A nineteenth-century life* (New York: Liveright, 2013), 196.

weniger ein analytischer Beitrag als vielmehr ein geschichtsphilosophischer und politisch-programmatischer Text. Dadurch ist das Manifest vor allem ein zeithistorisches Dokument und ein Meisterwerk politischer Rhetorik. Wer aber nur diesen Text liest, bekommt mithin ein sehr unvollständiges Bild von dem bedeutsamen Beitrag, den Marx und Engels für unser Verständnis der kapitalistischen Produktionsweise und der politischen Ökonomie insgesamt geleistet haben.

Ein zentraler Aspekt des *Manifests* ist die Perspektive des sogenannten *Historischen Materialismus,* in welcher Marx und Engels die Dynamiken und Übergänge verschiedener Gesellschaftsformationen beschreiben: Urgesellschaft, Sklavenhalter-Gesellschaft, Feudalismus, bürgerliche Gesellschaft (Bourgeoisepoche), Kommunismus. Marx und Engels erklären die Entwicklung der Gesellschaft mit dem Spannungsverhältnis zwischen Produktivkräften (also für die Produktion benötigte Ressourcen und Fähigkeiten) und Produktionsverhältnissen (also den gesellschaftlichen Beziehungen in der Produktion materieller Güter). Die ökonomischen Verhältnisse und die sich daraus ergebenden Klassenkämpfe sind in dieser Perspektive die Haupttriebkräfte der Entwicklung von Gesellschaften. Die Produktivkräfte entwickeln sich im Laufe der Geschichte innerhalb bestimmter Produktionsverhältnisse weiter und halten diese aufrecht, solange sie ihrem Entwicklungsstand entsprechen. Das galt im Feudalismus so lange bis die herrschenden Verhältnisse zu einem Hemmnis für den wirtschaftlichen Fortschritt der Produktion wurden, also in der Entstehungsphase des Kapitalismus im 18. Jahrhundert. Das von Marx und Engels vertretende Geschichtsbild ist aber durchaus differenzierter und weniger mechanistisch als es die Lektüre des Manifests nahelegt und hat sich im Laufe ihres Schaffens weiterentwickelt. So schreibt Marx 1881 in einem Brief an Vera Sassulitsch, die das *Manifest* ins Russische übersetzte und eine Pionierin der russischen Arbeiterbewegung war, dass seine Annahme der unvermeidlichen Abfolge verschiedener Produktionsweisen nur für die Länder Westeuropas gelte und es mithin eine russische Revolution auch ohne einen vollausgeprägten Kapitalismus geben könne.[13]

Welche Rolle spielt in dieser Gemengelange nun der Handel? Der Außenhandel hat für Marx und Engels eine zentrale Rolle beim Übergang von der feudalen Produktionsweise zur kapitalistischen gespielt, vor allem weil er über den Zugang zum Weltmarkt sowohl Rohstoffzufuhr als auch Absatzmärkte garantieren konnte.[14] Historisch war das Kaufmannskapital einer der wesentlichen Impulse des (Früh-)Kapitalismus, da sich in Handelshäusern

---

[13]Karl Marx und Friedrich Engels, "Entwürfe einer Antwort auf den Brief von V. I Sassulitsch," in *MEW 19*, 401.

[14]Karl Marx und Friedrich Engels, *Das Kapital. Dritter Band. MEW 25*, 345.

Geldvermögen konzentrierte und weil „die kapitalistische Produktionsweise Produktion für den Handel voraussetzt".[15] Der Handel wurde so zu einer treibenden Kraft der ökonomischen und sozialen Entwicklung. In einer Zeit, in welcher mehrere Millionen Menschen in Europa von der Baumwollindustrie abhängig waren[16], wurden alle feudalen Bindungen zerbrochen – alles „Ständische und Stehende verdampft", wie Marx und Engels im *Manifest* schreiben. Eben jene Entweihung aller bisher heiligen Werte kennzeichnet eines der wesentlichen Motive, welche Marx und Engels im *Manifest* diskutieren: die Rolle des Handels für die ‚Modernisierung'.

„Die Bourgeoisie reißt durch die rasche Verbesserung aller Produktionsinstrumente, durch die unendlich erleichterte Kommunikation alle, auch die barbarischsten Nationen in die Zivilisation. (...) Sie zwingt alle Nationen, die Produktionsweise der Bourgeoisie sich anzueignen, wenn sie nicht zugrunde gehen wollen (...). Mit einem Wort, sie schafft sich eine Welt nach ihrem eigenen Bilde. Die Bourgeoisie hat das Land der Herrschaft der Stadt unterworfen. Sie hat enorme Städte geschaffen, sie hat die Zahl der städtischen Bevölkerung gegenüber der ländlichen in hohem Grade vermehrt und so einen bedeutenden Teil der Bevölkerung dem Idiotismus des Landlebens entrissen. Wie sie das Land von der Stadt, hat sie die barbarischen und halbbarbarischen Länder von den zivilisierten, die Bauernvölker von den Bourgeoisvölkern, den Orient vom Okzident abhängig gemacht. Die Bourgeoisie hebt mehr und mehr die Zersplitterung der Produktionsmittel, des Besitzes und der Bevölkerung auf. Sie hat die Bevölkerung agglomeriert, die Produktionsmittel zentralisiert und das Eigentum in wenigen Händen konzentriert. Die notwendige Folge hiervon war die politische Zentralisation."[17]

Der zitierte Textauszug verdeutlicht auf eindrucksvolle Weise die Gleichzeitigkeit von Bewunderung und Verachtung für die „revolutionäre" Rolle der Bourgeoisie, also der Klasse der Kapitalbesitzenden, in der Geschichte. Sie war ein wesentlicher Motor der Überwindung der feudalen Produktionsweise und hat technischen Fortschritt, politische Zentralisierung, Urbanisierung, Zivilisierung und letztlich auch Globalisierung in der kapitalistischen Gesellschaftsformation, die Marx und Engels hier „Bourgeoisepoche" nennen, vorangetrieben. Das ungeheure transformative Potenzial der kapitalistischen Entwicklung, „die ununterbrochene Erschütterung aller gesellschaftlichen Zustände" nötigt den Zeitgenossen einen spürbaren Respekt ab. Dieser stete Wandel ist aber durchaus nicht nur fortschrittlich, zerstört er doch zahlreiche traditionelle soziale

---

[15]*MEW 25*, 339.
[16]Karl Marx und Friedrich Engels, „Die Lage Englands," in *MEW 1*, 559ff.
[17]*MEW 4*, 466.

Beziehungen und ersetzt sie durch monetär vermittelte. Der Kapitalismus treibt die Einverleibung anderer, unter Umständen autarker Wirtschaftsformen voran. Für ihn wird es zum Problem, wenn Haushalte und Gemeinschaften selbstgenügsam wirtschaften und weder auf Handel angewiesen noch für ein System von Privateigentum an Boden oder Produktionsmitteln geschweige denn für Lohnarbeit empfänglich sind. Das Hindernis ist somit ein Produzent, „welcher als Besitzer seiner eignen Arbeitsbedingungen sich selbst durch seine Arbeit bereichert statt den Kapitalisten"[18]. Der Handel ist für Marx und Engels in der Frühphase des Kapitalismus Motor, in seiner entwickelten Phase im 19. Jahrhundert jedoch vor allem Ventil der nationalen Wirtschaften, welche sich billige Rohstoffzufuhr und Absatzmärkte für ihre eigene Produktion erhoffen. Marx ist sich der zerstörerischen Wirkung dieser Entwicklungen für andere Länder wohl bewusst, schreibt er doch einige Jahre nach dem *Manifest* politökonomische Länderberichte für die *New York Daily Tribune* über China[19] oder Indien[20], und stellt dar, wie Spinner und Weber unter ausländischer Konkurrenz litten oder wie die traditionell-religiösen Dorfgemeinschaften sich auflösten.

Für Marx und Engels ist klar, dass ein freier Weltmarkt vor allem einer für das Kapital und somit die Bourgeoisie wäre. Marx betont daher, dass ein Blick auf den Welthandel nicht in einer harmonischen Theorie der komparativen Kostenvorteile à la Ricardo stehen bleiben darf. Vielmehr ist eine zweite zentrale Kategorie für das Verständnis von Außenhandel und Gesellschaft die Klasse und das Verhältnis der Klassen zueinander. Klassen werden durch die Stellung der Menschen im Prozess der Produktion unterscheiden und bilden hierdurch widersprüchliche Interessenslagen aus. Während die Proletarier nur ihre Lohnarbeit zu verkaufen haben und somit den Stand der Besitzlosen repräsentieren, ist die Bourgeoisie Ausdruck des besitzenden Bürgertums und seiner Klasseninteressen zwischen Finanz, Industrie, großem Handel und Grundeigentümern.[21] Für Marx hat der Außen- und Kolonialhandel einen klaren klassenspezifischen Effekt: Ausländische Mehrarbeit (oder Surplusarbeit) wird „von einer gewissen Klasse eingesackt",[22] indem das nationale Kapital sich günstiger mit zum Beispiel Rohstoffen eindecken kann.

---

[18] Karl Marx und Friedrich Engels, *Das Kapital. Erster Band. MEW 23*, 792.
[19] Karl Marx und Friedrich Engels, „Die Revolution in China und in Europa," in *MEW 9*, 95–102.
[20] Karl Marx und Friedrich Engels, „Die britische Herrschaft in Indien," in *MEW 9*, 127–133.
[21] Marx sieht durchaus Konfliktpotential zwischen diesen Kapitalfraktionen, siehe hierfür zum Beispiel den „18. Brumaire des Louis Bonaparte," in *MEW 8*, 111–207.
[22] *MEW 25*, 248.

„Das Bedürfnis nach einem stets ausgedehnteren Absatz für ihre Produkte jagt die Bourgeoisie über die ganze Erdkugel. Überall muß sie sich einnisten, überall anbauen, überall Verbindungen herstellen. Die Bourgeoisie hat durch ihre Exploitation des Weltmarkts die Produktion und Konsumption aller Länder kosmopolitisch gestaltet. Sie hat zum großen Bedauern der Reaktionäre den nationalen Boden der Industrie unter den Füßen weggezogen. Die uralten nationalen Industrien sind vernichtet worden und werden noch täglich vernichtet. Sie werden verdrängt durch neue Industrien, deren Einführung eine Lebensfrage für alle zivilisierten Nationen wird, durch Industrien, die nicht mehr einheimische Rohstoffe, sondern den entlegensten Zonen angehörige Rohstoffe verarbeiten und deren Fabrikate nicht nur im Lande selbst, sondern in allen Weltteilen zugleich verbraucht werden. An die Stelle der alten, durch Landeserzeugnisse befriedigten Bedürfnisse treten neue, welche die Produkte der entferntesten Länder und Klimate zu ihrer Befriedigung erheischen. An die Stelle der alten lokalen und nationalen Selbstgenügsamkeit und Abgeschlossenheit tritt ein allseitiger Verkehr, eine allseitige Abhängigkeit der Nationen voneinander".[23]

Für Marx und Engels ist der Weltmarkt somit vor allem ein grenzüberschreitender Ausbeutungszusammenhang. Fernhandel ist in dieser Perspektive ein Mittel, um dem systemischen Zwang zur fortwährenden Steigerung des Profits gerecht zu werden und das kapitalistische Wirtschaftssystem durch Expansion zu stabilisieren. Wenn etwa Wachstum auf dem einheimischen Markt durch Konkurrenz oder geringe Kaufkraft nur schwer möglich ist, kann die Produktion für den Weltmarkt als Ausweg aus diesem Dilemma dienen. Viele Branchen können zudem ohne den Import benötigter Rohstoffe oder die Erschließung neuer Absatzmärkte überhaupt nicht wachsen. Wachstum ist aber nach Marx und Engels so etwas wie das Naturgesetz des Kapitalismus. In jedem Fall wächst mit dem Handelsvolumen auch das Ausmaß an Ausbeutung und Ungleichheit. Trotz dieser zum Teil kritischen Perspektive auf den Freihandel hegen Marx und Engels nicht automatisch Sympathien für die Regulierung des Handels durch Zölle. Wenn sie vom Staat als einem „Ausschuß, der die gemeinschaftlichen Geschäfte der ganzen Bourgeoisklasse verwaltet"[24] schreiben, wird klar, dass sie staatliche Handelspolitik vor allem als Instrument der nationalen Bourgeoisie sehen.

Ein dritter wichtiger Komplex, der im Kommunistischen Manifest jedoch kaum Erwähnung findet, ist die Frage nach der Rolle des Außenhandels für die Profitrate, also dem Verhältnis von Gewinn zu eingesetztem Kapital bei der Produktion einer Ware (Rendite). Marx und Engels verstehen den Außenhandel nicht als separierte Sphäre des kapitalistischen Wirtschaftens. Vielmehr versuchen

---

[23] *MEW 4*, 465–466.
[24] *MEW 4*, 462.

sie zu zeigen, dass sowohl der Handel mit Gütern als auch der Transfer von Kapital ins Ausland eng mit der Organisation der Produktion und der Verteilung des Mehrwerts im Ursprungsland verknüpft sind.[25] Für Marx durchlaufen Geld und Ware verschiedene Stadien einer „Metamorphose"[26] im Produktionsprozess. Sie werden zum Zwecke des Tauschs beständig in andere Stoffe und Werte verwandelt. Mit dem Begriff des Mehrwerts bezeichnen Marx und Engels die Differenz zwischen dem Wert der für die Produktion einer Ware aufgewendeten Arbeitskraft (variables Kapital) sowie benötigten Rohstoffe und Maschinen (konstantes Kapital) einerseits und dem am Markt erzielten Preis der Ware andererseits. Die in Warenform produzierten Mehrwerte können erst durch den Verkauf auf dem Markt in Geldkapital umgewandelt (also realisiert) werden.[27] Diese allgemeine Funktion des Handels erfährt im Außenhandel eine Erweiterung. Der stete Drang nach Intensivierung und Expansion der Akkumulation, also der Anhäufung von immer mehr Kapital, führt dazu, dass neue, billigere Rohstoffquellen sowie Absatzmärkte für die eigenen Produkte erschlossen werden müssen. Dieses expansive Element des Kapitalismus ist für Marx auch eine der wesentlichen entgegenwirkenden Ursachen gegen den tendenziellen Fall der Profitrate, einem zentralen Theorem seiner Wirtschaftsanalyse, dem er sich im dritten Band des Kapitals widmet. Ihm zufolge findet die Abschöpfung von Mehrwert vor allem durch die Ausbeutung der Lohnarbeit statt. Da arbeitsintensive Prozesse durch Mechanisierung jedoch zunehmend verdrängt werden, fallen tendenziell die möglichen Profitraten im Kapitalismus. Marx argumentiert, dass der Außenhandel hier eine zentrale Rolle spielt, indem er durch günstige Rohstoffzufuhr die Kosten für die Kapitalisten senkt, jedoch auch günstigere Lebensmittel für die Lohnarbeitenden garantiert und somit lohndrückend wirkt.[28] Vor allem der Kolonialhandel biete daher Möglichkeiten der Erhöhung der Profitrate durch verstärkte Ausbeutung sklavenähnlicher Arbeitsverhältnisse.[29] Der Außenhandel wirkt so beschleunigend auf die Akkumulation, zumal im auswärtigen Handel zum Teil höhere Profitraten erreicht werden können.

---

[25]Marx hierzu: „In den Vorstufen der kapitalistischen Gesellschaft beherrschte der Handel die Industrie; in der modernen Gesellschaft umgekehrt" (*MEW 25*, 342).

[26]Siehe hierzu auch Karl Marx und Friedrich Engels, *Das Kapital. Zweiter Band. MEW 24*, 48 & 74–75..

[27]*MEW 24*, 486.

[28]*MEW 25*, 247.

[29]*MEW 25*, 248.

Marx und Engels schrieben *Das Kommunistische Manifest* in einer Zeit der intensiven theoretischen Beschäftigung mit Fragen der Produktion und des Handels. Nachdem im Merkantilismus des 17. Jahrhunderts noch verstärkt Aspekte der Zollbeschränkungen und ihrer Wirkung auf die Handelsbilanz im Vordergrund standen (siehe in Beitrag zu Jean-Baptiste Colbert), stellten Adam Smith und David Ricardo (siehe entsprechende Beiträge) vor allem die Vorzüge des Freihandels aufgrund zunehmender internationaler Arbeitsteilung in den Mittelpunkt ihres Denkens. Marx und Engels setzten sich intensiv und kritisch mit dem Werk der beiden klassischen Nationalökonomen auseinander. Im Gegensatz zur „Vulgärökonomie [eines Jean-Baptiste Say zum Beispiel], die sich nur innerhalb des scheinbaren Zusammenhangs herumtreibt",[30] messen sie den Beiträgen von Smith und Ricardo eine große analytische Bedeutung bei. Marx wird sich später etwa stark auf die Arbeitswerttheorie von Ricardo stützen und diese weiterentwickeln. Umso schärfer ist jedoch seine Kritik in Bezug auf die Handelspolitik. Er nennt Ricardo einen „Apostel der englischen Freihändler"[31] und den Economist (ein noch heute wöchentlich erscheinendes wirtschaftspolitisches Leitmedium) ein „Freihändlerblatt".[32] Im Mittelpunkt der Kritik an Smith und Ricardo steht ihre Ignoranz gegenüber Ausbeutungsmechanismen und Verteilungswirkungen des Freihandels. Für Marx und Engels ist aber gerade die Verteilungsfrage von zentraler Bedeutung. Dabei geht es ihnen nicht nur um die Verteilung von Wohlstand zwischen Staaten, sondern vor allem zwischen Klassen und Klassenfraktionen.

Im Gegensatz zu Smith und Ricardo spielte der Handel im Denken von Marx und Engels zunächst keine zentrale Rolle und wurde von ihnen nicht als eigenständige (also von der Produktion losgelösten) Sphäre ökonomischer Aktivität konzeptualisiert. Dennoch haben sie einen wichtigen Beitrag zur Handelstheorie geleistet, der viele spätere Autoren und Autorinnen inspiriert hat. Marx und Engels lenken unseren Blick insbesondere auf die historische Entwicklung verschiedener Produktionsweisen und die Rolle, die Handel etwa beim Übergang vom Feudalismus zum Kapitalismus gespielt hat. Handel ist für sie einerseits ein Katalysator für Modernisierung und Ausbeutung und andererseits Ausdruck des kapitalistischen Akkumulations- und Wachstumszwangs, der die Integration immer weiterer Teile der Erde in den Weltmarkt vorantreibt. Damit werden Marx und Engels auch zum Ausgangspunkt der später unter anderem von Rosa

---

[30] *MEW 23*, 95 (Anmerkung 32).
[31] *MEW 4*, 449.
[32] *MEW 8*, 368.

Luxemburg und Wladimir I. Lenin entwickelten Imperialismusthese (siehe entsprechenden Beitrag), die im *Manifest* schon eindrucksvoll anklingt.

Interessanterweise findet Marx in der Wirtschaftswissenschaft vergleichsweise wenig Anklang, obschon zum Beispiel Michał Kalecki[33] oder Joan Robinson[34] den Versuch einer Synthese aus marxistischer Klassenanalyse und Keynesianischer Volkswirtschaftslehre unternahmen. Marx und Engels haben vor allem jene Autoren und Autorinnen geprägt, die sich einer kritischen Betrachtung der globalen Ausbeutungsbeziehungen verschrieben haben, also insbesondere Vertreter und Vertreterinnen der Dependenz- und Weltsystemtheorie (siehe in Beiträgen zu Hans Singer & Raúl Prebisch, Fernando H. Cardoso & Enzo Felatto und Johan Galtung). Natürlich hat sich auch der politische Marxismus ausführlich und zum Teil kontrovers mit Marx und Engels beschäftigt. Das *Manifest* stand hierbei vor allem im Vordergrund der Debatten um die geschichtsphilosophische Auffassung der Revolution und den Umbruch der gesellschaftlichen Verhältnisse. Vor allem die erst lange nach Marx Tod in den 1920er Jahren gefundenen Ökonomisch-Philosophischen Manuskripte[35] sowie die „Grundrisse"[36] bildeten einen Kontrapunkt gegen die deterministische Geschichtsauffassung des dogmatischen Marxismus – gerade vor dem Hintergrund des Kalten Kriegs und waren Inspiration für den sogenannten Westlichen Marxismus.[37]

Die Theoriebeiträge von Marx und Engels sind in verschiedenster Weise auch politisch wirkmächtig geworden. Auch hier spielte ihr Beitrag zur Handelstheorie allerdings eine eher untergeordnete Rolle. So gibt es etwa kaum Forschungsliteratur zu der Frage, inwiefern Marx und Engels die Handelspolitik innerhalb des Ostblocks oder der blockfreien Staaten während des Kalten Krieges inspirierten. Eher indirekt einflussreich waren Marx und Engels durch dependenztheoretische motivierte Konzepte wie die importsubstituierende Industrialisierung der 1970er Jahre in Lateinamerika. In die Freihandelsdebatten ihrer Zeit mischten sich

---

[33]Michał Kalecki, *Selected Essays on the Dynamics of the Capitalist Economy, 1933–1970* (Cambridge: Cambridge University Press, 1971).

[34]Joan Robinson, *An Essay on Marxian Economics* (London: Macmillan, 1942).

[35]Karl Marx und Friedrich Engels, „Ökonomisch-philosophische Manuskripte aus dem Jahre 1844," in *MEW 40*, 465–588.

[36]Karl Marx und Friedrich Engels, „Grundrisse der Kritik der politischen Ökonomie," in *MEW 42*, 47–768.

[37]Siehe hierzu zum Beispiel Herbert Marcuse, „Neue Quellen zur Grundlegung des Historischen Materialismus," in *Herbert Marcuse Schriften Band 1* (Frankfurt/M.: Suhrkamp, 1981[1932]), 509–555; Antonio Negri und Michael Hardt, *Empire – die neue Weltordnung* (Frankfurt/M.: Campus, 2000).

Marx und Engels hingegen aktiv und pointiert ein. Einerseits sahen sie Handelsfreiheit vor allem als „die Freiheit, welche das Kapital genießt, den Arbeiter zu erdrücken"[38] und konstatierten: „Die Freihandelsdoktoren sind nichts weiter als Quacksalber".[39] Anders als etwa Friedrich List (siehe entsprechenden Beitrag), wenden sie sich aber auch entschieden gegen eine Politik der Schutzzölle. Diese ist aus ihrer Sicht nur Machtmittel der (nationalen) Bourgeoisie im Kampf gegen feudale Strukturen und zur Herstellung des freien Binnenhandels, der eine spätere Weltmarktintegration zur Folge hätte. Sie plädieren daher, in Einklang mit ihrer Überzeugung vom zwangsläufigen Ende des Kapitalismus, gegen Schutzzölle und für Freihandel, denn „das System der Handelsfreiheit beschleunigt die soziale Revolution. Und nur in diesem revolutionären Sinne (…) stimme ich für den Freihandel".[40] Obwohl sie in den Handelsdebatten ihrer Zeit wohl eher eine Außenseiterposition vertraten, deren unmittelbarer Einfluss sich heute nur noch schwer beurteilen lässt, haben Karl Marx und Friedrich Engels einen zentralen Beitrag zu handelstheoretischen und -politischen Fragen geleistet. Ihre Analysen bleiben aus unserer Sicht auch über den zeithistorischen Kontext der sogenannten „ersten Globalisierung" hinaus für das Verständnis der gegenwärtigen globalen politischen Ökonomie und der internationalen Handelspolitik unverzichtbar.

Literaturverzeichnis

Antonio Negri und Michael Hardt, *Empire – die neue Weltordnung* (Frankfurt/M.: Campus, 2000).
Anthony Howe, *Free Trade and Liberal England 1846–1946* (Oxford: Oxford University Press, 1998).
Eric J. Hobsbawm, *The Age of Capital 1848–1875* (London: Abacus, 1977).
Herbert Marcuse, "Neue Quellen zur Grundlegung des Historischen Materialismus," in *Herbert Marcuse Schriften Band 1* (Frankfurt/M.: Suhrkamp, 1981[1932])
John Green, Engels. *A Revolutionary Life* (London: Artery Publications, 2008).
Jürgen Osterhammel, *Die Verwandlung der Welt. Eine Geschichte des 19. Jahrhunderts* (München: C.H. Beck, 2009).
Joan Robinson, *An Essay on Marxian Economics* (London: Macmillan, 1942).
Jonathan Sperber, *Karl Marx. A nineteenth-century life* (New York: Liveright, 2013).
Karl Marx und Friedrich Engels, "Die Lage Englands," in *Marx Engels Werke Band 1* (Berlin: Dietz Verlag, 1972).

---

[38] *MEW 4*, 456.
[39] *MEW 12*, 322.
[40] *MEW 4*, 458.

Karl Marx und Friedrich Engels, "Die Lage der arbeitenden Klasse in England," in *Marx Engels Werke Band 2*, (Berlin: Dietz Verlag, 1972).

Karl Marx & Friedrich Engels, "Das Manifest der Kommunistischen Partei," in *Marx Engels Werke Band 4*, (Berlin: Dietz Verlag, 1972).

Karl Marx und Friedrich Engels, "Pauperismus und Freihandel – Die drohende Handelskrise," in *Marx Engels Werke Band 8* (Berlin: Dietz Verlag, 1972).

Karl Marx und Friedrich Engels, "Die Revolution in China und in Europa," in *Marx Engels Werke Band 9* (Berlin: Dietz Verlag, 1972).

Karl Marx und Friedrich Engels, "Die britische Herrschaft in Indien," in *Marx Engels Werke Band 9* (Berlin: Dietz Verlag, 1972).

Karl Marx und Friedrich Engels, "Die Handelskrise in England," in *Marx Engels Werke Band 12* (Berlin: Dietz Verlag, 1972).

Karl Marx und Friedrich Engels, "Entwürfe einer Antwort auf den Brief von V. I Sassulitsch," in *Marx Engels Werke Band 19* (Berlin: Dietz Verlag, 1972).

Karl Marx und Friedrich Engels, "Schutzzoll und Freihandel," in *Marx Engels Werke Band 21*, (Berlin: Dietz Verlag, 1972).

Karl Marx und Friedrich Engels, "Das Kapital. Erster Band," in *Marx Engels Werke Band 23* (Berlin: Dietz Verlag, 1972).

Karl Marx und Friedrich Engels, "Das Kapital. Zweiter Band," in *Marx Engels Werke Band 24* (Berlin: Dietz Verlag, 1972).

Karl Marx und Friedrich Engels, "Das Kapital. Dritter Band," in *Marx Engels Werke Band 25* (Berlin: Dietz Verlag, 1972).

Karl Marx und Friedrich Engels, *Marx Engels Werke Band 28* (Berlin: Dietz Verlag, 1972).

Karl Marx und Friedrich Engels, "Ökonomisch-philosophische Manuskripte aus dem Jahre 1844," in *Marx Engels Werke Band 40*, (Berlin: Dietz Verlag, 1972).

Karl Marx und Friedrich Engels, "Grundrisse der Kritik der politischen Ökonomie," in *Marx Engels Werke Band 42*, (Berlin: Dietz Verlag, 1972).

Michał Kalecki, *Selected Essays on the Dynamics of the Capitalist Economy, 1933–1970* (Cambridge: Cambridge University Press, 1971)

Michael Heinrich, *Karl Marx und die Geburt der modernen Gesellschaft. Biographie und Werksentwicklung. Band I: 1818–1841* (Stuttgart, Schmetterling Verlag, 2018).

Michael Krädtke (Hrsg.), *Friedrich Engels oder wie ein Cotton-Lord den Marxismus erfand* (Berlin: Dietz, 2020).

Richard J. Evans, *Sozialdemokratie und Frauenemanzipation im deutschen Kaiserreich* (Berlin: Dietz, 1997).

Sven Beckert, *Empire of Cotton. A New History of Global Capitalism* (London: Penguin, 2014).

Wladimir I. Lenin

Lutz Brangsch

Mit dem Beginn des Ersten Weltkrieges ging eine Phase der Neubestimmung der politischen und ökonomischen Machtkonstellationen im Weltmaßstab zu Ende. Dies betraf nicht nur die Kräfteverhältnisse zwischen Staaten, sondern auch innerhalb der Gesellschaften, wobei das zwischen Kapital und Arbeiterklasse das für Wladimir I. Lenin (1870–1924) wesentliche war. Seit den 1870er Jahren hatten sich gewaltige Veränderungen abgespielt, die diese beiden gesellschaftlichen Hauptakteure verändert hatten: die einsetzende wissenschaftlich-technische Revolution, Entstehung gewaltiger Unternehmen und von Kartellen, koloniale Eroberungen, Diskussionen um Schutzzölle, Freihandel, staatliche Subventionierung bestimmter wirtschaftlicher Projekte und vor allem auch um die Rüstungspolitik forderten dazu heraus, diese neue Epoche analytisch zu fassen und auf dieser Grundlage politische Konsequenzen zu ziehen. Neben den „alten" Großmächten Großbritannien, Frankreich und Österreich-Ungarn traten mit Deutschland, den Vereinigten Staaten und Japan neue Akteure im Kampf um Einflusssphären in der Welt auf. Besonders in der Elektro- und in der chemischen Industrie vollzogen sich revolutionäre Veränderungen. Die Entwicklungs- und Investitionskosten sind hier nicht zuletzt angesichts der Geschwindigkeit der Innovationsprozesse hoch und mit großen Risiken behaftet. Entsprechend stark wurde das Bestreben, durch Absprachen zu Preisen, Marktkonditionen und politische Interventionen diese Risiken zu vermindern. Carl Duisberg, einer der Köpfe der chemischen Industrie forderte in einer Denkschrift im Jahr 1904, durch eine richtige Organisation der Produktion im Rahmen einer „Generalkonvention" die Vorherrschaft der chemischen Industrie des Deutschen

L. Brangsch (✉)
Rosa-Luxemburg-Stiftung, Berlin, Deutschland
E-Mail: lutz.brangsch@rosalux.org

Reiches über die ganze Welt zu sichern.[1] Dominant ist allerdings in dieser Phase die Schwerindustrie, die in besonderer Weise an der Sicherung von Rohstoffquellen interessiert war. In diesem Sektor verzeichnen wir zu Beginn des 20. Jahrhunderts den Übergang von horizontalen zu vertikalen Unternehmensstrukturen. Dadurch wurden die Unternehmen gleichzeitig Teile von Kartellen auf den verschiedenen Stufen der Kette von der Rohstofffförderung, vor allem Kohle und Eisenerz, bis hin zur Verarbeitung. Dies führte auf der einen Seite zu heftigen Interessenkollisionen, gleichzeitig aber zu einer immer engeren Abstimmung in bestimmten Bereichen. Gleichzeitig erwarben diese Konzerne Rohstoffproduzenten beziehungsweise entsprechende Konzessionen in anderen Teilen der Welt.

Es war eine mächtige sozialdemokratische Arbeiterbewegung entstanden, die sich mit der II. Internationale eine eigene länderübergreifende Organisation geschaffen hatte. Wenn auch erst einmal potenziell war sie so auch zu einem Faktor der internationalen Beziehungen geworden. Aber das soziale Profil der Arbeiterklasse hatte sich verändert. Vor allem diese Veränderungen in der Arbeiterklasse bewegten den linken Sozialdemokraten Lenin umso mehr, als dass bei Ausbruch des Krieges die Arbeiterbewegung ihren internationalistischen Anspruch aufgab, faktisch zerfiel und sich in ihrer Masse in die Reihen der „Vaterlandsverteidiger" einordnete. Die Hoffnungen auf eine internationale proletarische Bewegung gegen den Krieg erfüllten sich nicht. Unter diesem Gesichtspunkt musste auch die zum Teil inkonsequente Haltung der sozialdemokratischen Parlamentsfraktionen in Bezug auf die Kolonial-, Handels- und Rüstungspolitik neu bewertet werden. Hier liegt das zentrale Interesse Lenins. Es geht ihm nicht primär um die Entwicklung einer Theorie internationaler Beziehungen als solcher, sondern um eine theoretische und politisch-konzeptionelle Fundierung der Kämpfe der Arbeiterbewegung und die Formulierung von Schlussfolgerungen für die Erringung der politischen Macht durch die Bolschewiki. Es geht um das Handeln als Bewegung. Fragen eigenen staatlichen Handelns in Weltpolitik und Weltwirtschaft werden erst nach dem Oktober 1917 relevant.

---

[1]Carl Duisberg, „Denkschrift über die Vereinigung der deutschen Farbenfabriken (1904)," in *Quellen zur deutschen Wirtschafts- und Sozialgeschichte. Von der Reichsgründung bis zum Ersten Weltkrieg (Ausgewählte Quellen zur deutschen Geschichte der Neuzeit/Freiherr-vom-Stein-Gedächtnisausgabe Bd. 37)*, herausgegeben von Walter Steitz (Darmstadt: Wissenschaftliche Buchgesellschaft, 1985), 324–332.

Die immer intensiveren internationalen ökonomischen Beziehungen, der wachsende Welthandel und die globale Bewegung von Kapitalströmen waren begleitet von wachsenden politischen Widersprüchen. Die (zweite) Marokko-Krise 1911 war Vorbote des kommenden Krieges. In ihr zeigte sich, wie sehr die Interessen von Wirtschaft und Staat bereits verflochten waren und wie die internationale Konkurrenz der entstandenen Monopole und Kartelle die nationalen Politiken prägte. Hinter dem politischen Konflikt zwischen Deutschland und Frankreich stand ein Interessenkonflikt um die Förderung von Eisenerz zwischen und unter den deutschen und französischen Konzernen – auf deutscher Seite stand Mannesmann gegen Krupp und Thyssen. Deutschland war in dieser Zeit das Land der Kartelle. Im Unterschied etwa zu den Vereinigten Staaten war die Verbindung von Staat und Kartellen in Deutschland sehr stark. Sie wurden von Teilen der politischen Elite als effektive Partner betrachtet, weshalb Versuche der Kartellgesetzgebung selbst aus dem Staatsapparat heraus torpediert wurden. Der Staat war selber durch eigene Unternehmen (gerade im Bereich der Schwerindustrie, der Eisenbahnen und – auch über kommunales Eigentum – anderer Teile der Infrastruktur) eng mit den privatkapitalistischen Unternehmen verbunden. Außenhandel und Kapitalexport gewannen auch zunehmende Bedeutung, weil unter anderem die Kartellierung verschiedener Bereiche der Wirtschaft bei gleichzeitiger Beschränkung der Massenkaufkraft keine effektiven Kapitalanlagemöglichkeiten in den alten Metropolen mehr eröffneten. Die Bedeutung der Kolonien und abhängigen Gebiete sowohl als Lieferanten von Rohstoffen und Materialien als auch als Absatzgebiete stieg. Damit wirkten die globalen Interessen der Großunternehmen vermittelt bis in die unteren Ebenen der staatlichen Verwaltung. Der Verlauf der Konjunktur nach 1907 begünstigte diese Verflechtung staatlicher und privater Interessen.

Allerdings verschärften sich auch die Widersprüche zwischen den bisher peripheren Regionen und den Kolonialmächten. Antikoloniale und bürgerlich-nationale Bewegungen zum Beispiel in der Türkei, in Mexiko und China verwiesen auf neuentstehende Widerspruchs- und Konfliktpotenziale in den internationalen Beziehungen. Diese Regionen begannen, sich aus einem Objekt in ein Subjekt internationaler Beziehungen zu verwandeln. Damit war die Beantwortung der Natur des Imperialismus mit dem Problem des Selbstbestimmungsrechts der Völker und der Antwort auf die „nationalen Frage" untrennbar verknüpft.

Die Bezeichnung dieser Epoche als Imperialismus war seit Ende des 19. Jahrhunderts gängig. Auch der Zusammenhang zwischen Imperialismus und Veränderungen der Natur der internationalen Beziehungen waren weithin anerkannt. In der sozialdemokratischen Strömung hatten in den ersten zwei Dekaden des

20. Jahrhunderts zum Beispiel Karl Kautsky, Rudolf Hilferding, Rosa Luxemburg und Nikolai Bucharin dazu ausführliche Arbeiten vorgelegt. Größeren Einfluss auf Lenins Positionsbildung, vor allem hinsichtlich der Wechselwirkungen von Ökonomie und Politik, hatte allerdings, sieht man von Bucharin[2] ab, John Hobson, der schon 1902 seine Analyse veröffentlicht hatte. Die Arbeiten Hobsons, Hilferdings und anderer waren aber zum Teil lange vor dem Ausbruch des Krieges erschienen. In den meisten Beiträgen zur Imperialismusdebatte konnte deshalb der Epochenbruch des Jahres 1914 nicht verarbeitet werden, auch wenn er vorhergesehen wurde. Die Schriften, die in den Kriegsjahren entstanden, waren zu einem großen Teil von den jeweiligen Kriegsinteressen der Staaten geprägt, in denen sie geschrieben wurden. Die Entstehungszeit des Buches gibt ihm eine besondere Qualität, da es diese Art von Parteilichkeit nicht kennt.

Lenin schreibt sein Werk *Der Imperialismus als höchstes Stadium des Kapitalismus*[3] als „gemeinverständlichen Abriss". Allerdings musste er sich einer Widerspruchskonstellation mit sehr verschiedenen Ebenen stellen. Dieser ausdrückliche Verweis auf den Charakter der Schrift legt nahe, dass er sich darüber klar war, dass eine eigene Theorie der neuen Etappe kapitalistischer Entwicklung damit möglicherweise noch nicht hinreichend begründet und das herangezogene Material bei weitem noch nicht vollständig verarbeitet war.

Er betrachtet Welthandel und Handelspolitik unter dem Gesichtspunkt ihrer Rolle bei der Formierung des Imperialismus als neuestem Stadium der Entwicklung des Kapitalismus. Sie sind Moment wie auch Determinante dieser Entwicklung. Seine Untersuchungen der Wechselbeziehungen von Wirtschaft und Politik im Allgemeinen, und ihrer Rolle bei der Veränderung von Kräfteverhältnissen in und zwischen den Gesellschaften/Staaten auf der anderen Seite sind davon bestimmt. Betonte er in der ersten Phase seiner ökonomischen Studien in den 1890er Jahren die inneren Bedingungen für die Entwicklung des Kapitalismus speziell am Beispiel Russlands, untersuchte er nun von vornherein die Bewegung einer kapitalistisch dominierten Weltwirtschaft. In beiden Fällen stützt er sich in seinem methodischen Herangehen auf das „Kapital" von Karl Marx, vor allem auf den ersten und den dritten Band. Marx selbst hatte bereits in seinen Analysen zur britischen Kolonialpolitik gegenüber Indien und China

---

[2]Bucharins Text „Imperialismus und Weltwirtschaft" wurde 1915 geschrieben und war Lenin bekannt. Beide Schriften stehen sich inhaltlich und methodisch außerordentlich nahe.

[3]Wladimir I. Lenin, „Der Imperialismus als höchstes Stadium des Kapitalismus. Gemeinverständlicher Abriss," in *Lenin Werke Bd. 22 Dezember 1915 – Juli 1916* (Berlin: Dietz Verlag, 1971 [1916/1917]), 189–309.

in den 1850er Jahren Weltwirtschaft und Handelspolitik in ihrer Verknüpfung als zentrales Element der Entfaltung des Kapitalismus beschrieben.[4] Schon 1846/1847 beteiligten sich Karl Marx und Friedrich Engels (siehe entsprechenden Beitrag) an den Debatten über Freihandel und Schutzzoll.[5]

Für die Arbeit an dem Manuskript zogen Lenin und seine Mitarbeiterinnen und Mitarbeiter mindestens 1202 Quellen in verschiedenen Sprachen und aus verschiedenen Regionen heran.[6] Die angefertigten Notizen und Exzerpte sind zu einem großen Teil in den „Heften zum Imperialismus" beziehungsweise in den Lenin-Sammelbänden publiziert. Es zeigt sich, dass Lenin das Buch in Kenntnis der wesentlichen Diskussionen und statistischen Untersuchungen seiner Zeit schreibt. Er legte so eine wohlfundierte Studie vor, die den Stand der Imperialismus-Diskussion zusammenfasst. Aus der kritischen Sichtung der unterschiedlichen Positionen der Autorinnen und Autoren sowie umfangreichen statistischen Materials kam er zu eigenen konzeptionellen Vorstellungen und politischen Interpretationen. Lenin ist sich mit seinen Vorgängerinnen und Vorgängern einig, dass es sich beim Imperialismus um eine eigene Etappe der Entwicklung der kapitalistischen Gesellschaft handelt. Er versteht den Imperialismus aber konsequent als ökonomische Erscheinung, die eine entsprechende Politik nach sich zieht. Indem er sich auf die ökonomischen Grundlagen der innerimperialistischen Widersprüche konzentriert, erfasste er deutlicher als andere sozialdemokratische Autorinnen und Autoren seiner Zeit, etwa Hilferding oder Kautsky, die Momente der Instabilität und Krisenhaftigkeit internationaler Beziehungen als der Natur dieser Entwicklungsetappe notwendig innewohnend. Eine Aufteilung der Welt zwischen den Monopolgruppen, so betont er, schließt nie eine Neuaufteilung aus. Allerdings treibt ihn dieser Fokus auch zu einer dramatischen Unterschätzung der Möglichkeiten der Regulierung innerimperialistischer Widersprüche. Der heutige Umfang von Integrationsprozessen schien ihm damals unmöglich.

---

[4]siehe Karl Marx, „Die britische Herrschaft in Indien," in *Karl Marx Friedrich Engels Werke Bd. 9* (Berlin: Dietz Verlag, 1975 [1853]), 127–133.

[5]siehe Friedrich Engels, „Schutzzoll oder Freihandels-System," in *Karl Marx Friedrich Engels Werke Bd. 4*, (Berlin: Dietz Verlag, 1977 [1847]), 58–61; Karl Marx, „Die Schutzzöllner, die Freihandelsmänner und die arbeitende Klasse," in *Karl Marx Friedrich Engels Werke Bd. 4* (Berlin: Dietz Verlag, 1977 [1847]), 296–298.

[6]siehe Entstehungsprozess des Werkes: Wladislaw Hedeler und Volker Külow, „Die Entstehung und Veröffentlichung von Lenins Werk „Der Imperialismus als höchstes Stadium des Kapitalismus"," in *Wladimir Iljitsch Lenin: Der Imperialismus als höchstes Stadium des Kapitalismus. Gemeinverständlicher Abriss. Kritische Neuausgabe mit Essays von Dietmar Dath und Christoph Türcke*, herausgegeben und kommentiert von Wladislaw Hedeler und Volker Külow (Berlin: Verlag 8. Mai, 2016), 195–296.

Der Imperialismus ist für ihn „das monopolistische Stadium" des Kapitalismus. Seine materielle Grundlage hat er in einem außerordentlichen Niveau der Vergesellschaftung der Produktion, das heißt der in kapitalistischer Hülle forcierten Verflechtungen, Regulierungen und Planungen, wie auch der Abhängigkeit der technischen Erfindungen und Vervollkommnungen vom Funktionieren gesellschaftlicher Strukturen, kurz gesagt der wachsenden Gesellschaftsbedürftigkeit des Reproduktionsprozesses der Konzerne. Da er den Imperialismus von vornherein als Weltsystem fasst, sind Fragen des Welthandels für ihn organisches Moment seines Konzeptes, nicht einfach ein Faktor neben anderen.

„Die Konkurrenz wandelte sich zum Monopol. Die Folge ist ein gigantischer Fortschritt in der Vergesellschaftung der Produktion. Im Besonderen wird auch der Prozeß der technischen Erfindungen und Vervollkommnungen vergesellschaftet. Das ist schon etwas ganz anderes als die alte freie Konkurrenz zersplitterter Unternehmer, die nichts voneinander wissen und für den Absatz auf unbekanntem Markte produzieren. Die Konzentration ist so weit fortgeschritten, daß man einen ungefähren Überschlag aller Rohstoffquellen (beispielsweise der Eisenerzvorkommen) in dem betreffenden Lande und sogar, wie wir sehen werden, in einer Reihe von Ländern, ja in der ganzen Welt machen kann. Ein solcher Überschlag wird nicht nur gemacht, sondern die riesigen Monopolverbände bemächtigen sich dieser Quellen und fassen sie in einer Hand zusammen. Es wird eine annähernde Berechnung der Größe des Marktes vorgenommen, der durch vertragliche Abmachungen unter diese Verbände „aufgeteilt" wird. Die qualifizierten Arbeitskräfte werden monopolisiert, die besten Ingenieure angestellt, man bemächtigt sich der Verkehrswege und -mittel – der Eisenbahnen in Amerika, der Schifffahrtsgesellschaften in Europa und in Amerika. In seinem imperialistischen Stadium führt der Kapitalismus bis dicht an die allseitige Vergesellschaftung der Produktion heran, er zieht die Kapitalisten gewissermaßen ohne ihr Wissen und gegen ihren Willen in eine Art neue Gesellschaftsordnung hinein, die den Übergang von der völlig freien Konkurrenz zur vollständigen Vergesellschaftung bildet."[7]

Kernfragen sind für ihn das Verhältnis von Konkurrenz und Monopol sowie das daraus resultierende „Herrschaftsverhältnis und die damit verbundene Gewalt".

„An Stelle der Konkurrenz auf offenem Markt tritt die Ausnutzung der „Verbindungen" zum Zweck eines profitablen Geschäftes. Die gewöhnlichste Erscheinung ist: Bei einer Anleihe wird zur Bedingung gemacht, daß ein Teil der Anleihe zum Kauf von Erzeugnissen des kredit-gebenden Landes, vor allem von Waffen, Schiffen und so weiter verausgabt wird. Frankreich hat in den letzten zwei

---

[7]Lenin, „Der Imperialismus als höchstes Stadium des Kapitalismus," 209.

Jahrzehnten (1890–1910) sehr oft zu diesem Mittel gegriffen. Der Kapitalexport wird zu einem Mittel, den Warenexport zu fördern. Die Abmachungen zwischen den besonders großen Unternehmungen sind dabei derart, daß sie, wie Schilder „gelinde" sagte, „an Korruption gemahnen"."[8]

Dabei bedeutet die Entstehung der Monopole keinesfalls die Ausschließung von Konkurrenz. Beide bestehen weiter, nur verändert sich der Charakter des Konkurrenzkampfes. Exemplarisch entwickelt er dies am Verhältnis der globalen Rohstoffmonopole zu den Industriemonopolen sowie an den Monopolisierungsprozessen in der Elektro- und chemischen Industrie. Die „Aufteilung der Welt unter den Kapitalistenverbänden" illustriert er auf zwei Ebenen. Einerseits beschreibt er den Aufstieg von AEG und Siemens als die beherrschenden Monopole in Deutschland, andererseits die Aufteilung der Einflusssphären auf internationaler Ebene zwischen der US-amerikanischen *General Electric* und der deutschen AEG. Neben der Aufteilung der Welt beschreibt er gleichfalls die Verflechtungen, die dabei zwischen den Konzernen durch Patentpolitik, Beteiligungen et cetera entstehen. Auch hier betont er die Rolle der Banken, die durch Kreditvergabe und über andere Kanäle die Monopolisierungs- und Verflechtungsprozesse begleiten und unterstützen.

Für die von ihm betrachtete Epoche ist allerdings das Übergewicht der Schwerindustrie gegenüber den übrigen Sektoren typisch. Lenin sieht in der monopolistischen Beherrschung der wichtigsten Rohstoffquellen eine der Haupterscheinungsformen des Monopolkapitalismus. Er reflektiert die Prozesse in der Kohle-, Erz-, Kali- und Erdölförderung. Er zeichnet nach, welche Rolle die Privatwirtschaft, die Banken und der Staat im Werden dieser Monopole spielen. Ausführlich tut er dies am Beispiel der Auseinandersetzungen zwischen der US-amerikanischen *Standard Oil* und der von der Deutschen Bank geführten Gruppe, deren Interessen vor allem in Rumänien, Österreich-Ungarn, den holländischen Kolonien und Russland liegen. Die Deutsche Bank versuchte, in Deutschland ein staatliches Petroleummonopol durchzusetzen, um *Standard Oil* aus dem Geschäft in dieser Region zu drängen, scheiterte aber an Interessengegensätzen unter den deutschen Banken.

Ausgehend von diesen minutiös entwickelten Beispielen und anschließend an Kestner charakterisiert er den auf der Grundlage dieses *Herrschafts- und Gewaltverhältnisses* realisierten Monopolprofit als „Tribut der Gesellschaft an die Monopolisten". Es ist ein Tribut, den nicht einfach die Nationen zu zahlen

---

[8]Lenin, „Der Imperialismus als höchstes Stadium des Kapitalismus," 248.

haben, sondern er wird durch die Entstehung internationaler Kartelle global eingefordert und mit staatlicher Unterstützung durchgesetzt. In diesem Sinne kommt er dann zur Charakteristik des Imperialismus als „parasitär" in einem breiten Sinne: parasitär gegenüber anderen monopolisierten Bereichen, gegenüber nichtmonopolisierten Sektoren und gegenüber abhängigen Gebieten und Kolonien, kleineren und schwächeren Nationen. Die Durchsetzung von Monopolpreisen auf den Binnen- und auf den Außenmärkten wird durch eine entsprechende Innen- und Außenpolitik der verschiedenen Staaten gestützt. Der Monopolprofit ist für ihn allerdings keinesfalls monokausal, etwa ausschließlich auf den Ressourcentransfer aus dem Süden in den Norden zu erklären. Immer wieder betont er dessen Verbindung mit dem erreichten Vergesellschaftungsniveau. Die damit gegebenen Interessenwidersprüche sind vielfältig wie auch ihre Lösungswege. Damit ist jedoch verbunden, dass das Wachstum der Wirtschaft im Imperialismus zwar höher, aber auch ungleichmäßiger wird.

Lenin hebt dabei den Zusammenhang von Kapitalexport, Warenex- und -import sowie Zoll-, Außen- und Rüstungspolitik hervor. Zwei Aspekte sind ihm im Zusammenhang mit seiner „möglichst kurzen Definition" des Imperialismus als monopolistischer Kapitalismus wichtig: Einerseits enthielte sie die „Hauptsache", die Verschmelzung von monopolistischem Bank- und Industriekapital im Finanzkapital als Prozess, der sowohl auf der nationalen wie auch auf der internationalen Ebene verläuft, andererseits erfasse sie den Übergang von einer Kolonialpolitik, die auf die Eroberung von noch nicht durch kapitalistische Mächte beherrschten Gebieten gerichtet war, zu einer Kolonialpolitik der monopolistischen Beherrschung des Territoriums der restlos aufgeteilten Erde. Das Zusammenspiel dieser beiden Seiten präge den spezifischen Charakter der internationalen Beziehungen in der Ära des Imperialismus auf der politischen wie auf der wirtschaftlichen Ebene.

„Spricht man von der Kolonialpolitik in der Epoche des kapitalistischen Imperialismus, dann muß bemerkt werden, daß das Finanzkapital und die ihm entsprechende internationale Politik, die auf einen Kampf der Großmächte um die ökonomische und politische Aufteilung der Welt hinausläuft, eine ganze Reihe von Übergangsformen der staatlichen Abhängigkeit schaffen. Typisch für diese Epoche sind nicht nur die beiden Hauptgruppen von Ländern – die Kolonien besitzenden und die Kolonien selber –, sondern auch die verschiedenartigen Formen der abhängigen Länder, die politisch, formal selbständig, in Wirklichkeit aber in ein Netz finanzieller und diplomatischer Abhängigkeit verstrickt sind."[9]

---

[9]Lenin, „Der Imperialismus als höchstes Stadium des Kapitalismus," 267.

Lenin verweist auf Argentinien und Portugal als Beispiele dafür, wie klassische Instrumente der Abhängigkeit, wie die Gewährung von Handelsprivilegien, in dem neuen Kontext zu Momenten moderner finanzkapitalistischer Verflechtungen werden. In gleicher Richtung wirkt die Aufnahme von Staatsanleihen, die, so Lenin, letztlich den Warenexport aus den imperialistischen in die abhängigen Staaten befördern. Dadurch profitiere das Finanzkapital doppelt – durch die Anleihe und durch den Export zu Monopolpreisen.

Als weiteres Moment betont der Autor die Rolle der vor allem im Ausland durchgesetzten Monopolpreise und der entsprechenden Monopolprofite sowie der damit verbundenen aggressiven Außenpolitik für die Sicherung der inneren Stabilität in den einzelnen Ländern.

> „Dadurch, daß die Kapitalisten eines Industriezweiges unter vielen anderen oder eines Landes unter vielen anderen usw. hohe Monopolprofite herausschlagen, bekommen sie ökonomisch die Möglichkeit, einzelne Schichten der Arbeiter, vorübergehend sogar eine ziemlich bedeutende Minderheit der Arbeiter zu bestechen und sie auf die Seite der Bourgeoisie des betreffenden Industriezweiges oder der betreffenden Nation gegen alle übrigen hinüberzuziehen."[10]

Die durch die Monopolisierungsprozesse im Innern verursachten Probleme – etwa relativ hohe Preise für Nahrungsmittel und Industriegüter für den Massenbedarf – können durch Umverteilung von Teilen der Monopolprofite kompensiert werden. Teile der Arbeiterklasse können dadurch „bestochen" werden. Die so entstehende Arbeiteraristokratie und die Tendenz zur Herausbildung des „Rentnerstaates" bilden für ihn eine Einheit. Die Arbeiteraristokratie übernimmt die Ideologie des Imperialismus in Fragen der Kolonial-, Handels-, Rüstungspolitik und so weiter und formiert sich im Opportunismus. Durch ihre Stellung in Parteien und Gewerkschaften beeinflusst sie die Masse der Arbeiter und Arbeiterinnen – hier sieht Lenin die Ursache für die Aufgabe der internationalistischen Positionen der II. Internationale.

Als die Schrift 1917 erschien, hatten sich Bedingungen gegenüber der Diskussion, auf die sich Lenin weitgehend bezieht, radikal verändert. Mit der Februarevolution in Russland, die nicht nur die zaristische, sondern auch schon die bürgerliche Herrschaft an sich infrage stellte, waren neue Akteurskonstellationen entstanden. Die Oktoberrevolution führt dann zum endgültigen Bruch mit den Koordinaten der Vorkriegszeit und der Entstehung eines neuen Faktors in den internationalen Beziehungen. Lenin muss sich mit drei verschiedenen

---

[10]Lenin, „Der Imperialismus als höchstes Stadium des Kapitalismus," 306.

Fragen befassen, die zwar miteinander verbunden sind aber jeweilige Spezifika aufweisen: a) der Bewertung der Weltentwicklung und insbesondere der Widersprüche zwischen den imperialistischen Mächten unter dem Fokus der Sicherung der Existenz des sowjetischen Staates und der Verbindung mit der internationalen kommunistischen Bewegung auf der einen und den abhängigen und kolonial beherrschten Ländern auf der anderen Seite, b) der Gestaltung der Außenwirtschaftsbeziehungen mit dem kapitalistischen Weltmarkt und der Wirtschaftspolitik nach innen unter dem Gesichtspunkt der Balance zwischen Anpassung an außenwirtschaftliche Zwänge und innerer Stabilität und c) der Gestaltung der Beziehungen zwischen den entstehenden Sowjetrepubliken (auch wenn schon 1924 daraus eine Föderation mit starker Zentralisierungstendenz wird).

Geht er anfangs noch davon aus, dass die proletarische Revolution als globaler Prozess verlaufen wird, zieht er später aus der in „Imperialismus" vorgenommenen Untersuchung der Ungleichmäßigkeit der Entwicklung in den imperialistischen Ländern die Schlussfolgerung, dass die Errichtung des Sozialismus in einem Land möglich und gesetzmäßig sei. Aus dem gleichen Ansatz heraus betreibt er seine Politik gegenüber den imperialistischen Mächten zur Durchbrechung der internationalen Isolation Sowjetrusslands. Die Strategie der sowjetrussischen Delegation auf der Genua-Konferenz 1922 und der dann abgeschlossene Rapallo-Vertrag mit Deutschland folgen den in der behandelten Schrift entwickelten Analysen zur Widersprüchlichkeit der Interessenlagen zwischen den imperialistischen Mächten. In der Folge werden hier die Grundlagen für das Konzept der Politik der friedlichen Koexistenz definiert.

Auf gleicher Grundlage beruht Lenins Betonung eines unbedingten Selbstbestimmungsrechts der Nationen. Die Infragestellung dieses Rechtes durch die imperialistischen Mächte auf ökonomischem und politischem Wege machte abhängige und unterdrückte Völker aus seiner Sicht zu natürlichen Verbündeten, auch wenn es keine oder nur eine schwache Arbeiterbewegung gab.

Die von Lenin markierte Richtung der Analyse der Weltwirtschaft wird in den 1920er Jahren, insbesondere durch Eugen Varga, aufgegriffen und bestimmt auf Jahrzehnte das marxistisch-leninistische Verständnis der Dynamik der internationalen Beziehungen. Dies betrifft die skizzierten inhaltlichen Prämissen wie auch das Herangehen an die Analyse der internationalen Beziehungen. In der von der Kommunistischen Internationale herausgegebenen Internationalen Pressekorrespondenz (INPREKOR) entwickelt Varga in Orientierung am Leninschen Herangehen ein eigenes Muster der Beobachtung der wirtschaftlichen Konjunktur, der internationalen politischen und wirtschaftlichen Beziehungen sowie der politischen (Klassen)Kämpfe.[11] Er begründet so eine eigene Schule, deren Vertreter und Vertreterinnen sich jeweils auf Fragen der Konjunkturentwicklung, der Krisenanalysen und der internationalen politischen Beziehungen spezialisierten.[12]

Ab Ende der 1920er Jahre, verstärkt aber in den 1960er Jahren, entstehen auf Grundlage der Leninschen Auffassungen die Theorien des staatsmonopolistischen Kapitalismus (Stamokap beziehungsweise SMK), der allgemeinen Krise des Kapitalismus und des Militärisch-Industriellen Komplexes.[13] Diese Theorieansätze sind wenigstens in der internationalen bolschewistisch-kommunistischen Strömung bestimmend (wenn auch nicht unumstritten), prägen aber auf jeden Fall die politisch-konzeptionellen Vorstellungen und die Praxis bezüglich der Gestaltung der internationalen Beziehungen in den realsozialistischen Ländern. Es werden in diesem Zusammenhang auch Fragen aufgegriffen, die Lenin nicht ausgebaut hat; etwa die Frage des Wesens internationaler Werte[14] und des Monopolpreises.[15]

Die von Lenin untersuchten Probleme waren und sind immer wieder Gegenstand wissenschaftlicher und politischer Debatten geworden, wobei trotz inhaltlicher Nähe oft ein direkter Bezug vermieden wird. Frantz Fanon und Raúl Prebisch (siehe in Beitrag zu Hans Singer & Raúl Prebisch) gehören in diese ideengeschichtliche Linie. In den gegenwärtigen Diskussionen sind zum Beispiel die Ansätze der „Akkumulation durch Enteignung" und „Landnahme", der Internationalen politischen Ökonomie und weitere Diskurse im Rahmen der globalisierungskritischen Bewegung zu nennen, die unter anderem mit den Namen Hans-Jürgen Bieling, Frank Deppe, Samir Amin, Giovanni Arrighi, David Harvey oder Radhika Desai verbunden sind.

---

[11] Eugen Varga, „Großartige Pflege eines marxistischen Erbes," in *Wirtschaft und Wirtschaftspolitik, Vierteljahresberichte 1922–1939*, herausgegeben von Jörg Goldberg (Berlin/West: Deb, Verlag Das Europäische Buch, 1977).

[12] Jürgen Kuczynski, „Die Schule Eugen Vargas," in *Studien zu einer Geschichte der Gesellschaftswissenschaften Bd. 7 Gesellschaftswissenschaftliche Schulen*, herausgegeben von Jürgen Kuczynski (Berlin: Akademie-Verlag, 1977), 13–53.

[13] Siehe zur Geschichte der Konzepte: Gretchen Binus, Beate Landefeld und Andreas Wehr, *Staatsmonopolistischer Kapitalismus, Basiswissen (PapyRossa Verlag)* (Köln: Papyrossa, 2014).

[14] Hans-Peter Krüger, *Werte und Weltmarkt. Zur Bildung und Realisierung internationaler Werte* (Berlin: Akademie-Verlag, 1984).

[15] Helmut Zschocke, „Monopolpreis und heutige Anforderungen an die Akkumulation," *IPW Forschungshefte* 22:3 (1987).

Literaturverzeichnis

Carl Duisberg, "Denkschrift über die Vereinigung der deutschen Farbenfabriken (1904)," in *Quellen zur deutschen Wirtschafts- und Sozialgeschichte. Von der Reichsgründung bis zum Ersten Weltkrieg (Ausgewählte Quellen zur deutschen Geschichte der Neuzeit/Freiherr-vom-Stein-Gedächtnisausgabe Bd. 37)*, herausgegeben von Walter Steitz (Darmstadt: Wissenschaftliche Buchgesellschaft, 1985), 324–332.

Eugen Varga, "Großartige Pflege eines marxistischen Erbes," in *Wirtschaft und Wirtschaftspolitik, Vierteljahresberichte 1922–1939*, herausgegeben von Jörg Goldberg (Berlin/West: Deb, Verlag Das Europäische Buch, 1977).

Friedrich Engels, "Schutzzoll oder Freihandels-System," in *Karl Marx Friedrich Engels Werke Bd. 4*, (Berlin: Dietz Verlag, 1977 [1847]), 58–61.

Gretchen Binus, Beate Landefeld und Andreas Wehr, *Staatsmonopolistischer Kapitalismus, Basiswissen* (Köln: Papyrossa Verlag, 2014).

Hans-Peter Krüger, *Werte und Weltmarkt. Zur Bildung und Realisierung internationaler Werte* (Berlin: Akademie-Verlag, 1984).

Helmut Zschocke, „Monopolpreis und heutige Anforderungen an die Akkumulation," *IPW Forschungshefte* 22:3 (1987).

Jürgen Kuczynski, "Die Schule Eugen Vargas," in *Studien zu einer Geschichte der Gesellschaftswissenschaften Bd. 7 Gesellschaftswissenschaftliche Schulen*, herausgegeben von Jürgen Kuczynski (Berlin: Akademie-Verlag, 1977), 13–53.

Karl Marx, "Die britische Herrschaft in Indien," in *Karl Marx Friedrich Engels Werke Bd. 9* (Berlin: Dietz Verlag, 1975 [1853]), 127–133.

Karl Marx, „Die Schutzzöllner, die Freihandelsmänner und die arbeitende Klasse," in *Karl Marx Friedrich Engels Werke Bd. 4* (Berlin: Dietz Verlag, 1977 [1847]), 296–298.

Wladimir I. Lenin, "Der Imperialismus als höchstes Stadium des Kapitalismus. Gemeinverständlicher Abriss," in *Lenin Werke Bd. 22 Dezember 1915 – Juli 1916* (Berlin: Dietz Verlag, 1971 [1916/1917]), 189–309.

Wladislaw Hedeler und Volker Külow, „Die Entstehung und Veröffentlichung von Lenins Werk „Der Imperialismus als höchstes Stadium des Kapitalismus", in *Wladimir Iljitsch Lenin: Der Imperialismus als höchstes Stadium des Kapitalismus. Gemeinverständlicher Abriss. Kritische Neuausgabe mit Essays von Dietmar Dath und Christoph Türcke*, herausgegeben und kommentiert von Wladislaw Hedeler und Volker Külow (Berlin: Verlag 8. Mai, 2016), 195–296.

Der Protektionismus in der Weltwirtschaftskrise und der Regionalismus der Zwischenkriegszeit

Eli F. Heckscher & Bertil G. Ohlin

Nina Grönhardt

Deutlich gesunkene Transportkosten führten im Lauf des 19. Jahrhunderts zu einer Ausweitung des internationalen Handels. Der transozeanische Handel beschränkt sich nicht mehr überwiegend auf den Verkehr von hochpreisigen Luxuswaren, sondern weitete sich zunehmend auf Nahrungsmittel und Massenwaren aus. Der Handel mit Textilien, Metallen, Getreide und anderen einfachen Waren und Rohstoffen wurde immer selbstverständlicher. Im Zuge dessen stiegen die Kolonien zu den wichtigsten Lieferanten für die europäischen Kolonialmächte auf. Eine Folge des verstärkten Handels mit den Kolonien war, dass die importierten Güter verstärkt eine Alternative zu den bisher im eigenen Land produzierten Gütern boten und die europäischen Produzenten sich nun zunehmend den Wettbewerbern mit Produzenten aus den Kolonien ausgesetzt sahen. Die günstigen Importe aus Indien führten beispielsweise im Textilbereich dazu, dass europäische Hersteller nicht mehr wettbewerbsfähig waren. Die Auswirkungen des internationalen Handels und die zunehmende Globalisierung des Warenverkehrs beeinflussen maßgeblich die Wirtschaftsstruktur in den damaligen Industrie- und Entwicklungsländern. Die Rohstoff- und Faktorpreise der Länder, die bisher von den Preisen für Arbeit und Land sowie der heimischen Nachfrage bestimmt wurden, richten sich nun nach Weltmarktpreisen und damit einer weltweiten Nachfrage und Angebot. Doch kam es nicht zu einer Entwicklung der Kolonien, sondern vielmehr Neustrukturierung des Welthandels und damit einhergehenden Arbeitsteilung. Bereits Ende des 19. Jahrhunderts war ein bedeutender Unterschied zwischen den Industrie- und Entwicklungsländern mit Blick auf

---

N. Grönhardt (✉)
Friedrich-Alexander-Universität Erlangen-Nürnberg, Nürnberg, Deutschland
E-Mail: nina.groenhardt@fau.de

deren exportierten Handelswaren erkennbar, was Dennis Robertson als „*the Great Specialization*" bezeichnete.[1] Die Entwicklungsländer mit ihren günstigen Faktorpreisen für Arbeit und Land lieferten überwiegend landwirtschaftliche Produkte und Rohstoffe, während die Industrieländer vor allem Industriegüter exportieren. So waren Großbritannien und Nordwesteuropa Nettoimporteure von Primärprodukten und Nettoexporteure von Industriegütern. Es entwickelte sich somit eine klare internationale Arbeitsteilung zwischen den reichen Industrieländern im Norden, vor allem in Europa, aber auch Nordamerika, und den armen Entwicklungsländern im Süden.[2]

Vor diesem historischen Hintergrund entwickelten Heckscher und Ohlin ihre Erklärungsansätze mit dem Ziel, die Muster des internationalen Handels und dessen Auswirkungen auf die Wirtschaft der einzelnen Länder zu erklären. Eli Heckscher (1879–1952) war ein schwedischer Ökonom. In seinem Artikel *The Effect of Foreign Trade on the Distribution of Income,*[3] der 1919 auf Schwedisch erschien, entwickelte er die Grundlagen für die Faktorproportionentheorie. Er propagierte Freihandel und vertrat die Aussage, dass der komparative Handelsvorteil verschiedener Länder auf Unterschiede in den produktiven Faktoren zurückzuführen sei. Heckschers Handelstheorie war der erste Versuch und ein wesentlicher Meilenstein Außenhandel in Verbindung mit Einkommensverteilung zu setzen beziehungsweise genauer gesagt mit den Preisen der Produktionsfaktoren.

"Our primary purpose, then, is to discover the influence of foreign trade upon the prices of the factors of production. (…)

If we say, initially, that the same relative scarcity of factors of production exists in two countries, then assuming the same efficiency in both countries, the most natural outcome will be that both countries use the same technique in all branches of production. The only possible exception would be differences in the size of units of production and thus to differences in technique. (…)

A difference in the relative scarcity of the factors of production between one country and another is thus a necessary condition for a difference in comparative

---

[1] Dennis H. Robertson, „The Future of International Trade," *Economic Journal* 48:189 (1938), 6.

[2] Robert E. Findlay und Kevin H. O'Rourke, *Power and Plenty: Trade, War and the World Economy in the Second Millennium* (Princeton: Princeton Univerity Press, 2009), 385ff., 411–414.

[3] Eli F. Heckscher, "The Effect of Foreign Trade on the Distribution of Income," *Ekonomisk Tidskrift* 21 (1919): 497–512; gedruckt in: American Economic Association, *Readings in the Theory of International Trade* (Philadelphia: Blakiston Company, 1949).

costs and consequently for international trade. A further indispensable condition is that the proportions in which the factors of production are combined shall not be the same for one commodity as for another. In the absence of this second condition, the price of one commodity, compared with the price of another would remain the same in all countries regardless of the differences in relative factor prices. The prerequisites for initiating international trade may thus be summarized as *different relative scarcity, i.e., different relative prices of the factors of production in the exchanging countries*, as well *as different proportions between the factors of production in different commodities*. The second of these prerequisites is a given condition of production and does not require further explanation."[4]

Bertil Ohlin (1899–1979) war ein schwedischer Wirtschaftswissenschaftler und Politiker. An der Handelshochschule Stockholm kam Ohlin in Berührung mit den Ideen von Eli Heckscher. Heckscher wurde sein Doktorvater und Mentor. Ein weiterer Einflussgeber, der Ohlins Werk und Denken beeinflusste, war Gustav Cassel. Ohlins Idee war es nun, die beiden Einflüsse von Cassel und Heckscher zu kombinieren, indem er die Gleichgewichtstheorie auf zwei Länder erweiterte, die miteinander Handel betreiben. Das bedeutendste Werk Ohlins ist sein Buch *Interregional and International Trade*.[5] Es stellt eine Abkehr von der traditionellen Handelstheorie nach Ricardo dar und weist den Beginn der frühen Neoklassischen Handelstheorie. Ohlin griff Heckschers Ideen auf und legte damit den Grundstein für die Faktorproportionentheorie.

"Let us take first a very abstract and simple case, where only two regions and two factors, which we call labour and land, are considered. The region with the abundant supply of land but scanty supply of labour finds it advantageous to import goods requiring much labour and to export goods requiring much land, as they can be more cheaply produced "abroad". Instead of producing goods of the former type, the industrial agents are directed towards industries producing the latter. Industries which use great quantities of labour are reduced or disappear, hence the demand for labour is diminished. Industries which use great quantities of land expand, therefore the demand for land is increased. Thus the scarcity of labour is reduced and that of land is increased. In the other region, which has an abundant supply of labour but little land, the concentration on industries that use much labour means greater relative scarcity of labour and lesser relative scarcity of land. In both regions, therefore, the factor which is relatively abundant becomes more in demand and fetches a higher price, whereas the factor that is scantily supplied becomes less in

---

[4]Heckscher, "The Effect of Foreign Trade on the Distribution of Income," 277–278.
[5]Bertil G. Ohlin, *Interregional and International Trade* (Cambridge: Harvard University Press, 1933).

demand and gets a relatively lower reward than before. *The relative scarcity of the productive factors is made less different in the two regions.*"[6]

Das Heckscher-Ohlin-Modell (HO-Modell), das zu den bekanntesten Theorien in der Außenhandelstheorie gehört, baut auf dem Handelsmodell von Ricardo auf. Im Modell von Ricardo existieren zwei Länder, die zwei Güter produzieren, wobei jedes Land einen relativen Vorteil bei der Produktion eines Gutes besitzt. Die Länder unterscheiden sich nur in dem Faktor Arbeit. Beide Länder profitieren vom gegenseitigen Handel und konzentrieren sich auf die Produktion des Gutes, bei dem sie einen komparativen Kostenvorteil besitzen. Ein Land verfügt über einen komparativen Kostenvorteil, wenn es ein Gut im Vergleich zu einem anderen Land günstiger, also zu geringeren Opportunitätskosten, herstellen kann. Es kommt hierbei nicht auf die absoluten Produktionskosten, sondern auf die relativen Kosten an, das heißt das Verhältnis der Produktionskosten zueinander (siehe Beitrag zu David Ricardo).

Während Ricardo in seinem Modell lediglich Arbeit als Produktionsfaktor berücksichtigt (Ein-Faktoren-Modell), wird im HO-Modell zusätzlich zur Arbeit auch der Produktionsfaktor Kapital eingeführt. Dadurch können auch Auswirkungen des Handels auf die Einkommensverteilung untersucht werden. Ein weiterer Unterschied zu Ricardo besteht darin, dass Ricardo in seiner Theorie Unterschiede zwischen den Ländern in der Technologie als den Grund für den Außenhandel ansieht, während das HO-Modell auf der Annahme basiert, dass überall dieselbe Technologie vorherrscht und allein Unterschiede in der Faktorausstattung als Ursache für den Handel gelten.

Das HO-Modell basiert auf mehreren Annahmen. So gelten für die Produktionsfaktoren die Annahmen der Vollbeschäftigung und des vollständigen Wettbewerbs im Land – wie auch international. Es gilt die Annahme der Faktormobilität, allerdings nur innerhalb der jeweiligen Länder, nicht international. Faktormobilität meint, dass sich Arbeit und Kapital über Raum und Sektor mobil sind und in Abhängigkeit vom Preis zur rentabelsten Verwendung orientieren. Bei der Produktion werden die gleichen Technologien eingesetzt und es herrschen konstante Skalenerträge sowie ein unelastisches Faktorangebot. Ein unelastisches Faktorenangebot bedeutet, dass das Angebot an Produktionsfaktoren unabhängig von den Faktorpreisen ist. Unter konstanten Skalenerträgen versteht man, dass eine Veränderung des Inputs zu einer proportionalen Veränderung des Outputs führt, zum Beispiel eine Verdopplung der Faktoren geht mit einer Verdopplung

---

[6]Ohlin, *Interregional and International Trade*, 35.

der Produktionsmenge einher (für die Annahme externer Skalenerträge siehe in Beitrag zu Paul R. Krugman). Transportkosten und technische Unterschiede werden nicht betrachtet. Der Produktionsprozess ist in beiden Ländern jeweils identisch und unterscheidet sich nur nach Art des Gutes, also ob kapitalintensive Güter wie Maschinen oder arbeitsintensive Güter wie Kaffee produziert werden. Die Qualität beider Güter ist gleichbleibend. Ein Unterschied zwischen den Ländern besteht lediglich in der Faktorausstattung, während Produktionstechnik und Konsumentenpräferenzen identisch sind. Ferner gibt es keine Handelsbeschränkungen durch Zölle oder andere Handelsbarrieren sowie keine Transportkosten. Auch Wechselkurse oder andere Transaktionskosten werden nicht berücksichtigt. Die Produktionskosten der jeweiligen Güter entsprechen den Preisen, die für beide Länder gleich sind.

Das HO-Modell sieht also die Ursache für internationalen Handel in der Faktorausstattung der Länder begründet. Das Standardmodell ist das 2x2x2-Modell. Hier werden zwei Länder mit unterschiedlicher Faktorausstattung – Land A ist kapitalreich, Land B ist arbeitsreich –, die mit zwei Faktoren – Arbeit und Kapital – zwei Güter – kapitalintensiv und arbeitsintensiv – produzieren.

Im HO-Modell wird der komparative Kostenvorteil beeinflusst von der relativen Faktorintensität bezogen auf Güter und der relativen Faktorausstattung bezogen auf Länder. Demnach wird ein Land das Gut, das intensiv den im Land reichlich vorhandenen Produktionsfaktor nutzt, exportieren und solche Güter, die insbesondere mit dem knappen Faktor hergestellt werden, importieren. Beispielsweise werden Länder, die relativ viel Kapital besitzen (Industrieländer), relativ viele kapitalintensive Güter exportieren (zum Beispiel Maschinen), weil für deren Herstellung vor allem Kapital genutzt wird. Während andere Länder (Entwicklungsländer) über viel Arbeit verfügen Güter bei deren Produktion dieser Faktor überwiegend genutzt wird (arbeitsintensive Güter, zum Beispiel Kaffee) exportieren. Da der reichlich vorhandene Faktor, zum Beispiel Kapital, billiger ist als der relativ knapp vorhandene Faktor, zum Beispiel Arbeit, wird ein Industrieland vor allem solche Güter produzieren, bei denen ein komparativer Vorteil besteht, also in diesem Fall kapitalintensive Güter. Während es die arbeitsintensiven Güter importiert.

Aus diesem Beispiel lässt sich ableiten: die relative Faktorausstattung der Länder entscheidet über die Handelsmuster. Mithilfe des HO-Modells kann also erklärt werden, in welche Richtung Handelsströme auftreten, das heißt, welches Land was exportiert und was importiert. Länder importieren Güter, die überwiegend für die Produktion des wenig vorhandenen Faktors gebraucht werden, während Güter, für deren Herstellung vor allem der reichlich vorhandene Faktor benötigt werden, exportiert werden.

Durch Handel stellen sich beide Länder besser als in Autarkie. In Autarkie konsumiert jedes Land nur das was es selbst produziert. Herrscht freier Handel, spezialisiert jedes Land sich auf die Herstellung des Produkts, das den reichlich vorhandenen Faktor benötigt und somit günstiger herzustellen ist und steigert die Produktion. Der Überschuss wird exportiert und dafür wird das verhältnismäßig teurer herzustellenden Gut (weil Produktionsfaktor knapp vorhanden) importiert. Das kapitalintensive Land A spezialisiert sich also auf Maschinen (kapitalintensiv) und exportiert diese, dafür importiert es aus dem arbeitsintensiven Land B den Kaffee (arbeitsintensiv).

Dadurch, dass die ursprünglichen Theorien von Ohlin zu Beginn 1924 nur auf Schwedisch publiziert wurden, war der Einfluss auf die Wissenschaftstheorie und die englischsprachigen Textbücher zu Beginn gering und dem Modell gelang eigentlich erst im Zuge der Weiterentwicklung von Stolper und Samuelson 1941 der Durchbruch zu internationaler Bekanntheit. Da das HO-Modell den Außenhandel zwischen Ländern ausschließlich über die Ressourcenausstattung in Hinblick auf die zwei Produktionsfaktoren erklärt, ist es in erster Linie in der Lage den Handel zwischen Industrie- und Entwicklungsländern zu erklären und weniger den zwischen Industrie- oder Entwicklungsländern jeweils unter sich. Ergänzend zu dem Heckscher-Ohlin-Theorem entwickelten andere Ökonomen im Laufe der Zeit drei weitere bekannte Theoreme: 1) das Faktorpreisausgleichstheorem, 2) das Stolper-Samuelson Theorem und 3) das Rybczynski-Theorem.

Basierend auf dem HO-Modell formulierten Abba P. Lerner und Paul A. Samuelson das **Faktorpreisausgleichstheorem**.[7] Danach entwickeln sich die Faktorpreise in beiden Volkswirtschaften im Freihandel anders als bei Autarkie. Durch Freihandel stellen sich in beiden Ländern die gleichen Faktorpreise ein, wenn beide Volkswirtschaften beide Güter herstellen. Diese kann direkt aus dem HO-Modell abgeleitet werden: Ohne Transportkosten führt Handel also nicht nur zu einer Anpassung der Güterpreise (wie im HO-Modell beschrieben), sondern auch zu einer Anpassung der Faktorpreise.

Handel kann hierbei als Substitut für internationale Faktormobilität angesehen werden. Ohne externe Einflüsse, wie Zölle oder Transportkosten, können die Faktoren Arbeit und Kapital dorthin wandern, wo sie den höchsten Lohn beziehungsweise Zins erhalten würden. Arbeiterinnen und Arbeiter wandern demnach also in kapitalreiche Länder, denn dort erhalten sie einen höheren Lohn

---

[7] Paul A. Samuelson, "International Trade and the Equalisation of Factor Prices," *Economic Journal* 58:230 (1948), 163–184; Abba P. Lerner, "Factor Prices and International Trade," *Economica* 19:73 (1952), 1–15.

als in ihrem Heimatland, das arbeitsreich ist. Denn im kapitalreichen Land sind Arbeitskräfte rar und sie erhalten einen höheren Lohn. Umgekehrt erhält Kapital einen höheren Zins im arbeitsreichen Land, weshalb es sich dorthin verschiebt. Langfristig führt dieser Effekt zu einem Gleichgewicht und so herrscht in beiden Ländern der gleichen Faktorpreise – Lohn und Zins – und die gleichen Güterpreise.

Das **Stolper-Samuelson-Theorem**[8] ist eine Weiterentwicklung des HO-Modells, benannt nach den beiden amerikanischen Ökonomen Wolfgang F. Stolper und Paul A. Samuelson. Es besagt: ein Preisanstieg eines Gutes führt zu einer Einkommenssteigerung (nominal und real) des Faktors, der bei der Produktion des entsprechenden Gutes intensiv eingesetzt wird, während das Einkommen des anderen Faktors zurückgeht (und umgekehrt). Steigt beispielsweise der Preis des arbeitsintensiven Gutes, so steigt das Realeinkommen des Faktors Arbeit (also die Löhne der Arbeiterinnen und Arbeiter), während das Realeinkommen des Faktors Kapital sinkt. Dem Modell liegen die gleichen Annahmen wie dem HO-Modell zugrunde.

Zunächst wird die Situation in einem Land betrachtet. Dort werden Textilien und Maschinen produziert. Die dafür benötigten Faktoren sind Arbeit (zur Textilproduktion) und Kapital (zur Maschinenproduktion). Steigt der Preis für Textilien, so wird auch der Faktor Arbeit teurer, da Textilien in der Produktion sehr arbeitsintensiv sind. Das bedeutet, dass die Löhne der Textilarbeiterinnen und Textilarbeiter steigen. Damit steigt das Einkommen der Textilarbeiterinnen und Textilarbeiter im Verhältnis zu dem der Kapitalbesitzer an. Die Kaufkraft der Arbeiterinnen und Arbeiter steigt, während die der Kapitalbesitzer abnimmt, also steigen die Reallöhne und der Zins fällt. Der Anstieg der Löhne ist überproportional zu dem Preisanstieg für Textilien. Damit kann festgehalten werden, dass ein Preisanstieg eines Gutes einen überproportionalen Anstieg des intensiv genutzten Faktoreinkommens bewirkt, während der Lohn des anderen Faktors sinkt.

Auch im zwei-Länder-Modell ist die Theorie von Stolper und Samuelson anwendbar, um die Auswirkungen eines Preisanstiegs bei einem Gut zu untersuchen. Land 1 ist kapitalintensiv und stellt entsprechend ein kapitalintensives Gut, wie Maschinen her, weil dieser Faktor im Land reichlich vorhanden ist, während Land 2 über viele Arbeiterinnen und Arbeiter verfügt und entsprechend das arbeitsintensive Gut, wie Textilien exportiert. Land 1 ist also ein Industrieland und Land 2 ein Entwicklungsland, so folgt aus dem HO-Modell, dass

---

[8]Wolfgang F. Stolper und Paul A. Samuelson, "Protection and Real Wages," *The Review of Economic Studies* 9:3 (1941), 58–73.

das Industrieland die Maschinen exportiert und dafür Textilien aus dem Entwicklungsland importiert. Mithilfe des Stolper-Samuelson Theorems lassen sich nun Aussagen über die Einkommen von Arbeiterinnen und Arbeitern (also den Faktorpreis) in den beiden Ländern treffen. Im Industrieland profitieren die Kapitalgeber bzw. die gut qualifizierten Arbeiterinnen und Arbeiter, die im Industriesektor arbeiten und im Entwicklungsland die ungelernten Arbeiterinnen und Arbeiter, weil jeweils diese Produkte exportiert werden. Somit verschlechtert sich durch Handel die Position von ungelernten billigen Arbeiterinnen und Arbeitern im Industrieland und ihr Lohn sinkt, weil es günstiger ist, diese Produkte aus dem Entwicklungsland zu importieren (und umgekehrt).

Das Stolper-Samuelson Theorem zeigt somit die Auswirkungen von Güterpreisänderungen auf die Faktoreinkommen. So lassen sich im Bereich der Handelspolitik zum Beispiel die Auswirkungen von Protektionismus für eine Volkswirtschaft aufzeigen: welche Auswirkungen hat ein Zoll und die daraus resultierende Preiserhöhung eines Gutes auf die Realeinkommen. Auch wenn es insgesamt ist es für ein Land wohlfahrtssteigernd ist zu handeln, so gibt es innerhalb des Landes Gewinner und Verlierer je nach Sektor. Im obigen Beispiel sind die Textilarbeiterinnen und Textilarbeiter die Gewinner und die Kapitalbesitzer die Verlierer des Handels. Da die Importe, die knappen Faktoren intensiver nutzen, senken sie die Nachfrage nach diesen Produktionsfaktoren vor Ort und damit die Erträge. Daraus lässt sich hinsichtlich der Löhne von Arbeiterinnen und Arbeitern auch ableiten, dass die Einfuhren von Güter, die von unqualifizierten Arbeitskräften (mit entsprechend niedrigen Löhnen) in den armen Ländern gefertigt wurden, zu einer Senkung der Löhne ungelernter Arbeitskräfte in den reichen Ländern führen können. Das Stolper-Samuelson Theorem wird in der Globalisierungsdebatte oft angeführt um die These zu stützen, dass zunehmender Handel mit Entwicklungsländern eine Hauptursache für die zunehmende Ungleichheit in einigen Industrieländern, wie den Vereinigten Staaten, sei. Allerdings widersprechen auch viele Ökonomen dieser Schlussfolgerung, und sehen vielmehr Veränderungen der Technologie zu Gunsten von Fachkräften und weg von Ungelernten als die wahre Ursache an.

Das **Rybczynski-Theorem**,[9] benannt nach dem polnischen Ökonomen Tadeusz Rybczynski, erklärt, wie sich der die Produktionsmenge von zwei Gütern verändert, wenn sich die Ressourcenverteilung in einem Land ändert. Im Gegensatz zum HO-Modell wird hierbei angenommen, dass Produktionsfaktoren

---

[9]Tadeusz M. Rybczynski, "Factor Endowments and Relative Commodity Prices," *Economica* 22:87 (1955), 336–41.

nicht konstant sind, sondern ein Faktor zunimmt. Die Grundaussage des Rybczynski-Theorems lautet: Wenn ein Produktionsfaktor zunimmt, dann steigt die Produktion und somit das Angebot des Gutes, das diesen Faktor intensiv nutzt, überproportional an. Die Produktion und das Angebot des anderen Gutes gehen bei konstanten Güterpreisen hingegen zurück. Gründe für den Anstieg der Faktoren können Kapitalimporte oder Migration sein. Es lässt sich hieraus also ableiten, welches Gut in einer Volkswirtschaft vermehrt produziert werden wird.

Angenommen Land A ist kapitalreich, während Land B arbeitsreich ist. Nach dem HO-Modell produziert und exportiert Land A dann vor allem das arbeitsintensive Gut wie Maschinen, während es das arbeitsintensive Gut wie Textilien überwiegend importiert. Kommt es nun in Land A zu einem Anstieg des reichlich vorhandenen Faktors Kapital, so wird nach dem Rybczynski-Theorem Land A vermehrt Maschinen produzieren und exportieren. Die Produktion von Textilien sinkt hingegen in Land A, weshalb Land A vermehrt Textilien aus Land B importieren muss, um seine Nachfrage zu decken. Es kommt demnach zu einem positiven Handelseffekt. Steigt hingegen der wenig vorhandene Faktor Arbeit in Land A, sinkt die Produktion und der Export von Maschinen, während die Produktion von Textilien ansteigt, weshalb Land A auch weniger Textilimporte benötigt. Es kommt somit zu einem negativen Handelseffekt.

Neben den oben genannten Weiterentwicklungen gab es jedoch auch vielfältige Kritik am HO-Modell, da es in vielen Fällen der empirischen Praxis nicht standhält. Die bekannteste Kritik übte im Jahr 1953 Wassily Leontief mithilfe einer empirischen Überprüfung.[10] Leontief fand heraus, dass die Vereinigten Staaten, obwohl sie als kapitalintensives Land gelten, überwiegend arbeitsintensive Güter exportierten und kapitalintensive Güter importierten. Dieser Sachverhalt wurde als Leontief-Paradox bekannt. Dieser Widerspruch lässt sich durch die Berücksichtigung eines weiteren Faktors, nämlich Humankapital, auflösen. So exportierten die Vereinigten Staaten vor allem Know-how-intensive Güter, die hochqualifizierte Arbeit benötigen. Außerdem ist nicht nur die Faktorenausstattung eines Landes, sondern auch die Produktivität der Faktoren, die abhängig von der Produktionstechnologie ist, entscheidend.[11]

In einer weiteren Studie testen Harry P. Bowen, Edward E. Leamer und Leo Sveikauskas das HO-Modell mit weltweiten empirischen Daten für eine Vielzahl

---

[10] Wassily Leontief, "Domestic Production and Foreign Trade: The American Capital Position Re-examined," *Proceedings of the American Philosophical Society* 97 (1953), 332–49.

[11] Allerdings wurde 1980 von Leamer gezeigt, dass die Ergebnisse von Leontief nicht unbedingt dem HO-Modell widersprechen. Vgl. dazu Edward E. Leamer, "The Leontief Paradox, Reconsidered," *Journal of Political Economy* 88:3 (1980), 495–503.

von Ländern. Sie bestätigten die Erkenntnisse, die Leontief für die Vereinigten Staaten getroffen hatte.[12] Die empirischen Studien zum HO-Modell belegen, dass das HO-Modell weniger geeignet ist, die tatsächliche Zusammensetzung des internationalen Handels, insbesondere seit dem Ende des Zweiten Weltkrieges, zu beschreiben. Dennoch liefert das HO-Modell eine Erklärung für den Handel zwischen Nord und Süd. Dieser interindustrielle Handel macht allerdings einen immer geringeren Anteil des gesamten Welthandels aus. Interindustrieller Handel beschreibt den Sachverhalt, dass ein Land Güter eines Sektors exportiert und dafür Güter eines anderen Sektors importiert. Er hängt vor allem komparativen Kostenvorteilen, basierend auf Unterschieden in der relativen Faktorausstattung, ab. Intraindustrieller Handel findet hingegen innerhalb eines Sektors zwischen verschiedenen Ländern statt, zum Beispiel wenn ein Land Automobile sowohl importiert als auch exportiert. Diese Art des Handels findet also zwischen Ländern mit einer ähnlichen Faktorausstattung statt. Intraindustrieller Handel kann somit vom HO-Modell nicht erklärt werden. Eine Erklärung für den intraindustriellen Handel liefert hingegen Paul R. Krugman mit seiner Neuen Außenhandelstheorie (siehe entsprechenden Beitrag). Aber auch die Arbeiten anderer Ökonomen wie Kevin Lancaster[13] und Elhanan Helpman[14] liefern an dieser Stelle wissenschaftliche Erklärungsansätze für den intraindustriellen Handel.

Literaturverzeichnis

Abba P. Lerner, "Factor Prices and International Trade," *Economica* 19:73 (1952): 1–15.

Bertil G. Ohlin, *Interregional and International Trade* (Cambridge: Harvard University Press, 1933).

Dennis H. Robertson, "The Future of International Trade," *Economic Journal* 48:189 (1938): 1–14.

Edward E. Leamer, "The Leontief Paradox, Reconsidered," *Journal of Political Economy* 88:3 (1980), 495–503.

---

[12]Harry P. Bowen, Edward E. Leamer und Leo Sveikauskas, "Multicountry, Multifactor Tests of the Factor Abundance Theory," *American Economic Review* 77 (1987), 791–809.

[13]Kelvin Lancaster, "Intra-industry trade under perfect monopolistic competition," *Journal of International Economics* 10 (1980), 151–175.

[14]Elhanan Helpman, "International trade in the presence of product differentiation, economies of scale and monopolistic competition: A Chamberlin-Heckscher-Ohlin approach," *Journal of International Economics*, 11 (1981), 305–340.

Elhanan Helpman, "International trade in the presence of product differentiation, economies of scale and monopolistic competition: A Chamberlin-Heckscher-Ohlin approach," *Journal of International Economics* 11 (1981), 305–340.

Eli F. Heckscher, "The Effect of Foreign Trade on the Distribution of Income," *Ekonomisk Tidskrift* 21 (1919), 497–512; gedruckt in American Economic Association, *Readings in the Theory of International Trade* (Philadelphia: Blakiston Company, 1949).

Harry P. Bowen, Edward E. Leamer und Leo Sveikauskas, "Multicountry, Multifactor Tests of the Factor Abundance Theory," *American Economic Review* 77 (1987), 791–809.

Lancaster, Kelvin, "Intra-industry trade under perfect monopolistic competition," *Journal of International Economics* 10 (1980), 151–175.

Paul A. Samuelson, "International Trade and the Equalisation of Factor Prices," *Economic Journal* 58:230 (1948), 163–184.

Robert E. Findlay und Kevin H. O'Rourke, *Power and Plenty: Trade, War and the World Economy in the Second Millennium* (Princeton: Princeton Univerity Press, 2009).

Tadeusz M. Rybczynski, "Factor Endowments and Relative Commodity Prices," *Economica* 22:87 (1955), 336–41.

Wassily Leontief, "Domestic Production and Foreign Trade: The American Capital Position Re-examined," *Proceedings of the American Philosophical Society* 97 (1953), 332–349.

Wolfgang F. Stolper, Wolfgang und Paul A. Samuelson, "Protection and Real Wages," *The Review of Economic Studies* 9:3 (1941), 58–73.

Elmer E. Schattschneider

Holger Janusch

Nach dem Ende des Ersten Weltkriegs und einer Rezession zu Beginn der 1920er Jahre erlebte die US-amerikanische Wirtschaft einen wirtschaftlichen Boom, auch bekannt als die *Roaring Twenties*. Neben einem kulturellen Wandel prägten vor allem technologische Entwicklungen, wirtschaftliche Prosperität und rasant steigende Aktienkurse die 1920er Jahre in den Vereinigten Staaten. Der Fordismus, also die Einführung der Massenproduktion mithilfe der Fließbandfertigung und hochspezialisierten Maschinen, ermöglichte einen zuvor nie dagewesenen Massenkonsum. So etablierten sich das Automobil, Telefon und Radio als Massenkonsumgüter in der US-amerikanischen Gesellschaft. Am *Black Thursday* im Jahr 1929 platzte allerdings die Spekulationsblase am Aktienmarkt und es kam zum größten Börsenkrach in der Geschichte der Vereinigten Staaten. Anders als häufig angenommen kann der *Black Thursday* eher als eine von vielen Ursachen für die *Great Depression* in den 1930er Jahren gesehen werden.

Als weitere Ursachen können vielmehr die Krise in der Landwirtschaft und das schwache Bankensystem der Vereinigten Staaten genannt werden. Während der 1920er Jahre gestaltete sich die Lage in der Landwirtschaft anders als in der verarbeitenden Industrie. Im Zuge des Ersten Weltkrieges hatten viele Landwirte ihre Produktion ausgeweitet, indem sie Investitionen in die Mechanisierung ihrer Betriebe getätigt hatten. Hierfür verschuldeten sich die Landwirte. Die fallenden Preise für landwirtschaftliche Güter erschwerten jedoch den Landwirten, ihre Schulden zu zahlen. Zusätzlich verloren viele Anleger das Vertrauen in die Solvenz ihrer Banken, weshalb es in den 1930er Jahren zu einem Ansturm

---

H. Janusch (✉)
Institut für Anglistik, Amerikanistik und Keltologie, Rheinische Friedrich-Wilhelms-Universität Bonn, Bonn, Deutschland
E-Mail: hjanusch@uni-bonn.de

© Springer Fachmedien Wiesbaden GmbH, ein Teil von Springer Nature 2020
H. Janusch (Hrsg.), *Handelspolitik und Welthandel in der Internationalen Politischen Ökonomie*, https://doi.org/10.1007/978-3-658-28656-9_9

auf die Banken zunächst in Tennessee und später in angrenzenden Staaten kam. Infolgedessen brachen viele der kleinen Banken und damit auch die Kreditvergabe zusammen.

Im Zuge der *Great Depression* verabschiedete der Kongress den *Smoot-Hawley Tariff Act,* benannt nach dem Senator Reed Smooth und dem Abgeordneten des Repräsentantenhauses Willis C. Hawley. Dieses Gesetz erhöht die Zölle auf über 20.000 Güter und führte zu Vergeltungszölle vieler Länder, zum Beispiel Kanadas. Der *Smoot-Hawley Tariff Act* ist allerdings nicht als Reaktion auf die *Great Depression* zu verstehen. Seit dem Bürgerkrieg verfolgten die Republikaner eine protektionistische Politik, da sie vor allem die Interessen der verarbeitenden Industrie im Mittleren Westen und Nordosten der Vereinigten Staaten vertraten, während die Demokraten mit Blick auf die Interessen der Bauern in den Südstaaten sich für niedrigere Zölle einsetzen. Als die Republikaner im Jahr 1928 sowohl die Präsidentschaft als auch die Mehrheit in beiden Kammern gewannen, begannen sie bereits im Januar 1929, also vor dem *Black Thursday,* dem Wirtschaftseinbruch und der Massenarbeitslosigkeit, mit dem Gesetzesentwurf im Kongress. Die Republikaner wollten hiermit ihr Wahlversprechen gegenüber den Landwirten einlösen, nur begrenzte Zollerhöhungen ausschließlich für landwirtschaftliche Güter einzuführen. Am Ende beinhaltete das Gesetz jedoch umfassende Zollerhöhungen, insbesondere für Güter der verarbeitenden Industrie. Der Kongress verabschiedete das Gesetz im Juni 1930. Trotz einer Petition von über 1000 Ökonomen an Präsident Herbert Hoover, ein Veto gegen das Gesetz einzulegen, unterzeichnete Hoover den *Smoot-Hawley Tariff Act* am 17. Juni 1930, womit das Gesetz in Kraft treten konnte.[1]

Für viele Ökonominnen und Ökonomen galt der *Smoot-Hawley Tariff Act* als eine Politik, die zusätzlich zur sinkenden Nachfrage als Folge der Rezession den Welthandel stark in Mitleidenschaft zog und die *Great Depression* verschlimmerte. Es sei hier jedoch kurz erwähnt, dass aktuellere Studien von Wirtschaftshistorikern das Ausmaß der negativen Effekte der Zollerhöhungen bezweifeln. So erhöhte der *Smoot-Hawley Tariff* die relativen Preise von Importen nur um fünf oder sechs Prozent, wobei Importe nur 4 %

---

[1] Näheres zur Historie des *Smoot-Hawley Tariff Act,* dessen Vorgeschichte und Nachwirkungen siehe Douglas A. Irwin, "From Smoot-Hawley to Reciprocal Trade Agreements: Changing the Course of U.S. Trade Policy in the 1930s," in *The Defining Moment: The Great Depression and the American Economy in the Twentieth Century,* herausgegeben von Michael D. Bordo, Claudia Goldin und Eugene N. White (Chicago: University of Chicago Press, 1998).

des Bruttoinlandsprodukts der Vereinigten Staaten ausmachten. Darüber hinaus sind nicht alle ausländische Zollerhöhungen auf die Verabschiedung des *Smoot-Hawley Tariff* zurückzuführen, sondern ebenfalls Ursache der jeweiligen Innenpolitik.[2] In seinem Werk *Politics, Pressures, and the Tariff*[3] geht es Elmer E. Schattschneider (1892–1971) allerdings nicht um die Frage, ob der *Smoot-Hawley Tariff Act* ökonomisch sinnvoll gewesen sei, sondern wie der politische Prozess im Kongress aussah, der die Ausgestaltung und Verabschiedung des Gesetzes erklären kann. Schattschneider war ein US-amerikanischer Politikwissenschaftler, der über 30 Jahre als Professor an der Wesleyan University in Middletown, Connecticut unterrichtete. Sein Hauptaugenmerk liegt dabei auf dem ungleichgewichtigen, uneingeschränkten Einfluss, den wirtschaftliche Interessengruppen auf Kongressabgeordnete ausüben konnten und der sich am Ende in dem Gesetz widerspiegelt. Schattschneider sieht hierdurch den Kern der Demokratie gefährdet.

Zur damaligen Zeit waren professionell organisierte Interessensverbände ein relativ neues Phänomen. Die Bankenkrise von 1907 sorgte zunächst für eine Intensivierung der politischen Koordination zwischen den Unternehmensinteressen in den Vereinigten Staaten. Später beförderte der Erste Weltkrieg engere Kontakte zwischen der Regierung und Industrie. Auf Nachfrage der US-amerikanischen Regierung gründete die verarbeitende Industrie und Agrarwirtschaft Verbände, um die Kommunikation und Koordination im Rahmen der großen Bedarfsanforderungen während des Ersten Weltkrieges zu vereinfachen. Im Laufe der 1920er Jahre entstand schließlich eine Vielzahl von Unternehmensverbänden mit ständigen Sitz in Washington, DC.

Um Schattschneiders Analyse grundsätzlich zu verstehen, bedarf es zunächst einer kurzen Erläuterung des politischen Systems der Vereinigten Staaten. Nach der US-Verfassung ist Zollpolitik die Domäne des Kongresses. Der Kongress verabschiedet demnach jedwedes Zollgesetz. Im Repräsentantenhaus und Senat bedarf es hierzu jeweils der Mehrheit aller 435 Abgeordneten beziehungsweise 100 Senatoren. Senatoren können allerdings über den sogenannten Filibuster eine Gesetzesinitiative verhindern, weshalb im Senat effektiv bei umstrittenen

---

[2]Für eine Übersicht siehe Douglas A. Irwin, "From Smoot-Hawley to Reciprocal Trade Agreements," 335–337; siehe auch Barry Eichengreen, „The Political Economy of the Smoot-Hawley Tariff," *NBER Working Paper* No. 2001 (1986).

[3]Elmer E. Schattschneider, *Politics, Pressures and the Tariff: A Study of Free Private Enterprise in Pressure Politics, as Shown in the 1929–1930 Revision of the Tariff* (New York: Prentice-Hall, 1935).

Gesetzen eine Mehrheit von 60 Senatoren notwendig ist, um die Möglichkeit des Filibusters zu unterbinden. Der Präsident kann gegen ein vom Kongress verabschiedetes Gesetz ein Veto einlegen, das allerdings von einer Zweidrittelmehrheit in beiden Kammern überstimmt werden kann. Bei dem Kongress handelt es sich um ein Arbeitsparlament, das heißt, die überwiegende Arbeit bei der Formulierung von Gesetzen erfolgt in den diversen Ausschüssen und Unterausschüssen. Im Falle der Handelspolitik sind vor allem das *House Ways and Means Committee* und der *Senate Finance Committee* von Relevanz.[4]

Hier setzt Schattschneiders Studie an, die einen Blick auf die öffentlichen Anhörungen in den Ausschüssen wirft. Nach Schattschneider handelt es sich bei den Anhörungen um den entscheidenden Schritt für die Verabschiedung eines Gesetzes, da hier der Kongress bestimmt, welche Interessen angehört werden. In den Anhörungen sammelt der Kongress Informationen für seine Entscheidungsfindung. Die Anhörungen bestimmen somit letztendlich die Fragen, über welche der Kongress debattiert, und begrenzen hierdurch die weitere Entscheidungsfindung.

"The public notice of the hearings issued by Committee on Ways and Means directed petitioners to include in their briefs data on "domestic costs and wages and comparable costs and wages in foreign countries," presumably to furnish the committee with information upon which to calculate rates. It is unnecessary to enter upon a discussion of the refinements and technical difficulties of the problem of determining these costs because neither of the committees at any time in the course of the hearings made an attempt to define what was meant by costs, either domestic or foreign, or prescribed a formula for making the calculations. No effort was made to audit statements of costs, and the data were submitted in almost every conceivable form, more or less habitually violating every known rule of sound statistical and accounting practice. Under these circumstances statistics become the handmaiden of the subconscious process of wish fulfillment."[5]

---

[4]Hierbei ist allerdings zu beachten, dass im Gegensatz zu nationalen Zollgesetzen internationale Handelsverträge vom Präsidenten verhandelt und unterzeichnet werden und erst dann dem Kongress als Implementierungsgesetz zur Verabschiedung vorgelegt werden. Besonders nach dem Zweiten Weltkrieg hat der Kongress zudem spezifische Autoritäten zum Beispiel zur Verhängung von Strafzöllen an den Präsidenten delegiert, die allerdings jederzeit durch einen Mehrheitsbeschluss des Kongresses wiederzurückgenommen werden können.

[5]Schattschneider, *Politics, Pressures and the Tariff*, 67–68.

Handelsgesetze wie der *Smoot-Hawley Tariff Act* basierten zur damaligen Zeit auf zwei grundlegenden Merkmalen. Erstens bestimmte der Kongress eine Vielzahl von Gütern, auf die Zölle erhoben werden sollten. Zweitens legte er die Höhe der Zölle mit dem Ziel fest, über den Zoll die Differenz zwischen den Produktionskosten eines Gutes im Inland und denen im Ausland aufzuheben. Die Berechnung der Differenzen zwischen in- und ausländischen Produktionskosten ist nach Schattschneider jedoch eine schier unmögliche Aufgabe, da hierfür nicht nur Daten aller heimischen, sondern auch aller ausländischen Industrien benötigt würden. Der Kongress verfüge hierfür aber weder über das Personal noch die Mittel und Zeit. Doch nicht nur sei die Aufgabe endlos und unmöglich zu erfüllen, sondern sie ist nach Schattschneider auch irrelevant. Folgt man der protektionistischen Logik des Gesetzes, ist es nur so gut, wie es die diversen Industrien schützt. Doch dann spricht nichts dagegen, einfach die Zölle so hoch anzusetzen, dass sie in jedem Fall prohibitiv für Importe sind, wofür es allerdings keine aufwendige Berechnung bedarf.

Da sich der Kongress selbst zur Aufgabe gemacht hatte, die Differenzen zwischen den in- und ausländischen Produktionskosten zur Berechnung der Zölle zugrunde zu legen, kam es zu einem absurden Prozess, in dem der Kongress vorgelegte Daten, die manchmal jedweder statistischen Praktiken widersprachen, ungeprüft akzeptierte. Interessenvertreter hoben stellenweise selbst hervor, dass die Berechnung ausländischer Produktionskosten unmöglich sei, da entsprechende Daten unzugänglich seien. Auch eigene Produktionskosten verschwiegen Interessenvertreter aus Gründen der Vertraulichkeit. Häufig verwiesen sie deshalb auf Gerüchte, um ihre Forderungen nach Zöllen zu unterstreichen, welchen der Kongress einfach Glauben schenkte. An dieser Stelle wird deutlich, dass die Vorgehensweise des Kongresses zur Berechnung der Zölle im eigentlichen Sinne zum Scheitern verurteilt war. Es sei hier kurz erwähnt, dass Schattschneider in seinen späteren Arbeiten anerkennt, dass Interessengruppen Probleme, die im Privatsektor ungelöst bleiben, auf die öffentliche Agenda bringen können.

Doch ist nicht nur die Berechnung der Produktionskosten und damit der Zollrate absurd, sondern sie führt nach Schattschneider zu einer weitreichenderen Folge: sie räumt allen Industrien das Recht auf einen Schutzzoll ein. So beschreibt Schattschneider, wie der Kongress für jede noch so kleine Industrie einen Zoll erließ, sodass manche Zölle weniger den Partikularinteressen einer Industrien als vielmehr die persönlichen Interessen von Kleinstunternehmen widerspiegelten. Die stetig steigende Zahl an Zöllen und deren ständigen Anpassungen machten aus dem Kongress nach Schattschneider nichts anderes als ein träges Gericht für Beschwerden und Überprüfungen. Jedes Mal wenn der Kongress ein Zollgesetz in größerem Detail verabschiedete, gab es mehr Beschwerden seitens Interessengruppen, die weitere Veränderungen forderten, wodurch jedes folgende Gesetz mehr und mehr Details aufwies. Um diese Aufgabe noch bewältigen zu können, tendierte der Kongress zur Vergabe einheitlicher Zölle, die allerdings dem Anspruch des Gesetzes widersprachen. Dennoch musste der Kongress mehr und mehr Aufmerksamkeit und Zeit auf die Verabschiedung jedes neuen Zollgesetzes aufwenden. Er hat sich selbst eine Sisyphusarbeit auferlegt. Hierin sah Schattschneider eine grundlegende Bedrohung für die Demokratie, da sie die Funktion des Kongresses als überwachendes Organ der Regierung gefährdete.

Schattschneider arbeitet heraus, wie protektionistische Interessengruppen der Wirtschaft eine umfassende Koalition bildeten, die der sogenannten Strategie der *reciprocal noninterference* folgte. Demnach herrschte ein gewisser Burgfrieden zwischen den diversen Interessengruppen, wonach Interessengruppen die Forderungen anderer nach Zöllen stillschweigend akzeptierten, da im Gegenzug ihren eignen Forderungen nach Schutz entsprochen wurde. Selbst Gegner von Zöllen akzeptierten Protektionismus als grundlegendes Prinzip und argumentierten nur gegen Zölle im Namen von Protektionismus. Die Kongressabgeordneten in den Ausschüssen waren wiederum darauf bedacht, die Politik der gegenseitigen Nichteinmischung umzusetzen.

> "Consumers are neither sufficiently organized nor self-conscious enough to oppose the legislation effectively, and importers need to be feared. The only real danger to the system, therefore, lies in conflicts between the producers of raw materials and the manufacturing consumers of these materials and between the intermediate processors of commodities and the manufacturers of end products who consume semi-finished materials. (…) Any protective system which is to be politically strong must develop a procedure by which inner tensions of this sort are removed. The simple device of giving the manufacturing consumer of raw materials and semi-finished materials a bonus in the form of compensatory duties tends to resolve the conflicts. These duties, therefore, implement the strategy of reciprocal non-interference. (…) it is evident that the rate structure can be manipulated to conciliate differences of interest and to eliminate large and important areas of opposition. The use of this device accounts in part for the one-sided character of the pressures exerted on Congress. (144–145)
>
> Compensatory duties are used to implement a strategy of reciprocal non-interference in which each industry is encouraged to seek duties of its own and induced to accept the incidental burdens of the system without protest. Where conflicts have arisen nevertheless, it has usually been possible to manipulate the rate structure so as to produce satisfactory compromises. (…) attention has been diverted from the fundamental and vital question of the scope of the system to the subordinate question of rates. The emphasis thus placed on the moderation of

duties is designed to make the legislation acceptable to consumers, although it has been necessary in this respect only to perfect the technique of seeming to make concessions without doing so. Rates, ostensibly held to the minimum, are still protective and the benefits derived by the consumer are, therefore, largely fictitious. (…) For this reason, the difference of costs formula is to be classified more properly as a slogan belonging to the politics of gaining acceptance of the legislation than as a method of determining rates. It is an argument rather than a formula."[6]

Nach Schattschneider waren Konsumenten nur unzureichend organisiert und Importeure bildeten keine ernsthafte Opposition, weshalb die Konflikten zwischen Produzenten von Rohmaterialien beziehungsweise Zwischenprodukten und der verarbeitenden Industrie, die auf jene Rohmaterialien beziehungsweise Zwischenprodukte für ihre Produktion angewiesen waren, die einzige ernstzunehmende Gefahr für die Verabschiedung des Handelsgesetzes darstellte. Denn jeder Zoll auf Rohmaterialien oder Zwischenprodukte erhöhten die Produktionskosten der weiterverarbeitenden Industrie. Um hieraus entstehenden Konflikten vorzubeugen, nutzten die Kongressabgeordneten ein System von kompensatorischen Zöllen *(compensatory duties)*. Kompensatorische Zölle waren ganz im Sinne der Strategie der *reciprocal noninterference*. So erhielt die verarbeitende Industrie einen Bonus in Form eines Zolles, der sie für die höheren Kosten als Folge der Zölle auf Rohmaterialien und Zwischenprodukte kompensierte. Nur in Ausnahmefällen versagte dieses System bei dem Ausgleich der Interessen. So entstanden vor allem intensivste Konflikte, wenn Interessengruppen Zölle nicht zum eignen Schutz verlangten, sondern um heimische Konkurrenten auszubooten. Zum Beispiel profitierten die wettbewerbsfähigen Baumwollproduzenten nicht direkt von Zöllen auf Baumwollimporte, weshalb sie einen Zoll auf Jute forderten. Hierdurch erhofften sich die Baumwollproduzenten, dass verstärkt Baumwolle anstelle von Jute in der heimischen Produktion genutzt werde und sie somit ihren heimischen Markt ausbauen könnten. Eine solche Zollforderung stand allerdings im Gegensatz zu den Interessen der verarbeitenden Industrie, die in diesem Fall auf ein Gut für die Produktion hätte zurückgreifen müssen, das unbekannt und ungeeigneter war.

Um intensive Interessenskonflikte mit Verbrauchern vorzubeugen und das Handelsgesetz für diese akzeptabel zu machen, legten die Ausschüsse Wert auf Mäßigung bei den Zollerhöhungen, wobei häufig es nur den Anschein hatte, dass Konzessionen zugunsten der Verbraucher gemacht wurden. Wenn Zölle basierend

---

[6]Schattschneider, *Politics, Pressures and the Tariff*, 284.

auf der Berechnungsformel von in- und ausländischen Produktionskosten scheinbar auf einem Minimum gehalten wurden, waren sie dennoch schützend und schädlich für die Verbraucher. Am Ende war die Berechnungsformel weniger eine Formel zur Berechnung der Höhe der Zölle als vielmehr ein Argument, das die Notwendigkeit eines Protektionismus für alle schutzbedürftigen Industrien betonte. Die Formel generierte den Anschein, dass die Zölle moderat seien und allen Industrien die gleichen Vorteile eingeräumt werden. Schattschneider betont dabei sogar, dass in ihrer Gesamtheit die Vorteile und Kosten des *Smoot-Hawley Tariff Act* wahrscheinlich mehr oder weniger ausgeglichen waren und theoretisch die Befürworter und Gegner der Zölle annäherungsweise gleichwertig waren, jedoch der Druck auf den Kongress äußerst ungleichgewichtig wirkte.

> "Vast areas of interests are so lethargic that they defeat all efforts to organize them and become articulate only on rare occasions and with great difficulty. In general, it may be said that the capacity of a group for organization has a great influence on its activity. In this respect great numbers are usually a handicap, tough large groups organized for nonpolitical purposes may sometimes become effective in politics.
>
> Nor are all interests free equally to express their will in politics. Capitalism is a power relation including dominant and subordinate elements in which some interests are the vassals of others. Pressure politics expresses economic authority as well as interest. (…) From this point of view the function of pressure politics is to reconcile formal political democracy and economic autocracy. If the overlords of business are not masters of the state, they seem at least to negotiate with it as equals.
>
> In the third place, business men collectively constitute the most class-conscious group in American society. As a class they are more likely highly organized, mire easily mobilized, have more facilities for communication, are more like-minded, and are more accustomed to stand together in defense of their privileges than any other group. (…) Business groups having antagonistic interests in one public policy have paramount common interests held against other classes and against the government itself."[7]

Nach Schattschneiders Argumentation waren vor allem Produzenten äußert aktiv, während Konsumenten äußerst passiv auftraten. Hierfür erkennt er mehrere Gründe. Erstens sieht er die Organisationsfähigkeit einer Gruppe als bestimmend für deren Einfluss. Anstelle eines Vorteils ist die Größe einer Gruppe ein Hindernis für die Organisation eines Interesses. Kleinere Gruppen könnten im Gegensatz zu größeren Gruppen ihre Interessen gezielter und einfacher organisieren. Zweitens ist der Kapitalismus durch Machtverhältnisse zwischen dominierenden und untergeordneten Interessen gekennzeichnet. Nicht alle Interessen seien gleich

---

[7]Schattschneider, *Politics, Pressures and the Tariff*, 286–287.

frei, ihre Meinung in der Politik auszudrücken. Der Lobbyismus wirtschaftlicher Interessen, was Schattschneider als *pressure politics* bezeichnet, ist Ausdruck der Suprematie wirtschaftlicher Interessen und verbindet formale politische Demokratie mit wirtschaftlicher Autokratie. Drittens bilden Unternehmer nach Schattschneider die Gruppe mit dem größten Klassenbewusstsein in der amerikanischen Gesellschaft. Als Klasse seien sie hochorganisiert, leicht zu mobilisieren und gleichgesinnter als alle anderen Klassen. Auch wenn Unternehmergruppen stellenweise über gegensätzliche Interessen in spezifischen Politikfeldern verfügten, haben sie nach Schattschneider ein gemeinsames Interesse gegenüber anderen Klassen und der Regierung bei der Verteidigung ihrer Privilegien. Mit dem Verweis auf das Klassenbewusstsein greift Schattschneider auf eine Begrifflichkeit marxistischer Ansätze zurück. Auf den ersten Blick scheint Schattschneiders Bild eines durch *pressure politics* geleiteten Kongresses mehr oder weniger deckungsgleich mit Marxschen Vorstellung (siehe in Beitrag zu Karl Marx & Friedrich Engels), nach der der Staat einen „Ausschuss" der Bourgeoisie, also wirtschaftlicher Interessen, bildet. Im Gegensatz zu Marx ist der Kongress jedoch den wirtschaftlichen Interessen nicht notwendigerweise wehrlos ausgeliefert, sondern *pressure politics* lassen sich beherrschen. Demokratie ist demnach auch in einem kapitalistischen System möglich.

> "The foregoing discussion involves the paradox that although pressure politics is anti-democratic, it is based upon some of the most highly valued popular rights, including freedom of speech and press, freedom of assembly and association, and the right of petition. Democratic governments have established a laissez-faire pressures only to discover that it is perilous. (…)
> Pressures are formidable and overwhelming only when they have become unbalanced and one-sided. As long as opposed forces are equal and nearly equal, governments can play off one against the other."[8]

Interessanterweise sei *pressure politics,* wie Schattschneider betont, zwar undemokratisch, basiere aber zugleich auf fundamentalen demokratischen Werten wie Meinungsfreiheit und Versammlungsfreiheit. Er sieht in der Bewältigung des Einflusses von Interessengruppen eine der größten Aufgaben moderner Politik. Das Lobbying seitens organisierter Interessen müsse gemanagt werden, damit die Demokratie nicht unterminiert werde. *"To manage pressures is to govern; to let pressures run wild is to abdicate."*[9] Schattschneider erkennt nun zwei Wege,

---

[8] Schattschneider, *Politics, Pressures and the Tariff*, 288.
[9] Schattschneider, *Politics, Pressures and the Tariff*, 293.

um die Bedrohungen, die von *pressure politics* für die Demokratie ausgeht, zu bannen oder zu reduzieren: Erstens sei es die Aufgabe der Regierung und Kongressabgeordneten den Einfluss von Interessengruppen auszugleichen und zweitens bedarf es eines politischen Systems mit starken Parteien, welches den Einfluss von Interessengruppen reduziert.

Erstens hat für Schattschneider die Regierung die Verpflichtung und Verantwortung, dass alle relevanten Interessen im politischen Entscheidungsprozess Gehör finden. Es ist ihre Aufgabe, konkurrierende Politiken zu initiieren und Kompromisse zu suchen. Lobbyismus sei nur gefährlich für die Demokratie, wenn er wie im Falle des *Smoot-Hawley Tariff Act* einseitig und ungleichgewichtig zum Tragen kommt. Wenn gegensätzliche Interessen annäherungsweise gleich stark sind, kann die Regierung die Interessen gegeneinander ausspielen. Die Regierung müsse deshalb unterschiedliche Standpunkte innerhalb von Gruppen identifizieren und abweichende Meinungen von Minderheiten anhören, wodurch sie den einseitigen Druck seitens Interessegruppen reduzieren könne. Damit Demokratie nicht unterwandert werde, ist es nach Schattschneider unabdingbar, dass Kongressabgeordnete über exakte Informationen betreffend der Interessen, Meinungen und Reichweite aller konsultierender Gruppen verfügen.

Zweitens erkennt Schattschneider die eigentliche Ursache für den Einfluss von Interessengruppen in der schwach ausgeprägten Parteiendisziplin in den Vereinigten Staaten. Da ein Kongressabgeordneter ohne schwerwiegende Folgen gegen die Parteiführung stimmen könne, eröffne sich hierdurch erst ein Raum für den Einfluss von Interessengruppen. Aus dieser Erkenntnis ergibt sich für Schattschneider die Wahl zwischen einem System mit starken Parteien oder einem System, in dem die Kongressabgeordneten dem Druck von Wenigen, also *pressure politics,* ausgesetzt sind. In seinem Buch *Party Government* betont Schattschneider, dass ein Parteiensystem zu bevorzugen sei, da Parteien sich Wahlen stellten und der Öffentlichkeit gegenüber verantwortlich seien. Parteien seien darauf bedacht, Mehrheiten zu erzielen, weshalb sie sich eher am öffentlichen Interesse orientierten und Kompromisse suchten. Parteien betrachten Probleme aus einem breiteren Winkel als Regierungen, die dem Einfluss von Sonderinteressen ausgesetzt seien. Nach Schattschneider geben Kongressabgeordnete allerdings nicht dem Druck von Sonderinteressen nach, weil organisierte Interessengruppen besonders stark seien, sondern weil es einfach keinen Grund für die Kongressabgeordnete gäbe, sich dem Druck zu widersetzen. Denn Parteien würden Kongressabgeordnete weder bestrafen noch unterstützt, weshalb es an Parteiendisziplin mangle.[10] Die Gründe hierfür lassen sich im präsidentiellen System der Vereinigten Staaten und dem Mehrheitswahlrecht finden. Im Gegensatz zu parlamentarischen Systemen wird der Regierungschef, also der Präsident, direkt vom Volk gewählt, weshalb er nicht auf eine Mehrheit im Kongress angewiesen ist. Außerdem führt das Mehrheitswahlrecht bei den Kongresswahlen, insbesondere im Falle der Abgeordnete des Repräsentantenhauses, die alle zwei Jahre wiedergewählt werden, dazu, dass Kongressabgeordnete vielmehr den Sonderinteressen ihres Wahldistrikts als dem öffentlichen Interesse des Landes orientieren. Ein politisches System mit starken Parteien ist nach Schattschneider im öffentlichen Interesse, wobei öffentliches Interesse für Schattschneider nicht als eine konkrete Politik oder richtige Antwort auf gesellschaftliche Probleme verstanden werden sollte, sondern vielmehr das faire Spiel zwischen privaten Interessen und den Konsens meint.[11]

Die Ergebnisse von Schattschneider zum Einfluss von Interessengruppen auf den *Smoot-Hawley Tariff Act* blieb allerdings nicht ohne Kritik unter Wirtschaftshistorikerinnen und Wirtschaftshistorikern, Politökonominnen und Politökonomen und Politikwissenschaftlerinnen und Politikwissenschaftlern. So stellt Robert Pastor in Frage, dass der Einfluss essentiell für die Verabschiedung des *Smoot-Hawley Tariff Act* gewesen sei. Vielmehr kann nach Pastor der *Smoot-Hawley Tariff Act* einfach über die parteipolitische Abstimmungsverhalten im Kongress erklärt werden. So setzen Präsidentschaftskandidat Hoover und die Republikaner nach ihrem erdrutschartigen Sieg in den Wahlen von 1928 das langjährige Versprechen der republikanischen Partei um, eine protektionistischen Handelspolitik zu verfolgen.[12] Im Gegensatz hierzu hält Barry Eichengreen das Abstimmungsverhalten entlang der Partei allerdings nur für sekundär. Er stützt vielmehr Schattschneiders Erklärung mit seinem Argument, dass eine Koalition zwischen nördlichen Landwirten und der Leichtindustrie sich aktiv für Zölle einsetzen und zur Verabschiedung des *Smoot-Hawley Tariff Act* in seiner derartigen Form beitrug. Die nördlichen Bauern befürworteten dabei Zölle, da sie im Gegensatz zu den Baumwollbetrieben im Süden dem unmittelbaren Wettbewerb mit Kanada bei der Produktion von Kartoffeln, Milch, Butter und Eiern ausgesetzt

---

[10]Elmer. E. Schattschneider, *Party Government: American Government in Action* (New Brunswick, NJ und London, UK: Transaction Publisher, 2004 [1942]).
[11]David Adamany, "The Political Science of E. E. Schattschneider: A Review Essay," *American Political Science Review* 66 (1972), 66.
[12]Robert A. Pastor, *Congress and the Politics of US. Foreign Economic Policy, 1929–1976* (Berkeley und Los Angeles, CA: University of California Press, 1980).

waren.[13] Dem widersprechen allerdings wiederum Colleen M. Callahan, Judith McDonald und Anthony O'Brien, die in ihrer Studie zum Abstimmungsverhalten über *Smoot-Hawley Tariff Act* bestätigen, dass weniger ökonomische Interessen als vielmehr Parteizugehörigkeit eine Erklärung liefern.[14] Douglas A. Irwin und Randall S. Krozner hingegen kommen in ihrer Analyse des Abstimmungsverhaltens im Senat bei Gesetzesergänzungen zum Ergebnis, dass der Einfluss spezifischer Produzenten und *Logrolling*-Koalitionen zwischen Senatoren mit ansonsten unverbundenen Interessen ihrer Wählerschaft eine entscheidende Rolle spielten. *Logrolling* meint, dass Abgeordnete einem Gesetz oder einem Teil eines Gesetzes zustimmen, um im Gegenzug die Zustimmung anderer Abgeordneten für ihre Gesetzesentwürfe oder Gesetzesergänzungen zu erlangen.[15]

Unabhängig von dem konkreten Fall, dem *Smoot-Hawley Tariff Act,* legte Schattschneider einen der Grundpfeiler für die Forschung über Interessengruppen und Lobbyismus, welche in der Internationalen Politische Ökonomie, insbesondere zur Handelspolitik, ein zentrales Forschungsfeld darstellt. Auch wenn viele Argumente zum Einfluss von Interessengruppen von Schattschneider theoretisch nur rudimentär ausgearbeitet werden, finden sich in Schattschneiders Arbeit Anfänge für zentrale Ansätze der politischen Ökonomie über Lobbyismus. Mancur Olson (siehe entsprechenden Beitrag) entwickelte mit der Theorie des kollektiven Handelns einen grundlegenden Ansatz zur Erklärung, warum kleinere Gruppen aufgrund ihrer besseren Organisationsfähigkeit im politischen Prozess überrepräsentiert sind. Die Theorie des kollektiven Handels diente wiederum als theoretische Grundlage für eine Vielzahl von Studien und Ansätze über organisierte Interessen, darunter auch der liberale Intergouvernementalismus, der über den Einfluss gesellschaftlicher Gruppen die Bildung staatlicher Präferenzen in internationalen Verhandlungen erklärt (siehe in Beitrag zu Andrew Moravcsik). Es sei hierbei jedoch betont, dass Schattschneider nicht auf eine theoretische Erklärung oder deskriptive Beschreibung des Einflusses von Interessengruppen zielte, sondern im Mittelpunkt die Offenlegung und Bewältigung der Bedrohung, die von *pressure politics* für die Demokratie ausgehen, stand. All seine Arbeiten basieren auf der normativen Vorstellung der

---

[13]Barry Eichengreen, „The Political Economy of the Smoot-Hawley Tariff".
[14]Colleen Callahan, Judith McDonald und Anthony O'Brien. "Who voted for Smoot-Hawley?" *Journal of Economic History* 54 (1994), 683–690.
[15]Douglas A. Irwin und Randall S. Kroszner. "Logrolling and Economic Interests in the Passage of the Smoot-Hawley Tariff," *Carnegie Rochester Series* on *Public Policy* 45 (1996), 173–200.

Aufklärung, dass Menschen als vernunftbegabte Wesen über einen Diskurs zu rationalen, kollektiven Entscheidungen gelangen können. Damit eine Demokratie zu solchen Entscheidungen gelangt, sind für Schattschneider das Managen von Lobbyismus und die Rolle von starken Parteien von zentraler, wenn nicht sogar unabdingbaren Bedeutung.

Literaturverzeichnis

Barry Eichengreen, „The Political Economy of the Smoot-Hawley Tariff," *NBER Working Paper* No. 2001 (1986).

Colleen Callahan, Judith McDonald und Anthony O'Brien. "Who voted for Smoot-Hawley?" *Journal of Economic History* 54 (1994), 683–690.

David Adamany, "The Political Science of E. E. Schattschneider: A Review Essay," *American Political Science Review* 66 (1972), 1321–1335.

Douglas A. Irwin, "From Smoot-Hawley to Reciprocal Trade Agreements: Changing the Course of U.S. Trade Policy in the 1930s," in *The Defining Moment: The Great Depression and the American Economy in the Twentieth Century*, herausgegeben von Michael D. Bordo, Claudia Goldin und Eugene N. White (Chicago: University of Chicago Press, 1998).

Douglas A. Irwin und Randall S. Kroszner. "Logrolling and Economic Interests in the Passage of the Smoot-Hawley Tariff," *Carnegie Rochester Series on Public Policy* 45 (1996), 173–200.

Elmer E. Schattschneider, *Politics, Pressures and the Tariff: A Study of Free Private Enterprise in Pressure Politics, as Shown in the 1929–1930 Revision of the Tariff* (New York: Prentice-Hall, 1935).

Elmer. E. Schattschneider, *Party Government: American Government in Action* (New Brunswick, NJ und London, UK: Transaction Publisher, 2004 [1942]).

Robert A. Pastor, *Congress and the Politics of US. Foreign Economic Policy, 1929–1976* (Berkeley und Los Angeles, CA: University of California Press, 1980).

Albert O. Hirschman

Holger Janusch

Am Ende der 1920er Jahre führte die Weltwirtschaftskrise zur sinkenden Nachfrage nach Importen und einem zunehmenden Protektionismus vieler Nationen, woraufhin der multilaterale Handel weltweit zusammenbrach. Infolgedessen bestimmten wirtschaftliche Faktoren immer weniger die Handelsflüsse zwischen den Nationen. Stattdessen prägten (währungs-)politische Aspekte zunehmend den Welthandel. Die europäischen Großmächte wie Großbritannien betrieben wieder verstärkt Handel mit ihren Kolonien und Überseegebieten. Ein wirtschaftlicher Nationalismus kennzeichnete die 1930er Jahre und ein Bilateralismus bestimmte die Handelspolitik der Großmächte. Sinnbildlich für den wirtschaftlichen Nationalismus stand Deutschland nach der Machtübernahme der Nationalsozialisten 1933. So zog sich das nationalsozialistische Deutschland aus der multilateralen Wirtschaftsordnung zurück und orientierte sich stattdessen an einem Bilateralismus. Im Rahmen des Neuen Plans, einer Gesetzgebung zur Lenkung der deutschen Wirtschaft, richtete das nationalsozialistische Deutschland über Handelsbeschränkungen und Handelsverträge verstärkt seinen Außenhandel auf rohstoffreiche Länder Ost- und Südosteuropas, die im Gegenzug für ihre Rohstoffe und Agrargüter deutsche Industriegüter kauften. Der Neue Plan basierte auf dem Leitsatz „Kaufe bei Deinem Kunden." So schloss Deutschland bilaterale Handelsverträge mit den Ländern Ost- und Südosteuropas wie Ungarn und Jugoslawien, in denen mittels des sogenannten Clearingverfahrens die Exporte und Importe zwischen den Vertragsparteien ohne den Austausch größerer Mengen von Devisen gehandelt werden konnten. Diese Handelsverträge

H. Janusch (✉)
Institut für Anglistik, Amerikanistik und Keltologie, Rheinische Friedrich-Wilhelms-Universität Bonn, Bonn, Deutschland
E-Mail: hjanusch@uni-bonn.de

waren von zentraler Bedeutung für Deutschland, da die Weltwirtschaftskrise zu einer Verknappung der Gold- und Devisenreserven in Mittel- und Osteuropa geführt hatte. Das nationalsozialistische Deutschland konnte auf diese Art seine Gold- und Devisenreserven schonen und stattdessen für den Kauf von Rüstungsgütern verwenden. Zugleich waren die Balkanländer daran gebunden, zunehmend deutsche Industriegüter im Gegenzug für ihre steigenden Exporte von Rohstoffen und Agrargütern an Deutschland zu importieren, um die Clearingkonten auszugleichen. Als Folge dieser Handelspolitik weitete Deutschland seinen Außenhandel mit den ost- und südosteuropäischen Ländern aus und gewann zugleich an politischem Einfluss in der Region.[1]

Im Kontext dieser historischen Entwicklungen im Welthandel und mit besonderem Blick auf die deutsche Handelspolitik unter dem Nationalsozialismus schrieb Albert O. Hirschman (1915–2012), der aus einer jüdischen Familie stammte und nach der Machtergreifung der Nationalsozialisten aus Deutschland geflohen war, sein 1945 veröffentlichtes Buch *National Power and the Structure of Foreign Trade*.[2] Das Manuskript hatte Hirschman bereits während der Kriegsjahre 1941 und 1942 in den Vereinigten Staaten geschrieben. Das Hauptaugenmerk seines Werkes liegt auf der Frage, unter welchen Bedingungen und mit welchen Mitteln der Außenhandel am effizientesten für nationale Machtpolitik und damit als politisches Druckmittel gegenüber Handelspartnern genutzt werden kann. Er erkennt hierbei eine Schwäche im internationalen Handelssystem, die leicht von mächtigen Ländern für die Verfolgung nationaler Machtpolitik ausgenutzt werden kann. Die deutsche Handelspolitik unter dem Nationalismus dient dabei als Schablone für die Gestaltung einer Handelspolitik, die auf die Steigerung der nationalen Macht abzielte, wobei Hirschman jedoch betonte, dass Deutschland nicht notwendigerweise diese Art der Politik durchgängig in einem umfassenden Gesamtplan ausgearbeitet habe. Denn nicht politische Motive, sondern wirtschaftliche Umstände bereits vor der Machtergreifung Adolf Hitlers gaben den anfänglichen Anstoß für den von Deutschland verfolgten Bilateralismus und vor allem die damit verbundene Ausrichtung des Handels auf Südosteuropa. So war es für die mittel- und südosteuropäischen Länder attraktiv, mit Deutschland als Schuldnerland und der daraus resultierenden schwachen Reichs-

---

[1] Näheres zum Neuen Plan und der nationalsozialistischen Außenhandelspolitik siehe Sören Dengg, *Deutschlands Austritt aus dem Völkerbund und Schachts »Neuer Plan«: Zum Verhältnis von Außen- und Wirtschaftspolitik in der Übergangsphase von der Weimarer Republik zum Dritten Reich (1929–1934)* (Frankfurt am Main: Verlag Peter Lang, 1986).

[2] Albert O. Hirschman, *National Power and the Structure of Foreign Trade* (Berkeley, CA: University of California Press, 1980[1945]).

mark Handel zu betreiben, da sich die Balkanländer in einer vergleichbaren Situation befanden.

Hirschman definiert nationale Macht als die Ausübung eines Zwanges einer Nation über eine andere, wobei dieser Zwang sowohl wirtschaftliche als auch militärische Mittel umfassen kann. Der Außenhandel hat dabei zwei Haupteffekte auf die nationale Macht eines Landes: den Angebotseffekt *(supply effect)* und den Einflusseffekt *(influence effect)*.

"Foreign trade has two main effects upon the power position of a country. The first effect is certain to be positive: By providing a more plentiful supply of goods or by replacing goods wanted less by goods wanted more (from the power standpoint), foreign trade enhances the potential military force of a country. This we may call the *supply effect* of foreign trade. It not only serves to strengthen the war machine of a country, but it uses the threat of war as a weapon of diplomacy. Although we have seen that free traders have advised statesmen to rely on the supply effect of foreign trade, protectionists have warned them of the dangers of its cessation during war, which, they say, is precisely when it will be most needed. But this danger might be lessened and the supply effect safeguarded: 1) by securing control of the oceanic trade routes; 2) by a policy of extensive preventive accumulation of stock piles in times of peace; 3) by redirecting trade towards those countries from which the danger of being cut off is minimized. (...) As far as the supply effect concerned, foreign trade serves as a means of increasing efficiency of the military pressure which one country might bring bear upon other countries."[3]

Der Angebotseffekt meint die Steigerung der potenziellen militärischen Stärke eines Landes, dadurch dass einer Nation über den Außenhandel ein umfangreicheres Angebot von Gütern zur Verfügung steht. Um die Gefahr, von diesem Angebot abgeschnitten zu werden und somit militärische Nachteile zu erleiden, zu verringern, sollten Länder vor allem Handel mit befreundeten Nachbarländern betreiben. Hierin erkennt Hirschman ein Hauptmotiv für einen Regionalismus im Welthandel, also einer politisch gewollten Lenkung des Außenhandels. So baute zum Beispiel Deutschland in 1930er Jahren ein großes Lager strategischer Materialen auf und richtete sein Handel zunehmend auf Länder, zum Beispiel in Ost- und Südosteuropa, da hier die Gefahr, im Falle eines Krieges vom Angebot abgeschnitten zu werden, geringer war. Der Angebotseffekt stellt jedoch nur ein indirektes Instrument der Macht dar, da das eigentliche direkte Machtinstrument, das durch den Angebotseffekt gesteigert wird, ein Krieg (der aufgrund der gesteigerten militärischen Mittel effizienter geführt werden kann) beziehungsweise dessen Androhung ist.

---

[3] Hirschman, *National Power and the Structure of Foreign Trade*, 14.

"But commerce can become an alternative to war also (…) by providing a method of coercion of its own in the relations between sovereign nations. Economic warfare can take the place of bombardments, economic pressure that of saber rattling. It can indeed be shown that even if war could be eliminated, foreign trade would lead to relationships of dependence and influence between nations. Let us call this the *influence effect* of foreign trade (…).

(…) [T]he explanation of the great power held in the past by Great Britain was the fact that she possessed strategic bases, such as Gibraltar, Suez, and Singapore. The possession of these basses had two consequences: First, it guaranteed the security of British trade; second, as a welcome by-product, it enabled Great Britain to cut off the trade of other countries passing through these points, be it trade with Great Britain or trade between two other countries. (…)

But every sovereign nation has some influence of this kind, since through the control if its frontiers and the power over its citizens it can at any time interrupt *its own export and import trade*, which is at the same time the import and export trade of some other countries. The stoppage of this trade obliges the other countries to find alternative markets and sources of supply and, should this prove impossible, it forces upon them economic adjustments and lasting impoverishment. True, the stoppage of trade will also do harm to the economy of the country taking the initiative in bringing about the stoppage, but this is not unlike the harm an aggressive country can do to itself in making war on another. A country trying to make the most out of its strategic position with respect to its own trade will try precisely to create conditions which make the interruption of trade of much graver concerns to its trading partners than to itself. Tariff wars and interruptions of trade rarely occur, but the awareness of their possibility is sufficient to test the influence of the stronger country and to shape the policy of the weaker."[4]

Im Gegensatz dazu erkennt Hirschman im Einflusseffekt des Außenhandels eine direkte Quelle der Macht. Der Einflusseffekt basiert auf der Fähigkeit eines Landes, den Handel zwischen Ländern zu unterbinden. Jedes souveräne Land verfügt dabei über ein Mindestmaß an Einfluss dieser Art, da es seine eigenen Importe und Exporte kontrollieren kann. Sollte ein Land jedoch seinen eigenen Handel mit einem anderen Land unterbrechen, schadet dies nicht nur dem Handelspartner, sondern auch ihm selbst. Um den Einflusseffekt zu vergrößern, muss ein Land also Bedingungen schaffen, unter denen ein Handelsabbruch dem Handelspartner mehr schadet als ihm selbst. Die Macht eines souveränen Landes, den Handel mit anderen Ländern zu unterbrechen beziehungsweise dies anzudrohen, ist die eigentliche Quelle von Einfluss im Außenhandel. Die Abhängigkeit eines Landes vom Handel schafft somit den potenziellen Einfluss seiner Handelspartner. Der Einflusseffekt entsteht also in einer Situation, in der Land B dem Handel mit Land

---

[4]Hirschman, *National Power and the Structure of Foreign Trade*, 14–16.

A einen gewissen Wert beimisst. Land B ist deshalb bereit, wirtschaftliche oder politische Konzessionen gegenüber Land A zu machen, damit dieser den Handel im Ernstfall nicht unterbricht. Land A kann somit den Einflusseffekt erhöhen, indem es eine Situation schafft, in der Handelspartner B immer mehr vom Handel mit Land A abhängig wird, unter welchen Umständen Land B zu immer größeren Konzessionen bereit wäre, um einen Handelsabbruch zu verhindern.

Die Schwierigkeit für Land B, seine Abhängigkeit zu verringern, ist wiederum von drei Faktoren abhängig: Erstens den Gesamtgewinnen von Land B aus dem Handel mit Land A, zweitens der Dauer und den Kosten der Anpassung für Land B im Falle eines Abbruchs des Handels mit Land A und drittens der Stärke der Interessensgruppen in Land B, die vom Handel mit Land A profitieren. Der Einfluss von Land A auf Land B ist zunächst abhängig von dem Gesamtgewinn, den Land B aus dem Handel mit Land A erzielt. Mehr Handelsgewinne bedeuten hierbei eine höhere Abhängigkeit. Wenn ein Land den Einfluss auf seinen Handelspartner vergrößern will, muss es demnach den Außenhandel mit seinen Handelspartnern steigern, wodurch jedoch auch zugleich seine eigene Abhängigkeit zunimmt. Manche Länder können aufgrund ihrer militärischen oder geographischen Stellung diesen Umstand vernachlässigen. Im Allgemeinen aber besitzen Länder nach Hirschman ein Limit für den Handel mit anderen Ländern, dessen Überschreitung eine zunehmende Unsicherheit für ein Land birgt. Eine Möglichkeit, den Einfluss auf andere Länder zu erhöhen und die eigene Abhängigkeit gering zu halten, besteht darin, dass Land A die *terms of trade* zugunsten von Land B verändert. Die *terms of trade* bezeichnet das reale Austauschverhältnis zwischen den exportierten und den importierten Gütern eines Landes. Wenn die *terms of trade* sinken, kann ein Land für eine Mengeneinheit seiner Exportgüter nur noch eine geringere Menge an Importgüter tauschen. Eine Verbesserung der *terms of trade* zu Gunsten eines Handelspartners senkt also das nationale Einkommen eines Landes. Eine Handelspolitik, die den Einfluss über eine Veränderung der *terms of trade* erhöhen will, steht somit im Gegensatz zu einer Handelspolitik, die als Ziel die Steigerung des nationalen Einkommens verfolgt. Da auch der Angebotseffekt durch sinkende *terms of trade* abnimmt, steht eine solche Handelspolitik steht auch in Konflikt mit einer Handelspolitik, die auf eine Steigerung des Angebotseffekts zielt.

Dieser zunächst unlösbare Gegensatz zwischen einer Handelspolitik, die entweder das nationale Einkommen und den Angebotseffekt auf der einen Seite oder den Einflusseffekt auf der anderen Seite steigert, lässt sich nach Hirschman jedoch lösen, indem ein Land seinen Handel auf Handelspartner ausrichtet, die einen dringenden Bedarf nach seinen Exporten besitzen. Hierdurch kann er die Abhängigkeit seiner Handelspartner vergrößern, ohne die *terms of trade* verschlechtern zu müssen. Land A wird demnach versuchen, möglichst Handel mit Ländern zu betreiben, die keine Möglichkeit besitzen, seine Exporte zu produzieren. Generell gilt dieser Umstand für die Handelsbeziehungen zwischen reichen und armen beziehungsweise industrialisierten und landwirtschaftlichen Ländern. Demnach kann ein reiches Land durch die Ausrichtung seines Handels überwiegend auf arme Länder, seinen Einfluss steigern, da es eine Monopolstellung bei seinen Exporten gegenüber den ärmeren Ländern besitzt. Während das reiche Land ohne Schwierigkeiten jedes Gut selbst produzieren kann, ist hingegen ein armes Land auf das Angebot des reichen Landes angewiesen. Ein Handelsabbruch wäre unter diesen Umständen mit einem größeren Verlust für das arme Land verbunden. So erlangte Deutschland durch den Export von verarbeiteten Endprodukten in die ärmeren Agrarländer Ost- und Südosteuropas eine quasi-monopolistische Stellung bei seinen Exporten. Eine Handelspolitik, die auf eine Steigerung des Nationaleinkommens zielt, und eine Politik, die den Einfluss gegenüber anderen Ländern vergrößern will, schließen sich demnach nicht grundsätzlich aus, sondern sind durchaus miteinander vereinbar.

Da ein Handelsabbruch sowohl die Importe als auch Exporte eines Landes betrifft, lässt sich zwischen zwei Wirkungen eines Handelsabbruches auf ein Land unterscheiden: Erstens müssen Substitute für die vorher importierten Güter gefunden werden und zweitens müssen die Produktionsfaktoren wie Arbeit und Kapital, die vorher im Exportsektor eingesetzt worden waren, neu verteilt werden. Durch die Androhung eines Handelsabbruches besteht also für ein Land die Gefahr, ein Angebot und einen Markt zu verlieren. Die Kosten eines Handelsabbruches sind dabei umso höher, je geringer die Faktormobilität eines Landes ist, also je schwieriger es ist, Kapital und Arbeit für die Produktion neu einzusetzen. Da mit der Industrialisierung eines Landes die Faktormobilität steigt, gilt es für ein Land, das eine nationale Machtpolitik verfolgt, eine Industrialisierung des Handelspartners zu verhindern. So betrieb Deutschland in den 1930er Jahren zunehmend Handel mit den ärmeren Agrarländern Ost- und Südosteuropas, die eine geringere Mobilität bei Kapital und Arbeit aufwiesen. Zugleich unternahm es Anstrengungen, eine Industrialisierung dieser Länder gezielt zu verhindern, wodurch sich deren Abhängigkeit weiter verfestigte. Neben der Faktormobilität eines Landes bestimmt darüber hinaus auch das Ausmaß der Konzentration der Exportproduktion auf spezifische Produkte oder in spezifischen Regionen die Höhe der Anpassungskosten eines Landes im Falle eines Handelsabbruchs. Denn je höher die Konzentration der Exportproduktion auf ein spezifisches Produkt oder eine spezifische Region ist, desto mehr bedarf es einer Reallokation der Faktoren und desto höher sind die Anpassungskosten für spezifische Interessengruppen. Die benachteiligten Interessengruppen werden deshalb im Falle einer

Androhung eines Handelsabbruches, den Druck auf die heimische Regierung verstärken, um diese zu mehr Konzessionen gegenüber dem drohenden Land zu bewegen und damit eine Unterbrechung des Handels zu verhindern. So stiegen durch die deutsche Nachfrage nach spezifischen Agrargütern wie Keimöl und Fieberpflanzen nicht nur die Anpassungskosten der südosteuropäischen Länder im Falle einer Unterbrechung des Handels mit Deutschland, sondern Deutschland brachte auch zunehmend die Interessen der größten sozialen Gruppen in diesen Länder, den Bauern, in Einklang mit seinen eignen.

Die anfallenden Anpassungskosten in Folge eines Handelsabbruchs kann ein Land jedoch verringern, wenn für dieses die Möglichkeit besteht, seinen Handel auf Drittländern neu auszurichten. Ein Land, das den Einfluss auf einen Handelspartner vergrößern will, muss es demzufolge seinen Handelspartnern erschweren, den Handel mit ihm durch Drittländer zu ersetzen. Die Schwierigkeit für Land B, das Angebot von Land A zu substituieren, ist dabei nicht nur abhängig von der absoluten Menge des Handels zwischen Land A und B, sondern auch von der Wichtigkeit dieses bilateralen Handels für Land B relativ zum seinem Gesamthandel. Je größer der Anteil der Exporte und Importe eines Landes mit einem spezifischen Handelspartner gemessen an dessen Gesamthandel ist, desto schwieriger wird es für ein Land, Ersatzmärkte für seine Exporte und ein neues Angebot für seine Importe zu finden. Daraus ergibt sich, dass große Länder ihren Einfluss steigern können, wenn sie ihren Handel auf kleinere Länder ausrichten. Denn der Anteil der Exporte und Importe am Gesamthandel wird für kleinere Länder weitaus höher sein als für große Länder.

Land A wird zugleich versuchen, die wirtschaftliche Struktur von Land B so zu verändern, dass zunehmend an seine eigene Wirtschaft gebunden wird. Mit Blick auf die Exporte kann Land A dies erreichen, indem es Land B dazu bewegt, Güter herzustellen, die in anderen Ländern auf eine geringe Nachfrage stoßen. Deutschland förderte zum Beispiel die Produktion von speziellen Exportgütern wie Keimöl und Fieberpflanzen, für die es nur eine geringere Nachfrage in anderen Ländern gab. Eine weitere Möglichkeit ergibt sich für Land A, wenn Land B einen komparativen Kostenvorteil gegenüber Land A, aber nicht gegenüber anderen Ländern bei der Produktion eines Gutes besitzt. In diesem Fall kann Land A über einen bevorzugten Marktzugang Land B dazu ermutigen, dieses Gut herzustellen, wobei Land A der einzige Abnehmer wäre, da die anderen Länder das Gut zu geringeren Kosten herstellen können. Im Allgemeinen steigert jede Handelspolitik, welche die Exportpreise eines Handelspartners über den Weltmarktpreis treibt, die Abhängigkeit des Handelspartners. Darüber hinaus kann ein Land einen Handelspartner stärker an seine eigene Wirtschaft binden, indem es einen Vertrag mit Sonderkonditionen anbietet. So zahlte Deutschland für die

Agrargüter der Länder Südosteuropas nicht nur Preise über dem Weltmarktpreis, sondern garantierte zugleich stabile Preise und Kaufmengen, wodurch es die südosteuropäischen Landbesitzer und Bauern immer intensiver an seine eigenen Interessen band.

Mit Blick auf die Importe gestaltet sich eine Substitution für ein Land zunehmend schwieriger, je differenzierter ein Importgut ist. Hirschman hebt hierbei jedoch hervor, dass es stets leichter ist, einen Ersatz für seine Importe als für seine Exporte zu finden. Denn jedes Land ist grundsätzlich bereit zu verkaufen, aber tritt seltener als Käufer auf. Entgegen gängiger Vorstellungen ist demnach eine negative Handelsbilanz eines Landes, also ein Überschuss an Exporten gegenüber Importen, nicht vorteilhaft für dessen Verhandlungsmacht. Auch mit Blick auf die Importe lassen sich in der Handelspolitik des nationalsozialistischen Deutschlands Aspekte einer nationalen Machtpolitik wiederfinden. Neben den Industriegütern, deren Herstellung den landwirtschaftlichen Ländern schwerfiel, exportierte Deutschland auch gezielt Rüstungsgüter auf den Balkan. Für deren Gebrauch waren die Balkanländern nicht nur auf das Trainingspersonal, sondern auch Munition und Ersatzteile aus Deutschland angewiesen, wodurch der Einfluss Deutschlands in der Region zusätzlich stieg. In diesem Zusammenhang erkennt Hirschman, dass ein entscheidendes Instrument einer Handelspolitik, die den Einflusseffekt vergrößern will, der Bilateralismus ist. Wenn Land A einen Anteil der Exporte von Land B kauft, der groß genug ist, dass eine Substitution dieser Exporte für Land B nahezu unmöglich ist, ergibt sich unter der Bedingung eines Bilateralismus hierdurch auch eine technische Unmöglichkeit für Land B, seine Importe zu wechseln. Dieser Aspekt fand auch Berücksichtigung in der deutschen Handelspolitik unter dem Nationalsozialismus. So war ein Bilateralismus in Form von Handelsverträgen mit Clearingverfahren ein neues Prinzip der Handelspolitik des nationalsozialistischen Deutschlands. Da die Balkanländer einen substanziellen Teil ihrer Exporte an Deutschland verkauften, ergab sich hieraus eine Verschuldung Deutschlands auf den Clearing-Konten. Um die Clearing-Konten auszugleichen, mussten die Balkanländer also im Gegenzug für ihre Exporte nach Deutschland zunehmend deutsche Güter kaufen. Dadurch wurde die Wirtschaft der Balkanländer immer stärker an die deutsche Wirtschaft gefesselt und Deutschland konnte seine Machtstellung in der Region weiterausbauen.

Während einzelne Aspekte einer Handelspolitik, die sich an den oben dargelegten Prinzipien einer Machtpolitik orientieren, durchaus Konflikte untereinander erzeugen können, erkennt Hirschman allerdings, dass es weitaus näher liegt, dass mehrere Ziele einer nationalen Machtpolitik meist bereits über ein einzelnes Instrument in der Handelspolitik verwirklicht werden können. Das internationale Handelssystem weist demnach eine strukturelle Schwäche auf, die es anfällig für nationale Machtpolitik werden lässt. So sind Aspekte einer Machtpolitik stets potenzielle Bestandteile der Handelsbeziehungen zwischen reichen und armen, industrialisierten und landwirtschaftlichen sowie großen und kleinen Ländern. Politische Macht liegt also in vielen Handelsbeziehungen verborgen und kann jederzeit vom mächtigeren Land genutzt werden, solange Krieg eine Option ist und souveräne Länder, ihren Handel aussetzen können. Der Wettkampf um Macht durchdringt laut Hirschman die Handelsbeziehungen und der Außenhandel bietet die Möglichkeit und Anreize für Länder, ihre Macht durch eine gezielte Handelspolitik zu vergrößern. Eine anfängliche Machtposition ermöglicht es dabei den bereits dominierenden Ländern, die Richtung und Zusammensetzung des Handels so zu steuern, dass sie ihre überlegene Machtposition weiterausbauen können. Demnach hatte das nationalsozialistische Deutschland nicht das Außenhandelssystem pervertiert, sondern nur dessen Potenziale ausgeschöpft.

> "Thus, the power to interrupt commercial or financial relations with any country, considered as an attribute of national sovereignty, is the root cause of the influence or power position which a country acquires in other countries, just as it is the root cause of the "dependence on trade." It should be noted that the only condition for the emergence of these political aspects of trade relations is that of unfettered national sovereignties. (…) For the political or power implications of trade to exist and to make themselves felt, it is not essential that the state should exercise positive action, i.e., organize and direct trade centrally; the negative right of veto on trade with which *every* sovereign state is invested is quite sufficient."[5]

Als eigentliche Ursache dafür, dass Handel als Machtmittel genutzt werden kann, liegt nach Hirschman in der unbegrenzten Souveränität von Nationalstaaten, die erst die Androhung eines Hanelsabbruchs ermöglicht. Um die Vorteile des Freihandels für die wirtschaftliche Wohlfahrt zu sichern, aber zugleich einen Missbrauch des Außenhandels für nationale Machtpolitik zu verhindern, bedarf es nach Hirschman deshalb einer Begrenzung der nationalen wirtschaftlichen Souveränität und Etablierung einer internationalen Autorität. Eine internationale Autorität soll dabei nicht nur eine unbegrenzte Aufsicht über den Außenhandel, sondern auch die Aufgaben von für den Außenhandel grundlegenden Institutionen wie den Handelskammern und den Export-Import-Banken übernehmen.

Hirschman war nicht der erste Politökonom, der sich mit den Fragen beschäftigte, inwiefern der Außenhandel zum Zwecke der Machtpolitik genutzt

---

[5]Hirschman, *National Power and the Structure of Foreign Trade*, 16–17.

werden kann und ob über Handelspolitik sowohl die Wohlfahrt als auch die Macht einer Nation gesteigert werden können. Bereits die Merkantilisten (siehe in Beitrag zu Jean-Baptiste Colbert) suchten nach passenden Politiken, die auf die Steigerung der Wohlfahrt und Macht zielten. Da der Reichtum einer Nation den Reserven an Edelmetallen entsprach, sahen die Merkantilisten in einer positiven Handelsbilanz das passende handelspolitische Instrument, um die Wohlfahrt einer Nation zu steigern. Zugleich war nach der merkantilistischen Vorstellung der Welthandel durch ein Nullsummenspiel geprägt, wonach ein Land nur seine Wohlfahrt auf Kosten anderer Länder steigern könne. Ein Wohlfahrtgewinn in Form einer Anhäufung von Edelmetallen bedeutete somit einen Verlust an Wohlfahrt für andere Länder und damit zugleich auch einen Verlust an relativer Macht. Überraschenderweise ist auch nach Adam Smith (siehe entsprechenden Beitrag) eine Steigerung der Wohlfahrt gleichbedeutend mit einer Steigerung der Macht, obwohl er die Wohlfahrt einer Nation in deren Konsum sieht. Ausnahme bilden nur seine Überlegungen zur Navigationsakte Englands. Dabei stellt seine Erkenntnis, das der Wohlfahrtsgewinn einer Nation nicht den Wohlfahrtsverlust einer anderen darstellt, sondern Freihandel die Wohlfahrt aller Nationen steigert, die These infrage, dass ein Wohlfahrtsgewinn einem relativen Machtgewinn einer Nation entspricht. Dieser Tatsache widmet Adam Smith jedoch kaum Aufmerksamkeit und wird erst später von Friedrich List (siehe entsprechenden Beitrag) umfassend behandelt. List verweist bereits auf die asymmetrischen Abhängigkeiten zwischen industrialisierten und landwirtschaftlichen Nationen und die daraus resultierenden Machtverhältnisse und leistet damit nicht nur einen Beitrag zur Entwicklung der Historischen Schule der Nationalökonomie, sondern seine Erkenntnisse spiegeln sich auch in den Überlegungen Hirschmans wieder. Nach der Historischen Schule gibt es keine universellen Gesetze in der Volkswirtschaftslehre, sondern es müssen stets die konkreten historischen Bedingungen wie der Entwicklungsstand eines Landes berücksichtigt werden.

Wenn auch nicht unbedingt immer auf Hirschmans theoretische Argumentationen über die Instrumentalisierung der Handelspolitik für machtpolitische Ziele explizit verwiesen wird, lassen sich viele dessen Ideen und Argumente in diversen späteren theoretischen Ansätzen wiederfinden. So greift Stephen D. Krasner (siehe entsprechenden Beitrag) auf die theoretischen Ideen Hirschmans für die Entwicklung seiner Theorie der hegemonialen Stabilität zurück, wonach eine Hegemonie im Welthandelssystem Freihandel befördert, während ein hegemonialer Untergang zu Protektionismus führt. Nach Krasner verfolgen Staaten neben der Steigerung der Wohlfahrt und des wirtschaftlichen Wachstums sowie der Gewährleistung sozialer Stabilität als grundlegendes Ziel in der Handelspolitik die Vergrößerung ihrer politischen Macht. Die Definition politischer Macht entspricht dabei den Vorstellungen Hirschmans und meint die Höhe der Opportunitätskosten im Falle eines Handelsabbruches. Auch in der Interdependenztheorie von Robert O. Keohane und Joseph S. Nye spiegeln sich Hirschmans Vorstellungen über Macht im Konzept asymmetrischer Interdependenz wieder. Asymmetrische Interdependenz meint eine Situation, in der ein Akteur, der weniger aus einer Kooperation gewinnt, zugleich eine geringere Abhängigkeit aufweist und deshalb glaubwürdiger mit einem Abbruch der Kooperation drohen kann. Interessant ist in diesem Zusammenhang die Unterscheidung von Keohane und Nye zwischen Empfindlichkeit *(sensitivity)* und Verwundbarkeit *(vulnarability)*. Empfindlichkeit meint die Kosten, die ein Land durch die Politik eines anderen Landes erleidet, bevor es sich an die veränderte Situation angepasst hat, das heißt ohne politische Gegenreaktion entstandene Kosten. Verwundbarkeit bezeichnet hingegen die langfristigen Kosten, die für ein Land entstehen, wenn es bereits seine Politik bestmöglich angepasst hat, das heißt trotz gezielter politischer Maßnahmen verbleibende Kosten.[6] Außerdem lassen sich Hirschmans Argumente über die Abhängigkeiten zwischen industrialisierten und landwirtschaftlichen Ländern sowohl in der Dependenztheorie (siehe in Beitrag zu Fernando H. Cardoso & Enzo Felatto) als auch in der strukturellen Theorie des Imperialismus (siehe in Beitrag zu Johan Galtung) wiederfinden, auch wenn deren Blick stärker auf den Hindernissen nachholender Entwicklung liegt und beide Theoriestränge stärkere Bezüge zu den Arbeiten von Friedrich List und der klassischen Imperialismustheorie aufweisen. Im Vergleich zu den Werken vorheriger und späterer Autorinnen und Autoren, die sich mit politischer Macht in der Handelspolitik beschäftigten, sucht das Buch Hirschmans jedoch seines Gleichens mit Blick auf die detaillierten Darlegungen über die Möglichkeiten, den Außenhandel zum Zwecke der nationalen Machtpolitik zu instrumentalisieren.

---

[6]Zur Interdependenztheorie siehe Robert O. Keohane und Joseph S. Nye Jr., *Power and Interdependence: World Politics in Transition* (Boston, MA: Little, Brown and Company, 1977). Für eine Kritik an der Unterscheidung zwischen Verwundbarkeit und Empfindlichkeit siehe David A. Baldwin, "Interdependence and Power: A Conceptual Analysis," *International Organization* 34:4 (1980), 471–506. Auch in der Verhandlungstheorie findet das Argument asymmetrischer Interdependenz Berücksichtigung. Siehe hierzu zum Beispiel Holger Janusch, "The Interaction Effects of Bargaining Power: The Interplay Between Veto Power, Asymmetric Interdependence, Reputation, and Audience Costs," *Negotiation Journal* 34:3 (2018), 219–241.

Literaturverzeichnis

Albert O. Hirschman, *National Power and the Structure of Foreign Trade* (Berkeley, CA: University of California Press, 1980[1945]).

David A. Baldwin, "Interdependence and Power: A Conceptual Analysis," *International Organization* 34:4 (1980), 471–506.

Holger Janusch, "The Interaction Effects of Bargaining Power: The Interplay Between Veto Power, Asymmetric Interdependence, Reputation, and Audience Costs," *Negotiation Journal* 34:3 (2018), 219–241.

Robert O. Keohane und Joseph S. Nye Jr., *Power and Interdependence: World Politics in Transition* (Boston, MA: Little, Brown and Company, 1977).

Sören Dengg, *Deutschlands Austritt aus dem Völkerbund und Schachts »Neuer Plan«: Zum Verhältnis von Außen- und Wirtschaftspolitik in der Übergangsphase von der Weimarer Republik zum Dritten Reich (1929-1934)* (Frankfurt am Main: Verlag Peter Lang, 1986).

Die Nachkriegszeit und der Beginn der europäischen Integration

Jacob Viner

Sarah L. Beringer

Mit Ende des ersten Weltkrieges hatte Großbritannien die globale Hegemonialstellung verloren. Die liberal ausgerichtete *Pax Britannica*, die ökonomisch durch die – teils unilaterale – Öffnung des britischen Binnenmarktes sowie enorme Auslandsinvestitionen im Zuge der Industrialisierung des 19. Jahrhunderts die Globalisierung der Weltwirtschaft vorangetrieben hatte, war damit Geschichte. Stattdessen dominierten im kriegszerrütteten Europa protektionistische Strömungen. Die Vereinigten Staaten, die aus dem Kriegsgeschehen als neue Hegemonialmacht hervorgingen, waren, trotz der im 14-Punkte-Plan Woodrow Wilsons festgeschriebenen Bekundungen für eine liberale internationale Wirtschafts- und Friedensordnung, noch nicht bereit, als Garant für ein solches System einzutreten. Stattdessen dominierten isolationistische und protektionistische Kräfte, insbesondere im amerikanischen Kongress, der 1930 das wohl berüchtigtste Zollgesetz der Geschichte, den *Smoot-Hawley-Tariff-Act* verabschiedete. Die Folge war eine Spirale protektionistischer Reaktionen anderer Nationen. Die ein Jahr zuvor begonnene Weltwirtschaftskrise *(Great Depression)* wurde damit weiter verstärkt. Dies bot wiederum einen zusätzlichen Nährboden für den sich vielerorts zuspitzenden Nationalismus, insbesondere in Deutschland. Nur zwei Jahrzehnte nach Ende des Ersten Weltkriegs folgte der Zweite Weltkrieg und eine Rückkehr zu einer auf militärische Versorgung fokussierten Kriegswirtschaft.

Im Zuge der militärischen Erfolge der alliierten Streitkräfte und der hiermit einhergehenden Festigung der Anglo-Amerikanischen Globaldominanz gewannen in Großbritannien und den Vereinigten Staaten liberale Stimmen wieder an Ein-

---

S. L. Beringer (✉)
Deutsches Historisches Institut Washington DC, Washington DC, USA
E-Mail: beringer@ghi-dc.org

© Springer Fachmedien Wiesbaden GmbH, ein Teil von Springer Nature 2020
H. Janusch (Hrsg.), *Handelspolitik und Welthandel in der Internationalen Politischen Ökonomie*, https://doi.org/10.1007/978-3-658-28656-9_11

fluss, insbesondere hinsichtlich strategischer Planungen für die Nachkriegszeit. Die beidseitigen Bestrebungen zur Etablierung einer offenen Weltökonomie gipfelten im Juli 1944 in der Konferenz von *Bretton Woods,* in deren Rahmen sich die Gründungsmitglieder auf die Errichtung eines internationalen Finanz- und Handelssystems einigten. Mit dem amerikanischen Dollar als globale Führungswährung sollten die sogenannten Bretton Woods-Institution – der Internationale Währungsfonds (IWF) und die Weltbank – ein stabiles, liberales und multilaterales Weltwirtschaftssystem garantieren. 1947 wurden diese um das Allgemeine Zoll- und Handelsabkommen *(General Agreement on Tariffs and Trade;* GATT) ergänzt. Mit diesen Institutionen an der Spitze des neuen, multilateralen Weltwirtschaftssystems erhofften sich die 44 Gründungsmitglieder die in der Zeit nach dem Ersten Weltkrieg und der Zwischenkriegsperiode begangenen Fehler im Zuge einer national ausgerichteten Finanz- und Handelspolitik nicht zu wiederholen.[1]

Vor demselben Hintergrund wurden parallel zu den multilateralen Entwicklungen vielerorts auch Bestrebungen für regionale Integrationsprojekte diskutiert. Dies galt insbesondere für das durch den Krieg völlig zerstörte Europa. Bereits 1926 hatten Deutschland und Frankreich im Zuge der deutschen Aufnahme in den Völkerbund einen bilateralen Handelsvertrag unterzeichnet, auf den die Gründung der internationalen Rohstahlgemeinschaft folgte. Diese ersten Bestrebungen einer kontinentaleuropäischen Regionalintegration – vorangetrieben insbesondere durch den französischen Außenminister Aristide Briand – wurden zwar durch den Ausbruch des Zweiten Weltkrieges zu Nichte gemacht, doch traten sie nach dem Krieg noch stärker zum Vorschein. Ab diesem Zeitpunkt war es gängige Meinung, dass eine politisch gestützte ökonomische Integration Westeuropas zum einen als zukünftiger Friedensgarant und zum anderen zu einem rascheren Wiederaufbau der europäischen Volkswirtschaften dienen kann. Besonders einflussreich war hierbei Winston Churchills Züricher Europarede vom 19. April 1946, in der er für die Gründung der Vereinigten Staaten von Europa plädierte.[2] Ähnlich wie das von Großbritannien begründete Commonwealth würden die Vereinigten Staaten von Europa, so Churchill, den Zusammenhalt und wirtschaftlichen Erfolg der Mitgliedsstaaten fördern, ohne dabei eine Gefahr für das multilaterale Wirtschaftssystem darzustellen. Diese Ansicht teilten nicht nur zahlreiche kontinentaleuropäische Politiker, sondern auch U.S.-Präsident Harry

---

[1]Siehe hierzu auch Robert Gilpin, *Global Political Economy* (Princeton: Princeton University Press, 2001), 346 ff.
[2]Winston Churchill, 1946. „United States of Europe". Rede an der Universität Zürich.

Truman, der mit dem Marshall Plan den wirtschaftlichen Wiederaufbau Westeuropas vorantrieb und damit auch den politisch geleiteten Austausch über die europäische Integration ermöglichte. Ihre Annahmen stützten die Befürworter der europäischen Integration auf die Aussagen von Ökonomen aller Couleur – Freihandelsbefürwortern und -gegnern – die sich bis zu diesem Zeitpunkt kaum mit den folgen regionaler Wirtschaftsintegration befasst hatten[3] und deshalb annahmen, dass hierdurch dieselben positiven Wirkungen erzielt werden konnten wie durch Multilateralismus.

Vor dem Hintergrund dieser Debatte beauftragte das *Carnegie Endowment for International Peace* den an der Princeton University lehrenden Ökonomen Jacob Viner (1892–1970) mit einer Studie zu den Auswirkungen von Zollunionen, einer Form der präferentiellen Regionalintegration, die zu diesem Zeitpunkt von den Ländern Westeuropas angestrebt wurde. Als erklärter Anhänger des von Adam Smith proklamierten klassischen Liberalismus *(classical liberalism)* war Viner ein starker Befürworter multilateraler Handelsliberalisierung nach dem Meistbegünstigungsprinzip *(Most Favored Nation Principle;* MFN), nach welchem Handelsvorteile, die einem Handelspartner gewährt werden, automatisch allen anderen Handelspartnern gewährt werden müssen. Viner engagierte sich stark in den Debatten zur Ausgestaltung einer liberal ausgerichteten Nachkriegsordnung und wie üblich unter Ökonomen seiner Zeit, zeigte er sich in frühen Arbeiten nicht darüber besorgt, dass präferentielle Handelsabkommen eine Bedrohung des MFN-Prinzips darstellen könnten. Seine theoretischen Interpretationen erweiterte Viner jedoch im Zuge praktisch erworbener Erfahrungen. So arbeitete er als Ökonom für die *United States Tariff Commission,* der amerikanischen Zollbehörde, und als Berater für die kanadische Provinz Manitoba im Rahmen einer Untersuchung der *Canadian Royal Commission on Dominion-Provincial Relations,* die die Auswirkungen der kanadischen Föderalunion auf die Provinzen untersuchte.

Die Untersuchung der durch präferentielle Handelsabkommen entstehenden ökonomischen Kosten und Nutzen, war somit Untersuchungsgegenstand der Auftragsstudie *The Customs Union Issue,*[4] die Viner und für das *Carnegie Endowment for International Peace* ab 1946 erstellte und im Jahr

---

[3]Fritz Machlups Studie zu Untersuchungen ökonomischer Wirtschaftsintegration bietet diesbezüglich weiterführende Einsichten. Siehe hierzu Fritz Machlup, *Economic Integration Worldwide, Regional, Sectoral: Proceedings of the Fourth Congress of the International Economic Association held in Budapest, Hungary* (London: Macmillan, 1976).

[4]Jacob Viner, *The Customs Union Issue* (New York: Carnegie Endowment for International Peace, 1950).

1950 veröffentlichte. Dass eine so einflussreiche Denkfabrik wie das *Carnegie Endowment* eine solche Studie veranlasste, spiegelt nicht nur die intensiven Debatten dieser Zeit um die Neugestaltung des internationalen Wirtschaftssystems wieder. Es zeigt auch den überaus dringenden Bedarf nach ökonomischen Bewertungen zu möglichen Folgen regionaler Integrationsprojekte, wie sie in Europa vorangetrieben wurden, denn – dieser Rückschluss lässt sich hieraus durchaus ziehen – die unabhängige Forschung hatte diese bis dato nicht zufriedenstellend erklärt. So beginnt Viner seine ökonomische Argumentation auch mit dem Hinweis auf das nach seinen Worten ‚seltsame Phänomen', wonach sowohl Freihandelsbefürworter als auch Protektionisten Zollunionen positiv bewerten. Dass sich dieses Phänomen generell auf alle Formen präferentieller Wirtschaftsintegration erstreckt, er in seiner Analyse Zollunionen allerdings stellvertretend für alle anderen Formen heranzieht, macht Viner bereits einleitend deutlich:

> "The customs union is only one of a number of possible types of arrangement which eliminate or reduce the tariff barriers between two or more political units while maintaining tariff barriers against imports from outside regions. Its economic difference from reciprocal free trade unaccompanied by the other criteria of customs union is slight, while, if the removal of international trade barriers is incomplete, its legal and administrative differences from ordinary 'reciprocity' agreements are also slight or questionable."[5]

Neben Zollunionen zählen Freihandelsabkommen (*free Trade Agreements*; FTAs), gemeinsame Märkte *(common markets)* und Wirtschaftsunionen *(economic unions)* zu den Formen präferentieller Wirtschaftsabkommen. Allen gemeinsam ist, dass sich die jeweiligen Mitgliedsländer präferentielle Behandlung in Handels- sowie zusätzlich weiteren Wirtschaftsbeziehungen zugestehen.

Freihandelsabkommen bilden dabei die einfachste Form präferentieller Abkommen. Sie umfassen die Eliminierung tarifärer und nichttarifärer Handelshemmnisse wie Zölle und Quoten zwischen den Mitgliedsländern. Da die Mitgliedsländer jedoch weiterhin individuelle Zölle gegenüber Drittländern beibehalten, besteht die Möglichkeit, dass Drittländer ihre Güter über das Mitgliedsland der Freihandelszone mit dem niedrigsten Zoll einführen. In diesem Fall würde das Land mit den niedrigsten Zöllen auch die Außenzölle der anderen Mitgliedsländer bestimmen. Um zu verhindern, dass Drittländer über das Mitgliedsland mit dem niedrigsten Zoll ihre Güter in die Freihandelszone importieren und

---

[5]Viner, *The Customs Union Issue*, 4.

die Mitgliedsländer nicht die Kontrolle über ihre Zollpolitik verlieren, enthalten Freihandelsabkommen stets Bestimmungen zu sogenannten Ursprungsregeln. Ursprungsregeln *(rules of origin)* legen fest, wieviel Prozent der Wertschöpfung eines Gutes mindestens in der Freihandelszone produziert sein muss, damit dieses zollfrei innerhalb der Freihandelszone gehandelt werden darf. Zollunionen unterscheiden sich insofern von Freihandelsabkommen, indem sie einen gemeinsamen Außenzoll einführen, weshalb Ursprungsregeln entfallen. Dafür wird meist die nationale Handelspolitik auf eine supranationale Institution übertragen. Darüber hinaus werden Zoll- und Handelsschranken unter den Mitgliedern vollständig aufgehoben. Gemeinsame Märkte erweitern die Zollunion um den freien Verkehr von Personen und Kapital. Wirtschaftsunionen gehen schließlich noch einen Schritt weiter. Die Mitgliedsländer einigen sich auf eine gemeinsame Währung, inklusive einer gemeinsamen Währungspolitik, sowie die Etablierung gemeinsamer Wirtschaftsinstitutionen.

Als tief greifendste und somit reinste Form der präferentiellen Integration einfacher Handelsbeziehungen ermöglichen perfekte Zollunionen *(perfect customs unions)* eine simplizistische Form der ökonomischen Analyse. Denn diese zeichnet sich – so Viner – durch folgende Konditionen aus: 1) durch die vollständige Eliminierung von Zollschranken zwischen den Mitgliedsstaaten; 2) die Errichtung eines einheitlichen Zollsatzes für Importe aus Ländern außerhalb der Union; sowie 3) die Aufteilung der Zolleinnahmen zwischen den Mitgliedern gemäß einer vorab vereinbarten Formel.[6] Zur weiteren Vereinfachung basiert Viner seine Analyse zudem auf einem Drei-Länder-Szenario, in welchem die Länder A und B die Mitglieder der Zollunion abbilden, während Land C ein Drittland, das nicht an der Union beteiligt ist, darstellt. Basierend auf diesem Analyserahmen und begründet in der oben beschriebenen vorherrschenden Unkenntnis zu den Auswirkungen präferentieller Handelsabkommen, definiert Viner die zentrale Fragestellung der Studie breit und umfassend. Demnach sollen die Auswirkungen a) für jedes Mitgliedsland der Zollunion getrennt voneinander, b) für beide Mitgliedsländer zusammen c) für die Drittländer und d) für die Welt als Ganzes analysiert werden.[7] Dabei geht er davon aus, dass sich keine dieser Fragen *a priori* beantworten lassen wird. Stattdessen basieren – so Viner weiter – die Antworten auf den realen Operationsmechanismen im Einzelfall: „the correct answers will depend on just how the customs union operates in practice."[8]

---

[6]Viner, *The Customs Union Issue*, 5.
[7]Viner, *The Customs Union Issue*, 42.
[8]Viner, *The Customs Union Issue*, 43.

Demgegenüber stellt er seine zentrale Hypothese. In dieser beschreibt er, dass die Verstärkung von Handelsaktivitäten im Kontext einer durch präferentielle Zugeständnisse geformten Zollunion zwei Mechanismen auslösen kann: 1) die Handelsschaffung *(trade creation)* und 2) die Handelsumlenkung *(trade diversion)*. Handelsschaffung tritt dann ein, wenn Importe aus Mitgliedsland B Produkte ersetzen, die zuvor in Mitgliedsland A hergestellt wurden, allerdings zu höheren Kosten als in Land B und mit letzteren aufgrund des Wegfalls der Zollschranken nicht mehr in Wettbewerb treten können. Die Produktpreise verschieben sich dadurch in Richtung niedrigerer Kosten für Konsumenten, somit ein positiver Effekt, den – so Viner – auch Freihandelsbefürworter in gewissem Maße vertreten können, auch wenn sich weltweiter Friehandel beziehungsweise eine MFN-Konstellation für das Gesamtsystem, also auch Land C, noch vorteilhafter auswirken könnten. Im Fall einer Handelsumlenkung kommt es hingegen zu einer Verdrängung von Importen aus Nichtmitgliedsländern, also Land C. Diese entsteht durch den Wegfall der Zölle für ursprünglich höherpreisige Produkte aus Land B, die nun die eigentlich günstigeren Importe aus dem Nichtmitgliedsland C verdrängen, da auf letztere weiterhin ein Zoll erhoben wird. Dies führt insgesamt zu höheren Kosten für Verbraucher und damit zu einem Wohlfahrtsverlust. Entsprechend betont Viner auch, dass diese Konstellation zwar im Sinne der Protektionisten innerhalb der Zollunion ist, denn diese haben den Schutz der teuren Produkte aus B vor Wettbewerbern aus Nichtmitgliedsländern zum Ziel. Von Freihandelsvertretern kann diese Entwicklung jedoch nicht befürwortet werden, da nach den Prinzipien des Freihandels der Markt den Wettbewerb regeln sollte und nach diesen hätte das günstigere Produkt aus Nichtmitgliedsland C einen Wettbewerbsvorteil:

> "There will be other commodities which one of the members of the customs union will now newly import from the other whereas before the customs union it imported them from a third country, because that was the cheapest possible source of supply even after payment of duty. The shift in the locus of production is now not as between the two member countries but as between low-cost third country and the other, high-cost, member country. This shift is the type which the protectionist approves, but it is not one which the free trader (…) can properly approve." [9]

Sein die Analyse einleitendes Argument einer nicht möglichen *a priori* Abschätzung der tatsächlichen Kosten beziehungsweise Nutzen einer einzelnen Zollunion zieht Viner an diesem Punkt wiederholt heran und betont:

---

[9] Viner, *The Customs Union Issue*, 44.

"From the free-trade point of view, whether, a particular customs union is a move in the right or in the wrong direction depends (...) on which of the two types of consequences ensue from that custom union. Where the trade-creating force is predominant, one of the members at least must benefit, both may benefit, the two combined must have a net benefit, and the world at large benefits; but the outside world loses, in the short-run at least, and can gain in the long-run only as the result of the general diffusion of the increased prosperity of the customs union area. Where the trade-diverting effect is predominant, one at least of the member countries is bound to be injured, both may be injured, the two combined will suffer a net injury, and there will be injury to the outside world"[10]

Damit, so Viner, sind Kosten und Nutzen einer präferentiellen Handelspartnerschaft also immer davon abhängig, ob der Mechanismus der Handelsumlenkung oder aber die Handelsschaffung letztendlich dominieren. Auch wenn er keine Generalisierung unterstützt, gibt Viner dennoch zum Ende seiner ökonomischen Analyse einen groben Orientierungsrahmen zu Faktoren, die handelsschaffende Effekte einer Zollunion wahrscheinlicher machen:

"A customs union is more likely to operate in the free-trade direction, whether appraisal is in terms of its consequence for the customs union area alone or for the world as a whole: (1) the larger the economic area of the customs union and therefore the greater the potential scope for international division of labor; (2) the lower the "average" tariff level on imports from outside the customs union area as compared to what that level would be in the absence of customs union; (3) the greater the correspondence in kind of products of the range of high-cost industries as between the different parts of the customs union which were protected by tariffs in both of the member countries before customs union was established, i.e., the less the degree of complementarity—or the greater the degree of rivalry—of the member countries with respect to protected industries, prior to the customs union; (4) the greater the differences in unit-costs for protected industries of the same kind as between the different parts of the customs union, and therefore the greater the economies to be derived from free trade with respect to these industries within the customs union area; (5) the higher the tariff levels in potential export markets outside the customs union area with respect to commodities in whose production the member countries of the customs union would have a comparative advantage under free trade, and therefore the less the injury resulting from reducing the degree of specialization in production as between the customs union area and the outside world; (6) the greater the range of protected industries for which an enlargement of the market would result in unit-costs lower than those at which the commodities concerned could be imported from outside the customs union area; (7) the smaller the range of protected industries for which an enlargement to the market would not result in unit-costs lower than those at which the commodities concerned could be

---

[10]Viner, *The Customs Union Issue*, 44.

imported from outside the customs union area but which would nevertheless expand under customs union."[11]

Als ersten Faktor nennt er die Größe des präferentiellen Wirtschaftsraumes, von der die Arbeitsteilung unter den Mitgliedsländern abhängt. Je größer die Zollunion, desto höher die Wahrscheinlichkeit von Handelsschaffung, denn umso größer ist der Absatzmarkt. Der zweite Faktor, der die Effekte einer Zollunion beeinflussen kann, ist die Höhe der Durchschnittszollsätze für Importe aus Drittländern. Sind diese gering, ist die Wahrscheinlichkeit höher, dass Importe aus Drittländern wettbewerbsfähig bleiben und nicht durch Konkurrenzprodukte aus Mitgliedsländern verdrängt werden. Dies ergibt sich daraus, dass bei geringen Außenzollsätzen, der Preis von Drittlandprodukten nur geringfügig verteuert wird. Ein dritter Orientierungspunkt ergibt sich nach Viner aus der Rivalität zuvor geschützter *high cost industries,* also solchen Industriebereichen, die aufgrund ihrer hohen Produktionskosten in einem freien Markt nicht oder kaum wettbewerbsfähig sind und deshalb durch protektionistische Maßnahmen geschützt werden. Je stärker diese *high cost industries* der Mitgliedsländer nach der Schaffung der Zollunion miteinander in Wettbewerb treten, desto höher ist die Wahrscheinlichkeit handelsschaffender Effekte. Hieran anknüpfend ergibt sich auch der vierte Punkt. Je größer die Unterschiede in den jeweiligen Stückkosten der vor der Etablierung der Zollunion geschützten Wirtschaftszweige, desto wahrscheinlicher entsteht eine Handelsschaffung innerhalb der Zollunion. Hintergrund ist, dass sich aufgrund geringerer Stückkosten eine höhere Nachfrage nach den Produkten mit geringeren Stückkosten ergibt. Ein fünfter Faktor ist laut Viner die Höhe der in Drittländern erhobenen Zölle auf Güter, für die die Mitgliedsländer im Freihandelsfall einen Wettbewerbsvorteil aufweisen. Sind die Zölle in Drittländermärkten für diese Produkte hoch, wirkt sich die durch die Schaffung der Zollunion zurückgegangene Spezialisierung zwischen Mitglieds- und Nichtmitgliedsländern weniger negativ aus, denn die Wahrscheinlichkeit von Exporten in Drittländermärkte mit höheren Zöllen ist vor und nach der Gründung der Zollunion gering. Als sechsten Orientierungspunkt nennt Viner die Anzahl geschützter Industriezweige in Mitgliedsländern, die durch die Erweiterung des Absatzmarktes – bedingt durch die Schaffung der Zollunion – ihre Produktkosten soweit senken können, dass sie die zuvor billigeren Importe aus Drittländern verdrängen. Je höher die Anzahl dieser Industrien, desto höher ist die Wahrscheinlichkeit einer Handelsumlenkung. Umgekehrt gilt siebtens – so Viner abschließend –, dass sich handelsschaffende Umstände eher dann ergeben, wenn in den Mitgliedsländern eine geringe Anzahl von Industriezweigen existiert, für

---

[11]Viner, *The Customs Union Issue,* 51f.

die sich durch die Erweiterung des Absatzmarktes in Folge der Schaffung einer Zollunion zwar keine Reduktion der Stückkosten, jedoch andere Wettbewerbsvorteile gegenüber vergleichbaren Industrien aus Nichtmitgliedsländern ergeben.

Dass Viner ein Befürworter des Freihandels ist, ist deutlich in dieser Analyse gespiegelt. Er selbst bezeichnete sich stets als Anhänger Adam Smiths (siehe entsprechenden Beitrag) und dem von diesem begründeten klassischen Wirtschaftsliberalismus. Smiths Einfluss auf Viner war so stark, dass dieser in einem früheren Werk sogar betonte, jeder Ökonom, der seine Theorien nicht auf irgendeine Weise in den Argumentationen von „The Wealth of Nation" begründen könne, würde außergewöhnliche Perzeptionen vertreten.[12] Auch David Hume, ein Freund Adam Smiths und wie dieser Vertreter der liberalen Aufklärung, wird von Viner als Basis seiner eigenen Weltanschauung genannt. Gleichzeitig tauschte er sich extensiv mit Ökonomen seiner Zeit aus. Mit Bezug auf die Untersuchungen zur Zollunion erwähnt er insbesondere den Einfluss Lionel Robbins, aber auch andere Disziplinen, insbesondere die historische Forschung, waren für Viner Bezugspunkt. Entsprechend überrascht es auch nicht, dass der ökonomischen Analyse in *The Customs Union Issue* ein historischer Überblick über die Entstehung früher Zollunionen im Europa des 19. Jahrhunderts vorangestellt ist.[13]

Die in *The Customs Unions Issue* erstmalig dargestellten Erkenntnisse über die negativen Auswirkungen präferentieller Wirtschaftsintegration durch Handelsumlenkung waren ein Paukenschlag in der Ökonomie. Entsprechend folgte eine Heerschar von darauf aufbauenden Analysen, die ausgehend von Viners Theorie ein neues Untersuchungsfeld zu präferentieller Wirtschaftsintegration begründeten. Besonders hervorzuheben ist hier James Meade, der in Anlehnung an Viners Theorie ein Konsumeffektmodell zur mathematischen Berechnung der durch Handelsschaffung entstandenen ökonomischen Vorteile mit den durch Handelsumlenkung entstehenden ökonomischen Nachteilen einer Zollunion und erstellte. Auch Meade kam zu dem Schluss, dass generelle Aussagen zu den Auswirkungen von Zollunionen nicht getroffen werden konnten. Auch die Theorie des Zweitbesten *(Theory of Second Best)* von Richard Lipsey und Kevin Lancaster[14] die sich im Sinne der Wohlfahrtsökonomie mit Möglichkeiten effizienter Ressourcenallokation im Fall von Marktversagen beschäftigt, basiert auf Viners

---

[12]Vgl. Jacob Viner, "Adam Smith and Laissez-Faire," in *Adam Smith 1776-1926: Lectures to Commemorate the Sesquicentennial of the Publication of the Wealth of Nation*, herausgegeben von John M. Clark, Paul H. Douglas, Jacob H. Hollander, Glenn R. Morrow und Jacob Viner (New York: Augustus M. Kelley Publishers, 1928).

[13]Vgl. Viner, *The Customs Union Issue*, Chp. 2, 1–3.

[14]Richard G. Lipsey und Kelvin Lancaster, "The General Theory of the Second Best," *Review of Economic Studies* 24:1 (1956), 12.

Werk. Sie besagt, dass wenn ein Erreichen des Pareto-Optimums nicht möglich ist, eine zweitbeste Lösung unter der Bedingung möglich ist, dass die optimalen Werte anderer Variablen geändert werden. Dies bedeutet, dass zur Bekämpfung einer Marktverzerrung die Einführung einer weiteren Marktverzerrung hilfreich ist. Lipsey und Lancaster nennen in ihrem Standardwerk Zollunionen als zentrale Fallstudie ihrer eigenen Theorie. Genau genommen ist die Theorie des Zweitbesten allerdings ebenfalls eine Weiterentwicklung Viners Zollunionen-Ansatzes.

Auch in späteren Analysen zur zweiten Generation präferentieller Handelsabkommen, die in den in den 1990ern und frühen 2000ern parallel zu den ersten Verhandlungen der gerade gegründeten Welthandelsorganisation WTO entstanden, ist Viners Einfluss deutlich erkennbar. Jagdish Bhagwati[15] kommt zu dem Schluss, dass ausnahmslos alle präferentiellen Handelsabkommen handelsumlenkende Folgen haben und somit diskriminierend gegen Drittländer wirken. Auf diese Annahme baut Bhagwati auch seine Theorie der Spaghettischüssel *(Spaghetti Bowl Phenomenon)* auf. Diese beschreibt, dass aufgrund der sich überschneidenden Mitgliedschaften eines Landes in verschiedenen präferentiellen Abkommen – mit ihren jeweils unterschiedlichen Importbestimmungen – verschiedene Zollsätze auf ein und dasselbe Importprodukt erhoben werden. Auch Anne O. Krueger folgt in ihrer Studie zu den Auswirkungen von Ursprungsregeln *(Rules of Origin)* aus dem Jahr 1999 Viners Theorie der Handelsumlenkung.[16] Sie kommt zu dem Schluss, dass die Handelsumlenkungen mit der Schwelle von Ursprungsregeln steigen: Denn um die Schwelle zu erfüllen und damit zollfrei in andere Mitgliedsstaaten des präferentiellen Handelsabkommens verkaufen zu können, werden Produzenten in Mitgliedsland A dazu ermutigt, so viel Input wie möglich von Mitgliedsland B zu beziehen, auch wenn Produzenten aus dem Drittland C diesen Input billiger herstellen. Dies gilt selbst für den Fall, dass der Zollsatz für Produkte aus Land C bei Null liegt. Auch Richard Baldwin, Rikard Forslid und Jan Haaland[17] sowie John H. Dunning und Peter Robson[18] orientieren sich in ihrer Analyse präferentieller Abkommen der neuen Generation

---

[15] Jagdish N. Bhagwati, *The Wind of the Hundred Days: How Washington Mismanaged Globalization* (Cambridge, MA: MIT Press, 2000).

[16] Anne O. Krueger, "Free Trade Agreements as Protectionistic Devices: Rules of Origin," in *Trade, Theory, and Econometrics: Essays in Honor of John C. Chipman*, herausgegeben von James R. Melvin, James C. Moore und Raymond Riezman (New York: Routledge, 1999), 91–101.

[17] Richard E. Baldwin, Rikard Forslid und Jan Haaland, "Investment creation and investment diversion: Simulation analysis of the single market programme," *National Burea of Economic Research Working Paper No. 5364* (1995).

[18] John Dunning und Peter Robson, *Multinationals and the European Community* (Oxford: Basil Blackwell, 1998).

an Viners Theorie. In ihren Studien wenden sie diese jedoch auf ausländische Direktinvestitionen an und führen die Konzepte der Investitionsumlenkung *(investment diversion)* und Investitionsgenerierung *(investment creation)* ein. Investitionsschaffung tritt demnach in einem Fall ein, wenn sich die Produktion von einer hochpreisigen Produktionsstätte (Land oder Region) in Richtung einer niedrigpreisigen verlagert. Investitionsumlenkung tritt ein, wenn die Produktion von einem niedrigpreisigen Nichtmitgliedsland in ein hochpreisiges Mitgliedsland des präferentiellen Handelsabkommens verschiebt.

Vor diesem Hintergrund gilt „The Customs Union Issue" heute als einer der Klassiker in der politökonomischen Freihandelsforschung und ist mit Hinblick auf Untersuchungen zu Auswirkungen präferentieller Handelsabkommen das am häufigste zitierte Werk. Der Einfluss der Theorien Viners über Handelsschaffung und Handelsumlenkung erstreckt sich auch auf handelspolitische Entscheidungen, insbesondere in der westlichen Welt: So werden sie unter anderem in einer Reihe von Positionspapieren zu Freihandelsabkommen zitiert, die der *Congressional Research Service* – die partei-unabhängige Forschungseinheit für den amerikanischen Kongress – amerikanischen Abgeordneten zur parlamentarischen Entscheidungsfindung bereitstellt.[19] Gleiches gilt für Studien des europäischen Äquivalents, dem *European Parliamentary Research Service,* der dem Europäischen Parlament zuarbeitet.[20]

Literaturverzeichnis

Anne O. Krueger, "Free Trade Agreements as Protectionistic Devices: Rules of Origin," in *Trade, Theory, and Econometrics: Essays in Honor of John C. Chipman*, herausgegeben von James R. Melvin, James C. Moore und Raymond Riezman (New York: Routledge, 1999), 91–101.

European Parliamentary Research Service, *Customs unions and FTAs Debate with respect to EU neighbours* (2017).

Fritz Machlup, *Economic Integration Worldwide, Regional, Sectoral: Proceedings of the Fourth Congress of the International Economic Assoiation held in Budapest, Hungary* (London: Macmillan, 1976).

---

[19]Vgl. unter anderem William H. Cooper, *Free Trade Agreements: Impact on U.S. Trade and Implications for U.S. Trade Policy* (Washington, DC: Congressional Research Service, 2014).

[20]Vgl. zum Beispiel European Parliamentary Research Service, *Customs unions and FTAs Debate with respect to EU neighbours* (2017).

Jacob Viner, "Adam Smith and Laissez-Faire," in *Adam Smith 1776-1926: Lectures to Commemorate the Sesquicentennial of the Publication of the Wealth of Nation*, herausgegeben von John M. Clark, Paul H. Douglas, Jacob H. Hollander, Glenn R. Morrow und Jacob Viner (New York: Augustus M. Kelley Publishers, 1928).

Jacob Viner, *The Customs Union Issue* (New York: Carnegie Endowment for International Peace, 1950).

Jagdish N. Bhagwati, *The Wind of the Hundred Days: How Washington Mismanaged Globalization* (Cambridge, MA: MIT Press, 2000).

John Dunning und Peter Robson, *Multinationals and the European Community* (Oxford: Basil Blackwell, 1998).

Richard E. Baldwin, Rikard Forslid und Jan Haaland, "Investment creation and investment diversion: Simulation analysis of the single market programme," *National Burea of Economic Research Working Paper No. 5364* (1995).

Richard G. Lipsey und Kelvin Lancaster, "The General Theory of the Second Best," *Review of Economic Studies* 24:1 (1956), 11–32.

Robert Gilpin, *Global Political Economy* (Princeton: Princeton University Press, 2001)

William H. Cooper, *Free Trade Agreements: Impact on U.S. Trade and Implications for U.S. Trade Policy* (Washington, DC: Congressional Research Service, 2014).

Ernst B. Haas

Julia Schwanholz und Kristina Kurze

Die grausamen Erfahrungen zweier Weltkriege setzten in der Nachkriegszeit Bewegungen in Gang, die eine engere Zusammenarbeit europäischer Staaten anstrebten, um das Ziel eines friedlich geeinten Europas zu realisieren. Die führenden Politiker jener Zeit formulierten für diese Idee verschiedene Vorschläge. Winston Churchill rief in seiner berühmten Züricher Rede (1946) zur Gründung der „Vereinigten Staaten von Europa" auf. Der französische Außenminister Robert Schuman beschrieb im Schuman-Plan (1950) die Etappen auf dem Weg zu einer „europäischen Föderation". Die Einigung (West-)Europas zeigte sich dann schon bald ganz konkret in der Gründung der Europäischen Gemeinschaft für Kohle und Stahl (EGKS) im Jahr 1951, gefolgt von der Gründung der Europäischen Wirtschaftsgemeinschaft (EWG) und der Europäischen Atomgemeinschaft (Euratom) im Jahr 1957[1]. Trotz eines weitreichenden politischen Zuspruchs waren diese ersten Integrationsschritte allerdings nicht unumstritten und gerade auch aus realistischer Theorie-

---

[1]Für einen Überblick zur europäischen Integrationsgeschichte siehe unter anderem Wilfried Loth, *Europas Einigung. Eine unvollendete Geschichte* (Frankfurt a. M./New York: Campus, 2014).

J. Schwanholz (✉)
Institut für Politikwissenschaft, Georg-August-Universität Göttingen, Göttingen, Deutschland
E-Mail: julia.schwanholz@sowi.uni-goettingen.de

K. Kurze
Andrássy Universität Budapest, Budapest, Ungarn
E-Mail: kristina.kurze@andrassyuni.hu

© Springer Fachmedien Wiesbaden GmbH, ein Teil von Springer Nature 2020
H. Janusch (Hrsg.), *Handelspolitik und Welthandel in der Internationalen Politischen Ökonomie*, https://doi.org/10.1007/978-3-658-28656-9_12

perspektive, wonach Staaten primär auf ihr eigenes Überleben im anarchischen System – einem „Selbsthilfesystem" – bedacht sind und deshalb Kooperation stets mit Misstrauen begegnen, durchaus erklärungsbedürftig. Warum integrieren sich also Nationalstaaten zu regionalen Gebilden, in denen politische Akteure miteinander kooperieren, neue gemeinsame Institutionen schaffen und diese mit übergeordneten politischen Kompetenzen ausstatten, denen gegenüber sie sich loyal verhalten? Ernst B. Haas (1924–2003) beschäftigte sich Zeit seines Lebens mit dieser Frage und entwickelte als eine Antwort in den 1950er Jahren den sogenannten Neo-Funktionalismus. In seinen Hauptwerken *The Uniting of Europe*[2] und *Beyond the Nation State*[3] beschreibt und erklärt Haas die europäische Integration als einen dynamischen (Lern-) Prozess hin zur politischen Gemeinschaft. Im Kontext einer über Jahrzehnte ausgetragenen intensiven Integrationsdebatte gilt der Neo-Funktionalismus bis heute unumstritten als eine der beiden führenden Großtheorien zur Erklärung regionaler Integration (siehe für die andere den Beitrag zu Andrew Moravcsik). Haas, in Frankfurt am Main geboren, emigrierte nach der Machtergreifung der Nationalsozialisten 1938 mit seinen Eltern in die Vereinigten Staaten. Er studierte an der *University of Chicago,* wurde zwischenzeitlich von der US-Armee einberufen und beendete seine Studien an der *Columbia University* in New York mit einer Promotion in den Fächern Politikwissenschaft und Jura. 1951 wechselte er an die *University of California* nach Berkeley, wo er bis 1999 Professor für Politikwissenschaft war. Der Schwerpunkt seiner Forschung liegt in den Internationalen Beziehungen und konzentriert sich dort – neben einigen Beiträgen zur Rolle von Internationalen Organisationen in Integrationsprozessen – auf die Suche nach Gründen und Bedingungen für die freiwillige und friedliche regionale Integration von Nationalstaaten.

"But for the political scientist the unification of Europe has a peculiar attraction quite irrespective of merits and types. He may see in it, as I do, an instance of voluntary 'integration' taking place before his eyes, as it were under laboratory conditions. He will wish to study it primarily because it is one of the very few current situations in which the decomposition of old nations can be systematically analysed within the framework of the evolution of a larger polity – a polity destined, perhaps, to develop into a nation of its own."[4]

---

[2]Ernst B. Haas, *The Uniting of Europe. Political, Social, and Economical Forces 1950–1957* (London: Stevens & Sons, 1958).

[3]Ernst B. Haas, *Beyond the Nation-state: Functionalism and International Organization* (Standford University Press: Standford, 1964).

[4]Haas, *The Uniting of Europe,* xxxi.

Der Neo-Funktionalismus fasst regionale Integration als einen dynamischen Prozess auf, der initial von Nationalstaaten ausgelöst, danach aber im Wesentlichen von nicht-staatlichen Akteuren auf supranationaler Ebene bestimmt wird. Nach Haas beginnt der Integrationsprozess damit, dass Nationalstaaten ihre Interessen in einem bestimmten Bereich auf supranationaler Ebene besser realisiert sehen als im nationalstaatlichen Kontext. Sie geben Souveränität ab, indem sie miteinander kooperieren, neue Institutionen schaffen und diese mit übergeordneter politischer Kompetenz ausstatten. Die Akteure in den neuen Gemeinschaftsorganen treffen in Gemeinschaftsangelegenheiten wesentliche, verbindliche Entscheidungen und treiben den Integrationsprozess so maßgeblich voran.

Regionale Integration beruht im neo-funktionalistischen Verständnis auf drei Prämissen: Pluralismus, Rationalismus und Funktionalismus. Es wird demnach erstens angenommen, dass in einer pluralistischen Gesellschaft eine Vielzahl unterschiedlicher Interessen existiert und sich gesellschaftliche Gruppen (Parteien, Verbände, Interessengruppen) zusammenschließen, um diese zu organisieren. Indem gesellschaftliche (Partikular-)Interessen von diesen Gruppen repräsentiert und artikuliert werden, sind gesamtgesellschaftliche Entscheidungen nicht das Ergebnis hegemonial-zentrierter Macht, sondern Ausdruck und Ergebnis von Prozessen der politischen Aushandlung und Kompromissfindung unter den gesellschaftlichen Gruppen. Ein solches Gesellschaftsbild ist die erste Voraussetzung für regionale Integration.

Zweitens wird davon ausgegangen, dass die Akteure im Integrationsprozess rational handeln, das heißt, sie verhalten sich stets nutzenorientiert und agieren gewinnmaximierend. Übersetzt in politisches Handeln bedeutet dies, dass Akteure supranationale Institutionen nur dann mit Entscheidungs- und Handlungsmacht ausstatten, wenn sie diesen mehr oder bessere Problemlösungskompetenz zuschreiben als sich selbst. Denn nur dann ist der Nutzen für sie größer, als die Einbuße eigener Macht etwa durch Abgabe staatlicher Souveränität. Rationales Verhalten der handelnden Akteure ist die zweite zentrale Annahme des Neo-Funktionalismus.

Schließlich baut Haas auf den Kernaussagen des Funktionalismus[5] auf, wonach sachbezogener Zusammenarbeit und der Expertise von Eliten eine zentrale Bedeutung beigemessen wird. Diesen Aspekt konkretisiert Haas und

---

[5]David Mitrany, "A Working Peace System. An Argument for the Functional Development of International Organization," in *A Working Peace System*, herausgegeben von David Mitrany (Quadrangle Books: Chicago, 1966), 25–99.

ergänzt ihn schließlich um die Idee des sogenannten *Spill-over*-Effekts. Technokratische Eliten, so die Annahme, gehen bei der Bearbeitung und Lösung von Problemen sachorientiert vor. Erfolgreiche Integration gedeiht daher am besten, wenn zunächst eine Einigung in unkontroversen Sektoren (vor allem wirtschaftlichen) gelingt. Die zweckorientierte, technische Kooperation in diesen Sektoren berührt und beeinflusst angrenzende Sektoren und Regelungsbereiche mit der Folge weiterer, neuer Integrationsschritte; auch in Bereichen der sogenannten *high politics*[6]. Ein aufgabenbedingter, das heißt *funktionaler Spill-over* von ökonomischer zu politischer Kooperation, lässt sich am folgenden Beispiel praktisch nachvollziehen: Ausgangspunkt ist zunächst die in der klassischen politischen Ökonomie fundierte Annahme, dass freier Handel und Wettbewerb zwischen Staaten Wohlfahrtsgewinne für alle Beteiligten bringt (siehe Beiträge zu Adam Smith und David Ricardo). Die ökonomische Integration Westeuropas wurde vor diesem Hintergrund gerade in der Nachkriegszeit auch von der breiten Bevölkerung ohne erkennbaren Protest mitgetragen, was als sogenannter *permissive consensus* bezeichnet wird. Die Schaffung eines Gemeinsamen Marktes wurde allgemein als effizienter und „richtiger" Weg gesehen, um Wachstum und Wohlstand in Europa zu steigern. Grundpfeiler des Gemeinsamen Marktes sind die vier Freiheiten: freier Waren-, Personen-, Dienstleistungs- und Kapitalverkehr. Um den freien Warenverkehr und insbesondere auch den freien Personenverkehr zu gewährleisten, wurden Grenzkontrollen unter den Mitgliedstaaten schrittweise abgeschafft. Aus dieser anfänglich wenig kontroversen, ökonomisch motivierten Integration der Märkte ergab sich somit die Aufgabe, die nun „neuen" Außengrenzen gemeinsam zu kontrollieren und damit die Notwendigkeit für eine vertiefte Kooperation in (kontroversen) politischen Kernbereichen wie der Inneren Sicherheit sowie der Asyl- und Einwanderungspolitik. Aufgrund der hohen Verflechtung von wirtschaftlichen Sektoren sowie von Wirtschaft und Politik weitet sich der Integrationsprozess sukzessive aus. Er erfasst schließlich auch Regelungsbereiche, die funktional nicht dem ursprünglichen Integrationsziel zuzurechnen sind, territorial kommen mehr und mehr Staaten hinzu, die ebenfalls in den Integrationsprozess involviert werden möchten. Haas bezeichnet diese Dynamik als expansive Logik sektoraler Integration.

---

[6]Diese umfasst klassischerweise Politikbereiche wie die Außen- und Sicherheitspolitik. „High politics" unterscheidet sich damit von „low politics", die z. B. die Wirtschafts- Umwelt- und Kulturpolitik umfasst. Eine strikte Einteilung wird heute aber durchaus kritisch gesehen.

"Thus a 'spill-over' into new economic and political sectors certainly occurred in terms of expectations developing purely in the *national* contexts of the elites involved. Yet these expectations were reinforced along supranational lines not only because action was demanded of the High Authority but because continuous joint lobbying with labour leaders from other countries became both necessary and possible."[7]

Neben dem quasi automatischen funktionalen *Spill-over*-Effekt werden im Neo-Funktionalismus im Sinne der genannten pluralistischen und rationalistischen Prämissen auch interessengeleitete Akteure als Triebkräfte der Integration in den Vordergrund gerückt: Allen voran wird die Bedeutung supranationaler Institutionen (beispielsweise die Europäische Kommission und der Europäische Gerichtshof) betont, deren Mitglieder eigene Interessen entwickeln und diese auch im Ringen mit staatlichen Akteuren durchzusetzen suchen und dies nach Ansicht von Haas auch erfolgreich tun. Daneben wird politischen, ökonomischen und gesellschaftlichen Eliten Verantwortung für die nationale Politikgestaltung zugeschrieben. Gesellschaftliche Gruppen organisieren sich überdies in der Nähe neu geschaffener supranationaler Institutionen und tragen so im Mehrebenensystem ihre Interessen vor.

"Perhaps the most salient conclusion we can draw from the community-building experiment is the fact that major interest groups as well as politicians determine their support of, or opposition to, new central institutions and policies on the basis of a calculation of advantage. The 'good Europeans' are not the main creators of the regional community that is growing up; the process of community formation is dominated by nationally constituted groups with specific interests and aims, willing and able to adjust their aspirations by turning to supranational means when this course appears profitable."[8]

In dem Zusammenhang ist auch die Herausbildung von transnationalen Zusammenschlüssen und europäischen Dachverbänden zu betonen, die sich unmittelbar – also nicht nur über die nationalen Regierungen – in den Politikprozess auf europäischer Ebene einbringen. Beispielhaft hierfür sind etwa die verschiedenen Verbände der Energiewirtschaft (zum Beispiel EURACOAL) oder auch Zusammenschlüsse großer, transnationaler Unternehmen wie dem *European Roundtable of Industrialists* (ERT), der sich in enger Absprache mit der Europäischen Kommission für die Vollendung des Binnenmarktes in den

---

[7]Haas, *The Uniting of Europe*, 292.
[8]Haas, *The Uniting of Europe*, xxxiv.

1980er Jahren eingesetzt hat. Diese politischen (und nicht rein funktionalen) *Spill-over*-Effekte werden in der neueren neo-funktionalistischen Literatur daher auch als *politischer* und *erzeugter Spill-over* beschrieben[9]. Nicht zuletzt wird die Bedeutung nationaler Regierungen vor allem für den Beginn des Integrationsprozesses eingeräumt. Staats- und Regierungschefs sitzen im Ministerrat und verfügen dort über formales Entscheidungsrecht. Im Gegensatz zur intergouvernementalen Einschätzung können sie den Verlauf des Integrationsprozesses aufgrund des Einflusses supranationaler und transnationaler Akteure sowie funktionaler *Spill-over*-Effekte nicht umfassend steuern oder gar kontrollieren.

Diese theoretischen Annahmen des Neo-Funktionalismus leitete Haas, wie eingangs schon betont, aus seinen empirischen Beobachtungen in Europa ab. Dort führte die Integration wichtiger industrieller Sektoren, insbesondere Kohle und Stahl, 1951 zur erfolgreichen Gründung der EGKS. Versuche einer politischen – föderalen oder militärischen – Integration scheiterten hingegen. Die wirtschaftliche Integration zweier industrieller Sektoren, die besonders bedeutsam für potenzielle künftige Konflikte zwischen Deutschland und Frankreich hätten werden können, war somit der Ausgangspunkt für die Gründung einer politischen Gemeinschaft. Es waren demnach nicht primär machtpolitischen, sondern ökonomische Beweggründe rationaler Akteure, die den Integrationsprozess in Gang setzten. Ohne den Anspruch einer dauerhaften Friedenssicherung kommt eine Erklärung der europäischen Integration jedoch nicht aus – Haas selbst hält eine (post-nationale) politische Gemeinschaft in seinen Beiträgen normativ für wünschenswert. Es wird im Neo-Funktionalismus keine Aussage darüber getroffen, wie das regionale Gemeinschaftsgebilde am Ende seiner Integrationsentwicklung genau auszusehen hat. Beides würde der Grundannahme widersprechen, dass jede regionale Integration ein dynamischer Prozess ist. Haas' wissenschaftliches Interesse an und Befürwortung von regionalen Integrationsprozessen findet sich in Mitranys Funktionalismus nicht wieder. Im Gegenteil, dieser lehnte jegliche territorial begrenzte Zusammenarbeit – auch die europäische Integration – ab, da dies funktionalen Kooperationsbedürfnissen potenziell im Wege stehen könne. Zudem sah er im regionalen Zusammenschluss auch die Gefahr einer neuen „Blockbildung" und entsprechender Rivalitäten, die den friedensstiftenden Effekt funktionaler Kooperation letztlich konterkarieren könnten.

---

[9]Jeppe Tranholm-Mikkelsen, "Neo-functionalism: Obstinate or Obsolete? A Reappraisal in the Light of the New Dynamism of the EC," *Millenium: Journal of International Studies* 20:1 (1991), 1–22.

Im Unterschied zum normativen Gehalt des Funktionalismus liegt der Wert des Neo-Funktionalismus nun vielmehr darin, dass er eine politikwissenschaftliche Theorie zur empirisch-analytischen Forschung ist. Der Neo-Funktionalismus liefert kausale Erklärungen für regionale Integrationsprozesse. Im Neo-Funktionalismus – wie auch im Funktionalismus – sind Lerneffekte für den erfolgreichen Verlauf von Integration bedeutsam. Sie vollziehen sich vor allem im Umdenken politischer Parteien und Interessengruppen über die Zeit, weshalb diese – und nicht wie im Funktionalismus Experten und Technokraten – für Haas die besonders relevanten Eliten im fortschreitenden Integrationsprozess sind. Aus seinen Studien zur europäischen Integration inspirierte ihn besonders Jean Monnets pragmatisches Vorgehen zur Gründung der EGKS und EWG. Die ökonomischen Vorteile und Wohlfahrtsgewinne, die sich aus der Öffnung nationaler Grenzen zur Liberalisierung von Handels- und Finanzströmen und der Freizügigkeit von Personen ergeben, sind für ihn der Schlüssel zur Erklärung der europäischen Integration. Die Zahl der zeitlich nah aufeinander folgenden politischen Ereignisse, darunter die Gründung der EGKS, EWG und Euratom sowie auch Beitrittsanträge späterer Mitgliedsstaaten in den 1950er Jahren, bestätigten die Annahmen des Neo-Funktionalismus vorläufig. Bis weit in die 1960er Jahre setzte sich eine rege politikwissenschaftliche, neofunktionalistisch dominierte Integrationsdebatte fort. Sie endete mit dem Ausscheren Frankreichs 1965. Die Dynamik der europäischen Vergemeinschaftung fand ihr vorläufiges Ende und es kamen Zweifel an der Erklärungskraft neofunktionalistischer Annahmen auf. Einerseits legt Haas in dieser Zeit komparative Studien vor, in denen er die Generalisierbarkeit des Neo-Funktionalismus überprüft. Andererseits trat er in dieser Zeit selbst als einer seiner schärfsten Kritiker auf, indem er Zweifel an der Erklärungskraft des Neo-Funktionalismus und allgemein dem Beitrag von Integrationstheorien vorträgt. In den 1960er und 70er Jahren entwickelten Haas' Schüler Leon N. Lindberg, Joseph S. Nye, Stuart A. Scheingold und Philippe C. Schmitter den Neo-Funktionalismus weiter und modifizierten einige der ursprünglichen Annahmen, insbesondere im Hinblick auf die von Haas prognostizierte „expansive Logik" der Integration. So stellten Lindberg, Scheingold und Schmitter in ihren Studien[10] heraus, dass auch Rückschritte in der Integration möglich seien und führten analog zum *Spill-over* das

---

[10] Leon N. Lindberg und Stuart A. Scheingold, *Europe's Would-Be Polity: Patterns of Change in the European Community* (Englewood Cliffs, NJ: Prentice Hall, 1970); Philippe C. Schmitter, „A Revised Theory of European Integration," *International Organization* 24:4 (1970), 836–868.

Spill-back-Konzept ein. Damit ist sowohl die Rückverlagerung von sektoralen, politikfeldspezifischen Aufgaben als auch von institutionellen Kapazitäten auf die nationale Ebene gemeint.

Bis in die 1980er Jahre dauerte die Krise der Integration(-sforschung). Mit dem europäischen Binnenmarktprojekt (1985) und der Unterzeichnung der Einheitlichen Europäischen Akte (EEA 1986) lebte der Integrationsprozess dann wieder auf und inspirierte auch die wissenschaftliche Forschung zu einer Fortführung ihrer alten Auseinandersetzungen über die beiden Großtheorien des Neo-Funktionalismus und (liberalen) Intergouvernementalismus. Im neueren Diskurs der 1990er Jahre argumentieren Wayne Sandholtz und John Zysman (1989), man müsse stets die Interaktionen aller drei Gruppen – also supranationaler Akteure, Interessengruppen und Regierungen – analysieren, um Integration zu erklären. Die Europäische Kommission und ihren Präsidenten erachten sie dabei aber im Geiste des Neo-Funktionalismus als den Katalysator, der zwischenstaatliche Aushandlungsprozesse angeregt und befördert habe. Andrew Moravcsiks Liberaler Intergouvernementalismus ist als Reaktion auf Sandholtz und Zysman zu lesen. Für ihn hat die Präferenzbildung in den Nationalstaaten losgelöst von der Ebene der Europäischen Union stattgefunden. Der wiederbelebte Integrationsprozess ist somit nicht auf die Performanz supranationaler Akteure und auch nicht auf eine Interaktion verschiedener Gruppen, sondern allein auf die Konvergenz politischer Präferenzen der Mitgliedstaaten zurückzuführen. Die bestimmenden Akteure im Integrationsprozess sind nach Moravcsik damit klar die nationalen Regierungen (siehe entsprechenden Beitrag).

Das lange Zeit auf Bedingungen und Gründen verengte Sichtfeld hat sich zwischenzeitlich für neue Forschungsfragen geweitet. So wird nunmehr auch nach den Folgen fortschreitender Integration und Wirkungen politischer Entscheidungen im Mehrebenensystem gefragt. Ein ganzes Bündel von Krisen, darunter die Euro- und Schuldenkrise, die sogenannte Flüchtlingskrise und der Brexit, fordert jüngst grundlegend neue Überlegungen und Diskussionen zur Erklärungskraft der etablierten funktionalistisch-rationalistischen Theorie[11] und Zukunft der Europäischen Union heraus. Dabei bleibt die im Neo-Funktionalismus bereits angelegte Berücksichtigung vielfältiger,

---

[11]Siehe hierzu insbesondere die von Lisbet Hooghe und Garry Marks angestoßene Theoriedebatte zur zunehmenden Politisierung des Integrationsprozesses seit Anfang der 1990er Jahre. Lisbet Hooghe und Gary Marks, „A Postfunctionalist Theory of European Integration: From Permissive Consensus to Constraining Dissensus," *British Journal of Political Science* 39:1 (2009), 1–23.

gesellschaftlicher Interessengruppen, die neben den nationalen Regierungen die Politik in Europa beeinflussen, höchst relevant, um auch aktuelle (Des-) Integrationsdynamiken zu analysieren und besser zu verstehen.

Literaturverzeichnis

David Mitrany, "A Working Peace System. An Argument for the functional Development of International Organization," in *A Working Peace System*, herausgegeben von David Mitrany (Quadrangle Books: Chicago, 1966), 25–99.

Ernst B. Haas, *The Uniting of Europe. Political, Social, and Economical Forces 1950–1957* (London: Stevens & Sons, 1958).

Ernst B. Haas, *Beyond the Nation-state: Functionalism and International Organization* (Standford University Press: Standford, 1964).

Jeppe Tranholm-Mikkelsen, "Neo-functionalism: obstinate or obsolete? A reappraisal in the light of the new dynamism of the EC," *Millenium: Journal of International Studies* 20:1 (1991), 1–22.

Leon N. Lindberg und Stuart A. Scheingold, *Europe's Would-Be Polity: Patterns of Change in the European Community* (Englewood Cliffs, NJ: Prentice Hall, 1970).

Lisbet Hooghe und Gary Marks, „A Postfunctionalist Theory of European Integration: From Permissive Consensus to Constraining Dissensus," *British Journal of Political Science* 39:1 (2009), 1–23.

Philippe C. Schmitter, „A Revised Theory of European Integration," *International Organization* 24:4 (1970), 836–868.

Wilfried Loth, *Europas Einigung. Eine unvollendete Geschichte* (Frankfurt am Main/New York: Campus, 2014).

Die Dekolonialisierung und die Nord-Süd-Beziehungen im Welthandel

Raúl Prebisch & Hans W. Singer

Sebastian Möller

Am Ende der 1940er Jahre und in den frühen 1950er Jahren waren die wirtschaftliche Entwicklung und der internationale Handel in weiten Teilen der westlichen Welt nach dem massiven Einbruch im Zweiten Weltkrieg schon wieder im Aufschwung begriffen. Der starke Preisverfall während der Weltwirtschaftskrise, der insbesondere Rohstoff exportierende Länder schwer traf, schien sich durch den Nachkriegsboom sukzessive umzukehren, auch wenn die *Great Depression* für die Zeitgenossen noch in lebhafter Erinnerung blieb. Diese Erfolgsgeschichte des globalen Nordens[1] ist zwar für unser Verständnis der ersten drei Nachkriegsjahrzehnte von konstitutiver Bedeutung, weicht aber von den Erfahrungen in anderen Teilen der Welt zum Teil deutlich ab. In den Worten des Soziologen Klaus Dörre und seiner Kollegen hat „die erfolgreiche Entwicklung von Demokratie und Wohlfahrtsstaat in Europa (…) eine nicht erzählte Vor- und Parallelgeschichte"[2]. Einen Teil dieser Parallelgeschichte finden wir in den Schriften der Ökonomen Raúl Prebisch (1901–1986) und Hans Wolfgang Singer (1910–2006). Im Grunde

---

[1] Anders als der Begriff des „Westens", beinhaltet der globale Norden Japan und viele ehemaligen Ostblock-Staaten in Abgrenzung zum „Globalen Süden". Prebisch und Singer selbst verwenden den Begriff der unterentwickelten Länder, der zugleich den ökonomischen Abstand zu den industrialisierten Ländern des Nordens kenntlich macht und eine Entwicklung (wie in „Entwicklungsländern") nicht automatisch annimmt.

[2] Klaus Dörre, Stephan Lessenich und Hartmut Rosa, „Lob der Gleichheit. Warum die Postwachstumsgesellschaft umverteilen muss," *Atlas der Globalisierung* (2015), 161.

S. Möller (✉)
Institut für Interkulturelle und Internationale Studien (InIIS), Bremen, Deutschland
E-Mail: smoeller@uni-bremen.de

haben wir es also bei der Nachkriegszeit mit einem doppelten historischen Kontext zu tun, da die Menschen im Norden und Süden sehr unterschiedliche Erfahrungen machten. Diese Erfahrungen spiegeln sich unweigerlich auch im akademischen Denken wider[3] und so überrascht es nicht, dass sich Prebisch und Singer stark vom handelstheoretischen *Mainstream* iher Zeit abgrenzen, ja geradezu gegen ihn anschreiben. Insbesondere argumentieren beide Autoren (unabhängig voneinander), dass die etablierte internationale Arbeitsteilung nicht für alle Regionen der Welt gleichmäßig vorteilhaft sei und dass die theoretischen Annahmen des Liberalismus nicht mit den empirischen Erfahrungen an der Peripherie des globalen Kapitalismus übereinstimmen, wie die folgende Textpassage von Prebisch unterstreicht:

> "In economics, ideologies usually tend either to lag behind events or to outlive them. It is true that the reasoning on the economic advantages of the international division of labour is theoretically sound, but it is usually forgotten that it is based upon an assumption which has been conclusively proved false by facts. According to this assumption, the benefits of technical progress tend to be distributed alike over the whole community, either by the lowering of prices or the corresponding raising of incomes. The countries producing raw materials obtain their share of these benefits through international exchange, and therefore have no need to industrialize. If they were to do so, their lesser efficiency would result in their losing the conventional advantages of such exchange. The flaw in this assumption is that of generalizing from the particular. If by "the community" only the great industrial countries are meant, it is indeed true that the benefits of technical progress are gradually distributed among all social groups and classes. If, however, the concept of the community is extended to include the periphery of the world economy, a serious error is implicit in the generalization. The enormous benefits that derive from increased productivity have not reached the periphery in a measure comparable to that obtained by the peoples of the great industrial countries."[4]

In den Industrieländern Westeuropas begannen nach Kriegsende die Hilfen aus dem Marshallplan zu fließen und so sorgte der Wiederaufbau insgesamt für einen wahrlichen Wirtschaftsboom. Gleichzeitig setzten die Vereinigten Staaten ihren

---

[3] Susan Strange schreibt dazu „the literature of contemporary international political economy has (…) been too much dominated by the American academics and has therefore been permeated by many hidden and even unconscious value-judgements and assumptions based on American experience or on American national interests"; siehe Susan Strange, *States and Markets* (London: Pinter, 1988), 12.

[4] Raúl Prebisch, *The Economic Development of Latin America and its Principle Problems* (New York: United Nations, 1950), 1.

Aufstieg zur ökonomischen Weltmacht fort und lösten die alten europäischen Kolonialmächte ab. In der westlichen Welt und in Japan begann ein anhaltender Aufschwung, der oft auch als *Golden Age of Capitalism* oder *Trente Glorieuses* (die golden 30 Jahre) bezeichnet wird und bis zur Ölkrise der frühen 1970er Jahre anhielt.[5] Nicht nur die nach den Kriegsschäden notwendigen Investitionen (Rekonstruktionseffekt), auch eine Modernisierung insbesondere der deutschen und japanischen Industrie (Aufholeffekt), eine beeindruckende Produktivitätssteigerung und die Stützung der Nachfrage durch sozialpolitische Maßnahmen und gewerkschaftlich erkämpfte Lohnsteigerungen trugen zu diesem Aufschwung im globalen Norden bei, in dem sich erstmals Massenkonsumgesellschaften etablierten. Gekennzeichnet war diese Phase durch einen beispiellosen Kompromiss zwischen Kapital und Arbeit, der Wachstum und eine Erhöhung des Lebensstandards durch Teilhabe und die Etablierung des Sozialstaates ermöglichte. Zu diesem Kompromiss gehört auch die mit Begriff „*Great Compression*" bezeichnete Reduzierung der Einkommensungleichheiten in den westlichen Industriestaaten[6]. In Anlehnung an Polanyis Unterscheidung von *embedded* (also institutionell eingebetteten) und *disembedded* (also losgelösten) Wirtschaftsordnungen, beschrieb der Politikwissenschaftler John Ruggie die internationale Wirtschaftsordnung der Nachkriegszeit als „*embedded liberalism*"[7]. Im Kern zielt dieser Begriff auf die Kombination von zunehmenden internationalem Freihandel (Liberalismus) und nationaler Wohlfahrtsstaatlichkeit und Interventionsmöglichkeiten (Einbettung) nach dem Motto „*Smith abroad and Keynes at home*" ab.

Die institutionellen Grundlagen dieser neuen Wirtschaftsordnung wurden auf der Bretton-Woods-Konferenz im Juli 1944 und auf der *International Conference on Trade and Employment* in Havanna vom November 1947 bis März 1948 gelegt. Das Hauptanliegen beider Konferenzen war die Schaffung einer internationalen Wirtschaftsordnung, die ein Zurückfallen in den ökonomischen Nationalismus (also die protektionistische Abschottung einzelner Staaten von der Globalisierung) und die Krisen der Zwischenkriegsjahre verhindern würde. Zudem galt es, die Wechselkurse zu stabilisieren um einen

---

[5]Für eine detaillierte Diskussion des Nachkriegsbooms siehe zum Beispiel Eric Hobsbawn, *The Age of Extremes. The Short Twentieth Century. 1914–1991* (London: Abacus, 1994), 257–286.

[6]Claudia Goldin und Robert Margo, "The Great Compression: The Wage Structure in the United States at Mid-century," *Quarterly Journal of Economics* 107:1 (1992), 1–34.

[7]John G. Ruggie, „International Regimes, Transactions, and Change: Embedded Liberalism in the Postwar Economic Order," *International Organizations* 36:2 (1982), 379–415.

möglichst reibungslosen Welthandel zu ermöglichen. Dazu wurden drei internationale Organisationen verabredet: Der Internationale Währungsfonds zur Stabilisierung des neuen Währungsregimes (Gold-Dollar-Standard), die spätere Weltbank zur Kreditfinanzierung von Entwicklungsprojekten[8] und die Internationale Handelsorganisation (ITO) zur Beseitigung von Handelshemmnissen, deren Gründung allerdings durch die Weigerung des US-Kongresses die *Havanna Charta* zu ratifizieren nicht erfolgte. Dieses Manko wurde mit dem Abschluss des *General Agreement on Tariffs and Trade (GATT)* ausgeglichen, das den Weg für schrittweise Zollsenkungen und dem Abbau anderer Handelshemmnisse legte und aus dem 1994 schließlich die Welthandelsorganisation (WTO) hervorging. Das Bretton-Woods-System sorgte bis zu seiner Aufkündigung in den 1970er Jahren für beachtliche Stabilität, Wachstum und Wohlstandssteigerungen in den Industrieländern des globalen Nordens. Es baute, entgegen der etablierten Erzählung, nicht nur auf die US-Amerikanisch-Britischen Beziehungen, sondern auch auf eine Inter-Amerikansiche Achse auf, die schon durch die sog. *Good Neighbor Policy* in der *New Deal* Ära Roosevelts forciert wurde, um die Volkswirtschaften Lateinamerikas stärkers an die USA zu binden[9]. Diese Politik, die auch finanzielle Hilfen beinhaltete, traf auf einen interventionistischen Zeitgeist im von der Wirtschaftskrise stark gebeutelten Süden des Doppelkontinents, der begann seine Rolle als Rohstofflieferant zu hinterfragen. Die Erfahrungen aus diesen bilateralen Wirtschaftsprogrammen flossen dann in Bretton Woods unmittelbar in die Ausgestaltung der neuen Weltwirtschaftsordnung ein, u. a. auch weil Lateinamerika fast die Hälfte der an der Konferenz teilnehmenden Länder stellte.

Die Vorzüge des Nachkriegs-*Fordismus,* also der Stabilisierung der kapitalistischen Wirtschaft durch Massenproduktion und -konsum, abgesichert durch eine Sozialpartnerschaft zwischen Kapital und Arbeit, waren im globalen Maßstab aber keinesfalls gleichmäßig verteilt. Ein wesentlicher Grund für die so unterschiedlichen Entwicklungen in Nord und Süd findet sich in der seit dem Kolonialismus etablierten internationalen Arbeitsteilung zwischen den industriellen Zentren des Nordens und den ökonomisch (und politisch) abhängigen Ländern des Südens, die vor allem Rohstoffe und Menschen

---

[8] Zunächst wurde die *International Bank for Reconstruction and Development* gründet, die später als einer von fünf Pfeilern in der Weltbank Gruppe aufging.
[9] Eric Helleiner, "The Latin American origins of Bretton Woods," in *The Global Political Economy of Raúl Prebisch*, herausgegeben von Matias E. Margulis (Abingdon & New York: Routledge, 2017), 78–94.

exportierten und deren Industrien teilweise durch Weltmarktintegration und den damit verbundenen Wettbewerbsdruck zerstört wurden.[10] Die Entwicklung der einen und die Unterentwicklung der anderen stehen also offenbar in einem strukturellen Zusammenhang.[11] Es hat sich ein „sehr stabiles Ungleichgewicht zwischen einer Welt des Wohlstands und einer Welt der Armut"[12] herausgebildet. Durch die einsetzende Entkolonialisierung in Südostasien und weiten Teilen Afrikas gewann nun aber auch die Frage der Verteilungsgerechtigkeit zwischen Nord und Süd eine neue politische Bedeutung und prägte die multilateralen Verhandlungen über die gemeinsame Regulierung der Weltwirtschaft im Allgemeinen und des internationalen Handels im Besonderen. Dabei zeigte sich allerdings relativ schnell, dass die politische Dekolonisierung durchaus im Interesse der globalen Expansion und Stabilisierung des Kapitalismus war, weil sich so ökonomische Dependenzen einer zentralen Delegitimationsquelle entledigen konnten.[13]

In die entstehende Konfrontation zwischen Industrie- und sog. Entwicklungsländern, die sich bereits bei der oben angesprochenen internationalen Handelskonferenz in Havanna andeutete und schließlich in der Forderung nach einer neuen Weltwirtschaftsordnung in den 1970er Jahren mündete, intervenierten Raúl Prebisch mit seiner Studie *The Economic Development of Latin America and its Principle Problems* und Hans Singer mit der Untersuchung *Relative Prices of Exports and Imports of Under-developed Countries*[14]. Die Befunde von Singers Studie fanden in einem viel beachteten Aufsatz im *American Economic Review*[15] 1950 Eingang in die akademische Debatte, in dem sich Singer auch auf

---

[10] Siehe z. B. Sven Beckert, *Empire of Cotton. A New History of Global Capitalism* (London: Penguin, 2014).

[11] Zu den historischen und strukturellen Ursachen globaler Ungleichheit siehe auch Roberto P. Korzeniewicz und Timothy P. Moran, *Unveiling Inequality. A World-Historical Perspective* (New York: Russell Sage Foundation, 2009).

[12] Klaus Dörre, Stephan Lessenich und Hartmut Rosa, „Lob der Gleichheit," 161.

[13] Frantz Fanon hat 1961 auf diese "objektive Komplizenschaft" zwischen Kapitalismus und antikolonialen Kämpfen hingewiesen, ohne jedoch die Langlebigkeit colonial geprägter ökonomischer Austauschbeziehungen vorherzusagen. Frantz Fanon, *Die Verdammten dieser Erde* (Frankfurt am Main: Suhrkamp, 2014[1961]), 55.

[14] Hans W. Singer, *Relative Prices of Exports and Imports of Under-developed Countries. A study of post-war terms of trade between under-developed and industrialized countries* (New York: United Nations, 1949).

[15] Hans W. Singer, "U.S. Foreign Investment in Underdeveloped Areas," *The American Economic Review* 40:2 (1950), 473–485.

die Untersuchung von Prebisch bezieht. Die beiden Autoren teilen nicht nur ihre deutschen Wurzeln[16] und ihre akademische Ausbildung als Wirtschaftswissenschaftler, sondern auch die Erfahrung des Exils. Prebisch musste nach einem Militärputsch 1943 seinen Posten als Direktor der Argentinischen Nationalbank aufgeben, auf dem er zuvor durch seine unkonventionelle aber erfolgreiche antizyklische Geldpolitik einige Bekanntheit auch über die Grenzen Argentiniens hinaus erreicht hatte.[17] Laut Helleiner, war Prebisch einer der bekanntesten geldpolitischen Denker Lateinamerikas, auch weil das von ihm entworfene Modell der Argentinischen Zentralbank mit seinen weitreichenden Kompetezen wegweisend werden sollte.[18] Er ging zunächst ins chilenische Exil, um anschließend als weitestgehend isolierter Professor an die Universität Buenos Aires zurückzukehren. Ab 1948 war Prebisch dann an der Gründung der *Economic Commission for Latin America*[19] beteiligt, für die er ab 1949 als Berater arbeitete, nachdem die argentinische Regierung seine Anstellung beim Internationalen Währungsfonds verhindert hatte[20]. Seine Idee einer autonomeren nationalen Wirtschaftspolitik hatte er schon in den 1940er Jahren durch zahlreiche Vorträge in Lateinamerika verbreitet. Sie hatte indirekt auch Einfluss auf die Verhandlungen in Bretton Woods[21], von denen Argentinien aber ausgeschlossen blieb. Auch Hans W. Singer musste ins Exil: Nach der Machtübernahme der Nationalsozialisten verließ er Deutschland zunächst in Richtung Türkei, um dann in Cambridge zu promovieren und nach Anstellungen an den Universitäten in Manchester und Glasgow ebenfalls verschiedene Aufgaben bei den Vereinten Nationen zu übernehmen.

---

[16] Singer wurde, wie auch Friedrich Engels, im heutigen Wuppertal geboren (allerdings in Elberfeld und nicht wie Engels in Barmen). Prebisch war Sohn eines aus Sachsen nach Argentinien eingewanderten Landwirts.

[17] Matias E. Margulis, "Introduction: The Global Political Economy of Raúl Prebisch," in *The Global Political Economy of Raúl Prebisch*, herausgegeben von Matias E. Margulis (Abingdon & New York: Routledge, 2017), 1–23.

[18] Helleiner, „The Latin American Origins of Bretton Woods," 89.

[19] Der Wirtschafts- und Sozialrat der Vereinten Nationen gründete 1948 fünf regionale Wirtschaftskommissionen, die Vorschläge für die wirtschaftliche Entwicklung der Regionen unterbreiten, entsprechende Aktivitäten koordinieren und die ökonomische Integration vorantreiben sollten. 1984 wurde der Name zu ECLAC erweitert, um die karibischen Mitgliedsstaaten zu repräsentieren. Sie wurde zu einem bedeutenden Zentrum der Dependenztheorie.

[20] John Toye und Richard Toye, „The Origins and Interpretation of the Prebisch-Singer Thesis," *History of Political Economy* 35:3 (2003), 437–467, hier 442.

[21] Helleiner, „The Latin American Origins of Bretton Woods," 89–91.

Für die Rekonstruktion des Theoriebeitrags von Prebisch und Singer sind vor allem die beiden genannten Studien im Auftrag der Vereinten Nationen sowie der Artikel im *American Economic Review* relevant, da sie die empirische Grundlage der *Prebisch-Singer-These* bilden und einige wirtschafts- und handelspolitische Implikationen für sog. Entwicklungsländer beinhalten. Der unmittelbare Entstehungskontext dieser beiden Studien war eine Konferenz der *Economic Commission for Latin America,* die im Mai 1949 wiederum in Havanna stattfand. Prebisch stellte im Vorfeld den *Economic Survey of Latin America* zusammen, der auf der Konferenz präsentiert werden sollte und bezog sich dabei auch explizit auf die Studie Singers, die dieser im Auftrag des *Department of Economic Affairs* der Vereinten Nationen erstellt hatte.[22]

Im Gegensatz zu vielen anderen Beiträgen zur Handelstheorie legen Singer und Prebisch den Fokus ihrer Untersuchung nicht auf die Frage, wie viel Außenhandel oder welches Maß an Freihandel wünschenswert sind, sondern vor allem auf die Struktur von Exporten und Importen und die langfristige Preisentwicklung verschiedener Handelsgüter. Dabei werden im Wesentlichen Primärgüter, also (wenig verarbeitete) Nahrungsmittel und Rohstoffe *(food and raw materials)* einerseits und Sekundärgüter andererseits unterschieden, also verarbeitete (Industrie)Produkte *(manufactured goods)* sowie für deren Produktion notwendige Investitionsgüter wie zum Beispiel Maschinen *(capital goods)*. All diese Güter können nun sowohl exportiert als auch importiert werden und es ist durchaus nicht unüblich, dass einzelne Volkswirtschaften sich aus verschiedenen Gründen auf den Export bestimmter Primär- oder Sekundärgüter spezialisieren und im Gegenzug andere nicht selbst hergestellte Güter aus dem Ausland importieren. Entscheidend ist dabei das als *terms of trade* bezeichnete Austauschverhältnis von Exporten und Importen, also die Kaufkraft der eigenen Exporte auf dem Weltmarkt. Bei den *terms of trade* handelt es sich also um das relative Preisverhältnis von Exporten und Importen. Den Kern der sogenannten *Prebisch-Singer-These* bildet die Annahme, dass sich im historischen Zeitverlauf die *terms of trade* zuungunsten solcher Länder entwickeln, die vornehmlich Primärgüter exportieren und Industrieprodukte importieren. Anders ausgedrückt verringert sich im Zeitverlauf die Kaufkraft von Primärgütern auf dem Weltmarkt. Es müssen also immer mehr Einheiten zum Beispiel eines Rohstoffes exportiert werden, um eine Einheit eines beliebigen Industrie- oder Investitionsgutes zu importieren. Singer und Prebisch kommen durch ihre statistischen

---

[22]Zum unmittelbaren Entstehungshintergrund beider Studien siehe Toye und Toye, „The Origins and Interpretation of the Prebisch-Singer Thesis," 437–467.

Untersuchungen der Preisentwicklung auf dem Weltmarkt zwischen den 1870er und 1940er Jahren zu diesem Ergebnis eines „*secular downward trend*", der den vorherrschenden Handelsoptimismus und den wirtschaftswissenschaftlichen Mainstream ihrer Zeit infrage stellte. Die empirische Grundlage ihrer These erstreckt sich also retrospektiv auf den Zeitraum des Spätkolonialismus, der sogenannten ersten Globalisierung[23] und ihrem abrupten Ende durch Weltkriege und Weltwirtschaftskrise.

"Exports of the under-developed countries (...) are entirely, or almost entirely, composed of primary commodities, and a minimum of processing is done before exporting. Although a number of these countries have to import substantial quantities of food for the basic diet of their populations, imports of manufactured goods generally predominate, particularly among imports from industrially developed countries. (...). Imports of capital goods are almost wholly from industrially developed countries. In the trade between an under-developed and an industrialized country, special conditions may intervene to affect the prices at which the under-developed country disposes of its primary products or which it pays for imported manufactures. On the whole, however, changes in the terms of trade of under-developed countries are largely determined by the general trend of prices in international trade of the primary products exported, relative to the prices of imported manufactured goods. Such general statistical data as are available indicate that from the latter part of the nineteenth century to the eve of the Second World War, a period of well over half a century, there was a secular downward trend in the prices of primary goods relative to the prices of manufactured goods." [24]

Warum verschlechtern sich nun tendenziell die *terms of trade* von Primärgüterexporteuren im Zeitverlauf? Die Autoren identifizieren vor allem zwei zentrale Mechanismen: Die unterschiedliche Preisbildung auf Faktor- und Gütermärkten und den technologischen Fortschritt. In Bezug auf die Preisbildung kommt dem wirtschaftswissenschaftlichen Konzept der *Preiselastizität der Nachfrage* eine zentrale Bedeutung zu. Damit wird die wahrscheinliche Veränderung der Nachfrage nach einem bestimmten Gut bei einer Preisänderung bezeichnet. Im Normalfall erhöht eine Preissenkung die Nachfrage bzw. senkt eine Preiserhöhung die Nachfrage. Allerdings können unterschiedliche Güter je nach Substitutionsmöglichkeiten (also Ersetzbarkeit) unterschiedliche Preiselastizitäten aufweisen. Im Gegensatz zu Industriegütern sind Primärgüter in ihrer Nachfrage

---

[23]Siehe Jürgen Osterhammel, *Die Verwandlung der Welt. Eine Geschichte des 19. Jahrhunderts* (München: C.H. Beck, 2009).

[24]Singer, *Relative Prices of Exports and Imports of Under-developed Countries*, 7.

relativ preiselastisch. Daraus folgt zwar einerseits, dass Rohstoffe und Nahrung auch zu einem hohen Preis in der Regel noch nachgefragt werden (was deren Exporteuren zugute käme). Andererseits steigt ihre Nachfrage aber auch nicht automatisch bei höherem Einkommen in den Abnehmerländern. Wenn also das Durchschnittseinkommen in einer Volkswirtschaft wächst, werden in der Regel zwar mehr verarbeitete Güter und Dienstleistungen nachgefragt, aber (ab einem bestimmten Entwicklungsstand) nicht mehr Rohstoffe und Lebensmittel. Je höher das Einkommen steigt, desto mehr steigt auch die relative Nachfrage nach hochwertigen Waren. Dieser Umstand benachteiligt Länder, die sich einseitig auf den Export von Primärgütern spezialisiert haben (oder denen diese Spezialisierung durch die Weltmarktintegration aufgezwungen wurde).

Ein zweiter Mechanismus, der die Preisbildung zuungunsten von Primärgütern beeinflusst ist der *technologische Fortschritt*. Mit zunehmender technischer Entwicklung, so die Annahme, sinkt in der Regel die Menge benötigter Rohstoffe pro produzierte Einheit und die Produktivität (also das Verhältnis von *output* zu *input*) steigt. Auch wenn also die Warenproduktion insgesamt zunimmt, müssen nicht unbedingt mehr Rohstoffe für ihre Herstellung importiert werden. Auch wenn neue hochwertige Industrieprodukte nach ihrer Markteinführung häufig relativ schnell im Preis fallen, ermöglicht technologischer Fortschritt den Produzenten immer wieder neue Innovationen, die ihr Einkommen steigern. Außerdem können Patentrechte dazu beitragen, auch längerfristig von eigenen Entwicklungen zu profitieren. Im Gegensatz dazu führen Produktivitätssteigerungen durch moderne Technik in der Landwirtschaft und bei der Rohstoffgewinnung vor allem zu Preissenkungen, weil etwa weniger Arbeitskraft benötigt wird oder größere Mengen in weniger Zeit gefördert werden können. Die Konsumenten profitieren davon enorm. Wenn allerdings die Exporte eines Landes vor allem aus solchen Produkten bestehen, verschlechtern sich dessen *terms of trade*. Die Wirkung wird durch die Kombination mit dem ersten Mechanismus noch verstärkt: Wenn sich die Primärgüterproduktion durch Produktivitätssteigerungen erhöht, sinkt der Preis, da die Nachfrage in den industriellen Zentren mit der gesteigerten Angebotsmenge nicht mithalten kann (weil die dortige Produktivitätssteigerung nachfragedämpfend wirkt).

"Technical progress, while it operates unequivocally in favor of manufactures – since the rise in real incomes generates a more than proportionate increase in the demand for manufactures – has not the same effect on the demand for food and raw materials. In the case of food, demand is not very sensitive to rises in real income, and in the case of raw materials, technical progress in manufacturing actually largely consists of a reduction in the amount of raw materials used per unit of output, which may compensate or even overcompensate the increase in the volume of manufacturing output. This lack of an automatic multiplication in demand, coupled with the low price elasticity of demand for both raw materials and food, results in large price falls, not only cyclical but also structural."[25]

Ein dritter damit verbundener Mechanismus ist die unterschiedliche Wettbewerbsstruktur auf Märkten für Primärgüter und Industriegüter. Der tendenzielle höhere Wettbewerbsdruck bei landwirtschaftlichen Produkten und Rohstoffen führt laut Prebisch und Singer zu einer Abwärtsspirale es bei den Preisen, während bei technisch hochwertig verarbeiteten Gütern häufiger zu Monopolen oder Oligopolen kommt und starke Gewerkschaften in den Industrieländern mit hohen Lohnabschlüssen einen Preisverfall dämpfen. Damit steht für Prebisch und Singer fest: Die Gewinne des Außenhandels sind und bleiben nicht nur strukturell ungleich verteilt, sondern eine Steigerung des Handels unter den etablierten strukturellen Bedingungen erhöht entgegen der liberalen Handelstheorie kontinuierlich die Ungleichheit zwischen Nord und Süd.[26] Internationaler Handel ist damit unter den gegebenen Bedingungen vor allem ein Ungleichheitsmotor. Zu einem ähnlichen Befund kamen schon im 19. Jahrhundert Karl Marx und Friedrich Engels (siehe entsprechenden Beitrag), wenn auch auf Grundlage anderer theoretischer Überlegungen.

Angesichts der anhaltenden Ungleichheit zwischen Industrie- und Entwicklungsländern, die sich durch den Boom im Norden bei gleichzeitiger Stagnation des Südens nach dem Zweiten Weltkrieg noch verschärfte, beschäftigten Prebisch und Singer vor allem zwei Fragen: Erstens, was müssen ökonomisch unterentwickelte Länder tun, um einen nachhaltigen sozioökonomischen Aufholprozess einzuleiten? Ausgangspunkt für die Beantwortung dieser Frage ist die langfristige Entwicklung der *terms of trade* und der damit verbundene Befund, dass die Entwicklungschancen eines Landes unter der Bedingung seiner Weltmarktintegration vor allem exogen durch die Preisbildung auf den internationalen Märkten bestimmt werden. Da diese tendenziell immer zugunsten von verarbeiteten Gütern läuft, wird auf lange Sicht nur vom Handel profitieren, wer eine wettbewerbsfähige Industrieproduktion vorweisen kann. Daraus leiten Prebisch und Singer ab, dass bisherige Rohstoffexporteure Prozesse der Industrialisierung forcieren und ihre Volkswirtschaften diversifizieren (also breiter aufstellen) müssen, um importierte Fertigwaren durch

---

[25]Singer, "U.S. Foreign Investment in Underdeveloped Areas," 479.
[26]Toye und Toye, "The Origins and Interpretation of the Prebisch-Singer Thesis," 438.

heimisch produzierte zu ersetzen; nichts anderes beschreibt der etwas später aufkommende Begriff der *importsubstituierenden Industrialisierung (ISI)*. Die Autoren bevorzugen damit langfristige strukturelle Maßnahmen vor kurzfristigen handelspolitischen Stellschrauben wie Zöllen, auch wenn sie sich durchaus auch preispolitische Instrumente vorstellen konnten (zum Beispiel Mindestpreise für Primärgüter). Prebisch weist in seiner Studie allerdings auch auf die zahlreichen Probleme und Grenzen der Industrialisierung hin.[27] Die eher mäßigen Erfolge entsprechender Versuche vieler lateinamerikanischer Länder sollten ihm später diesbezüglich Recht geben. Für den Aufbau einheimischer Industrien bleiben einerseits die Einnahmen aus dem Primärgüterexport erforderlich, um die benötigten Investitionsgüter zu erwerben. Andererseits muss eine ISI-Strategie aber auch gegen die Marktanreize durchgesetzt werden, die bei (kurzfristig) steigenden Rohstoffpreisen zunehmende Investitionen in die bisherigen Exportsektoren nahelegen und bei sinkenden *terms of trade* keine ausreichenden finanziellen Mittel für eine eigene Industrialisierung generieren. Daraus ergibt sich im Prinzip ein Teufelskreis, der es erschwert, genau diejenigen strukturellen Bedingungen zu beseitigen, die den Welthandel so ungleich und ungerecht machen. Damit Entwicklungsländer nicht zwischen diesen beiden Stühlen gefangen bleiben, wie es Singer formuliert, wäre eine entsprechende staatliche Steuerung und Intervention notwendig, denn *„all private activity tends to be governed by the price relations of the day"*[28] und die laufen, wie gesehen, in der Regel gegen Primärgüterexporteure.

> "Here again it seems that the underdeveloped countries are in danger of falling between two stools: failing to industrialize in a boom because things are as good as they are, and failing to industrialize in a slump because things are as bad as they are."[29]

Zweitens sind beide Autoren normativ an der Frage der historischen und aktuellen Verteilungsgerechtigkeit in Bezug auf die Gewinne des Freihandels interessiert, die sie durchaus nicht bestreiten. Singer argumentiert etwa, dass der ökonomische Aufstieg der Vereinigten Staaten vor allem durch europäische Einwanderung und europäische Investitionen in die Exportsektoren der ehemaligen

---

[27]Siehe Prebisch, *The Economic Development of Latin America,* 43–48.
[28]Singer, "U.S. Foreign Investment in Underdeveloped Areas," 482.
[29]Singer, "U.S. Foreign Investment in Underdeveloped Areas," 482.

Kolonien im Süden getragen wurde.[30] Ähnlich günstige Bedingungen bleiben den meisten Entwicklungsländern hingegen versagt. Ihre Analyse stellt also dem statischen Blickwinkel absoluter oder komparativer Kostenvorteile (siehe in Beiträgen zu Adam Smith und David Ricardo) eine historische (und in gewisser Weise kontrafaktische) Perspektive gegenüber, die sich stärker für alternative Entwicklungspfade von Ländern interessiert, die abseits der jeweils ausgeprägten und durch Weltmarktintegration aufrecht erhaltenen Arbeitsteilung denkbar gewesen wären. Diese Überlegung läuft auf das Argument hinaus, dass der Welthandel (und die ihn stützende Investitionstätigkeit) den Entwicklungsländern eine einseitige Ausrichtung auf bestimmte Exportgüter auferlegt, die ihre abhängige und periphere, also randständige, Position auf Dauer stellt und die Entwicklung eigenständiger Industrien be- oder gar verhindert. Das ist gemeint, wenn Singer von den *opportunity costs* (Opportunitätskosten) der einseitigen Spezialisierung spricht, nämlich den entgangenen Wohlstandsgewinnen durch die unzureichend erfolgte Diversifizierung und Industrialisierung.

> "If we apply the principle of opportunity costs to the development of nations, the import of capital into underdeveloped countries for the purpose of making them into providers of food and raw materials for the industrialized countries may have been not only rather ineffective in giving them the normal benefits of investment and trade but may have been positively harmful. The tea plantations of Ceylon, the oil wells of Iran, the copper mines of Chile, and the cocoa industry of the Gold Coast may all be more productive than domestic agriculture in these countries; but they may well be less productive than domestic industries in those countries which might have developed if those countries had not become specialized to the degree in which they now are to the export of food and raw materials."[31]

Anders als von der klassischen Modernisierungstheorie angenommen, bleiben aus Sicht von Singer und Prebisch sogenannte *Trickle-down-effects* (also breite Wohlstandssteigerung in Folge der Erhöhung der Einkommen der Wohlhabendsten) oder *multiplier effects* (also positive Auswirkungen von Investitionen in einem Bereich auf andere Sektoren und die Gesellschaft) bei der Spezialisierung auf den Export von Primärgütern meist aus. In den Worten Singers fehlt es in den Entwicklungsländern häufig an der *„domestic absorption"*, also der Abschöpfung von Handelsgewinnen zugunsten der einheimischen Wirtschaft, ohne die eine ökonomische Weiterentwicklung kaum möglich ist. Das liegt aus seiner Sicht

---

[30]Singer, "U.S. Foreign Investment in Underdeveloped Areas," 483 f.
[31]Singer, "U.S. Foreign Investment in Underdeveloped Areas," 476.

vor allem an der relativ stark ausgeprägten Abschottung der Exportsektoren von der restlichen Volkswirtschaft in vielen Entwicklungsländern *(dualistic economic structure)*. Einerseits sind diese Sektoren zwar sehr viel produktiver als andere auf den Binnenmarkt orientierte Wirtschaftszweige und ziehen viele ausländische Investitionen an, was Befürworter des Freihandels als Indiz für die Vorteile der internationalen Arbeitsteilung werten. Andererseits bindet aber gerade diese Spezialisierung personelle und finanzielle Ressourcen, die den anderen Sektoren fehlen und erhält somit das Ungleichgewicht zwischen dem industrialisierten Norden und dem weniger entwickelten Süden aufrecht.

Vor diesem Hintergrund attestiert Singer, dass sich diese produktiven Exportsektoren oft nur physisch beziehungsweise geographisch in den Entwicklungsländern befinden, ökonomisch aber eher funktionaler Teil der Wirtschaften der Industrieländer sind, in die sie exportieren und in denen oft große Teile des Eigentums an den Produktionsstätten beheimatet sind. Daher sind aus der Sicht des Nordes Investitionen im Süden tatsächlich eher als Investitionen in die eigene Wirtschaft zu verstehen und fungieren als Entwicklungsmotor im Norden und als Entwicklungshemmnis im Süden. Sie erhalten die für den Süden nachteilige internationale Arbeitsteilung aufrecht und generieren Gewinne im Norden. Daraus wäre zu schlussfolgern, dass ein einfaches Mehr an ausländischen Direktinvestitionen (wie es gelegentlich immer noch gefordert wird) kein erfolgversprechendes Instrument der Entwicklungszusammenarbeit sein kann. Diese Verknüpfung von Güterhandel und ausländischen Investitionen, also die Betrachtung des Welthandels als „*trade-cum-investment system*", ist eine Besonderheit im Werk von Hans Singer. Aus heutiger Sicht ist der untrennbare Zusammenhang beider Phänomene leicht erkennbar, werden doch etwa Handels- und Investitionsfragen zunehmend gemeinsam politisch verhandelt (zum Beispiel bei der Beratung entsprechender bi- oder multilateraler Liberalisierungsabkommen) und bekommen grenzüberschreitende Finanzströme eine immer größere Bedeutung für die Weltwirtschaft. In der Nachkriegszeit kann diese Verknüpfung allerdings durchaus als innovativ gelten, zumal Prebisch und Singer, wie schon beim Güterhandel, zu einer vom Mainstream stark abweichenden Einschätzung ausländischer Investitionen kommen, die gemeinhin als Entwicklungsmotor bewertet werden. Dieser Einschätzung stellt Singer seine Charakterisierung traditioneller Investitionsmuster als Ausdruck von ökonomischen Imperialismus und Ausbeutung gegenüber.

"The export industries in underdeveloped countries, whether they be metal mines, plantations, etc., are often highly capital-intensive industries supported by a great deal of imported foreign technology. By contrast, production for domestic use, specially of food and clothing, is often of a very primitive subsistence nature. Thus the economy of the underdeveloped countries often presents the spectacle of a dualistic economic structure: a high productivity sector producing for export coexisting with a low productivity sector producing for the domestic market. (…) Can it be possible that we economists have become slaves to the geographers? Could it not be that in many cases the productive facilities for export from underdeveloped countries, which were so largely a result of foreign investment never became a part of the internal economic structure of those underdeveloped countries themselves, except in the purely geographical and physical sense? Economically speaking, they were really an outpost of the economies of the more developed investing countries. The main secondary multiplier effects, which the textbooks tell us to expect from investment, took place not where the investment was physically or geographically located but (…) they took place where the investment came from. (…) a good deal of the investment in underdeveloped countries which we used to consider as "foreign" should in fact be considered as domestic investment on the part of the industrialized countries."[32]

Die *Prebisch-Singer-These* war und ist sowohl ideengeschichtlich als auch handelspolitisch äußerst wirkmächtig, auch wenn sie in der gegenwärtigen IPÖ eher eine randständige Rolle spielt und vor allem als historische Referenz auftaucht.[33] Die anfängliche Wirkmächtigkeit liegt vermutlich auch an dem Umstand, dass wir es hier mit einem Fall aktivistischer beziehungsweise bürokratischer Theorieproduktion zu tun haben, da die Arbeiten im unmittelbaren Kontext der Politikberatung und internationalen Politikformulierung entstanden sind. Im *Department of Economic Affairs* der Vereinten Nationen traf Singer auf ein inspirierendes und inhaltlich diverses akademisches Umfeld. Das Denken von Singer und Prebisch wurde stark von John Maynard Keynes geprägt. Ideengeschichtlich waren beide wichtige Impulsgeber für die Dependenztheorie (siehe in die Beiträge zu Fernando H. Cardoso & Enzo Felatto und Johan Galtung) und die Weltsystemanalyse Immanuel Wallersteins, die den Gedanken der funktionalen Differenzierung der Weltwirtschaft in Zentrum und Peripherie aufgriffen, der vor allem bei Raúl Prebisch schon angelegt ist. Beide gelten als Pioniere der Entwicklungsökonomie. Politisch inspirierten sie Maßnahmen der *importsubstituierenden Industrialisierung* in vielen lateinamerikanischen Ländern und die nahezu einhellige Empfehlung vieler internationaler Organisationen zur Diversifizierung der Volkswirtschaften des globalen Südens. In gewisser Weise wurde ein Teil ihrer Schlussfolgerungen zum neuen entwicklungs- und

---

[32]Singer, "U.S. Foreign Investment in Underdeveloped Areas," 473–475.
[33]Margulis, "The Global Political Economy of Raúl Prebisch".

wirtschaftspolitischen Mainstream, der allerdings in den 1990er Jahren von den Ideen des *Washintong Consensus* abgelöst wurde. Die Ideen von Prebisch prägen aber auch weiterhin die Arbeit z. B. der UNCTAD[34] und die terms of trade sind weiterhin konstitutiv für die jeweiligen Interessen von Industrie- und Entwicklungsländern bei der Verhandlung von Freihandelsverträgen. Die zeigt sich nicht zuletzt auch bei den andauernden Verhandlungen zwischen der EU und dem MERCOSUR.[35]

Der Beitrag von Singer und Prebisch wurde aber zum Teil auch kontrovers diskutiert, sowohl politisch als auch akademisch. Dabei war die Annahme, dass eine einseitige Abhängigkeit von Rohstoffexporten problematisch für eine Volkswirtschaft sein könne, zum Zeitpunkt der drei maßgeblichen Veröffentlichungen von Singer und Prebisch keinesfalls neu oder revolutionär. Bereits in der Zwischenkriegszeit hatten zum Beispiel Charles Kindelberger, Sanford A. Mosk und Paul Samuelson das Problem der relativen Preisentwicklung von Primär- und Sekundärgütern diskutiert.[36] Diese Debatte hatte mit der Rezession der 1930er Jahre, die insbesondere rohstoffexportierende Länder stark traf, auch einen unmittelbaren empirischen Bezugspunkt. Dennoch galt bis in die 1950er und teilweise auch darüber hinaus die klassische Annahme aus dem 19. Jahrhundert, dass die *terms of trade* von Industriegütern (außerhalb von Krisenzeiten) tendenziell fallen, als ökonomischer Mainstream. Prebisch und Singer forderten mit ihren empirischen Untersuchungen und theoretischen Überlegungen dieses orthodoxe Denken heraus und brachten den wirtschaftswissenschaftlichen Diskurs ihrer Zeit ein Stück näher an die ökonomischen Realitäten heran. Gleichwohl bleiben ihre Befunde und Annahmen nicht unwidersprochen und wurden in zahlreichen Studien mit insgesamt uneinheitlichen Ergebnissen überprüft.[37] Dabei zeigte sich

---

[34]Sebastian Möller und Sebastian Wolff, "Neue Gespräche - Alte Konflikte. Die Wiederbelebung der EU-MERCOSUR-Verhandlungen vor dem Hintergrund der Krise", in *Lateinamerika und der Freihandel. Interessen, Diskurse, Perspektiven*, herausgegeben von Anja Lenkeit, Johannes Müller Gómez und Anna-Maria Peer (Köln: connosco, 2016), 42–53.

[35]Erin Hannah und James Scott, "From Palais de Nations to Centre William Rappard. Raúl Prebisch and UNCTAD as sources of ideas in the GATT/WTO," in *The Global Political Economy of Raúl Prebisch*, herausgegeben von Matias E. Margulis (Abingdon & New York: Routledge, 2017), 116–134.

[36]Toye/Toye, „The Origins and Interpretation of the Prebisch-Singer Thesis," 440 f.

[37]Siehe für einen Debattenüberblick Hans W. Singer, David Sapsford und P. Sarkar, „The Prebisch-Singer terms of trade controversy revisted," *Journal of International Development* 4:3 (1992), 315–332.

auch, dass es nicht immer Übereinstimmung in der Frage der Messung von *terms of trade* gibt[38] und dass die Datenlage für Langzeitstudien oft unvollständig und umstritten ist. Zahlreiche Studien[39] sowie diverse Jahresberichte der *United Nations Conference on Trade and Development*[40] konnten allerdings den generellen Trend sich verschlechternder *terms of trade* für die am wenigsten entwickelten Länder im Wesentlichen bestätigen. Im Detail ergaben sich jedoch größere Unterschiede zwischen Ländern und verschiedenen Handelsgütern, was auf die hohe konjunkturelle Anfälligkeit von Rohstoffpreisen hinweist, die auch Prebisch und Singer in ihren frühen Schriften erkannten. Eine gewisse Renaissance erfuhr die *Prebisch-Singer-These* auch durch die Diskussion um die sogenannte *Dutch disease* (Holländische Krankheit) in den späten 1970er und 1980er Jahren. Dabei handelt es sich um negative strukturelle Auswirkungen der Entdeckung neuer Rohstoffvorkommen auf die Wettbewerbsfähigkeit industrieller Exportsektoren eines Landes. Das Problem besteht hierbei vor allem in den rasch steigenden Außenhandelsüberschüssen (durch den zunehmenden Rohstoffexport), die über den Wechselkursmechanismus zu einer Aufwertung der inländischen Währung auf dem Devisenmarkt führen. Dadurch verteuern sich die industriellen Exporte, während Importe günstiger werden und im Ergebnis die Wettbewerbsfähigkeit der Industrie sinkt. Auch hier wird also die weitverbreitete Annahme vom Rohstoffreichtum als Segensbringer etwas relativiert.

Allerdings kam es im Zuge des jüngsten Rohstoffbooms Anfang der 2000er Jahre, der vor allem durch den rasanten Aufstieg Chinas bei vielen afrikanischen und lateinamerikanischen Primärgüterexporteuren zur einer Verbesserung der *terms of trade* führte, zu erneuten Zweifeln an der Allgemeingültigkeit der *Prebisch-Singer-These*. Der sogenannte Neo-Extraktivismus, also die einseitige Fokussierung einer Volkswirtschaft auf eine gesteigerte Ausbeutung natürlicher Rohstoffe, erschien eine Zeit lang als vielversprechende ökonomische Strategie, gerade in Lateinamerika.[41] Manche Beobachter erwarten in diesem

---

[38]Siehe zum Beispiel Joseph A. Francis, „The Periphery's Terms of Trade in the Nineteenth Century A Methodological Problem Revisited," *Historical Methods* 48:1 (2015), 52–65.

[39]Siehe zum Beispiel Rati Ram, „Trends in Developing Countries' Commodity Terms-of-Trade since 1970," *Review of Radical Political Economics* 36:2 (2004), 241–253.

[40]Insbesondere die *Trade and Development Reports* der Jahre 2008 und 2016.

[41]Siehe dazu zum Beispiel Ulrich Brand und Kristina Dietz, „(Neo-) Extraktivismus als Entwicklungsoption? Zu den aktuellen Dynamiken und Widersprüchen rohstoffbasierter Entwicklung in Lateinamerika," *Politische Vierteljahresschrift* Sonderheft 48 (2014), 128–165.

Zusammenhang einen anhaltenden rohstoffbasierten Wirtschaftszyklaus und damit einhergehend einen Wandel der Terms of Trade Strukturen.[42] Diese Annahme wird bestärkt durch die Tatsache, dass sich die Weltmarktpreise für viele Industriegüter in den letzten Jahrzehnten anders enwickeln als von Singer und Prebisch erwartet und dass es durchaus *spill over* Effekte zwischen exportortierten Rohstoffsektoren und anderen Wirtschaftszweigen geben kann.[43] Brasiliens Aufstieg als Agrarexporteur hat etwa gezeigt, dass die Fokussierung auf Primärgüter durchaus eine erfolgreiche Strategie darstellen kann, auch wenn sie mit hohen ökologischen Kosten verbunden ist. Dieser Fall widerlegt allerdings die *Prebisch-Singer-These* nur bedingt, da frühere ISI-Strategien sowie die Ansiedlung und Übernahme von Verarbeitungskapaizitäten Grundlagen dieses Erfolgsmodells sind.[44]

Der (Wieder-)Aufstieg großer Schwellenländer insgesamt schien mit der Ausnahme Chinas gerade auf den Primärgüterexporten zu beruhen. Dieses Geschäftsmodell kam aber in den letzten Jahren durch erneute Preisschwankungen, zurückgehende ausländische Investitionen und die sozial-ökologischen Folgen zunehmend unter Druck. Dennoch zeigt sich etwa am Beispiel der für die Herstellung von Smartphones benötigten sogenannten Seltenen Erden, dass technologischer Fortschritt durchaus die Preise von Primärgütern steigern kann. Das gilt auch im Fall des Erdöls, dessen Preis auch durch Kartellbildung und politische Steuerung der Fördermenge zeitweise hochgehalten werden konnte. Singer und Prebisch haben aber schon zum Zeitpunkt ihrer Veröffentlichungen eingeräumt, dass der von ihnen beobachtete Trend nicht für alle Primärgüter in gleichem Maße gilt und dass Rohstoffpreise innerhalb eines Wirtschaftszyklus stark schwanken können. Eine stärkere Differenzierung ihrer These wäre daher sicher hilfreich gewesen.

Im Vergleich zur Mitte des letzten Jahrhunderts ist es in den meisten Ländern des globalen Südens mittlerweile zu beträchtlichen (Re-)Industrialisierungsprozessen gekommen. Daher hat sich auch die Debatte über die *terms of trade* insofern etwas verschoben, als dass nun nicht mehr ausschließlich Primär- und Sekundärgüter gegenübergestellt werden, sondern der Fokus stärker auf

---

[42] Raphael Kaplinsky & Masuma Farooki, „Raúl Prebisch and the terms of trade. How things have changed," in *The Global Political Economy of Raúl Prebisch*, herausgegeben von Matias E. Margulis (Abingdon & New York: Routledge, 2017), 194–214.

[43] Raphael Kaplinsky & Masuma Farooki, „Raúl Prebisch and the terms of trade. How things have changed," 194–214.

[44] Kristen Hopewell, "A changing role for agriculture in global political economy. Brazil's emergence as an agro-power," in *The Global Political Economy of Raúl Prebisch*, herausgegeben von Matias E. Margulis (Abingdon & New York: Routledge, 2017), 155–171.

verschiedenen Verarbeitungsstufen im Produktionsprozess liegt. Angesichts der zunehmenden funktionalen Ausdifferenzierung und Transnationalisierung der Produktion, spielt das Konzept der Wertschöpfungskette *(value chain)* dabei eine immer wichtigere Rolle. Damit wird der komplexe Prozess der Güterproduktion in unterschiedliche Phasen unterteilt, die sich unter anderem nach Technologieintensität und Wertschöpfung unterscheiden. Darauf übertragen kann aus der *Prebisch-Singer-These* die Notwendigkeit für Entwicklungsländer abgeleitet werden, höhere Verarbeitungsstufen bei sich anzusiedeln anstatt vornehmlich Vor- oder Zwischenprodukte zu fertigen, die schlechtere *terms of trade* aufweisen *(climbing up the value chain)*. Allerdings hat die funktionale und geographische Fragmentierung von Produktionsprozessen die ökonomischen, politischen und sozialen Machtasymmetrien eher noch verschärft.[45] Zudem stellen sich ähnliche Probleme und Dilemmata wie bei der ursprünglichen Industrialisierung und Investitionen sowie Eigentums- und Arbeitsverhältnisse gewinnen noch stärker an Bedeutung. Für diese Fragen bleiben Prebisch und Singer auch im 21. Jahrhundert eine wichtige Inspirationsquelle. Schließlich ist die Frage der globalen Ungleichheit zwischen Nord und Süd alles andere als gelöst sondern rückt immer stärker in den Fokus zivilgesellschaftlicher Protestbewegungen gegen weitere Handelsliberalisierung.[46]

Literaturverzeichnis

Claudia Goldin und Robert Margo, "The Great Compression: The Wage Structure in the United States at Mid-century," *Quarterly Journal of Economics* 107:1 (1992), 1–34.

Eric Helleiner, "The Latin American origins of Bretton Woods," in *The Global Political Economy of Raúl Prebisch*, herausgegeben von Matias E. Margulis (Abingdon & New York: Routledge, 2017), 78–94.

Eric Hobsbawn, *The Age of Extremes. The Short Twentieth Century. 1914–1991* (London: Abacus, 1994), 257–286.

---

[45]Nicola Phillips, "Power and inequality in the global political economy," *International Affairs* 93:2 (2017), 429-444.

[46]Maria Behrens und Sebastian Möller, "There is an Alternative! Politökonomische Krisen und zivilgesllschaftliche Gegenbewegungen im globalisierten Kapitalismus," in Jenseits des Kapitalismus, herausgegeben von Smail Rapic (Freiburg: Alber, 2019), 110–155.

Erin Hannah und James Scott, "From Palais de Nations to Centre William Rappard. Raúl Prebisch and UNCTAD as sources of ideas in the GATT/WTO," in *The Global Political Economy of Raúl Prebisch*, herausgegeben von Matias E. Margulis (Abingdon & New York: Routledge, 2017), 116–134.

Frantz Fanon, *Die Verdammten dieser Erde* (Frankfurt am Main: Suhrkamp, 2014[1961].

Hans W. Singer, *Relative Prices of Exports and Imports of Under-developed Countries. A study of post-war terms of trade between under-developed and industrialized countries* (New York: United Nations, 1949).

Hans Singer, "U.S. Foreign Investment in Underdeveloped Areas," *The American Economic Review* 40:2 (1950), 473–485.

Hans W. Singer, David Sapsford und P. Sarkar, „The Prebisch-Singer terms of trade controversy revisted," *Journal of International Development* 4:3 (1992), 315–332.

John G. Ruggie, "International Regimes, Transactions, and Change: Embedded Liberalism in the Postwar Economic Order," *International Organizations* 36:2 (1982), 379–415.

John Toye und Richard Toye, „The Origins and Interpretation of the Prebisch-Singer Thesis," *History of Political Economy* 35:3 (2003), 437–467.

Joseph A. Francis, „The Periphery's Terms of Trade in the Nineteenth Century: A Methodological Problem Revisited," *Historical Methods* 48:1 (2015), 52–65.

Jürgen Osterhammel, *Die Verwandlung der Welt. Eine Geschichte des 19. Jahrhunderts* (München: C.H. Beck, 2009).

Klaus Dörre, Stephan Lessenich und Hartmut Rosa, "Lob der Gleichheit. Warum die Postwachstumsgesellschaft umverteilen muss," *Atlas der Globalisierung* (2015).

Kristen Hopewell, "A changing role for agriculture in global political economy. Brazil's emergence as an agro-power," in *The Global Political Economy of Raúl Prebisch*, herausgegeben von Matias E. Margulis (Abingdon & New York: Routledge, 2017), 155–171.

Maria Behrens und Sebastian Möller, „There is an Alternative! Politökonomische Krisen und zivilgesellschaftliche Gegenbewegungen im globalisierten Kapitalismus," in *Jenseits des Kapitalismus*, herausgegeben von Smail Rapic (Freiburg: Alber, 2019), 110-155.

Matias E. Margulis, "Introduction: The Global Political Economy of Raúl Prebisch," in *The Global Political Economy of Raúl Prebisch*, herausgegeben von Matias E. Margulis (Abingdon & New York: Routledge, 2017), 1–23.

Nicola Phillips, "Power and inequality in the global political economy," *International Affairs* 93:2 (2017), 429–444.

Raphael Kaplinsky & Masuma Farooki, „Raúl Prebisch and the terms of trade. How things have changed," in *The Global Political Economy of Raúl Prebisch*, herausgegeben von Matias E. Margulis (Abingdon & New York: Routledge, 2017), 194–214.

Rati Ram, "Trends in Developing Countries' Commodity Terms-of-Trade since 1970," *Review of Radical Political Economics* 36:2 (2004), 241–253.

Raúl Prebisch, *The Economic Development of Latin America and its Principle Problems* (New York: United Nations, 1950).

Roberto P. Korzeniewicz und Timothy P. Moran, *Unveiling Inequality. A World-Historical Perspective* (New York: Russell Sage Foundation, 2009).

Sebastian Möller und Sebastian Wolff, „Neue Gespräche - Alte Konflikte. Die Wiederbelebung der EU-MERCOSUR-Verhandlungen vor dem Hintergrund der Krise", in *Lateinamerika und der Freihandel. Interessen, Diskurse, Perspektiven*, herausgegeben von Anja Lenkeit, Johannes Müller Gómez und Anna-Maria Peer (Köln: connosco, 2016), 42–53.

Susan Strange, *States and Markets* (London: Pinter, 1988).

Sven Beckert, *Empire of Cotton. A New History of Global Capitalism* (London: Penguin, 2014).

Ulrich Brand und Kristina Dietz, "(Neo-) Extraktivismus als Entwicklungsoption? Zu den aktuellen Dynamiken und Widersprüchen rohstoffbasierter Entwicklung in Lateinamerika," *Politische Vierteljahresschrift* Sonderheft 48 (2014), 128–165.

Fernando H. Cardoso und Enzo Faletto

Daniel Lorberg

In vielfältiger Hinsicht bietet das Werk, der historische Kontext und die beteiligten Personen, denen sich dieses Kapitel widmet – man könnte sagen – eine filmreife Kulisse. Es geht um die große Frage, warum manche Länder arm und andere reich sind; wir befinden uns somit im Feld der Entwicklungstheorien. Und gleichzeitig sind wir im Erscheinungsjahr 1969 mitten in einem politischen, ideologischen und theoretischen Systemwettstreit.[1] Auch in Lateinamerika ist es eine Zeit der Veränderung. Der Optimismus der Entwicklung von Wirtschaft und Gesellschaft wich der Propagierung autoritärer und revolutionärer Entwürfe und der Weg, über moderate Reformen zu einer Modernisierung zu gelangen, schien sich im Nichts zu verlieren. Ein Blick auf die Herkunftsländer der zwei hier behandelten Autoren veranschaulicht diese turbulenten Zeiten.

In Brasilien regierte bereits seit 1964 ein Militärregime, das durch einen, von der *Central Intelligence Agency* (CIA) unterstützten, Putsch an die Macht kam. Die Militärdiktatur unterdrückte die linke Opposition, so reagierte beispielsweise 1968 die Militärdiktatur auf studentische Proteste und Streiks mit Säuberungsaktionen. In der Wirtschaftspolitik setzte das Militärregime auf einen Ausbau der Infrastruktur, Förderung der verarbeitenden Industrie, Erhöhung der Investitionen und Inflationskontrolle. Die Wirtschaftspolitik basierte auf einem

---

[1]Zu den institutionellen Rahmenbedingungen siehe die Beiträge zu Hans W. Singer & Raúl Prebisch sowie zu Johann Galtung in diesem Band.

D. Lorberg (✉)
Projektdirektor und Direktor für Wirtschafts- und Sozialwissenschaften, Solar Decathlon Europe, Bergische Universität Wuppertal, Wuppertal, Deutschland
E-Mail: lorberg@uni-wuppertal.de

Interventionismus des Staates unter anderem in Form von Subventionen und günstiger Kreditvergabe an Unternehmen. Die Finanzierung erfolgte über ausländische Investitionen und Auslandsanleihen. Es folgte das sogenannte *milagre econômico brasileiro* (Brasilianische Wirtschaftswunder) – eine Phase des rapiden wirtschaftlichen Wachstums am Ende der 1960er bis Mitte der 1970er Jahre. Die Kehrseite war jedoch eine gigantische Verschuldung im Ausland, insbesondere seit der Ölkrise 1973. Mit der zweiten Ölkrise 1979 folgten schließlich eine Rezession und eine Hyperinflation.

In Chile regierte in der zweiten Hälfte der 1960er Jahre Präsident Eduardo Frei Montalva, der mit seinen Sozialreformen einerseits den Sozialisten, die eine weitgehende Verstaatlichung der Wirtschaft forderten, nicht zu weit ging und andererseits bei den reichen Großgrundbesitzern und Großunternehmern Ängste vor dem Kommunismus weckte. Im Jahr 1970 wurde der Kandidat der vereinigten Linke Salvador Allende zum Präsidenten gewählt, dessen marxistisch-sozialistische Regierung ausländische Unternehmen enteignete, Bodenschätze verstaatlichte und Grundbesitz umverteilte. Erklärtes Ziel war die Verringerung der Abhängigkeit von den Vereinigten Staaten. Hierin spiegelten sich gewiss die Ideen der Dependenztheorie wieder. 1973 folgte jedoch der von den Vereinigten Staaten unterstützte Putsch der Regierung Allendes durch den General Augusto Pinochet. Dessen Militärjunta setzte ein wirtschaftsliberales Programm um, das später die sogenannten *Chicago Boys* maßgeblich vorantrieben. Die *Chicago Boys* waren eine Gruppe chilenischer Ökonomen, die überwiegend an der Universität in Chicago studiert hatten, wo sie durch die neoliberalen Ideen des dort lehrenden Professors Milton Friedman inspiriert wurden, die sie dann in ihrer Heimat umzusetzen suchten.

Das Buch *Abhängigkeit und Entwicklung in Lateinamerika*[2] des Brasilianers Fernando H. Cardoso, geboren 1931 in Rio de Janeiro, und des Chilenen Enzo Faletto, geboren 1935 in Santiago de Chile, gilt als ein zentrales Werk der Dependencia-Theorie. Trotz vieler Varianten eint die darunter versammelten Beiträge die Überzeugung, dass die lateinamerikanische Entwicklung im Zusammenhang mit ihrer historischen, wirtschaftlichen und sozialen Einbindung in das Weltsystem betrachtet werden muss. Diese Perspektive forderte die bis dahin dominante Modernisierungstheorie heraus und bildet mit dieser die zwei großen

---

[2]Fernando H. Cardoso und Enzo Faletto, *Abhängigkeit und Entwicklung in Lateinamerika* (Frankfurt am Main: Suhrkamp 1976). Im Original: Fernando H. Cardoso und Enzo Faletto, *Dependencia y desarrollo en América Latina. Ensayo de interpretación sociológica* (Mexico/Buenos Aires 1969).

Entwicklungstheorien. Die wissenschaftliche Bedeutung der Großtheorien in der Entwicklungspolitik wird bereits seit den 1980ern deutlich hinterfragt, dennoch war ihr Einfluss im Kontext des Systemwettstreites der Entstehungszeit enorm.[3] Bereits 1970 erschien das hier diskutierte Werk zunächst auf Portugiesisch und wurde in den folgenden Jahren in diverse Sprachen – Italienisch, Deutsch, Französisch und Englisch – übersetzt. Es gilt als Eckpfeiler der Diskussion über Abhängigkeit und nachholende Entwicklung.

Der Soziologe Enzo Faletto war vor allem der Wissenschaft treu. Er begann und beendete sein akademisches Leben an der Universität von Chile, an der er bis zu seinem Tod 2003 noch sein Tagwerk an der soziologischen Fakultät vollbrachte. Ab 1973 war er zudem ein wichtiger Berater der Wirtschaftskommission der Vereinten Nationen für Lateinamerika (spanisches Akronym CEPAL). Der dort und besonders durch den erster Leiter Raul Prebish (vgl. Prebisch-Singer-These) begründete Cepalismo inspirierte Cardoso und Faletto, die sich in Santiago de Chile im Umfeld von CEPAL kennenlernten.

Fernando H. Cardoso war als Wissenschaftler und Politiker gleichermaßen erfolgreich und eine wichtige Figur der Zeitgeschichte. Als Wissenschaftler musste er nach seiner Promotion an der Universität von São Paulo über *Sklaverei und Kapitalismus im südlichen Brasilien*[4] nach einem Militärputsch 1964 ins Exil gehen. In Frankreich, Argentinien und Chile lehrte er zunächst Entwicklungssoziologie und wurde dann in Santiago de Chile stellvertretender Direktor des lateinamerikanischen Zentrums für Wirtschafts- und Sozialplanung (ILPES), einem Teil von CEPAL. 1967 kehrte er an seine Alma Mater, die Universität von São Paulo zurück. Doch bereits 1969 wurde ihm die Lehrerlaubnis entzogen und die Militärregierung inhaftiert ihn sogar kurzzeitig. Dies hielt ihn jedoch nicht davon ab, im gleichen Jahr mit anderen Professoren, die das gleiche Schicksal teilten, das progressive und wirkmächtige Brasilianische Planungs- und Analysezentrum (CEBRAP) zu gründen. Daneben lehrte er an einigen der renommiertesten Universitäten der Vereinigten Staaten und Europas. Auf dem politischen Parkett war er ab den 1970er Jahren zunächst Berater der Demokratischen Bewegung in Brasilien und zog erstmals 1983 in den brasilianischen Senat ein. Im Jahr 1992 wurde er zunächst Außenminister, dann 1993 Finanzminister und war schließlich von 1995 bis 2003 Präsident Brasiliens.

---

[3] Zur Debatte über das Scheitern der Großtheorien siehe Ulrich Menzel, *Das Ende der Dritten Welt und das Scheitern der großen Theorien* (Frankfurt am Main: Suhrkamp 1992).
[4] Fernando H. Cardoso, *Capitalismo e escravid„o no Brasil meridional: o negro na sociedade escravocrata do Rio Grande do Sul* (São Paulo: Corpo e Alma do Brasil 1962).

Der theoretische Mainstream, geprägt durch Wissenschaftlerinnen und Wissenschaftler, die gerade nicht aus den ärmeren Ländern kamen, war seinerzeit die Modernisierungstheorie. Im Zentrum der Modernisierungstheorie stand die Frage, warum die westlichen Industrieländer gegenüber allen anderen Ländern und Regionen in der Entwicklung weiter vorangeschritten waren. Als Antwort diente die „Entzauberung der Welt", wie es Max Weber nannte, also die Rationalisierung aller Lebensbereich einer Gesellschaft[5]. Die weitergehende Frage war nun, wie man den „Segen" dieser Entwicklung, im Sinne einer nachholenden Entwicklung, auch in die Länder bringen konnte, die diese „Entzauberung" bisher nicht erreicht hatten.

Populär wurde die Modernisierungstheorie besonders durch den US-Amerikaner Walter W. Rostow vertreten, der als Wissenschaftler am *Massachusetts Institute of Technology* (MIT), aber vor allem als hochrangiger Berater der Präsident Truman und Johnson maßgeblich Einfluss auf die Entwicklungspolitik, insbesondere in den 1960er Jahren, nahm. Seine Modernisierungstheorie beschreibt das Problem der Unterentwicklung vor allem in der unzulänglichen Performance traditionaler Gesellschaften. Diese typischerweise feudalen Gesellschaften zeichnen sich in dieser Perspektive durch ein „vornewtonsches" Verhalten und Verständnis gegenüber der Natur aus. Sie erkennen nicht, dass die Natur erforschbaren Regelmäßigkeiten unterliegt, deren Kenntnises wiederum ermöglicht sich in seiner Entwicklung von (nur) scheinbaren natürlichen Begrenzungen freizumachen. In Stufen lassen sich diese Gesellschaften allerdings zu modernen Gesellschaften entwickeln. Modern bedeutet in diesem Sinne das Stadium des Fordismus, also eine Ökonomie der Massenproduktion bei gleichzeitigem Massenkonsum. In seinen Worten: „The form of this generalization is a set of stages of growth, which can be designated as follows: the traditional society; the preconditions for take-off; the take-off; the drive to maturity; the age of high mass consumption."[6] Letztendlich beschreibt dieser Entwicklungsweg vor allem die Wanderung von Arbeitsplätzen vom primären zum sekundären und tertiären Sektor, aber auch den Ausbau des Kapitalstocks einer Volkswirtschaft durch massive Investitionen. Zum *take-off* soll zunächst ein Sprung der Investitionsrate auf über 10 %, zur Reife dann auf dauerhaft 10 bis 20 % der Wirtschaftsleistung erfolgen. Entwicklung hängt also

---

[5]Reinhard Stockmann, Ulrich Menzel und Franz Nuscheler, *Entwicklungspolitik: Theorien – Probleme – Strategien* (Oldenburg: DeGruyter, 2010), 78.

[6]*Walt W. Rostow,* "Stages of Economic Growth," *Economic History Review 12:1 (1959)*, 1–16.

in der Modernisierungstheorie (ausschließlich) davon ab, ob eine Gesellschaft es – in einem möglicherweise schwierigen und schmerzhaften Prozess – schafft, das hinderliche traditionelle Gewandt abzustreifen und zu einer rationalen „newtonschen" Gesellschaft zu werden, die nach und nach eine immer modernere kapitalintensivere Produktion verwirklicht.

Sich diesen Überlegungen bedienend, ergeben sich hieraus einige Konsequenzen im Hinblick auf die Betrachtung von Arm und Reich. Zum einen sind die armen Länder grundsätzlich selbst schuld an ihrer Rückständigkeit. Zum anderen lassen sich damit auch massive Interventionen in diesen Ländern rechtfertigen, die diesen helfen den schweren Schritt heraus aus der traditionellen Gesellschaft zu bewältigen. Die Investitionszentriertheit der Theorie macht zudem klar, dass Sparen als Grundlage der Investitionen gegenüber dem Konsum zu bevorzugen ist. Insbesondere der zu Beginn der aufholenden Entwicklung erwirtschaftete zusätzliche Wohlstand darf dabei nicht den Armen zu Gute kommen – da diese größtenteils konsumieren – sondern muss in Investitionen fließen.

Zu beachten ist hierbei auch, dass der Systemwettkampf eine Hintergrundfolie der Modernisierungstheorie bildete: So trug das 1960 erschienene – dem zitierten Artikel folgende – Buch Rostows denselben Titel, jedoch mit dem Zusatz *A Non-Communist-Manifesto*. Insbesondere in einem der späten Unterkapitel des Buches *Communism: a disease of the transition*[7] greift Rostow im Grunde Fukuyamas *End of History*[8] vor und macht klar, dass für ihn der Kommunismus in keiner Weise – wie für die meisten Marxisten – ein finales Stadium und das erstrebenswerte Ende der Klassenkämpfe darstellt. Vielmehr scheinen ihm die kommunistischen Systeme bestenfalls eine unter verschiedenen Lösungen für den harten Übergang von der traditionellen zur modernen Gesellschaft zu sein. Es findet sich hier somit gleichzeitig eine Untermauerung der damals geltenden Truman-Doktrin und der daraus folgenden *Containment*-Politik, wonach die Ausbreitung des Kommunismus einzudämmen sei. Die daraus folgende dominante Entwicklungspolitik war nach der Formierungsphase in den 1940er Jahren, der Pionierphase in den 1950er Jahren und der ersten Entwicklungsdekade der 1960er Jahre geprägt von der Modernisierungstheorie, einem Aufbau des Kapitalstocks und den Devisen „Wachstum zuerst, Umverteilung später" sowie „Industrialisierung zuerst, Demokratisierung später".[9]

---

[7] Walt W. Rostow, *Stages of Economic Growth: A Non-Communist-Manifesto* (Cambridge: Cambridge University Press, 1960), 163ff.
[8] Francis Fukuyama, "The End of History?," *The National Interest* 16 (1989).
[9] Stockmann, Menzel und Nuscheler, *Entwicklungspolitik: Theorien – Probleme – Strategien*, 78.

Widerstand gegen diese Sichtweisen und Politiken kam vor allem aus Südamerika. Zentral war dabei, dass trotz eigentlich guter Bedingungen und umfangreicher Versuche die zumeist bereits im ersten Viertel des 19. Jahrhunderts von der Kolonialherrschaft befreiten Länder nicht die Schritte entlang der Stufenleiter der Entwicklung aufstiegen, wie Rostow sie beschrieb. Insbesondere schien der Schritt von der Importsubstitution von Konsumgütern hin zu Investitionsgütern nicht zu gelingen, ebenso wenig der *take-off* und die Reife. Dies warf grundsätzlich die Frage auf, ob die Idee der nachholenden Entwicklung als sich wiederholendes und wiederholbares Muster der Entwicklung wirklich trägt, oder ob nicht ganz andere, vornehmlich strukturelle Aspekte eine Rolle spielen. Eine der ersten Debatten war dabei diejenige über die säkulare Verschlechterung der *Terms of Trade*, die den Kern der Prebisch-Singer-These bildet (siehe in Beitrag zu Hans W. Singer und Raúl Prebisch). Hans W. Singer und Raúl Prebisch entwickelten früh eine kritische Position gegenüber dem Mainstream der Entwicklungstheorie. Aber mit ihrer Theorie des ungleichen Tausches traten sie gleichzeitig auch gegen einen naiven Glauben an die Vorteilhaftigkeit des Außenhandels im Sinne des komparativen Kostenvorteils David Ricardos (siehe entsprechenden Beitrag) an. Grundsätzlich zeigen sie, dass ein Tausch zwischen Produzenten von Primärgüter auf der einen Seite und Produzenten von Fertigwaren auf der anderen Seite lediglich einseitig Vorteile für letztere entstehen lassen und sich die Tauschbedingungen andauernd für erstere verschlechtern. Obgleich der empirische Beleg der These zumindest fragwürdig ist, war sie doch wirkmächtig und öffnet die Tür zur Idee der abhängigen Entwicklung, der *Dependencia*.

Die Ideen von Cardoso und Faletto sind ein Fluss von beachtlicher Breite im Denken der südamerikanischen Intelligenzija und linken politischen Strömung. Gleichzeitig speist sich dieser Fluss aus vielen Bächen. Cardoso selbst benennt die Wurzeln seines Denkens zwischen Karl Marx und Max Weber, vom einen übernahm er den Strukturalismus der Analyse und von dem anderen die Bedeutung der Institutionen für den modernen Staat[10]. Aus dieser Melange ergibt sich im Grunde bereits der Analyseansatz, der sowohl interne als auch externe Faktoren berücksichtigt und sich nicht auf eine Perspektive beschränkt. Für den geneigten Leser offenbart sich das hier besprochene Werk letztendlich als eine historisch-materialistische Analyse, die den Gedanken von Antonio Gramsci nahzustehen scheint. Dazu die Autoren:

---

[10]Wilhelm Hofmeister, "Fernando H. Cardoso," in *Populisten, Revolutionäre, Staatsmänner. Politiker in Lateinamerika*, herausgegeben von Nikolaus Werz (Frankfurt am Main: Vervuert Verlag, 2010), 522.

> „Unsere Studie ist dieser eher radikal-kritischen lateinamerikanischen Richtung zuzurechnen. Wir sind bestrebt, jene Tradition wiederzubeleben, deren Grundlage eine umfassende Sozialwissenschaft ist. Statt um spezifische Dimensionen des gesellschaftlichen Prozesses geht es uns um ein allgemeines und dynamisches Verständnis von Sozialstrukturen. Wir wenden uns gegen jene Wissenschaftstradition, welche Herrschaft und sozio-kulturelle Beziehungen als lediglich analytisch voneinander unterschiedene und insgesamt von der Ökonomie unabhängige »Dimensionen« begreift, so, als entspräche jeder dieser Dimensionen ein anderer, je spezifischer Bereich der Wirklichkeit. In diesem Sinne betonen wir den sozio-politischen Charakter der ökonomischen Produktionsverhältnisse und folgen damit jener Tradition des 19. Jahrhunderts, welche Ökonomie als Politische Ökonomie faßt [sic!]."[11]

Die „marxistische Dialektik in der Soziologie", die hier gedacht wird, ist nicht von einer harten, unmittelbaren, unabwendbaren und einseitigen Abhängigkeit der gesellschaftlichen und politischen Sphäre von der ökonomischen gedacht. Die ganzheitliche Ansicht erinnert auch an die späteren Gramsci Interpretationen von Robert Cox oder auch an die Betrachtungen von Abhängigkeit wie sie Johan Galtung (siehe entsprechenden Beitrag in diesem Buch) vorbringt. Sie vereint gleichzeitig die wirkmächtigen Ideen von Raúl Prebish und offenbart sich als Schlussfolgerung eines doch eigenständigen Denkens, das die besonderen Situationen von Abhängigkeit in der Geschichte Südamerikas herausarbeitet. Dies umfasst in der historischen Aufarbeitung sowohl Situationen der alten Abhängigkeit zu Europa, aber auch die diese zur Entstehungszeit überwuchernde Abhängigkeit zu den Vereinigten Staaten in ideologischer wie ökonomischer Hinsicht. Ihre Perspektive auf Beständigkeit und Wandel im Sinne einer dialektischen Analyse, widersprüchlicher Tendenzen lässt sich den folgenden Zeilen entnehmen:

> „Es erscheint uns wesentlich zu erkennen, daß [sic!] gesellschaftliche Strukturen das Produkt kollektiven Verhaltens der Menschen sind. Daraus folgt, daß [sic!] gesellschaftliche Strukturen, obwohl festgefügt und langlebig, von sozialen Bewegungen verändert werden können und tatsächlich verändert werden. Unser Ansatz ist also ein struktureller, zugleich aber ein historischer: Er zielt nicht nur auf die Strukturbedingtheit des gesellschaftlichen Lebens, sondern auch auf den historischen Wandel der Gesellschaftsstrukturen durch Konflikte, soziale Bewegungen und Klassenkämpfe. Unsere Methodologie ist mithin eine historisch-strukturelle."[12]

---

[11] Cardoso und Faletto, *Abhängigkeit und Entwicklung in Lateinamerika*, 209 f.
[12] Cardoso und Faletto, *Abhängigkeit und Entwicklung in Lateinamerika*, 210.

Das Werk offenbart sich als (historisch-materialistische) Analyse konkreter Situationen von Abhängigkeit, nicht als ganzheitlicher Theorieentwurf. Es stellt die konkrete Analyse in den Vordergrund und verwirft die Erklärung sowohl allein aus der Struktur der Kapitalakkumulation, als auch allein aus der Struktur des Weltsystems oder interner Faktoren. Dazu die Autoren:

> „Wir erheben in diesem Buch nicht den Anspruch, als könnten bedeutsame Entwicklungsphasen der abhängigen Gesellschaft allein aus der Logik der kapitalistischen »Akkumulation« aufgehellt werden. Wir verstehen Abhängigkeit und Imperialismus nicht als externe und interne Seite ein und derselben Medaille, wobei die internen Aspekte auf ein bloßes »Epiphänomen« reduziert werden. Die Verschiedenartigkeit lokaler Gesellschaften, anti-imperialistischer Reaktionen, die politische Dynamik lokaler Gesellschaften und die Anstrengungen, Alternativen durchzusetzen, werden dabei ignoriert. Obwohl sie sich eines marxistischen Vokabulars bedienen, ist diese Art Analyse methodologisch eine genaue Entsprechung zu Interpretationen, die sicher auf die »Logik des Industrialismus«, auf die »Stadien der Modernisierung« oder gar auf die Phasen der »politischen Entwicklung« berufen und Veränderungen als Resultat mechanischer Abläufe bestimmen. Wir begreifen das Verhältnis zwischen externen und internen Faktoren als ein komplexes Ganzes, dessen strukturelle Einheit nicht auf nur externen Formen der Ausbeutung und des Zwanges beruht, sondern in Interessenkoinzidenzen der lokalen und internationalen herrschenden Klassen verwurzelt ist und von lokalen beherrschten Gruppen und Klassen durchaus in Frage gestellt wird."[13]

Neben der erneuten Erhellung über die Art der Analyse wird hier vor allem deutlich, wohin der Weg dieser Analyse führt. Demnach kennzeichnen nicht nur interne, sondern auch externe Faktoren konkrete Situationen der Abhängigkeit und Allianzen sozialer Kräfte, prägen sich über Grenzen hinweg aus. Damit zeigen Cardoso und Faletto hier auf, was letztendlich im Kern abhängiger Entwicklung liegt: Sie offenbaren, dass entgegen des Versuchs der Einbettung der brasilianischen Entwicklung in Stufenschemata, längst eine moderne kapitalistische Klasse existierte, deren Interessen und Handlungslogiken am internationalen Kapitalismus orientiert und in diesen eingebettet sind. Dazu die Autoren:

> „Selbstverständlich ist imperialistische Penetration ein Ergebnis des Wirkens externer sozialer Kräfte (multinationale Konzerne, ausländische Technologie, internationaler Finanzsysteme, Diplomatie, fremder Staaten und Armeen etc.). Was wir bekräftigen, ist lediglich dies: daß [sic!] das System der Herrschaft als »interne« Kraft wiederkehrt, und zwar in Form der sozialen Praktiken lokaler Gruppen und

---

[13]Cardoso und Faletto, *Abhängigkeit und Entwicklung in Lateinamerika*, 217.

> Klassen, die ausländische Interessen durchzusetzen versuchen – freilich nicht einfach deshalb, weil es sich um ausländische Interessen handelt, sondern deshalb, weil die ausländischen Interessen sich mit Wertvorstellungen und Interessen decken können, die diese lokalen Gruppen für Ihre eigenen ausgeben."[14]

Hier wird bereits deutlich, was sich später besonders anschaulich bei Johan Galtung (siehe in entsprechenden Beitrag) wiederfindet, dass der doppelte Bruch von Zentrum und Peripherie auf nationaler und internationaler Ebene bei gleichzeitiger Verbindung und Interessensharmonie der Zentren untereinander zu einer Struktur der Abhängigkeit innerhalb und zwischen den Ländern führt. Und entgegen der Idee einer vor allem internen Problematik aufholender Entwicklung, stellen sie als Grundlage, die auch ihre weiteren Analysen prägen sollte, die internationale Verwobenheit von Entwicklung heraus. Diese zeigt sich aber vor allem nicht deterministisch, sondern grundsätzlich offen, weshalb Abhängigkeit und Entwicklung bisweilen gleichzeitig auftreten können. Dazu:

> „Die Hervorhebung des strukturellen Aspekts kann den Eindruck hervorrufen, als seien Abhängigkeitsverhältnisse von unerschütterlicher Festigkeit und Dauer. Und dieser Eindruck, den mangelhafte Analysen hinterlassen, kann zu dem Schluß [sic!] führen, daß Abhängigkeitsverhältnisse fortwährend und notwendigerweise mehr Unterentwicklung und Abhängigkeit erzeugen. (…) Deshalb ist es nötig, daran zu erinnern, daß [sic!] Abhängigkeitsformen sich ändern können, und die Möglichkeiten zur Veränderung der Strukturen zu erkennen, indem man die Alternativen zur Abhängigkeit, die in jedem gegebenen historischen Zeitpunkt existieren, genau benennt. Mit anderen Worten, unser Ansatz soll beide Aspekte von Sozialstrukturen erfassen: die Mechanismen der Selbst-Perpetuierung und die Möglichkeiten zur Veränderung."[15]

Diese Klärungen von Vorgehen und Perspektive finden sich in der deutschen Auflage, insbesondere im Nachwort, in dem die Autoren diese nachträglich versuchen zu fundieren. Im Folgenden soll nun kurz umrissen werden, welche Inhalte und Folgerungen die historische Analyse dieser sich ändern Abhängigkeitsverhältnisse beinhaltet, die den Hauptteil des Werkes bildet. Das Werk beginnt mit der Forderung nach einer „umfassende Analyse von Entwicklung" wie sie letztendlich die bereits vorgestellte Perspektive darstellen soll und der damit verbundenen Kritik an rein ökonomischen und sonstig verkürzenden Ana-

---

[14] Cardoso und Faletto, *Abhängigkeit und Entwicklung in Lateinamerika*, 218.
[15] Cardoso und Faletto, *Abhängigkeit und Entwicklung in Lateinamerika*, 211.

lysen. Eine solche Analyse solle gleichzeitig die historische Besonderheit der internen und externen wirtschaftlichen Faktoren und die strukturellen Gegebenheiten lateinamerikanischen Länder ernstnehmen und diese nicht als Varianten des europäischen Vorbildes sehen, die grundsätzlich eine vergleichbare Entwicklung haben könnten, wie sie die Modernisierungstheorie erkennt. Vielmehr verhindere insbesondere die Position und Verflechtung im Weltsystem eine solche Entwicklung und müsse daher in der Analyse auch besonders berücksichtigt werden. Im Hauptteil wenden die Autoren ihren Ansatz auf verschiedene konkrete Länderanalysen an. Dabei identifizieren sie das 19. Jahrhundert als die Phase der „äußeren Expansion". Nach der Beschreibung einer Übergangsperiode, in der die Bedeutung der nationalen Ökonomien immer weiter zunahm, kam es zu einer binnenmarktorientierten, von Nationalismus und Populismus begleiteten, stabileren Periode ab Mitte der 1940er Jahre. Als letzte Phase identifizieren Cardoso und Faletto eine Phase erneuter Öffnung, eine Internationalisierung des Marktes, die einen neuen Typ der Abhängigkeit hervorbrachte.

Ausgehend von dieser Geschichtsinterpretation in eine offene, eine geschlossene und erneut offene Phase, die gleichzeitig das dialektische Verhältnis von nationaler Autonomie und Weltmarkt im historischen Ablauf verdeutlicht, definieren die Autoren drei Grundsituationen der Abhängigkeit. Diese werden aus der konkreten historischen Abfolge entwickelt und lassen entsprechend nicht auf ein abstraktes Stufenmodell schließen, wie es bei der Modernisierungstheorie, aber auch bei der marxsche Geschichtsinterpretation der Fall ist: 1. Gesellschaften mit nationaler Produktionskontrolle, 2. Enklave-Wirtschaften und 3. Moderne Abhängigkeit unter Beteiligung multinationaler Unternehmen. Die beiden ersteren unterscheiden sich vor allem durch die Herkunft des Kapitals (national vs. ausländisch), sind aber beide auf den Export, insbesondere von Rohstoffen, gerichtet sind. Die moderne Form ähnelt zunächst der Enklave-Wirtschaft, bezieht sich jedoch vor allem auf die Produktion für den Binnenmarkt.

Insgesamt lässt sich festhalten, dass die pointierte Analyse von Cardoso und Faletto noch immer einen lesenswerten Beitrag aus kritisch-historischer Perspektive auf konkrete Situationen von Abhängigkeit und Entwicklung in Südamerika darstellt und in der Perspektive neo-gramscianischen Analysen vieles vorwegnimmt. *Abhängigkeit und Unterentwicklung in Lateinamerika* ist ohne Frage ein zentrales Werk der Dependenztheorie wie auch die Arbeiten von Singer und Prebisch (siehe in den entsprechenden Beitrag). Bei den Arbeiten von Cardoso und Faletto lassen sich zugleich unverkennbar Parallelen zu der Imperialismustheorie (siehe in Beitrag zu Wladimir I. Lenin) aber in Aspekten auch zu den Werken von Albert O. Hirschman (siehe entsprechenden Beitrag) und Gunnar Myrdal erkennen. So argumentierte letzterer, dass kleine Handelsvorteile einer Region unter den freien Marktkräften und Freihandel zu großen Vorteilen anwachsen können und somit die Unterentwicklung benachteiligter Regionen verstetigen[16]. Die Dependenztheorie ist somit nicht nur als Kritik an der Modernisierungstheorie zu sehen, die exogene Faktoren bei der Entwicklung eines Landes völlig ausblendet, sondern auch an liberalen Außenhandelstheorien.

Das Werk von Cardoso und Faletto prägt allerdings entgegen vieler strukturalistischer und liberaler Betrachtungen vor allem eines nicht aus: Eine geschlossene Theorie oder ein teleologisches Verständnis der Geschichte. Dadurch wird es gleichzeitig zum kritischen Gegenpol derartiger Betrachtungen, seien sie wie die Modernisierungstheorie im Mainstream oder wie Andre Gunder Franks *The Development of Underdevelopment*[17] selbst dem kritischen Lager zuzuordnen.

Doch nicht nur in der Wissenschaft, sondern auch in der praktischen Politik hatte das Werk von Cardoso und Faletto erheblichen Einfluss. Wie andere dependenztheoretische Arbeiten Lateinamerikas bildete *Abhängigkeit und Unterentwicklung in Lateinamerika* die Grundlage für die Ausarbeitung einer strukturalistischen Wirtschaftspolitik, die eine Industrialisierung der Entwicklungsländer mithilfe von Importsubstitution erreichen wollte, obgleich das Werk hier offener in den Empfehlungen bleibt als andere strukturalistischer geprägte Werke. Diese Form der Wirtschaftspolitik, wie sie unter anderem von CEPAL propagiert wurde, prägte nicht nur die Wirtschaftspolitik vieler Länder Lateinamerikas wie der Chiles unter Präsident Allende, sondern spiegelt sich auch in den Forderungen der G77, einer Gruppe von 77 Entwicklungsländern, die sich im Rahmen der ersten Konferenz der Vereinten Nationen für Handel und Entwicklung (UNCTAD) formierte, nach einer Neuen Weltwirtschaftsordnung. Inspirierend und aktuell bleibt das Werk von Cardoso und Faletto aber auch in der Gegenwart, in der neue globale Abhängigkeiten und Entwicklungen vielfältige Parallelen aufweisen.

---

[16] Gunnar Myrdal, *Economic theory and under-developed regions* (London: G. Duckworth, 1957).

[17] Andre Gunder Frank, "Fernando H. Cardoso," *Monthly Review* 18:4 (1966), 17–31.

Literaturverzeichnis

Andre Gunder Frank, "Fernando H. Cardoso," *Monthly Review* 18:4 (1966), 17–31.

Fernando H. Cardoso, *Capitalismo e escravid„o no Brasil meridional: o negro na sociedade escravocrata do Rio Grande do Sul* (São Paulo: Corpo e Alma do Brasil, 1962).

Fernando H. Cardoso und Enzo Faletto, *Abhängigkeit und Entwicklung in Lateinamerika* (Frankfurt am Main: Suhrkamp,1976).

Francis Fukuyama, "The End of History?," *The National Interest* 16 (1989).

Gunnar Myrdal, *Economic theory and under-developed regions* (London: G. Duckworth, 1957).

Reinhard Stockmann, Ulrich Menzel und Franz Nuscheler, *Entwicklungspolitik: Theorien – Probleme – Strategien* (Oldenburg: DeGruyter, 2010).

Ulrich Menzel, *Das Ende der Dritten Welt und das Scheitern der großen Theorien* (Frankfurt am Main: Suhrkamp, 1992).

Walt W. Rostow, "Stages of Economic Growth," *Economic History Review* 12:1 (1959).

Wilhelm Hofmeister, "Fernando H. Cardoso," in *Populisten, Revolutionäre, Staatsmänner. Politiker in Lateinamerika*, herausgegeben von Nikolaus Werz (Frankfurt am Main: Vervuert Verlag, 2010), 518–545.

Johann Galtung

Nelia Miguel Müller

Noch vor dem Ende des Zweiten Weltkrieges wurde auf Initiative der Vereinigten Staaten und Großbritanniens über die Neuordnung des Weltwirtschaftssystems diskutiert. Grund war die Annahme, dass die Weltwirtschaftskrise gegen Ende der 1920er Jahre den Ausbruch des Weltkrieges mit zu verantworten hatte. Verstärkt wurde dieser Diskurs durch den zunehmenden Protektionismus vieler Staaten nach 1945. Da die Grundannahme, dass nur Freihandel und der Abbau von Zöllen langfristige Prosperität bringen könnte, bei der Staatengemeinschaft vorherrschte, berief die UN in der Nachkriegszeit mehrere internationale Konferenzen zu Handel und Beschäftigung ein. Dies führte zur Gründung neuer Institutionen wie dem Internationalen Währungsfonds (IWF), der Weltbank und dem Allgemeinen Zoll- und Handelsabkommen (GATT), deren Zielsetzung die Neuordnung der Weltwirtschaft war.

Von wesentlicher Bedeutung für diese Neuordnung waren der Prozess der De-kolonialisierung und der sich zuspitzende Nord-Süd-Konflikt. Aufgrund der wachsenden Rohstoffnachfrage in den Industrieländern – verursacht durch das starke Wirtschaftswachstum – und dem daraus resultierenden Selbstbewusstsein der ehemaligen Kolonialstaaten verstärkte sich ihr Anspruch auf eine Umgestaltung der bestehenden Wirtschaftsordnung. Nachdem viele Entwicklungsländer in dieser Phase ihre politische Unabhängigkeit erlangten und internationalen Organisationen beitraten, veränderten sich die Stimmverhältnisse und Agenda in den entsprechenden internationalen Institutionen. Da sich viele der Entwicklungsländer im GATT nicht angemessen vertreten sahen, wurden die Forderungen nach einer besseren Vertretung ihrer Interessen sowie

---

N. M. Müller (✉)
Friedrich-Alexander-Universität Erlangen-Nürnberg, Nürnberg, Deutschland
E-Mail: nelia.m.mueller@fau.de

einer Integration in die Weltwirtschaft laut. Nachdem sich 1960 bereits die Erdöl-exportierenden Entwicklungsländer zur OPEC zusammenschlossen, wurde 1964 die Organisation für Welthandel und Entwicklung (UNCTAD) als ständiges Organ der UN-Vollversammlung eingerichtet.

Die Gründung der UNCTAD geht auf die Vorarbeit der ECLAC *(Economic Commission for Latin America and the Caribbean)* zurück und weist deshalb eine lateinamerikanische Prägung auf. So war der Dependenztheoretiker Raúl Prebisch (siehe in Beitrag zu Hans Singer & Raúl Prebisch) der erste Generalsekretär der UNCTAD und prägte somit auch deren wirtschaftspolitische Ausrichtung. Insgesamt vertritt die UNCTAD eine interventionistische Ansicht mit Blick auf den Welthandel. Ausgangspunkt ist demnach die Struktur des Marktes, die eine Ungleichheit erzeugt und daher über institutionelle Mechanismen eingeschränkt werden müsse, wodurch ein Gleichgewicht zwischen Staaten erreicht werden könnte. Die Blütezeit der UNCTAD ist in den 1960er und 1970er Jahren einzuordnen. Das gesteigerte Selbstbewusstsein der Entwicklungsländer und die Zuspitzung des Konfliktes, führen in dieser Phase tatsächlich zur Durchsetzung einiger Forderungen, bevor die UNCTAD in den 80er Jahren nahezu in der Bedeutungslosigkeit verschwand. In dieser Phase entstehen eigene Theoriestränge wie die Dependenztheorie (siehe in Beitrag zu Celso Furtado), aber auch die Neoimperialismustheorie. Auslöser für diese Theorien war die ausbleibende oder nur unzureichende Modernisierung in postkolonialen Staaten. Im Zentrum dieses Diskurses stehen die Kritik an der Modernisierungstheorie sowie die Behauptung, dass die Entwicklungsproblematik einiger Staaten nicht alleine durch innergesellschaftliche Ereignisse, sondern auch durch externe Faktoren zu begründen ist.

Im Kontext der historischen Entwicklungen um die De-kolonialisierung und die Einführung einer neuen Weltwirtschaftsordnung, entstand Johan Galtungs Beitrag *A Structural Theory of Imperialism*[1]. Galtung, ein norwegischer Gesellschaftswissenschaftler mit naturwissenschaftlicher Ausbildung, wurde 1930 in Oslo geboren und gilt als Mitbegründer der Disziplin der Friedens- und Konfliktforschung. Galtung leistete Beiträge zu verschiedenen Fachrichtungen, wie der Soziologie, der Politikwissenschaft sowie der Ökonomie und Geschichte. Galtungs Überlegungen zum strukturellen Imperialismus wurden durch einen Forschungsaufenthalt in Lateinamerika und den Kontakt mit einschlägigen

---

[1] Johan Galtung, "A Structural Theory of Imperialism," *Journal of Peace Research* 8:2 (1971), 81–117.

Dependenztheoretikern beeinflusst. Wiederum erhielten seine Gedanken Eingang in die Politik, da er unter anderem Beratungstätigkeiten für die OECD und die UNCTAD innehatte. Ausgehend vom geprägten Begriff der „strukturellen Gewalt", welcher vor allem in den Disziplinen der Soziologie und der Friedensforschung eine hohe Bedeutung genießt, entwickelte Galtung seine strukturelle Imperialismustheorie. Mit oben zitierter Arbeit liefert Galtung eine Analyse struktureller Herrschaftsverhältnisse zwischen unterschiedlich positionierten Staaten. Galtung geht in seinem Beitrag, insbesondere auf die Ausgestaltung von Ungleichheit, wie diese zustande kommt und aus welchen Gründen sie stabil ist, ein. Vereinfacht dargestellt, untersucht Galtung die Struktur, welche die Existenz von reichen und armen Staaten ermöglicht, und weshalb diese auch Jahrhunderte nach der politischen Unabhängigkeit dieser Entwicklungsländer fortbestehen.

"This theory takes as its point of departure two of its most glaring facts about this world: the tremendous inequality, within and between nations, in almost all aspects of human living conditions; and the resistance of this inequality to change. The world consists of Center and Periphery nations; and each nation, in turn, has its centers and periphery. (...) Any theory of liberation from structural violence presupposes theoretically and practically adequate ideas of the dominance system against which the liberation is directed; and the special type of dominance system here is imperialism."[2]

Im Zentrum der Theorie stehen zwei Pole, die Zentralnationen (Industrieländer) und die Peripherienationen (Entwicklungsländer). Diese Pole sind wiederum jeweils in Zentrum („Elite") und Peripherie („Unterprivilegierte") unterteilt. Karl Marx würde von der Bourgeoisie und dem Proletariat sprechen. Von zentraler Bedeutung ist für Galtung die gleichzeitige Beachtung von innerstaatlicher und internationaler Ebene. So weist er ausdrücklich darauf hin, dass Imperialismus keinesfalls als Phänomen der internationalen Beziehungen verstanden werden kann, sondern eine Kombination aus inner- und internationalen Beziehungen ist. Zur Vereinfachung geht Galtung von einem Zweistaatenmodell aus. Erst in späteren Überlegungen schaltet er weitere Nationen hinzu, welche seinen Ausführungen nach die Abhängigkeitsbeziehung zwischen Zentrum und Peripherie zu ändern vermögen. So führt er aus, dass eine Welt mit mehr Zentralnationen zumindest eine Welt mit mehr Möglichkeiten sei.

---

[2] Galtung, "A Structural Theory of Imperialism," 81.

Galtungs Grundannahme ist eine hierarchisch strukturierte Weltgesellschaft, entstanden durch den kapitalistisch organisierten Weltmarkt und die damit einhergehende Arbeitsteilung. Das Modell stellt die Gleichzeitigkeit von Entwicklung der Industrieländer und Unterentwicklung der Entwicklungsländer in den Fokus. Er behauptet, dass Unterentwicklung extern verursacht worden sei und demnach das Resultat einer internationalen Struktur sei, die verändert werden müsse. Obwohl der Faktor Zeit eine Rolle für seine Modelle spielt, argumentiert Galtung, dass selbst ohne direkten Einfluss in den Entwicklungsländern diese Abhängigkeit reproduziert werde und es sich daher um ein stabiles Gebilde handle.

Imperialismus wird nach Galtung nicht per se als Herrschaftsverhältnis charakterisiert; stattdessen beschreibt er Imperialismus als ein System, welcher Staaten aufspaltet (in Zentren und Peripherie) und diese in Beziehungen zueinander stellt. Diese Beziehungen sind eben entweder durch Interessenharmonie oder -disharmonie geprägt.

> "Imperialism will be conceived as a dominance relation between collectivities, particularly between nations. It is a sophisticated type of dominance relation which cuts across nations, basing itself on a bridgehead which the center in the Center nation establishes in the center of the Periphery nation, for the joint benefit of both. (…) Thus, imperialism is a species in a genus of dominance and power relationships. (…) Dominance relations between nations and other collectivities will not disappear with the disappearance of imperialism. (…) imperialism is a system that splits up collectivities and relates some of the parts to each other in relations of harmony of interest, and other parts in relations of disharmony of interest, or conflict of interest."[3]

Damit Interessenharmonie oder-disharmonie besteht, müssen die Kollektive miteinander in Verbindung stehen oder anders gesagt, es muss Handel zwischen den betroffenen Staaten stattfinden. Ein Interessenkonflikt besteht nach Galtung immer dann, wenn die Lebensbedingungen zwischen den interagierenden Parteien über die Zeit weiter auseinanderklaffen. Harmonie hingegen besteht, wenn diese Kluft geringer wird. Folglich kommt er zu einigen Schlussfolgerungen über die Struktur der Beziehungen der einzelnen Akteure:

Erstens besteht eine Interessenharmonie zwischen den beiden Zentren (der Zentralnation und der Peripherie). Durch die Zusicherung von Privilegien erhalten die Eliten (Zentrum der Peripherie) eine herausragende Stellung im Vergleich zur Peripherie. Dies schafft genügend Anreiz zur Erhaltung des Status quo.

---

[3]Galtung, "A Structural Theory of Imperialism," 81.

Aus Angst die Privilegien unter Umständen zu verlieren und einen Abstieg zu erleiden, bindet das Zentrum des Zentrums das Zentrum der Peripherie an sich und vermag somit das System der Interessenharmonie stabil zu halten. Zweitens besteht innerhalb der Peripherienation eine stärker ausgeprägte Interessendisharmonie als innerhalb der Zentralnation. Da die Ungleichheit innerhalb der Peripherienation deutlich stärker ausgeprägt ist, als dies in der Zentrumsnation der Fall ist, besteht für die Peripherie des Zentrums ein geringerer Anreiz zur Veränderung der strukturellen Verhältnisse. Obwohl die Peripherie des Zentrums benachteiligt ist, wird sie sich im internationalen Vergleich eher mit dem eigenen Zentrum als mit der Peripherie der Peripherienation verbinden. Drittens besteht zwischen der Peripherie des Zentrums und der Peripherie der Peripherie eine Interessendisharmonie. Im internationalen Vergleich fühlt sich die Peripherie der Zentralnation eher mit ihrer eigenen Nation als der Peripherienation verbunden. Eine Solidarisierung der beiden Peripherien bleibt somit aus.

Der Kern dieser Ausführungen liegt darin, dass die zwei Zentren miteinander verbunden sind. Die Peripherie des Zentrums wird durch die Gabe von Privilegien an das Zentrum gebunden, wodurch eine Interaktion zwischen den beiden Peripherien ausbleibt und in der Zukunft (aufgrund fehlender Strukturen) unwahrscheinlicher wird. Somit erschafft sich das Zentrum der Zentralnation einen Brückenkopf in der Peripherienation.

"The basic idea is, as mentioned, that the center in the Center nation has a bridgehead in the Periphery nation, and a well-chosen one: the center in the Periphery nation. This is established in such that the Periphery center is tied to the Center center with the best possible tie: the tie of harmony of interest. (…) Inside the two nations there is disharmony of interest. (…) But the basic idea, absolutely fundamental for the whole theory to be developed, is that there is more disharmony in the Periphery nation than in the Center nation. At the simplest static level of description this means there is more inequality in the Periphery than in the Center. (…) In the Periphery nation, the center grows more than the periphery due partly to how interaction between center and periphery is organized. (…) Within the Center the two parties may be opposed to each other. But in the total game, the periphery see themselves more as the partners of the center in the Center than as the partners of the periphery in the Periphery – and this is the essential trick in that game. Alliance-formation between the two peripheries is avoided while the Center nation becomes more and the Periphery nation less cohesive – and hence less able to develop long-term strategies."[4]

---

[4]Galtung, "A Structural Theory of Imperialism," 83–84.

Galtungs Ausführungen zum Brückenkopf der Zentrumsnation nehmen innerhalb der theoretischen Überlegungen einen zentralen Stellenwert ein. Er definiert das Zentrum der Peripherienation als eben jenen Brückenkopf, der „Werte" (verstanden als Rohstoffe oder Güter im Allgemeinen) von der Peripherie in die Zentralnation bringt. Die Zentren der Peripherie erfüllen ihre Funktion als Brückenkopf zuverlässig, da die Eliten der Peripherienation Privilegien genießen und daher keinerlei Interesse an der Änderung bestehender Strukturen haben. Damit sichert sich die Zentralnation auch nach der Beendigung des direkten Zugriffs (in Form von Kolonialherrschaft) weiterhin Einfluss in den ehemaligen Kolonialstaaten. Galtung geht diesbezüglich noch weiter und stellt die Hypothese auf, dass ohne die Existenz eines Brückenkopfes kein Imperialismus vorherrschen könne. In einem solchen Fall sei es falsch von Imperialismus zu sprechen, da diese Interaktion eher einer Art Diebstahl gleichkäme. Imperialismus besteht demnach nur dann, wenn das Zentrum der Peripherie von der Ausbeutung der Peripherie profitiert und dadurch eine durch Interessenharmonie geprägte Beziehung zwischen den beiden Zentren besteht.

Galtung definiert Imperialismus als Konzept der Herrschaftsausübung, welches sich aus zwei Mechanismen, fünf Formen und drei Phasen zusammensetzt. Die beiden aufgeführten Mechanismen werden vertikale und feudale Interaktionsbeziehungen genannt. Die vertikalen Interaktionsbeziehungen setzen sich aus Inter- und Intra-Akteurseffekten zusammen. Inter-Akteurseffekte beziehen sich auf die Austauschbeziehungen zwischen Staaten. Der Fokus liegt auf dem Austausch beziehungsweise dem Handel unterschiedlicher Güter, wie zum Beispiel Rohstoffe gegen Industriegüter. Wie stark die Asymmetrie in der Interaktion zwischen zwei Staaten ausgeprägt ist, zeigt sich über den Grad der Ausbeutung. Galtung meint in diesem Zusammenhang die Frage nach „fairem Tausch". Wie viel wird für den Erwerb von Feldern bezahlt, erhalten die beschäftigten Arbeiterinnen und Arbeiter Löhne, welche Preise werden für die erworbenen Güter bezahlt, und so weiter. Die Tatsache, dass manche Staaten mit Industrie- und andere Staaten mit Agrargütern handeln, ist für Galtung zunächst nicht problematisch. Staaten können nur mit den Gütern handeln, die ihnen zur Verfügung stehen. Allerdings wirft er die Frage auf, welcher der beteiligten Akteure hiervon mehr profitiert. Ob die stattfindenden Austauschbeziehungen auf Ausbeutung, also ungleichem Tausch von Werten, basieren, sind nicht primär bedeutend; stattdessen geht es Galtung um die Dynamiken, die aufgrund dieser Tauschbeziehungen innerhalb der Akteure ausgelöst werden.

"The basic point about interaction is, of course, that people and nations have different values that complement each other, and then engage in exchange. Some nations produce oil, other nations produce tractors, and they then carry out an exchange according to the principles of comparative advantages. Imagine that our two-nation system has a prehistory of no interaction at all, and then starts with this type of interaction. Obviously, both will be changed by it, and more particularly: a gap between them is likely to open and widen if the interaction is cumulatively asymmetric in terms of what the two parties get out of it. To study whether the interaction is symmetric or asymmetric, on equal or unequal terms, two factors arising from the interaction have to be examined: (1) the value-exchange between the actors – inter-actor effects (2) the effects inside the actors – intra-actor effects."[5]

Intra-Akteurseffekte zielen auf genau diese innerstaatlichen Auswirkungen von Tauschbeziehungen. Galtung unterscheidet hier zwischen positiven und negativen Auswirkungen. Als negative Auswirkungen definiert er beispielsweise Umweltverschmutzung in Industrieländern oder erschöpfte Rohstoffvorkommen in Entwicklungsländern aufgrund des vermehrten Abbaus. Allerdings gibt es innerhalb der jeweiligen Staaten auch positive Faktoren und diese machen den zentralen Unterschied. Es besteht eine Kluft in der Herstellung und Verarbeitung dieser Güter. Die Herstellung von Industriegütern bedarf mehr Know-how und Aufwand als der bloße Abbau von Ressourcen. Die Tatsache, dass für die Bereitstellung von Industriegütern mehr Aufwand und Entwicklung notwendig ist, entstehen in den Zentralstaaten Spin-Off-Effekte, die eine weitere Entwicklung der Industrien fördern, während solche positiven Effekte in den Peripherienationen ganz oder beinahe komplett ausbleiben. Dies verstärkt wiederum die zentrale Stellung des Zentrums beziehungsweise die periphere Stellung der Peripherie. Die Notwendigkeit von vermehrten Investitionen in Forschung und Entwicklung führt dazu, dass sich die Zentralnationen stetig weiterentwickeln, während dies bei den Peripherienationen aufgrund fehlender Spin-Off-Effekte ausbleibt.

Wenn nun die Peripherienationen mehr Geld für ihre Rohstoffe erhalten würden, ändere dies nach Galtung nichts an der Struktur der Austauschbeziehungen. Da dieses Geld in Industrieprodukte aus den Zentralnationen investiert wird, nehmen lediglich die positiven Intra-Akteurseffekte in den Zentralnationen, nicht aber in den Entwicklungsländern zu. Die vertikale Interaktion bildet somit die Hauptquelle der Ungleichheit zwischen den Nationen.

Die feudale Interaktionsstruktur dient nun der Aufrechterhaltung dieser Ungleichheit. Die feudale Interaktionsstruktur kennzeichnet, dass die Interaktion der Peripherieländer mit der Außenwelt durch ein einziges Zentrum monopolisiert wird. Der Kontakt oder Handel mit anderen Nationen ist der

---

[5]Galtung, "A Structural Theory of Imperialism," 85.

Peripherienation nicht möglich und kann allenfalls über die Zentralnation, an welches die Peripherienation gebunden ist, erfolgen. Indem das Zentrum als „Tor zur Welt" fungiert und die Peripheriestaaten so an sich bindet, dass diese lediglich mit dem Zentrum interagieren können, verfestigt das Zentrum seine dominante Stellung in der internationalen Struktur. Daraus folgt, dass sich der Güterhandel einer Peripherienation immer mehr auf ein einziges Zentrum konzentriert, wodurch die Peripherieländer besonders anfällig für Nachfrage- und Preisschwankungen sind. Die Struktur, welche die Ungleichheit hervorbringt, wird durch dieses komplexe feudale Beziehungsgeflecht noch verstärkt. Den perfekten Imperialismus kennzeichnet nicht die direkte Gewalt, sondern die strukturelle Gewalt, die sich aus dem Intra-Akteurseffekt im Rahmen der vertikalen Interaktionsbeziehung und der feudalen Interaktionsstruktur ergeben.

Während andere Theorien des Neoimperialismus die Bedeutung ökonomischer Faktoren klar in den Vordergrund stellen, unterscheidet Galtung zwischen fünf verschiedenen Formen von Imperialismus: dem ökonomischen, politischen, militärischen, kommunikativen und kulturellen Imperialismus. Alle fünf Formen werden als gleichrangig angesehen. Galtungs Ausführungen zufolge wäre eine Hierarchisierung unangebracht, da alle Formen eng miteinander verknüpft sind und sich entsprechende Interdependenzen ergeben können. So führe eine ökonomische Überlegenheit der Zentren gegenüber den Peripherien auch zu einer militärischen. Die strukturelle Überlegenheit auf einer Ebene kann sich auf eine andere Ebene niederschlagen oder aber diese Überlegenheit wird genutzt, um die Stellung einer anderen Ebene zu stützen. Diese Szenarien können der theoretischen Ausführungen beliebig oft zwischen den einzelnen Formen wiederholt werden.

In seiner Theorie unterscheidet Galtung weiterhin drei Phasen des Imperialismus eingeteilt in einen zeitlichen Kontext: Vergangenheit, Gegenwart und Zukunft. Die Zeiteinheiten Vergangenheit, Gegenwart und Zukunft spielen bezüglich der Formen der Kontrollausübung des Zentrums über die Peripherie eine bedeutende Rolle. Die erste Phase des Imperialismus, vereinfacht die koloniale Vergangenheit, markiert die Okkupation der Entwicklungsstaaten durch weiße europäische Siedler. Diese Okkupation garantierte in der Vergangenheit die Kontrolle über die Kolonialstaaten durch direkten Einfluss vor Ort. Die zweite Phase markiert die Phase der Entkolonialisierung und den Verlust des direkten Einflusses der Kolonialherren. Laut Galtung übernahm im Anschluss an die direkte Kontrolle durch europäische Staaten internationale Organisationen die indirekte Kontrolle über die Peripherienationen. Die dritte Phase verankert Galtung in der Zukunft. Bedeutend ist in dieser Phase die Rolle von Kommunikationsmitteln, die einen Austausch der Zentren vereinfachen und das Forum der Internationalen Organisationen obsolet machen. Galtung kritisiert bereits in den Anfangszeilen seiner theoretischen Ausführungen „the tremendous inequality, within and between nations" (81) sowie den Widerstand diese Ungleichheit zu verändern. In der Struktur von Abhängigkeits- und Machtverhältnissen sieht er den zentralen Grund für die Stabilität dieser Ungleichheit. So erklärt Galtung die Existenz von reichen und armen Nationen mit der Struktur in und zwischen den Nationen. In einer bloßen Umverteilung von Besitztümern zwischen reichen und armen Nationen sei, laut Galtung, diese Ungleichheit nicht aufzulösen. Stattdessen müsse die Struktur verändert werden. Seinen Ausführungen zufolge sei eben diese Struktur sowohl innerstaatlich wie international zu modifizieren, wofür Galtung konkrete Ansätze vorschlägt. Durch „Horizontalisierung" sowie „Defeudalisierung" sei das internationale Herrschaftssystem zu ändern. Unter „Horizontalisierung" versteht Galtung die Herstellung von gleichmäßigeren Austauschverhältnissen (zum Beispiel den Ankauf von Industriegütern aus Peripherienationen), den Abbau vertikaler Interaktion und ein gesteigertes Selbstbewusstsein von Peripherienationen (Ersatzmöglichkeiten für Importe und Entwicklung eigener Präferenzen). Die „Defeudalisierung" soll eine horizontale Interaktion zwischen den Peripherienationen ermöglichen und den Peripherienationen den allgemeinen Kontakt mit weiteren Zentrum- oder Peripherienationen zugestehen und somit horizontale Austauschverhältnisse und eine Multilateralisierung des Systems herstellen. Zur Überwindung der innerstaatlichen Herrschaftsstrukturen definiert Galtung drei Strategien: eine Reduzierung der Harmonie zwischen den Zentralnationen, eine Verringerung der Disharmonie zwischen den Peripherienationen und Veränderungen in den Zentralnationen (Umbau der Strukturen zum Verzicht der Ausbeutung der Peripherie). Im Prinzip zielt Galtung auf veränderte Kooperationsmuster ab, sodass die Peripherien miteinander kooperieren oder die Zentralnation aus eigenem Antrieb ihr Verhalten ändert. Zusammenfassend schlägt Galtung vor, die bestehenden Strukturen von Zentrum und Peripherie sowohl international als auch innerstaatlich zugunsten einer stärkeren Beteiligung der Peripherien zu modifizieren. Durch eine gleichberechtigtere Teilhabe sowie neue Kooperationspartner könnte die Ungleichheit durchbrochen werden. Von zentraler Bedeutung ist, dass die geschilderten Grundbedingungen nur auf der Systemebene und nicht auf der Akteursebene gelöst werden können. Eine Veränderung des Herrschaftsverhältnisses zwischen Zentrum und Peripherie kann demnach nur durch die Änderung des Weltwirtschaftssystems erreicht werden.

Galtungs Theorie weist einige Anknüpfungspunkte mit der Dependenztheorie auf.[6] Während sich Dependenztheoretiker wie Prebisch und Singer (siehe in den entsprechenden Beitrag) vor allem mit der Verschlechterung der *Terms of Trade* zuungunsten von Entwicklungsländern beschäftigen, versucht Galtung die Konsequenzen anhaltender Asymmetrien in den wirtschaftlichen Beziehungen für den Entwicklungsgrad ehemaliger Kolonialstaaten aufzuzeigen. Anders als Vertreter und Vertreterinnen der Dependenztheorie geht Galtung davon aus, dass nicht die gegenläufigen Preisentwicklungen für Rohstoffe auf dem Weltmarkt, sondern die ungleichen Tauschbedingungen der Grund für wirtschaftliche Rückstände in Entwicklungsländern ist. Wenn die Interaktionsstruktur so ausgestaltet ist, dass diese zu unterschiedlichen Dynamiken bei den beteiligten Akteuren führen, verstärken innerstaatliche Spinn-Off-Effekte (technische Entwicklung in den Zentralnationen) die Distanzbeziehung zwischen Zentren und Peripherien. Galtung formuliert die alleinige Fokussierung auf Handelsbeziehungen und die damit einhergehende Vernachlässigung von innerstaatlichen Strukturen und Prozessen als zentralen Kritikpunkt an den Dependenztheorien.

Galtung verwendet in seiner Theorie Aspekte der kapitalistischen Gesellschaftsordnung von Marx und Engels (siehe in den entsprechenden Beitrag),[7] hebt diese allerdings auf die internationale Ebene. Ähnlich wie Marx und Engels geht auch Galtung von Ausbeutungsstrukturen aus, wobei jeweils das Zentrum die Peripherie dominiert und ausbeutet. Diesen Zustand sieht Galtung sowohl zwischen Zentrum- und Peripherienation, als auch innerhalb beider Nationen. Dass Galtung zwischen innerstaatlichen und internationalen Zentrums- und Peripherieakteuren unterscheidet, zeigt die Nähe zu Lenins Arbeiten betreffend der „Arbeiteraristokratie" (siehe Beitrag zu Wladimir I. Lenin). Ähnlich wie die dort dargestellten Arbeiterinnen und Arbeiter in England, die sich an der Ausbeutung der Kolonien bereichern, profitiert auch die Peripherie des Zentrums vom Abhängigkeitsverhältnis der Peripherienation. Dass beide Akteure (Arbeiterinnen und Arbeiter und Peripherie des Zentrums) schlechter gestellt sind als die Bourgeoisie und das Zentrum der Zentralnation, führt nicht automatisch

---

[6]Zur Dependenztheorie siehe Raúl Prebisch, *The Economic Development of Latin America and its Principal Problems* (New York: 1950) und Hans Singer, "The Distribution of Gains between Investing and Borrowing Countries," *American Economic Review* 40 (1950), 473–485.

[7]Zur Theorie der kapitalistischen Gesellschaftsordnung sowie zum Begriff der „Arbeiteraristokratie" siehe Karl Marx, *Das Kapital* (Hamburg 1867) sowie Friedrich Engels, *Die Lage der arbeitenden Klasse in England* (Berlin 1845).

zu einer Solidarisierung der Peripherien gegen die Zentren. Durch Umverteilung und sonstige Anreize vermag es die Bourgeoisie die arbeitende Gesellschaft an sich zu binden, sodass eine Konservierung des Status quo auch für diese reizvoll ist. Die Befriedigung von Bedürfnissen, beziehungsweise die Umverteilung beschränkt sich jedoch nur auf wirtschaftliche bzw. monetäre Aspekte, ohne dass eine Veränderung der Machtstrukturen damit verbunden wäre. Ohne eine exakte Rezeption der Theorie von Hirschman, geht Galtung doch in den Grundzügen auf Hirschmans Theorie über die Verwendung der Handelspolitik, um Abhängigkeitsverhältnisse zwischen reichen und armen Ländern zu verfestigen, ein.

Galtungs Ausführungen zu Entwicklungsstaaten und deren Abhängigkeit beeinflussten nachhaltig die lateinamerikanische Dependenztheorie sowie die Neoimperialismustheorien in Europa. Seine Überlegungen wurden nicht nur von Dependenztheoretikern aufgegriffen, sondern auch von weiteren Theoretikern innerhalb der Politischen Ökonomie. So wurden Galtungs Überlegungen zu den *Spill-over*-Effekten zwischen den einzelnen Ebenen des Imperialismus später von verschiedenen Wissenschaftlerinnen und Wissenschaftlern im Zusammenhang mit dem Niedergang der amerikanischen Hegemonie aufgegriffen.[8] In aktuellen Debatten zur Entwicklungspolitik spielt Galtung nur noch eine untergeordnete Rolle. Die Hochphase seines Einflusses ist zweifelsfrei in den 1970er Jahren zu verorten. Während dieser Phase spielten Galtungs Überlegungen nicht nur in der Wissenschaft eine vielzitierte Rolle, sondern fanden durch die Mitarbeit in der UNCTAD und CEPAL Eingang in die internationale Politik.

Literaturverzeichnis

Bruce Russett, "America's Continuing Strengths," *International Organization* 39:2 (1985), 207–223.
Friedrich Engels, *Die Lage der arbeitenden Klasse in England* (Berlin 1845).
Hans Singer, "The Distribution of Gains between Investing and Borrowing Countries," *American Economic Review* 40 (1950), 473–485.
Johan Galtung, "A Structural Theory of Imperialism," *Journal of Peace Research* 8:2 (1971), 81–117.
Karl Marx, *Das Kapital* (Hamburg 1867).

---

[8]Zur Theorie des *American Decline* siehe Bruce Russett, "America's Continuing Strengths," *International Organization* 39:2 (1985), 207–231; Susan Strange, "The Persistent Myth of Lost Hegemony," *International Organization* 41:4 (1987), 551–574.

Raúl Prebisch, *The Economic Development of Latin America and its Principal Problems* (New York: 1950).

Susan Strange, "The Persistent Myth of Lost Hegemony," *International Organization* 41:4 (1987), 551–574.

Die Ölkrisen und der *American Decline*

Charles P. Kindleberger

Hubert Zimmermann

Die Weltwirtschaftskrise der frühen 1930er Jahre ist wahrscheinlich der am häufigsten zitierte Referenzpunkt von Forschungen zur neueren Wirtschaftsgeschichte und zu Wirtschafts- und Finanzkrisen. Kaum eine zeitgenössische Analyse aktueller oder potenzieller wirtschaftlicher Verwerfungen kommt ohne Hinweis auf die ‚Große Depression', ihre katastrophalen politischen Folgen und die daraus gezogenen Konsequenzen aus. Die bekannteste Analyse dieses epochalen Ereignisses ist Charles P. Kindlebergers (1919–2003) *The World in Depression, 1929–1939*, veröffentlicht im Jahr 1973. Dies war jenes Jahr, in dem das Nachkriegswährungssystem der festen Wechselkurse (das Bretton-Woods-System) endgültig zusammenbrach[1]. Zusammen mit dem Ölpreisschock als Folge des Jom-Kippur Kriegs zwischen Israel und arabischen Staaten im Oktober 1973 rief die Bretton-Woods-Krise zum ersten Mal wieder das Spektrum eines globalen ökonomischen Kollapses mit entsprechenden Folgen für das Welthandelssystem hervor. Ursprünglich sollte das System der festen Wechselkurse Wechselkursschwankungen und einseitige Abwertungen, um Handelsvorteile zu erlangen, verhindern, jedenfalls in der westlichen Welt. Durch Kapitalverkehrskontrollen, die Bindung der Währungen an die

---

[1]Hubert Zimmermann, "Unravelling the Ties that Really Bind: The Dissolution of the Transatlantic Monetary Order and European Monetary Cooperation, 1965–73" in *The Strained Alliance: Conflict and Cooperation in U.S.-European Relations from Nixon to Carter*, herausgegeben von Matthias Schulz (Cambridge: Cambridge University Press, 2009), 125–144.

H. Zimmermann (✉)
Philipps Universität Marburg, Marburg, Deutschland
E-Mail: zimmer2d@staff.uni-marburg.de

Leitwährung Dollar, die amerikanische Garantie des Dollarwertes durch dessen Anbindung an die US-Goldreserven und durch Interventionen der Notenbanken sollten stabile Paritäten erreicht werden. Diese boten wiederum den Rahmen für einen durch Währungsturbulenzen ungestörten Aufschwung des Handels in der Nachkriegszeit und den zunehmenden Abbau von Handelsschranken, insbesondere im Rahmen multilateraler Freihandelsrunden. Nachdem sich die westeuropäischen Staaten und Japan von den Folgen des Krieges erholt hatten, wurde der Welthandel in immer größerem Tempo liberalisiert, ebenso die Kapitalmärkte. Auch wenn dies zu einem langanhaltenden ökonomischen Aufschwung führte, so zeigten sich doch auch Nachteile. Die zunehmenden Möglichkeiten zur Währungsspekulation führten dazu, dass krisenanfällige Währungen wie das britische Pfund und der französische Franc, noch mehr und ominöser aber der Dollar selbst, zunehmend unter Druck gerieten. Schon Anfang der 1960er Jahre hatten zunehmende Konversionen von Dollar in Gold die amerikanischen Goldreserven schrumpfen lassen. Daran änderte auch massiver Druck der Vereinigten Staaten, teilweise unter Infragestellung der Sicherheitsgarantien im Kalten Krieg, nichts[2]. Im August 1971 zog Präsident Richard Nixon die Notbremse. Er kündigte an, dass die Vereinigten Staaten von nun an keine Goldkonversionen mehr vornehmen würden und dass sie zudem einen Einfuhrzoll von 10 % auf Importwaren erheben würde, um so die amerikanische Handelsbilanz auszugleichen. Wenn die amerikanischen Verbündeten weiterhin eine feste Parität zum Dollar anstrebten, so sei dies nun ihre Verantwortung. Wie später die Regierung Trump, so ging auch Nixon davon aus, dass die Handelsbilanzdefizite der Vereinigten Staaten aufgrund unfairer Vorteile für die Staaten mit positiver Bilanz zustande kamen.

Die anschließenden Versuche, eine neue Währungsordnung auf der Basis fester Wechselkurse zu schaffen, scheiterten. 1973 gingen die am Bretton-Woods-System beteiligten Staaten endgültig zu flexiblen Wechselkursen über. Auch wenn die zehnprozentige Importsteuer schon im Dezember 1971 wieder abgeschafft wurde, so riefen die Ereignisse, insbesondere die unilaterale Vorgehensweise der Vereinigten Staaten und der Zusammenbruch der Kooperation, deutliche Reminiszenzen an die Weltwirtschaftskrise der dreißiger Jahre hervor. In dieser von erregten Debatten um den machtpolitischen und wirtschaftlichen Abstieg der vom Vietnamkrieg erschütterten Vereinigten Staaten geprägten Zeit kam das Buch des amerikanischen Ökonomen und

---

[2]Hubert Zimmermann, *Money and Security. Troops and Monetary Policy in Germany's Relations to the United States and the United Kingdom, 1950–1971* (Cambridge University Press: Cambridge, 2002).

Wirtschaftshistorikers Charles P. Kindleberger über die Weltwirtschaftskrise zu einem denkbar günstigen Zeitpunkt. Schließlich bot es eine eingängige Erklärung für die krisenhaften Entwicklungen und gleichzeitig eine Warnung für die politischen Akteure der Gegenwart vor einem erneuten Schritt in den Abgrund einer weltweiten Depression.

Kindleberger hatte die große Weltwirtschaftskrise selbst unmittelbar miterlebt. 1910 in New York geboren, promovierte er Anfang der dreißiger Jahre an der Columbia Universität und arbeitete ab 1936 für das amerikanische Finanzministerium und die amerikanische Zentralbank, die Federal Reserve. Nach Ende des Krieges wechselte er in das amerikanische Außenministerium. Er leitete die für die deutsche und österreichische Wirtschaft zuständige Abteilung und war insbesondere auch beteiligt an der Umsetzung des Marshall-Plans, jenes Wiederaufbauprogramm, dem ein wesentlicher Anteil am Wiederaufstieg Europas zugeschrieben wird. Kindleberger war somit an zentraler Stelle an der Gestaltung der Nachkriegswirtschaftsordnung beteiligt, und dies festigte seine Überzeugung, dass Märkte politisch gestaltbar waren. Nach 1948 lehrte er am Massachusetts Institute of Technology in Boston und veröffentlichte eine Vielzahl richtungsweisender Bücher und Artikel.

Zusammen mit *Manias, Panics, and Crashes* (1978), einer Geschichte der Finanzkrisen, wurde *The World in Depression*[3] sein bekanntestes Buch. Dies lag nicht nur am günstigen Zeitpunkt des Erscheinens, sondern auch daran, dass das Werk eine Theorie für den Erfolg und das Scheitern globaler wirtschaftlicher Kooperation anbot, die später als Theorie der hegemonialen Stabilität *(Hegemonic Stability Theory)* bekannt wurde. *The World in Depression* ist eine internationale Geschichte der Weltwirtschaft in der Zwischenkriegszeit 1918–1939. Die zentrale Frage ist, aus welchen Gründen die Weltwirtschaftskrise zu einer so tief greifenden, langanhaltenden und so viele Volkswirtschaften betreffenden ökonomischen Katastrophe werden konnte. Kindleberger suchte diese Frage mittels einer historischen Rekonstruktion der wichtigsten politischen Schritte und ihrer Konsequenzen zu illustrieren. Durch seine Überzeugung der gegenseitigen Bedingtheit von Politik und Märkten wurde er auch zu einem der Gründungsväter der Internationalen Politischen Ökonomie. Damit grenzt er sich zunächst ab von den Erklärungen neoklassischer Ökonomen und Ökonominnen, die die Ursache vor allem in verfehlter monetärer Politik in den Vereinigten Staaten sehen und Krisen als Schritte im Rahmen der Selbstheilungskraft der Märkte

---

[3] Charles P. Kindleberger, *The World in Depression 1929–1939* (London: Allen Lane The Penguin Press, 1973).

sehen, die möglichst wenig von politischen Eingriffen behindert werden sollten[4]. Auch gegen keynesianische Rezepte einer expansiven nationalen Wirtschaftspolitik wendet sich Kindleberger. In einem Aufsatz von 1978[5] argumentierte er, dass Regierungen die Steuerung der internationalen Handelspolitik nicht pluralistischen Märkten überlassen dürften: „*...pluralism tends to underproduce vital public goods and to over-produce a public bad, neo-nationalism."* (15). Die Folge sei Trittbrettfahrertum, welches nur durch koordiniertes Handeln von Regierungen verhindert werden könne. Stattdessen hätte nach seiner Auffassung die amerikanische Regierung aktiv eine anti-zyklische Politik betreiben sollen, insbesondere indem sie einen Markt für Volkswirtschaften in Schwierigkeiten bereitstellte und die Kreditvergabe nicht einschränkte, wie es die amerikanische Regierung tat. Diese Funktion als *lender of last resort* hatten die Vereinigten Staaten nicht mehr erfüllt, im Gegensatz zu den 1920er Jahren, als sie sich an multilateralen Initiativen beteiligten, die die Zahlungsfähigkeit Deutschlands garantieren sollten. Die Wurzeln dieser Entwicklung lagen laut Kindleberger schon in den Boom-Jahren der Goldenen Zwanziger begründet, denn auch in dieser Periode waren die Zölle in den Vereinigten Staaten und Großbritannien schon angestiegen. Die negativen Auswirkungen wurden allerdings durch die reichlich verfügbaren internationalen Kredite eingegrenzt. Eine vom Völkerbund einberufene Weltwirtschaftskonferenz im Jahr 1927 änderte daran nichts, da kein Land bereit war, eine Führungsrolle zu übernehmen. Kindleberger beschreibt, wie die amerikanische Regierung es selbst nach dem Höhepunkt der Krise versäumte, auf der Weltwirtschaftskonferenz vom Juni 1933 in London für eine Kooperation der großen Wirtschaftsnationen zu kämpfen. Die Ursache war das fehlende Bewusstsein für die Notwendigkeit internationaler *leadership* und ein zu starker Fokus auf partikulare innenpolitische Interessen:

> "(…) the attempt of a system of countries with interlocking multilateral trade to achieve export surpluses tends to wipe out all trade as successive trading partners cut imports from the next country.
>
> In these circumstances, the international economic and monetary system needs leadership, a country which is prepared, consciously or unconsciously, under some system of rules that it has internalized, to set standards of conduct for other countries; and to seek to get others to follow them, to take on an undue share of

---

[4]Milton Friedman und Anna J. Schwartz, *A Monetary History of the United States, 1867–1890* (Princeton, NY: Princeton University Press, 1963).

[5]Charles P. Kindleberger, „Government and International Trade," *Essays in International Finance*, No. 129, (July 1978), www.princeton.edu/~ies/IES_Essays/E129.pdf (1.10.2017).

> the burdens of the system, and in particular to take on its support in adversity by accepting its redundant commodities, maintaining a flow of investment capital and discounting its paper. Britain performed this role in the century to 1913; the United States in the period after the Second World War to, say, the Interest Equalization Tax in 1963. It is the theme of this book that part of the reason for the length, and most of the explanation for the depth of the world depression, was the inability of the British to continue their role of underwriter to the system and the reluctance of the United States to take it on until 1936."[6]

So konnte ein nicht ungewöhnlicher ökonomischer Schock, wie der Crash der amerikanischen Börsen im Oktober 1929, zu einer Kaskade von negativen Auswirkungen führen, die zu einer massiven und nie dagewesenen Unterbrechung der Welthandelsströme führte. In einem häufig reproduzierten Diagramm zeigt Kindleberger die Spirale der Kontraktion des Welthandelsvolumens, welches von 1929 bis 1933 um zwei Drittel sank.[7] Er verdeutlicht in den empirischen Kapiteln die Auswirkungen der Weltwirtschaftskrise insbesondere in Europa, wo Banken- und Firmenzusammenbrüche und nationale Abschottung zu Massenarbeitslosigkeit und grassierender Armut führten. Daran konnte auch der *Reciprocal Trade Agreements Act* von 1934 nichts ändern, der die US-Regierung autorisierte, Handelsabkommen mit Partnerstaaten zu verhandeln und damit eine Trendwende der protektionistischen Handelspolitik der Zwischenkriegszeit einleitete.

Zusammenfassend identifizierte Kindleberger fünf öffentliche Güter, welche die Vereinigten Staaten zur Aufrechterhaltung eines funktionierenden Weltwirtschaftssystems hätten bereitstellen müssen: 1) die Offenheit des eigenen Binnenmarkts, um so Exporte krisengeschüttelter Staaten zu ermöglichen; 2) die anti-zyklische Vergabe langfristiger Kredite; 3) die aktive Unterstützung eines Systems stabiler Wechselkurse; 4) eine leitende Rolle bei der Herstellung internationaler makro-ökonomischer Kooperation; und 5) die Bereitschaft als *lender of last resort* zu agieren. Diese Elemente zeigen die Bedeutung die Kindleberger der Bereitstellung internationaler Liquidität, und damit einem funktionierenden Währungssystem, als Basis für den Welthandel beimisst. Keines dieser Güter sei von den Vereinigten Staaten (oder Großbritannien) während der Weltwirtschaftskrise konsistent bereitgestellt worden:

> "The explanation of this book is that the 1929 depression was so wide, so deep and so long because the international economic system was rendered unstable by British

---

[6]Kindleberger, *The World in Depression 1929–1939*, 26–28.
[7]Kindleberger, *The World in Depression 1929–1939*, 172.

> inability and United States unwillingness to assume responsibility for stabilizing it in three particulars: (a) maintaining a relatively open market for distress goods; (b) providing counter-cyclical long-term lending; and (c) discounting in crisis. The shocks to the system from the overproduction of certain primary products such as wheat; from the 1927 reduction of interest rates in the United States (if it was one); from the halt of lending to Germany in 1928; or from the stock-market crash of 1929 were not so great. Shocks of similar magnitude had been handled in the stock-market break in the spring of 1920 and the 1927 recession in the United States. The world economic system was unstable unless some country stabilized it, as Britain had done in the nineteenth century and up to 1913. In 1929, the British couldn't and the United States wouldn't. When every country turned to protect its national private interest, the world public interest went down the drain, and with it the private interests of all."[8]

Erst nach dem Ende des Zweiten Weltkriegs, maßgeblich auch als Konsequenz der Notwendigkeit einer westlichen Blockbildung, betrieben die Vereinigten Staaten eine proaktive Politik, als deren Folge die Bretton-Woods-Institutionen, wie der Internationale Währungsfonds (IWF) und die Weltbank, und das *General Agreement on Tariffs and Trade* (GATT) entstanden. Der in den frühen 1970er Jahren drohende Kollaps dieser Institutionen brachte laut Kindleberger die Gefahr mit sich, dass sich die Geschichte wiederholte. Explizit verstand er sein Buch auch als eine Warnung an die politisch Handelnden. In einem Ausblick am Ende des Buchs zeigte Kindleberger die unterschiedlichen positiven und negativen Szenarien auf, die sich aus seiner Analyse für den Ausgang der krisenhaften Entwicklungen im Bretton-Woods-System der 1970er Jahre ergeben. Eine positive Entwicklung könnte am ehesten dadurch erreicht werden, dass dominante Staaten die führende Rolle bei der Steuerung der Weltwirtschaft übernehmen. Dies ist der zentrale Gedanke der Theorie hegemonialer Stabilität.

Die Theorie der hegemonialen Stabilität argumentiert, dass für die Schaffung und den dauerhaften Fortbestand eines Systems internationaler wirtschaftlicher Kooperation eine dominante Macht – ein Hegemon – notwendig ist, um zentrale öffentliche Güter, darunter Freihandel, bereitzustellen. Dieser Hegemon (ein Begriff, den Kindleberger selbst nicht verwendete) erbringt die nötigen Vorleistungen, die bei langfristiger Kooperation notwendig sind: so öffneten die Vereinigten Staaten nach dem Zweiten Weltkrieg ihre Märkte europäischen Gütern, erlaubten ihren Partnern aber gleichzeitig, ihre fragilen Volkswirtschaften bis zur Erlangung der Konkurrenzfähigkeit abzuschotten. Ein Hegemon ergreift auch die Vorreiterrolle bei der Verhandlung der gemeinsamen Regeln und sanktioniert

---

[8]Kindleberger, *The World in Depression 1929–1939*, 91–92.

Regelbrüche. Diese Aufgaben übernimmt er in wohlverstandenem Eigeninteresse, da er selbst am meisten von Stabilität profitiert. Erfüllt der Hegemon seine Aufgaben allerdings nicht, so droht der Zusammenbruch der Kooperation. Genau dies, so Kindleberger, sei während der Weltwirtschaftskrise passiert: Großbritannien, welches im 19. Jahrhundert als wirtschaftlicher Hegemon das System stabilisiert hatte, indem es die eigenen Märkte liberalisierte, war nach dem Ersten Weltkrieg zu geschwächt, um diese Rolle zu übernehmen. Die Vereinigten Staaten hingegen, als dominante ökonomische Macht aus dem Krieg hervorgegangen, waren nicht bereit, diese Führungsrolle einzunehmen und konzentrierten sich ausschließlich auf die innenpolitischen Zwänge. Die berüchtigten Smoot-Hawley-Zölle vom Juni 1930, mit denen die Vereinigten Staaten ihre Einfuhrzölle auf ein Rekordniveau hoben und damit eine Reihe von protektionistischen Gegenmaßnahmen provozierten, reflektierten die nach innen gerichtete Perspektive des Kongresses und der Exekutive, angeführt von Präsident Herbert Hoover, der seinen Wahlkampf mit der Thematik des Schutzes amerikanischer Farmer und Arbeiter vor der Globalisierung bestritten hatte.

"Britain clung to free trade from 1846 (or some year thereafter, such as 1860, when all tariffs but those for revenue had been dismantled) until 1916. [p. 294] After 1873, she was not growing rapidly, but continued to adhere to free trade since her declining industries were exporters rather than import-competers. Her tenacity in adhering to free trade in depression may have been born of cultural lag and the free-trade tradition of Adam Smith, rather than of conscious service to the world economy.

This contrast is with the Smoot-Hawley Tariff Act of 1930. At the first hint of trouble in agriculture, [President] Hoover reached for the Republican household remedy. (...) The action was important less for its impact on the United States balance of payments, or as conduct unbecoming a creditor nation, than for its irresponsibility. The congressional rabble enlarged protection from agriculture to primary products and manufactures of all kinds, and Hoover, despite more than thirty formal protests from other countries and the advice of 1,000 economists, signed the Bill into law. This gave rise to (or at least did nothing to stop) a headlong stampede to protection and restrictions on imports, each country trying to ward off deflationary pressure of imports, and all together ensuring such pressure through mutual restriction of exports. As with exchange depreciation to raise domestic prices, the gain from one country was a loss for all. With tariff retaliation and competitive depreciation, mutual losses were certain. The formula of tariff truce and exchange stabilization proposed for the World Economic Conference of 1933 offered no positive means of raising prices or expanding employment. It would none the less have been significant as a means of slowing further decline. With no major country providing a market for distress goods, or willing to tolerate appreciation, much less furnish long-term capital or discounting facilities to countries suffering from payments difficulties, the fallacy of composition with the whole less than the sum of its parts ensured that deflation would roll on."[9]

Laut Kindleberger waren die ökonomischen Konsequenzen der Zölle somit nicht das zentrale Problem; wichtig war das politische Signal: *„The failure was in leadership"* (133). Mit diesem Fokus auf politisches Versagen (im Gegensatz zu Marktversagen) ist Kindleberger am ehesten der realistischen Schule der Internationalen Beziehungen zuzuordnen, auch wenn die zentrale Problematik für ihn weniger die Dynamik der Machtkonkurrenz, sondern die Bereitstellung öffentlicher Güter, wie offener Märkte, ist (siehe in Beitrag zu Mancur Olson). Dabei sind Staaten die ausschlaggebenden Akteure für die Steuerung der internationalen Wirtschaftsbeziehungen. Sie verfolgen eine an nationalen Interessen ausgerichtete Politik, die bei unterschiedlich gelagerten Interessen die Kooperation erschwert. An Kindleberger wird auch der normative Kern realistischer Theorien deutlich: es liegt an aufgeklärten politischen Eliten, diese nationalen Interessen zu formulieren und durchzusetzen. Dabei dürfe man sich nicht von innenpolitischen Partikularinteressen oder ideologischen Positionen leiten lassen. Ansonsten drohe eine Spirale der (wirtschaftspolitischen) Aufrüstung, insbesondere durch protektionistische Schutzmaßnahmen. An diesem Punkt ist die Rolle eines wohlwollenden Hegemonen zentral, um diese Dynamik zu durchbrechen.

Auch wenn Kindleberger selbst nicht vorhatte, unmittelbar theoriebildend zu wirken, so wurden seine Thesen doch bald breit rezipiert. Die Analyse in *The World in Depression* inspirierte nicht nur zahlreiche Autorinnen und Autoren, die die Relevanz des Arguments bis heute hervorheben. Bis in die jüngste Zeit wird Kindleberger auch von politischen Akteuren zitiert. So verwies der deutsche Finanzminister Wolfgang Schäuble unmittelbar nach dem Ausbruch der Eurokrise 2010 auf das Werk, um so die Bedeutung einer deutsch-französischen Führung in der Eurozone hervorzuheben[10]. Allerdings hatte er dabei wohl missverstanden, dass zu den Verpflichtungen eines verantwortlichen Führungsmacht im Sinne Kindlebergers auch die Bereitstellung von Märkten für notleidende Wirtschaftszweige in anderen Ländern *(consumer of last resort)* und die Verfügbarmachung von Krediten *(lender of last resort)* gehörten. Nichtsdestotrotz wurde Kindlebergers Analyse im Zusammenhang mit der Eurokrise immer wieder

---

[9]Kindleberger, *The World in Depression 1929–1939*, 293–294.
[10]Wolfgang Schäuble, Rede an der Sorbonne, 2.11.2010, www.bundesfinanzministerium. de/Content/DE/Reden/2010/2010-11-02-sorbonne.html (1.10.2017).

zitiert. Hier ging es vor allem darum, ob Deutschland als dominanter Akteur in der Eurozone eine aktive Rolle als wohlwollender Hegemon hätte einnehmen müssen, statt, wie viele kritische Analysen monierten, sich einseitig auf ausgeglichene Staatsbudgets und die Wettbewerbsfähigkeit des eigenen Exportsektors zu konzentrieren.[11] Danach solle Deutschland seinen Widerstand gegen eine Rolle der Europäischen Zentralbank als *lender of last resort* aufgeben und mithilfe einer binnenwirtschaftlichen Expansionsstrategie zum Zugpferd für die europäische Wirtschaft werden, wie zum Beispiel der Nobelpreisträger Paul Krugman (ein Schüler Kindlebergers) argumentierte[12]. Schließlich wird auch in jüngster Zeit diskutiert, wie sich die nationalistische Politik Donald Trumps auf die Weltwirtschaft auswirken wird und ob China bereit sei, stattdessen eine Führungsrolle als wohlwollender Hegemon zu übernehmen[13].

Noch eindeutiger waren die Nachwirkungen im Bereich der Disziplin der Internationalen Politischen Ökonomie. In seinem Standardwerk *The Political Economy of International Relations*[14] etablierte Robert Gilpin, auf Kindleberger aufbauend, die Theorie der hegemonialen Stabilität als einen die Debatte der 1970er und 1980er Jahre prägenden Ansatz zur Erklärung von Erfolg und Scheitern internationaler wirtschaftlicher Kooperation. Er beschrieb die Folgen einer zunehmend unilateralen Politik der Vereinigten Staaten in den 1960er und 1970er Jahren, die dazu führte, dass die im Rahmen der amerikanischen Nachkriegshegemonie geschaffenen Institutionen ihre Wirksamkeit verloren. In der Folge argumentierte Stephen Krasner, dass ein enger Zusammenhang zwischen einer hegemonialen Struktur der internationalen Beziehungen und der Offenheit des internationalen Handelssystems besteht[15]. Ein hegemonialer Staat profitiere sowohl im Hinblick auf das eigene Wirtschaftswachstum als auch seinen politischen Einfluss am stärksten von einem offenen System (siehe in Beitrag

---

[11]Für zwei gegensätzliche Standpunkte in dieser Kontroverse mit direktem Bezug zu Kindleberger siehe Miguel Otero-Iglesias und Hubert Zimmermann, „A Benign Hegemon: Germany's European Vocation" und Matthias Matthijs, „The Failure of German Leadership," in *Key Controversie of European Integration,* herausgegeben von Hubert Zimmermann und Andreas Dür, (London: Palgrave, 2016, 2. Aufl.), 234–250.

[12]Siehe auch Matthias Matthijs, *Reading Kindleberger in Washington und Berlin: Ideas and Leadership in a Time of Crisis* (Johns Hopkins University, 2015).

[13]Joseph S. Nye, *The Kindleberger Trap,* 9 Jan. 2017, http:\\project-syndicate.org (20.05.2019).

[14]Robert Gilpin, *The Political Economy of International Relations* (Princeton: Princeton University Press, 1987).

[15]Stephen Krasner, "State Power and the Structure of Foreign Trade," *World Politics* 28:3, (1976), 317–347.

zu Stephen D. Krasner). Ohne den expliziten Anspruch der Theoriebildung hat Kindleberger diese Argumente in seinem Werk vorweggenommen.

Trotz oder gerade wegen ihrer Popularität wurde Kindlebergers Interpretation allerdings auch viel kritisiert. Dies führte in den 1970er Jahren zu einer die Disziplin Internationale Beziehungen prägenden Debatte. Der einflussreichste Kritiker war dabei wohl Robert O. Keohane, der sich in einem Band mit dem Titel *After Hegemony*[16] gegen die Annahme wandte, dass Kooperation zwischen Staaten in einer interdependenten globalen Wirtschaft nicht ohne die Existenz eines Hegemonen funktionieren könne (siehe in Beitrag zu Robert O. Keohane). Kindleberger hatte den Fokus auf nur einen Staat gelegt und geschrieben: „*With a duumvirate, a troika, or slightly wider forms of collective responsibility, the buck has no place to stop*"[17], *S.299–300*. Wie die letzten zwei Dekaden jedoch zeigten, können auch multipolare Systeme zu relativ stabilen internationalen Handelsbeziehungen führen. Laut Keohane kann Kooperation durch funktionierende Institutionen und Regime erreicht werden, welche die Erwartungen der Akteure stabilisieren und einander annähern. Aus diesem Grunde würde die schwindende Hegemonie der Vereinigten Staaten auch nicht in allgemeinen Auflösungserscheinungen resultieren, sondern sogar in verstärkter Kooperation. Joanne Gowa hat dieses Argument später dahingehend ausgeweitet, dass die Bereitstellung des öffentlichen Gutes stabiler Handelsbeziehungen nicht von der Existenz eines Hegemonen, sondern von der Übereinstimmung von Sicherheitsinteressen der beteiligten Staaten herrührt, welche Kooperation im Außenhandel sehr viel wahrscheinlicher mache[18]. In der Tat kam es trotz der Währungsturbulenzen der 1970er Jahre keinesfalls zu einem allgemeinen Zusammenbruch der Welthandelsbeziehungen, sondern sogar zu einer Intensivierung.

Für die internationalen Handelsbeziehungen gilt Kindlebergers zentrales Argument inzwischen auch als zu sehr vereinfachend, während im Bereich der globalen Währungsbeziehungen die Notwendigkeit eines an den Systeminteressen ausgerichteten Managements der jeweiligen Leitwährung weiterhin überwiegend unbestritten ist. In der Tat vernachlässigt Kindleberger die innenpolitischen Restriktionen der Außenhandelspolitik von Staaten, die dazu führen, dass eine konsistente Bereitstellung notwendiger öffentlicher Güter illusorisch ist.

---

[16]Robert O. Keohane, *After Hegemony: Cooperation and Discord in the World Political Economy* (Princeton: Princeton University Press, 1984).

[17]Kindleberger, *The World in Depression 1929–1939*, 299-300.

[18]Joanna Gowa, *Allies, Adversaries, and Trade* (Princeton: Princeton University Press, 1994).

Empirisch ist solch eine konsistente Politik weder für die Epoche der britischen Hegemonie im 19. Jahrhundert noch für die amerikanische Nachkriegshegemonie feststellbar. Zudem beruht die Theorie auf recht wenigen empirischen Fällen. Zur den britischen und amerikanischen Phasen der Hegemonie ließe sich allenfalls noch schwer überprüfbare Phasen in der Frühen Neuzeit zählen. Für alle diese Epochen ist der kausale Zusammenhang zwischen der Existenz einer führenden Nation und einem stabilen internationalen Handelssystem unklar.

Trotz dieser Einwände bleibt *The World in Depression* ein Standardwerk, welches schulbildend wirkte und weiterhin vielfach zitiert wird, wenn auch vermutlich viele derjenigen, die sich darauf beziehen, das Buch gar nicht gelesen haben. Die Verbindung von empirisch gesättigter, historischer Analyse und konzeptioneller Aussage ist beispielgebend und bietet auch heute noch eine anregende Lektüre.

Literaturverzeichnis

Charles P. Kindleberger, "Government and International Trade," Essays in International Finance, No. 129, (July 1978), http://www.princeton.edu/~ies/IES_Essays/E129.pdf (1.10.2017).

Charles P. Kindleberger, *The World in Depression 1929–1939* (London: Allen Lane The Penguin Press, 1973).

Hubert Zimmermann, "Unravelling the Ties that Really Bind: The Dissolution of the Transatlantic Monetary Order and European Monetary Cooperation, 1965–73" in *The Strained Alliance: Conflict and Cooperation in U.S.-European Relations from Nixon to Carter*, herausgegeben von Matthias Schulz (Cambridge: Cambridge University Press, 2009), 125–44.

Hubert Zimmermann, *Money and Security. Troops and Monetary Policy in Germany's Relations to the United States and the United Kingdom, 1950–71* (Cambridge: Cambridge University Press, 2002).

Joanna Gowa, *Allies, Adversaries, and Trade* (Princeton: Princeton University Press, 1994).

Joseph S. Nye, *The Kindleberger Trap*, 9. Januar 2017, http://www.project-syndicate.org (20.05.2019).

Keohane O. Robert, *After Hegemony: Cooperation and Discord in the World Political Economy* (Princeton: Princeton University Press, 1984).

Matthias Matthijs, „The Failure of German Leadership," in *Key Controversie of European Integration*, herausgegeben von Hubert Zimmermann und Andreas Dür (London: Palgrave, 2016, 2. Aufl.), 234–50.

Miguel Otero-Iglesias und Hubert Zimmermann, "A Benign Hegemon: Germany's European Vocation, in *Key Controversie of European Integration*, herausgegeben von Hubert Zimmermann und Andreas Dür (London: Palgrave, 2016, 2. Aufl.), 234–50.

Milton Friedman und Anna J. Schwartz, *A Monetary History of the United States, 1867–90* (Princeton, NY: Princeton University Press, 1963).

Paul Krugman, Sh. auch Matthias *Matthijs, Reading Kindleberger in Washington und Berlin: Ideas and Leadership in a Time of Crisis* (Johns Hopkins University, 2015).

Robert Gilpin, *The Political Economy of International Relations* (Princeton: Princeton University Press, 1987).

Stephen Krasner, "State Power and the Structure of Foreign Trade," *World Politics* 28:3 (1976), 317–347.

Wolfgang Schäuble, Rede an der Sorbonne, 2. November 2010, http://www.bundesfinanzministerium.de/Content/DE/Reden /2010 /2010-11-02-sorbonne.html (1.10.2017).

Stephen D. Krasner

Holger Janusch

Seit Ende des 19. Jahrhunderts überwogen die Exporte der Vereinigten Staaten deren Importe. Ausgeglichen wurde der daraus resultierende Überschuss zum Großteil durch Investitionen seitens der Vereinigten Staaten im Ausland. Seit Beginn der 1970er Jahre wandelte sich der Handelsüberschuss der Vereinigten Staaten jedoch in ein Defizit, das zunehmend – vor allem während der 1980er Jahre – als Zeichen für den *American Decline,* also den Untergang der wirtschaftlichen Vormachtstellung der Vereinigten Staaten auf dem Weltmarkt, gewertet wurde. Nach einer Phase des Wiederaufbaus als Folge des Zweiten Weltkrieges stiegen Japan, aber auch Deutschland zu neuen Handelsmächten auf. So gerieten zunehmende Sektoren, in denen US-amerikanische Unternehmen zu Weltmarktführern aufgestiegen waren, unter Wettbewerbsdruck durch die zunehmende Konkurrenz aus dem Ausland. Betraf dies in den 1960er Jahren zunächst den Stahlsektor und die Industrien für Unterhaltungs- und Haushaltselektronik, geriet ab den 1970er Jahren zunehmend auch die Automobilindustrie in den Vereinigten Staaten unter Druck. Als Reaktion wuchsen die Befürworter einer protektionistischen Handelspolitik in den Vereinigten Staaten. Ausdruck dessen war das *Steel Voluntary Restraint Agreement,* in dem sich 1968 Japan und die Länder der Europäischen Gemeinschaft zu freiwilligen Beschränkungen für Stahlexporte in die Vereinigten Staaten bereit erklärten, wodurch möglichen Handelskonflikten vorgebeugt werden sollte. 1971 verhängt Präsident Richard Nixon zudem einen Zoll auf Importwaren und kündigte die Bindung

H. Janusch (✉)
Institut für Anglistik, Amerikanistik und Keltologie, Rheinische Friedrich-Wilhelms-Universität Bonn, Bonn, Deutschland
E-Mail: hjanusch@uni-bonn.de

des US-Dollars an Gold auf, was auch als Nixon-Schock bekannt wurde. Diese wirtschaftspolitische Entscheidung führte schließlich zur Aufgabe fester Wechselkurse und dem Zusammenbruch des Bretton-Woods-Systems. Zusätzlich belastend für die Weltwirtschaft folgte 1973 die erste Ölkrise, verursacht durch die Drosselung der Fördermenge der *Organization of the Petroleum Exporting Countries* (OPEC) anlässlich des Jom-Kippur-Krieges. Der daraus resultierende Ölpreisschock führte zu einer Wirtschaftskrise in den Vereinigten Staaten und anderen Industrieländern.[1]

Im Kontext dieser historischen Entwicklungen der Weltwirtschaft, die Zweifel an dem hegemonialen Führungsanspruch der Vereinigten Staaten aufkommen ließen, beschäftigt sich Stephen D. Krasner in seinem Artikel *State Power and the Structure of International Trade* mit der Frage, welche Folgen der Aufstieg und Untergang eines Hegemonen auf die Offenheit des internationalen Handelssystems hat[2]. Krasner sucht somit nach der Ursache für Perioden des Protektionismus und des Freihandels im Welthandel und findet eine Erklärung in der Verteilung wirtschaftlicher Macht zwischen den Staaten. Danach bestimmt die wirtschaftliche Macht eines Landes, also dessen volkswirtschaftliche Größe und Entwicklung, die bevorzugte Handelspolitik eines Staates, um seine gegebenen staatlichen Interessen zu verwirklichen, woraus sich wiederum die Offenheit des internationalen Systems ableitet. Damit kritisiert und grenzt sich Krasner von damaligen Ansätzen in der Disziplin Internationale Beziehungen ab, die den Einfluss transnationaler, multinationaler, transgouvernementaler und bürokratischer Akteure innerhalb des Staates betonten und nach denen die internationale Struktur außerhalb der Kontrolle von Staaten liege. Für Krasner ist diese Perspektive irreführend, da sie zwar Entwicklungen innerhalb einer spezifischen wirtschaftlichen Struktur, aber nicht die Struktur an sich und damit deren grundlegenden Wandel erklären kann.

Für Krasner bildet die Struktur des internationalen Systems das zu erklärende Ereignis, das er mithilfe der Verteilung wirtschaftlicher Macht zwischen den Staaten erklären will. Das zentrale Kontinuum, mit welchem sich die internationale wirtschaftliche Struktur beschreiben lässt, ist dabei der Grad an Offenheit, der von einer kompletten Autarkie bis zu einer vollständigen Öffnung

---

[1] Näheres zur wirtschaftlichen und handelspolitischen Lage der Vereinigten Staaten während der 1960er und 1970er Jahre siehe I. M. Destler, *American Trade Politics* (Washington, DC: Institute for International Economics, 2005).

[2] Stephen D. Krasner, "State Power and the Structure of International Trade," *World Politics* 28:3 (1976), 317–343.

reichen kann. Die Ausgangslage für seine Erklärung der internationalen Handelsstruktur bilden die Interessen von Staaten. Krasner verwirft dabei die neoklassische Annahme, dass Staaten nur auf die Steigerung ihrer wirtschaftlichen Wohlfahrt zielen, die über Freihandel maximiert werden kann. Nach Krasner verfolgen Staaten stattdessen vier primäre Interessen: die Maximierung des aggregierten Nationaleinkommens, des wirtschaftlichen Wachstums, der sozialen Stabilität und der politischen Macht. Diese Interessen verfolgen alle Staaten unabhängig von den inländischen gesellschaftlichen Akteuren. Auch das nationale politische System bleibt unberücksichtigt und wirkt bei Krasner nicht auf die Definition und Verfolgung staatlicher Interessen. Auch wenn alle Staaten die gleichen Interessen teilen, bevorzugen sie entweder eine eher protektionistische oder liberale Handelspolitik, da sie in Abhängigkeit von ihrer wirtschaftlichen Macht eher von einer offenen oder geschlossenen internationalen Handelsstruktur profitieren. Die wirtschaftliche Macht misst Krasner dabei in der relativen wirtschaftlichen Größe und Entwicklung eines Staates.

Nach der neoklassischen Außenhandelstheorie steigt das aggregierte Nationaleinkommen eines Landes unabhängig von der Größe und Entwicklung mit der Offenheit der internationalen Handelsstruktur. Dieser statische Wohlfahrtsgewinn nimmt allerdings mit der steigenden Größe eines Landes ab. Außenhandel verspricht somit kleineren Ländern relativ mehr Wohlfahrtsgewinne als größeren Ländern. Ein Grund hierfür dürfte sein, dass kleinere Länder Nachteile in der Produktion aufgrund ihres kleineren Marktes und dadurch fehlende steigende Skalenerträge *(economies of scale)* über Freihandel ausgleichen können. Steigende Skalenerträge meint, dass bei zunehmendem Einsatz von Produktionsfaktoren die Produktionsmenge überproportional steigt, das heißt, kleinere Länder erzielen durch Freihandel Effizienzgewinne bei der Güterproduktion, da sie für einen größeren Markt produzieren. Der Einfluss der relativen Entwicklung auf das Nationaleinkommen in einem offenen Handelssystem bleibt bei Krasner unberücksichtigt. Die Auswirkungen einer offenen Handelsstruktur auf die dynamischen Wohlfahrtgewinne in Form von wirtschaftlichem Wachstum ist nach Krasner hingegen unabhängig von der wirtschaftlichen Größe eines Landes. Hingegen spielt bei der Steigerung des wirtschaftlichen Wachstums die relative Entwicklung eines Landes eine Rolle, wobei Krasner jedoch auf zwei gegensätzliche Argumente verweist. Einerseits verhindert zum Beispiel nach der Historischen Schule der Nationalökonomie und Dependenztheorie ein offenes Handelssystem die Entwicklung der weniger entwickelnden Länder oder führt sogar zu deren Unterentwicklung. Hochentwickelte Länder müssen hingegen keine jungen Industrien *(infant industries)* schützen und profitieren von den erweiterten Märkten. Anderseits kann langfristig die Mobilität von Kapital, Technologien und

Gütern das Wachstum eines industrialisierten Landes schwächen, da Ressourcen der heimischen Wirtschaft in das Ausland transferiert werden und zukünftige Konkurrenten mit dem Wissen zur Schaffung eigener Industrien ausgestattet werden. Zugleich regt der internationale Wettbewerb die wirtschaftliche Transformation von Entwicklungsländern an.

Das Ziel der sozialen Stabilität umfasst nach Krasner vor allem die Minimierung der kurzfristigen Anpassungskosten, die durch die Anpassung der Produktion und die damit verbundene Umverteilung der Faktoren Kapital und Arbeit bei Veränderungen der internationalen Preise entstehen. Die soziale Stabilität korreliert dabei negativ mit der Offenheit des internationalen Handelssystems, das heißt, je offener das internationale Handelssystem, also je mehr Freihandel herrscht, desto höhere gestalten sich die Anpassungskosten eines Landes unabhängig von dessen Größe und Entwicklung. Diese Anpassungskosten fallen jedoch für größere und hochentwickelte Länder geringer aus. So sind größere Länder weniger in den Welthandel integriert, weshalb ein geringerer Teil der Faktorenausstattung von internationalen Märkten abhängig ist. Außerdem besitzen industrialisierte Länder im Vergleich zu Entwicklungsländern eine höhere Faktormobilität, da qualifizierte Arbeiterinnen und Arbeiter im Gegensatz zu unausgebildeten Arbeiterinnen und Arbeiter einfacher für die Produktion anderer Güter eingesetzt werden können.

> "The relationship between political power and the international trading structure can be analysed in terms of the relative opportunity cost of closure for the trading partners. The higher the relative cost of closure, the weaker the political position of the state. Hirschman has argued that this cost can be measures in terms of direct income losses and the adjustment costs of reallocating factors. These will be smaller for large states and for relatively more developed states. Other things being equal, utility costs will be less for larger states because they generally have a smaller proportion of their economy engaged in the international economic system. Reallocation costs will be less for more advanced states because their factors are more mobile. Hence a state that is relatively large and more developed will find its political power enhanced by an open system because its opportunity costs of closure are less. The large state can use the threat to alter the system to secure economic and noneconomic objectives."[3]

In Anlehnung an Hirschman definiert Krasner die politische Macht eines Staates als die relativen Opportunitätskosten für eine Abschottung von den Handels-

---

[3]Krasner, "State Power and the Structure of International Trade," 320.

partnern. Demnach ist die politische Position eines Staates umso schwächer, je größer sich die Kosten für einen Staat im Falle einer Handelsabschottung gestalten, wobei diese Kosten in Form von direkten Einkommensverlusten und indirekten Anpassungskosten durch die Umverteilung der Produktionsfaktoren gemessen werden können. Da von großen Ländern nur ein relativ geringer Teil der Wirtschaft vom Außenhandel abhängig ist, sinken die relativen Kosten einer Handelsabschottung mit zunehmender wirtschaftlicher Größe eines Landes. Aufgrund der höheren Mobilität ihrer Faktoren sind die Anpassungskosten eines hochentwickelten Landes im Falle einer Abschottung vom Außenhandel ebenfalls geringer als für niedrig entwickelte Länder. Große und höher entwickelte Staaten können demnach die Drohung, den Außenhandel zu unterbrechen, nutzen, um wirtschaftliche und politische Ziele der abhängigeren Länder zu erwirken.

Aufbauend auf den Erkenntnissen zur Verwirklichung der vier staatlichen Interessen – aggregiertes Nationaleinkommen, wirtschaftliches Wachstum, soziale Stabilität und politische Macht – erklärt Krasner die Struktur des internationalen Handelssystems in Abhängigkeit von der Verteilung der wirtschaftlichen Macht. Denn in Abhängigkeit ihrer wirtschaftlichen Macht und dessen Verteilung erwägen Staaten eher eine liberale oder protektionistische Handelspolitik, um ihre vier staatlichen Ziele bestmöglich zu verwirklichen.

Wenn sich ein System aus vielen kleinen und hochentwickelten Staaten zusammensetzt, ist eine offene Struktur, die sich dem Freihandel annähert, äußert wahrscheinlich, da das aggregierte Einkommen und das wirtschaftliche Wachstum aller Staaten in gleichem Maße wächst. Die Kosten sozialer Instabilität fallen ebenfalls relativ gering aus, da hochentwickelte Länder über eine höhere Faktormobilität verfügen. Außerdem verliert kein Land bei einer solchen wirtschaftlichen Machtverteilung durch eine offene Handelsstruktur an politischer Macht, da sich die Kosten für eine Schließung des Welthandels gleichmäßig über alle Länder verteilen, weshalb kein Land abhängiger vom Außenhandel wird als ein anderes. Anders gestaltet sich hingegen die Lage, wenn von einem System mit wenigen großen Staaten, insbesondere wenn diese unterschiedlich entwickelt sind, ausgegangen wird. Diese Verteilung wirtschaftlicher Macht verursacht wahrscheinlich einen Protektionismus und damit eine Schließung der internationalen Handelsstruktur. So können zwar über Freihandel alle Staaten ihr aggregiertes Nationaleinkommen erhöhen, jedoch blieben aufgrund der wirtschaftlichen Größe diese Gewinne moderat. Langfristiges wirtschaftliches Wachstum wäre für die weniger entwickelten Länder ebenfalls nur dürftig, während die hochentwickelten Länder kräftig wachsen und sich weiterentwickeln könnten. Zugleich gefährdet der Freihandel die soziale Stabilität in den weniger entwickelten Ländern, da deren Faktoren nur eine geringe Mobilität aufweisen. Zu guter Letzt würden die weniger entwickelten Ländern durch ein offenes Handelssystem verwundbarer werden, da sie wegen der geringeren Faktorenmobilität höhere Opportunitätskosten im Falle einer Schließung der internationalen Handelsstruktur erwarten zu hätten. Solange die hochentwickelten Länder nicht deutlich militärisch überlegen sind, können sie die weniger entwickelten Länder nicht zu einer Öffnung zwingen, weshalb eine protektionistische Handelspolitik und Schließung der internationalen Handelsstruktur wahrscheinlich ist.

> "Finally, let us consider a hegemonic system – one in which there is a single state that is much larger and relatively more advanced than its trading partners. The costs and benefits of openness are not symmetric for all members of the system. The hegemonic state will have a preference for an open structure. Such a structure increases its aggregate national income. It also increases its rate of growth during its ascendency – that is, when its relative size and technological lead are increasing. Further, an open structure increases its political power, since the opportunity costs of closure are least for a large and developed state. The social instability resulting from exposure to the international system is mitigated by the hegemonic power's relatively low level of involvement in the international economy, and the mobility of its factor.
>
> What of the other members of a hegemonic system? Small states are likely to opt for openness because the advantages in terms of aggregate income and growth are so great, and their political power is bound to be restricted regardless of what they do. The reaction of medium-size states is hard to predict; it depends at least in part on the way in which the hegemonic power utilizes its resources. The potentially dominant state has symbolic, economic, and military capabilities that can be used to entice or compel others, and it is likely to be employed against medium-size states. (…)
>
> Most importantly, the hegemonic state can use its economic resources to create an open structure. In terms of positive incentives, it can offer access to its large domestic market and to its relatively cheap exports. In terms of negative ones, it can withhold foreign grants and engage in competition, potentially ruinous for the weaker state, in third-country markets. The size and economic robustness of the hegemonic state also enable it to provide the confidence necessary for the stable international monetary system, and its currency can offer the liquidity needed for an increasingly open system."[4]

Als letztes untersucht Krasner, wie ein hegemoniales System, in dem ein Staat größer und technologisch weiterentwickelt ist als alle anderen, auf die Offenheit des Welthandels wirkt. Es ist diese Hypothese, die zentral für Krasners

---

[4]Krasner, "State Power and the Structure of International Trade," 321–323.

Argumentation ist. Nach Krasner profitiert ein aufsteigender Hegemon von Freihandel, da eine offene Handelsstruktur sein aggregiertes Nationaleinkommen steigert. Zugleich wächst die Rate des wirtschaftlichen Wachstums während des Aufstiegs des Hegemon, also während seine relative Größe und technologischer Führungsanspruch zunimmt. Die geringe relative Integration in den Weltmarkt aufgrund seiner enormen wirtschaftlichen Größe und die hohe Faktorenmobilität in Folge seines führenden Entwicklungsstatus wiederum verhindern allzu hohe Kosten für die soziale Stabilität, die in einem offenen Handelssystem für den Hegemon anfallen. Darüber hinaus kann der Hegemon an politischer Macht gewinnen, da er gegenüber allen anderen Staaten größer und weiterentwickelt ist, weshalb die Opportunitätskosten im Falle einer Abschottung vom Außenhandel relativ gering ausfallen. Auch für kleine Staaten bestehen Anreize in einem hegemonialen System für eine offene Außenhandelsstruktur. So besitzen kleine Staaten Vorteile bei der Steigerung des aggregierten Nationaleinkommens und des wirtschaftlichen Wachstums. Zwar erleiden kleine Staaten einen relativen Machtverlust in einem offenen Handelssystem. Da jedoch die politische Macht der kleinen Staaten gegenüber dem Hegemonen in jedem Fall begrenzt ist, überwiegen nach Krasner wahrscheinlich die Vorteile kleiner Staaten beim Nationaleinkommen und Wirtschaftswachstum die Verluste an politischer Macht und die Kosten sozialer Instabilität. Ob die mittelgroßen Staaten eine Öffnung oder Schließung des Handelssystems bevorzugen und vorantreiben, ist wiederum nur schwer einzuschätzen und zum Teil abhängig von dem Hegemonen und wie dieser seine Ressourcen einsetzt, um das Verhalten der anderen Staaten zu beeinflussen.

Um andere Staaten dazu bewegen, ein offenes System zu akzeptieren, stehen dem hegemonialen Staat symbolische, militärische und wirtschaftliche Ressourcen zur Verfügung. Symbolisch bildet der Hegemon mit seinem Entwicklungsweg und Aufstieg eine Vorbildfunktion für alle anderen Staaten, weshalb die nachstrebenden Staaten sich an dessen Politik orientieren werden. Außerdem kann ein Hegemon bei einer hohen Asymmetrie auch militärische Mittel nutzen, um schwächere Staaten zu einer liberalen Handelspolitik zu zwingen. Am bedeutendsten sind für Krasner jedoch wirtschaftlichen Ressourcen. Einerseits kann der Hegemon positive Anreize setzen und Belohnungen nutzen, in dem er den anderen Staaten den Zugang zum größten heimischen Markt und zu relativ günstigen Exporten anbietet. Andererseits kann der Hegemon über negative Anreize und Bestrafungen andere Staaten zu einer liberalen Handelspolitik zwingen, in dem er bisherige finanzielle Unterstützung wie Entwicklungshilfe streicht oder in einen intensiven Wettbewerb in Märkten von Drittländern einsteigt, der für den kleineren und weniger entwickelten Staat, der sich den Forderungen des Hegemonen verweigert, desaströs sein kann. Außerdem garantiert die wirtschaftliche und technologische Vormachtstellung des Hegemonen das notwendige Vertrauen in ein stabiles internationales Währungssystem, das ausreichend liquides Geld für den wachsenden Welthandel in einem offenen System bereitstellen kann. Während auch eine Öffnung der internationalen Handelsstruktur in einem System mit vielen kleinen und hochentwickelten Staaten wahrscheinlich ist, erkennt Krasner bei einer solchen wirtschaftlichen Machtverteilung im Gegensatz zum hegemonialen System jedoch Probleme bei der Bereitstellung eines stabilen internationalen Währungssystems, welches das notwendige Vertrauen genießt und ausreichend Liquidität in Form internationaler Währungsreserven zur Verfügung stellt. Deshalb ist für Krasner eine offene Handelsstruktur, die durch niedrige Zölle und einen geringen Regionalismus geprägt ist, am wahrscheinlichsten während des Aufstiegs eines Hegemonen. Krasner nimmt zugleich an, dass ein Hegemon, der sich im Abstieg seiner technologischen Vormachtstellung befindet, eher eine protektionistische Handelspolitik verfolgen wird, was zu einer Schließung der Handelsstruktur führt.

Krasner sieht seine Hypothese, dass ein hegemonialer Aufstieg zu Freihandel und ein hegemonialer Untergang zu Protektionismus führt, im 19. Jahrhundert sowie der Nachkriegszeit bis zu den 1960er Jahren bestätigt. So kam es zu einer Phase des Freihandels unter dem Aufstieg Großbritanniens bis ein relativer Abstieg Großbritanniens in den letzten zwei Dekaden des 19. Jahrhunderts folgte, der eine moderate Schließung des internationalen Handelssssystems verursachte. Auch kam es zu einer Öffnung des Handelssystems, als die Vereinigten Staaten die Rolle des Hegemonen in der westlichen Welt übernahmen und im Rahmen des *General Agreements on Trade and Tariffs* (GATT) den Freihandel beförderten. Zugleich erkennt Krasner aber auch Phasen, die seine Hypothese zunächst widerlegen. So kam es zu einer Öffnung des internationalen Handelssystems während des fortgesetzten Abstiegs Großbritanniens vor dem Ersten Weltkrieg, gefolgt von einem Protektionismus und Schließung in der Zwischenkriegszeit trotz des Aufstiegs der Vereinigten Staaten zur wirtschaftlich stärksten Nation der Welt. Auch der beginnende Abstieg der Vereinigten Staaten, der mit dem Aufstieg der Handelsnationen Deutschland und Japan in den 1960er Jahren einsetzte, führte nicht zu einer Schließung der internationalen Handelsstruktur, sondern zu einer weiteren Liberalisierung wie der Abschluss der Kennedy-Runde, die zu weiteren Senkung von Zöllen führte, belegt. Das *Steel Voluntary Restraint Agreement*, in dem die Vereinigten Staaten freiwillige Exportbeschränkungen seitens Japans und europäischer Länder seit Ende der 1960er Jahre erwirkten, und die Wirtschaftspolitik der Nixon-Administration 1971, welche die Konvertibilität des Dollars in Gold aussetzte und Importzölle erhöhte, deuten zwar auf protektionistische Tendenzen, jedoch erkennt Krasner entgegen seiner These keine Kehrtwende weg von der grundsätzlichen Verpflichtung der Vereinigten Staaten für eine offenes Welthandelssystem.

Krasner begnügt sich jedoch nicht mit der mangelnden Übereinstimmung, sondern sucht und findet eine Hilfsannahme, die seine Hypothese in Einklang mit der Empirie bringt. Danach reagieren Staaten erst mit einer zeitlichen Verzögerung auf Veränderungen ihrer wirtschaftlichen Macht und der daraus folgenden Anpassung ihrer Politik, um weiterhin die vier nationalen Interessen zu verwirklichen. Der Grund hierfür liegt darin, das frühere staatliche Politiken, die zur gegebenen Zeit der Verfolgung der staatlichen Interessen dienlich gewesen sein mögen, private gesellschaftliche Gruppen unterstützt, deren Druck der Staat in späteren Perioden nicht widerstehen kann, auch wenn ein Politikwechsel aufgrund der veränderten wirtschaftlichen Macht des Staates, also Größe und Entwicklung, zu Erreichung der staatlichen Interessen besser geeignet wäre. Ein Hegemon, der sich im Aufstieg befindet, setzt sich demnach erst nach einer zeitlichen Verzögerung für eine offene internationale Handelsstruktur ein, da die gesellschaftliche Gruppe, die zuvor vom Protektionismus profitiert haben, eine liberale Handelspolitik zunächst verhindern. So war die Umsetzung einer liberalen Politik seitens der Vereinigten Staaten in den 1920er Jahren nicht möglich, nachdem importkonkurrierende Unternehmen vom Kongress über ein Jahrhundert geschützt worden waren, obwohl eine Anpassung der Handelspolitik an die Gegebenheiten des hegemonialen Aufstiegs der Verfolgung der staatlichen Interessen dienlich gewesen wäre. Auch die US-amerikanischen Banken waren in den 1920er Jahren noch auf den heimischen Markt fokussiert und erst nach dem Zweiten Weltkrieg entwickelten sie die internationalen Strukturen, die der Rolle des Dollars im internationalen Währungssystem entsprach. Umgekehrt erfolgt eine Schließung des internationalen Handelssystems erst mit zeitlicher Verzögerung in Folge eines hegemonialen Untergangs. So widersetzen sich in den Vereinigten Staaten die multinationalen Unternehmen einer protektionistischen Handelspolitik und verhinderten eine Schließung des internationalen Handelssystems, da diese von der Liberalisierung seit den 1950er Jahren stark profitiert hatten. Konsequenterweise folgt aus Krasners Argumentation, dass eine Phase des Protektionismus bevorsteht, sollte sich der hegemoniale Abstieg der Vereinigten Staaten fortsetzen, auch wenn Krasner diese Prognose nicht explizit formuliert.

Auf den ersten Blick wirkt es so, dass Krasner durch die Berücksichtigung gesellschaftlicher Gruppen seinen eigenen Anspruch in Frage stellt, der die Rolle des Staates unabhängig von dessen nichtstaatlichen Akteuren hervorheben will. Dieser Auffassung widerspricht Krasner jedoch. Für Krasner lässt sich die Existenz der transnationalen, multinationalen und nichtstaatlichen Akteure jedoch nur im Kontext der internationalen Handelsstruktur verstehen und nicht umgekehrt.

"The structure of international trade changes fits and starts; it does not flow smoothly with the redistribution of potential state power. Nevertheless, it is the power and the policies of states that create order where there would otherwise be chaos or at best a Lockian state of nature. The existence of various transnational, multinational, transgovernmental, and other nonstate actors that have riveted scholarly attention in recent years can only be understood within the context of a broader structure that ultimately rests upon the power and interests of states, shackled though they may be by the societal consequences of their own past decisions." [5]

Krasner schließt mit seiner Studie an die Arbeit von Charles Kindelberger (siehe entsprechenden Beitrag) an, der die Hypothese aufstellt, wonach ein Hegemon eine notwendige Bedingung für eine stabile Weltwirtschaft darstellt. Kindleberger definiert eine stabile internationale Struktur als öffentliches Gut, das nur ein Hegemon bereitstellen kann, der dafür über die notwendigen Ressourcen und den Willen verfügt, dass Trittbrettfahrerproblem zu lösen. Im Gegensatz zu diesem altruistischen Motiv bei Kindleberger hebt Krasner hingegen das Eigeninteresse eines aufsteigenden Hegemonen hervor, der mehr als andere Staaten von einer offenen und stabilen internationalen Wirtschaftsstruktur profitiert und andere Staaten über Machtressourcen zwingen kann, eine offene Handelsstruktur zu akzeptieren, selbst wenn diese nicht in ihrem Interesse ist. Für die theoretischen Ausarbeitungen der staatlichen Interessen bedient sich Krasner dabei Erkenntnissen aus vielfältigen Theorien, wie der neoklassischen Außenhandelstheorie, der historischen Schule der Nationalökonomie (siehe in Beitrag zu Friedrich List) und der Dependenztheorie (siehe in Beitrag zu Fernando H. Cardoso & Enzo Felatto) sowie machtpolitischer Ansätze (siehe in Beitrag zu Albert O. Hirschman). Auch mit Blick auf die Definition wirtschaftlicher Macht, gemessen anhand der relativen Größe und Entwicklung, ließ sich Krasner von Hirschman's Arbeit inspirieren.

Krasner leistet mit seiner Studie einen theoretischen und empirischen Beitrag zur Weiterentwicklung der sogenannten Theorie der hegemonialen Stabilität und beeinflusst damit folgende Werke, insbesondere des Neorealismus, wie Robert Gilpin's Werk *War and Change in World Politics*. Gilpin stellt die Hypothese

---

[5]Krasner, "State Power and the Structure of International Trade," 343.

auf, dass der heimische Konsum und die militärischen Kosten zur Verteidigung eines stabilen internationalen Systems für den Hegemon über die Zeit stärker zunehmen als die nationalen Ersparnisse und Investitionen, wodurch eine Aufrechterhaltung eines stabilen Systems seitens des Hegemonen unterminiert wird. Zugleich erzielen andere Handelspartner, insbesondere Trittbrettfahrer, mehr Gewinne aus dem Freihandel als der Hegemon. Hieraus ergibt sich für Gilpin ein Dilemma. So diffundierte das auf Freihandel und liberale Prinzipien beruhende internationale System die politische Macht, wodurch das politische Fundament dieses Systems, die einzelstaatliche Hegemonie, verloren geht[6]. John Conybeare kritisierte später an der Theorie der hegemonialen Stabilität, dass ein Hegemon seinen Nutzen nicht über Freihandel, sondern einen hohen Optimalzoll maximiert[7]. Diesem Argument widerspricht allerdings Joanne Gowa, nach der Freihandel die monopolistische Technologiestellung eines Hegemonen verfestigt[8]. Die prominenteste Kritik an der Theorie der hegemonialen Stabilität, wonach eine Hegemonie für die Entstehung und das Bestehen einer internationalen Wirtschaftsordnung notwendig ist, erfolgt jedoch durch Robert Keohane aus der Perspektive des neoliberalen Institutionalismus (siehe entsprechenden Beitrag). Für Keohane ist internationale Kooperation mittels internationaler Regime auch ohne eine Hegemonie der Vereinigten Staaten möglich.

Literaturverzeichnis

I. M. Destler, *American Trade Politics* (Washington, DC: Institute for International Economics, 2005).
Joanne Gowa, "Rational Hegemons, Excludable Goods, and Small Groups: An Epitaph for Hegemonic Stability Theory," *World Politics* 41:3 (1989), 307–324.
John Conybeare, "Public Goods, Prisoners´ Dilemmas and the International Political Economy," *International Studies Quarterly* 28:1 (1984), 5–22.
Robert Gilpin, *War and Changes in World Politics* (Cambridge: Cambridge University Press, 1981).
Stephen D. Krasner, "State Power and the Structure of International Trade," *World Politics* 28:3 (1976), 317–343.

---

[6]Robert Gilpin, *War and Changes in World Politics* (Cambridge: Cambridge University Press, 1981).
[7]John Conybeare, "Public Goods, Prisoners´ Dilemmas and the International Political Economy," *International Studies Quarterly* 28:1 (1984), 5–22.
[8]Joanne Gowa, "Rational Hegemons, Excludable Goods, and Small Groups: An Epitaph for Hegemonic Stability Theory," *World Politics* 41:3 (1989), 307–324.

Mancur Olson

Thilo Bodenstein

The Rise and Decline of Nations[1] gilt als Höhepunkt des Schaffens von Mancur L. Olson (1932–1998). Es überträgt die Problematik kollektiven Handels auf die langfristige Wirtschaftsentwicklung von Nationen und baut auf *The Logic of Collective Action*[2] auf, das Olson im Alter von 33 Jahren, fast zwei Jahrzehnte zuvor, verfasst hatte. Olson bearbeitete ein breites Spektrum an Themen, doch diese beiden Werke entfalteten eine nachhaltige Wirkung in den Sozialwissenschaften. Olson stammte aus Nord-Dakota und studierte am dortigen *Agricultural College*, bevor er 1954 als Rhodes Stipendiat an die *University of Oxford* nach Großbritannien kam. Der Aufenthalt in Oxford führte Olson die ökonomische Nachkriegsentwicklung in Europa vor Augen. Die wirtschaftliche Stagnation Großbritanniens wurde später zur zentralen Fragestellung in *Rise and Decline*. Er promovierte in Wirtschaftswissenschaften an der *Harvard University* und veröffentlichte dort 1965 seine Dissertationsschrift *Logic of Collective Action*. Nach einer kurzen Anstellung an der *Princeton University* wechselte er für zwei Jahre in die Ministerialbürokratie nach Washington. Dort schrieb er einen Bericht zur Messung von Lebensqualität jenseits von Pro-Kopf-Einkommen, dessen Erkenntnisse später in die Indizes zur Lebensqualität einfließen sollten. Ab 1969 war

---

[1] Mancur L. Olson, *The Rise and Decline of Nations. Economic Growth, Stagflation, and Social Rigidities* (New Haven: Yale University Press, 1982).

[2] Mancur L. Olson, *The Logic of Collective Action. Public Goods and the Theory of Groups* (Cambridge: Harvard University Press, 1965).

T. Bodenstein (✉)
Central European University, School of Public Policy, Budapest, Ungarn
E-Mail: bodensteint@spp.ceu.edu

er bis zu seinem Tod 1998 Professor für Wirtschaftwissenschaften an der *University of Maryland*. Mit dem Ende der Sowjetunion richtete er seine Forschung auf Fragen der Wirtschafstransformation und gründete 1990 das *Center on Institutional Reform and the Informal Sector* (IRIS). Sein Name bleibt aber in erster Linie mit dem Begriff des kollektiven Handels von Interessengruppen verbunden.

Die zentrale Aussage von *Logic of Collective Action* war zunächst umstritten, stand sie doch diametral der pluralistischen Auffassung zur Rolle von Interessengruppen entgegen. Erst im Laufe der Zeit erlangte das Werk seinen heutigen Bekanntheitsgrad. In den 1960er Jahren dominierte in den Vereinigten Staaten die Pluralismustheorie, die in Interessenorganisationen eine Gegenmacht zu großen Konzernen sah. Autoren wie Arthur Bentley, Robert Dahl oder David Truman gingen von pluralen Machtzentren in modernen Gesellschaften aus, die ihre jeweiligen Interessen in das politische System einspeisen und so zum Austarieren gesellschaftlicher Präferenzen beitrügen. Selbst schwer organisierbare Interessen fänden im politischen Prozess Gehör, indem Regierungen angesichts deren potenziellen Mobilisierung diese Interessen miteinbezögen. Die Pluralismustheorie wurde dabei von ihren Vertretern und Vertreterinnen auch durchaus normativ verstanden. Pluralismus galt als das einer modernen und liberalen Demokratie angemessene System gesellschaftlicher Interessenvermittlung. Olsons Auffassung hingegen bezweifelt den Ausgleichsmechanismus durch Interessengruppen. Spezielle Interessengruppen verfügen seiner Ansicht nach über weitaus mehr Einfluss als Gruppen, die breite Interessen vertreten. Kleine Gruppen können so ihre Partikularinteressen auf Kosten der Allgemeinheit durchsetzen.

Die Entstehung von *Rise and Decline* hingegen fiel in die Endphase des langen Aufschwungs nach dem Zweiten Weltkrieg, der in Deutschland als „Wirtschaftswunder" und in Frankreich „Les Trente Glorieuses" bezeichnete wurde. Die westlichen Industriestaaten gerieten nach dem Ölpreisschock 1973 in eine Phase wirtschaftlicher Stagnation, die durch anhaltend hohe Inflation und Arbeitslosigkeit geprägt war. Die Wachstumsdynamik der Nachkriegsjahre ging zu Ende. Die führenden Mächte des Westens, die Vereinigten Staaten und Großbritannien, zeigten Anzeichen des wirtschaftlichen Niedergangs. Infolge des Ölpreisschocks stiegen parallel Arbeitslosigkeit und Inflation. Obwohl die Rezession in den Vereinigten Staaten 1975 bereits überwunden war, erreichte die Arbeitslosigkeit erst 1997 das niedrige Niveau vor dem Ölpreisschock. Ab 1979 verfolgte der neue Chef der US-Notenbank, Paul Volcker, eine Hochzinspolitik zur Senkung der Inflationsrate, doch führte dies zu einer erneuten Rezession Anfang der 1980er Jahre. Großbritannien durchlebte ebenfalls eine Phase der

Stagflation, die zu Konfrontationen zwischen Regierung und Gewerkschaften führte und schließlich in den *Winter of Discontent* 1978/1979 mündete. Zahlreiche Streiks erschütterten das Land. Zwar ist *Rise and Decline* alles andere als ein Kommentar zur Phase der Stagflation nach dem Ölpreisschock, auch wenn sich das letzte Kapitel mit dem Thema Stagflation auseinandersetzt. Wenn Olson darin von der *British desease* spricht, so meint er Großbritanniens insgesamt geringes Wirtschaftswachstum seit Kriegsende. Dennoch traf *Rise and Decline* vor dem Hintergrund des allgemeinen wirtschaftlichen Abschwungs nach dem Ölpreisschock den Nerv der Zeit.

In *Rise and Decline* entwickelt Olson eine allgemeine Theorie für den Aufstieg und Niedergang von Nationen, die sich aus dem Kernargument von *Logic of Collective Action* ableitet. Die Stabilität von Nationen fördert das Aufkommen und Erstarken partikularistischer Interessengruppen, welche den vornehmlichen Zweck verfolgen, wirtschaftliche Ressourcen zu ihren Gunsten umzuverteilen. Solche Verteilungskoalitionen *(distributional coalitions)* sind schwer zu zerschlagen. Doch Revolutionen und Kriege können diese beseitigen und zu neuer Dynamik führen. An dieser Stelle der Überlegung bringt Olson in *Rise and Decline* ein weiteres für die Internationale Politische Ökonomie (IPÖ) relevantes Argument hervor. Handelsöffnung kann Verteilungskoalitionen brechen, indem neue Akteure auf dem Markt zugelassen werden. Marktintegration und Freihandel wirken demnach auf Verteilungskoalitionen ähnlich wie Revolutionen und Kriege.

Um die Wirkung von Handelsöffnung auf Verteilungskoalitionen zu verstehen, soll zunächst die in *Logic of Collective Action* ausgearbeitete Logik des kollektiven Handelns nachgezeichnet werden. Das Kollektivhandlungsproblem steht im Zentrum von Olsons Argumentation. Anders als die pluralistische Interessengruppentheorie geht Olson nicht davon aus, dass Gruppen sich ohne weiteres koordinieren können. Bei der Produktion öffentlicher Güter haben Gruppenmitglieder stets einen Anreiz nichts zum Zustandekommen des Allgemeinguts beizutragen, aber dennoch von diesem Gut zu profitieren. Dies sind Güter, von deren Nutzung niemand ausgeschlossen werden kann und deren Nutzen durch weitere Konsumenten nicht abnimmt, wie beispielsweise öffentliche Sicherheit. Das Kollektivgutproblem bleibt auch bestehen, wenn sich alle Gruppenmitglieder über das Ziel ihrer Interessengruppe einig sind. Zentrale Hürde beim Zustandekommen kollektiven Handels ist somit die Lösung des sogenannten Trittbrettfahrerproblems.

> "One finding in The Logic is that the services of associations like labor unions, professional associations, farm organizations, cartels, lobbies (and even collusive groups without formal organization) resemble the basic services of the state in one

> utterly fundamental respect. The services of such associations, like the elemental services or "public goods" provided by governments, if provided to anyone, go to everyone in some category or group. Just as the law and order, defense, or pollution abatement brought about by government accrue to everyone in some country or geographic area, so the tariff obtained by a farm organization's lobbying effort raises the price to all producers of the relevant commodity. Similarly, as I argued earlier, the higher wage won by a union applies to all employees in the pertinent category. More generally, every lobby obtaining a general change in legislation or regulation thereby obtains a public or collective good for everyone who benefits from that change, and every combination – that is, every "cartel" – using market or industrial action to get a higher price or wage must, when it restricts the quantity supplied, raise the price for every seller, thereby creating a collective good for all sellers.
>
> If governments, on the one hand, and combinations exploiting their political or market power, on the other, produce public or collective goods that inevitably go to everyone in some group or category, then both are subject to the paradoxical logic set out above: that is, the individuals and firms they serve have in general no incentive voluntarily to contribute to their support. It follows that if there is only voluntary and rational individual behavior,* then for the most part neither governments or lobbies or cartels will exist, unless individuals support them for some reason other than the collective goods they provide."[3]

Die Überwindung des Trittbrettfahrerproblems hängt von der Gruppengröße und der Verwendung selektiver Anreize ab. Mit zunehmender Gruppengröße sinkt der individuelle Anreiz einen Beitrag zur Bereitstellung des Kollektivguts zu leisten, da passive Mitglieder und Nichtmitglieder vom Nutzen des Kollektivguts einer Gruppe nicht ausgeschlossen werden können. In *Logic of Collective Action* führt Olson in diesem Zusammenhang den Begriff der „latenten" Gruppe ein. In dieser ist der Nutzen des Kollektivguts so breit gestreut, dass das Kollektivgutproblem nicht gelöst werden kann und die entsprechende Gruppe gar nicht erst entsteht. Solche latenten Gruppen sind beispielsweise Konsumenten, Steuerzahler oder Arbeitslose, die als Gruppen schwer zu organisieren sind. Olson glaubt in *Logic of Collective Action* daher nicht, dass das Gemeinwohl *(optimal outcomes)* durch Verhandlung symmetrischer Gruppen zustande kommt – wie von der Pluralismustheorie angenommen – da latente Gruppen eben gar nicht erst entstehen. In *Rise and Decline* formuliert er daher als erste Implikation: „*There will be no countries that attain symmetrical organization of all groups with a common interest and thereby attain optimal outcomes through comprehensive bargaining*" (74). Desweiteren ist in kleinen Interessengruppen der Nutzen stärker auf jedes

---

[3] Olson, *The Rise and Decline of Nations*, 19.

Gruppenmitglied konzentriert. Kleine Gruppen mit engen Partikularinteressen – *privileged groups* – werden es daher leichter haben sich zu organisieren. Neben der Gruppengröße spielen selektive Anreize eine Rolle zur Lösung des Trittbrettfahrerproblems von Gruppen. Unter negative selektive Anreize fallen beispielsweise Gewalt oder Zwang wie Zwangsmitgliedschaft in Gewerkschaften oder Zünften. Positive selektive Anreize für Gruppenmitglieder sind vergünstigte Versicherungen, Preisnachlässe oder spezielle Kontingente für Veranstaltungen, um nur wenige zu nennen. Das Kollektivgutproblem bei der Bildung von Interessengruppen ist somit ein zentraler Beitrag von *Logic of Collective Action*. In *Rise and Decline* baut Olson auf diesem Argument weiter auf und überträgt es auf den Aufstieg von Nationen.

"In the case of organizations that provide collective goods to their client groups through political or market action, the answer has not been obvious, but it is no less clear-cut. Organizations of this kind, at least when they represent large groups, are again not supported because of the collective good they provide, but rather because they have been fortunate enough to find what I have called *selective incentives*. A selective incentive is one that applies selectively to the individuals depending on whether they do or do not contribute to the provision of the collective good. (...)

The argument (...) predicts that those groups that have access to selective incentives will be more likely to act collectively to obtain collective goods than those that do not, and that smaller groups will have a greater likelihood of engaging in collective action than larger ones."[4]

Ein zentraler Aspekt in *Rise and Decline* ist die zeitliche Dimension. Selbst bei geringer Gruppengröße und Schaffung selektiver Anreize benötigt die Sicherstellung kollektiven Handelns Zeit. Die Effektivität von Interessengruppen wächst mit der Dauer ihrer Existenz und der Stabilität der politischen und gesellschaftlichen Rahmenbedingungen. Da kleine Gruppen mit Partikularinteressen es leichter haben sich zu organisieren als große oder latente Gruppen, sollte die Anzahl von Sonderinteressengruppen mit Alter und Stabilität eines Landes zunehmen, was Olson in seiner zweiten Implikation formuliert: „*Stable societies with unchanged boundaries tend to accumulate more collusions and organizations for collective action over time*" (74). Stabilität sorgt aber nicht nur für die Entfaltung von Gruppen mit Partikularinteressen, sondern auch dafür, dass sie auf Dauer gestellt sind. Die internen selektiven Anreizsysteme von Interessengruppen sorgen für ihr Überleben auch dann, wenn das Kollektivgut, für das sie

---

[4]Olson, *The Rise and Decline of Nations*, 21.

eintreten, obsolet geworden ist. Die Zerschlagung von Sonderinteressengruppen ist wiederum ein Kollektivgutproblem, womit diese unwahrscheinlich wird. Die Folge ist zunehmende institutionelle Sklerose *(institutional sclerosis)*. Institutionelle Sklerose hat als Konsequenz die Unterminierung des Allgemeinwohls *(optimal outcomes)* durch Verteilungskoalitionen. Partikularistische Interessengruppen sind wesentlich besser in der Lage als große oder latente Gruppen, Kollektivgüter auf Kosten der Allgemeinheit zu ihren eigenen Gunsten umzuleiten. In einem gemeinsamen Aufsatz mit Richard Zeckhauser hat Olson dafür den Begriff der *„exploitation of the great by the small"* geprägt. Die dritte Implikation lautet somit *„Members of ‚small' groups have disproportionate organizational power for collective action, and this disproportion diminishes but does not disappear over time in stable societies"* (74).

Zwar unterstellt Olson allen Gruppen ein Interesse am wirtschaftlichen Wohlergehen eines Landes, argumentiert jedoch, dass keine Gruppe allein sich für die Vergrößerung des wirtschaftlichen Kuchens einsetzen wird, da Wirtschaftswachstum ebenso ein solches Kollektivgut ist. Eine Gruppe kann sich für Politiken einsetzen, die Wirtschaftswachstum fördern, aber vom Nutzen des Wirtschaftswachstums können diejenigen nicht ausgeschlossen werden, die sich an seinem Zustandekommen nicht beteiligen. Dies gilt umso mehr für kleine Gruppen, die nur einen Bruchteil der Bevölkerung ausmachen. Kleine Interessengruppen werden sich daher auf das Umleiten von Ressourcen zugunsten ihrer Mitglieder verlegen. Dieses Phänomen wird später als *rent-seeking* in die sozialwissenschaftliche Literatur eingehen. Dies kann beispielsweise in Form von Kartellen, spezieller Regulierungen, Steuererleichterung oder im Fall von Außenhandelspolitik in Form von Importzöllen und -quoten erfolgen, was in der vierten Implikation ausgedrückt wird: *„On balance, special-interest organizations and collusions reduce efficiency and aggregate income in the societies in which they operate and make political life more divisive"* (74). Die Kosten dieses Verhaltens – geringere Effizienz und fallende Erträge – werden von kleinen Interessengruppen nicht internalisiert, sondern auf die Allgemeinheit umgelegt und das, so Olson, in unbegrenztem Maße.

In *Rise and Decline* führt Olson jedoch eine neue Gruppe ein, und zwar die umfassende Interessengruppe *(encompassing organization)*. Aufgrund ihrer Größe ist eine umfassende Interessengruppe stärker daran interessiert, Kosten für die Umsetzung eines Kollektivguts in Kauf zu nehmen, da sie von diesem auch mehr profitiert: *"The members of the highly encompassing organization own so much of the society that they haven an important incentive to be actively concerned about how productive it is; they are in the same position as a partner in a firm that has only a few partners"* (48). Umfassende Verbände sollten also den korrosiven Effekt von partikularistischen Interessengruppen partiell ausgleichen. Olson geht in *Rise and Decline* zwar davon aus, dass der Einfluss kleiner Gruppen über einen längeren Zeitraum abnimmt, da große Gruppen sich langfristig auch organisieren können. In seinen späteren Schriften gelangte er allerdings immer mehr zu der Überzeugung, dass mit der Zeit auch umfassende Gruppen vor allem eigene Interessen verfolgen. In stabilen Demokratien erwartet Olson daher ein Anwachsen von Verteilungskoalitionen, die erfolgreich Privilegien und Ressourcen bei Externalisierung der Kosten für sich einwerben. Ökonomische Effizienz, die Rate der technischen Innovation und die Reaktionsgeschwindigkeit auf neue Herausforderungen werden folglich mit der Zeit abnehmen und somit auch das Wirtschaftswachstum. Dies führt zu seiner siebten Implikation: *„Distributional coalitions slow down a society's capacity to adopt new technologies and to reallocate resources in response to changing conditions, and thereby reduce the rate of economic growth"* (74).

Der Niedergang von Nationen wird von der allmählichen Ausbreitung partikularistischer Interessengruppen in stabilen Demokratien bewirkt. Doch was hält diesen Niedergang auf oder führt zu einem Neuaufstieg? Die Antwort liegt in der Zerschlagung von Sonderinteressen durch Kriege, Revolutionen oder auch gesellschaftlichen Wandel. Als empirische Beispiele diskutiert das vierte Kapitel von *Rise and Decline* den ökonomischen Aufstieg Deutschlands und Japans nach dem zweiten Weltkrieg, welcher nach Olsons Ansicht die Beseitigung von Sonderinteressen und die Entstehung umfassender Interessengruppen ermöglichte. Als Kontrastfall dient ihm Großbritanniens langer relativer Abstieg, der in erster Linie auf langanhaltende Stabilität und die Akkumulation von Interessengruppen zurückzuführen ist. Großbritannien blieb stabil und konnte so seine partikularistischen Interessengruppen nicht überwinden.

Neben Krieg und Revolutionen gibt es aber noch andere Möglichkeiten Sonderinteressen zurückzudrängen. Hier liegt für die IPÖ ein weiterer interessanter Beitrag von *Rise and Decline,* der von der nachfolgenden Forschung wenig aufgegriffen wurde. Olson widmet diesem Aspekt das fünfte Kapitel. Darin entwickelt er das Konzept der *jurisdictional integration,* das in erster Linie die geographische Vergrößerung eines gemeinsamen Marktes durch Ausdehnung eines Nationalstaates oder auch Gründung einer Zollunion ist. Wichtig ist hierbei nicht die Senkung von Zöllen an den Außengrenzen, sondern der Abbau von Zollschranken zwischen den Territorien: *„I believe the greatest reductions of trade restrictions in history have come from reducing the mileage rather than the height of trade restrictions"* (127).

Olson geht zunächst von der Beobachtung aus, dass ökonomische Integration – sei es in Form eines gemeinsamen europäischen Marktes oder Öffnung für den Weltmarkt – mit höherem ökonomischen Wachstum korrespondiert. Er bezweifelt jedoch, dass höhere Wachstumsraten hauptsächlich auf die positiven Effekte von Freihandel zurückzuführen sind und zitiert Studien, die den direkten Wachstumseffekt durch Freihandel als gering einschätzen. Als zweite empirische Beobachtung diskutiert Olson das ökonomische Wachstum im Europa der frühen Industrialisierung, das in kleinen Städten und im ländlichen Raum stärker ausfiel, als in den bis dahin führenden Zentren. Diesen Befund erklärt er durch *jurisdictional integration*. Die Erweiterung des Rechtsraums und die Vergrößerung der Märkte führte zwar zu wachstumsfördernden Skaleneffekten, wie sie besonders seit der Einigung Italiens und Deutschlands zu beobachten sind. Auch fielen durch den Abbau von Zöllen die Kosten des Handels.

Skaleneffekte und geringere Kosten allein erklären aber noch nicht das Aufkommen neuer Wachstumszentren im ländlichen Raum und in kleinen Städten. Der wichtigste Effekt von *jurisdictional integration* ist die Entmachtung hochorganisierter Interessengruppen in Form der damaligen Zünfte und Gilden. Diese hatten einen hohen Organisationsgrad erreicht, Märkte segmentiert und Marktzugänge restriktiv reglementiert. Mit der Erweiterung des Rechtsraums wurden diese wirkungslos, denn Markteintritte von bisherigen Außenseitern und eine Neuorganisierung innerhalb des vergrößerten Marktes stellte die Verteilungskoalitionen vor erhebliche kollektive Handlungsprobleme, was einer Zerschlagung solcher Kartelle gleichkam. Zwar zeigt das Beispiel Großbritanniens, dass die Effekte der *jurisdictional integration* nicht von Dauer sind, da sich im Laufe der Zeit Sonderinteressen wieder neu organisieren. Aber die Phase nach Zerschlagung von Sonderinteressen sollte eine höhere Wirtschaftsdynamik vorweisen.

> "What should be expected when there is jurisdictional integration in an environment of relatively autonomous cities with a dense network of guilds? Implication 2 indicated that the accumulation of special-interest organization occurs gradually in stable societies with *unchanged* borders. If the area over which trade can occur without tolls or restrictions is made much larger, a guild or any similar cartel will find that it controls only a small part of the total market. A monopoly of a small part of an integrated market is, of course, not a monopoly at all: people will not pay a monopoly price to a guild member if they can buy at a lower price from those outside the cartel. There is free movement of the factors of production within the integrated jurisdiction, providing an incentive for sellers to move into any community in the jurisdiction in which cartelization has brought higher prices. Jurisdictional integration also means that the political decisions are now made by different people in a different institutional setting at a location probably quite some distance away. In addition, the amount of political influence required to change the policy of the integrated jurisdiction will be vastly larger than the amount that was needed in the previous, relatively parochial jurisdictions. (…)

> Given the difficulties of international cartelization, then, there will be for some time after the freeing of trade an opportunity for firms in each country to make a profit by selling in *other* countries at the high cartelized prices prevailing there. As firms – even if they continue to follow the cartel rules in their own country – undercut foreign cartels, all cartels fall."[5]

Olson hält den Effekt von *jurisdictional integration* nicht auf die Zeit der frühen Industrialisierung beschränkt, sondern sieht ihre Rolle auch für die europäische Integration und Freihandel allgemein. Die Brechung von Kartellmacht ist ausschlaggebender für ökonomisches Wachstum als die sonstigen Effekte von Freihandel. Somit hält das fünfte Kapitel in *Rise and Decline* auch eine wichtige *Policy*-Implikation bereit. Konnte bei der Lektüre der ersten Kapitel des Buches der Eindruck entstehen, dass nur Kriege und Revolutionen die Macht hochorganisierter Sonderinteressen brechen können, so bietet *jurisdictional integration* einen unblutige Alternative: Die Überwindung der Kartelle durch Freihandel.

Rise and Decline hatte eine nachhaltige Wirkung auf die Ökonomie und Politikwissenschaft. Bis heute wurde das Buch in der sozialwissenschaftlichen Literaturdatenbank *Social Science Scitation Index* über 2700 mal zitiert, davon etwas mehr im Bereich Politikwissenschaft, wenn man Internationale Beziehungen dazuzählt. Es ist kaum möglich, den Einfluss von *Rise and Decline* in seiner Bandbreite zu würdigen. Das zentrale Argument der institutionellen Sklerose durch Interessengruppen hat aber weitgehend Eingang in die Literatur gefunden. Anlässlich des 25. Jahrestags von *Rise and Decline* diskutiert Jac Heckelman[6] dessen Perzeptionsgeschichte. Heckelman konzentriert sich darin auf ökonometrischen Studien sowie Einzelfallstudien, die die zweite, vierte und siebte Implikation von *Rise and Decline* testen. Inwieweit akkumulieren stabile Länder und Gesellschaften mehr Interessenverbände und inwieweit wirkt sich dies wiederum nachteilig auf Wachstum und Innovation aus? Die Ergebnisse hängen von der Konstruktion der Variablen für Sklerose ab. Olsons Hypothese wird mehrheitlich von Studien bestätigt, die institutionelle Sklerose als Alter der Demokratie oder Konsolidierung nach Phasen politischer Unruhen und Kriegen operationalisieren. Noch stärker fällt die Bestätigung aus, wenn der Grad der Vergewerkschaftung oder andere indirekte Variablen verwendet werden. Nimmt man

---

[5]Olson, *The Rise and Decline of Nations*, Jurisdictional VI.
[6]Jac C. Heckelman, "Explaining the Rain: *The Rise and Decline of Nations* after 25 Years," *Southern Economic Journal* 74:1 (2007), 18–33.

Maße für die Anzahl von Interessengruppen, dann kommt eine knappe Mehrheit der Untersuchungen zu einem negativen Ergebnis. Die Länderstudien wiederum bestätigen ganz überwiegend die Hypothese der institutionellen Sklerose.

Die deutschsprachige Debatte hat sich ebenfalls in Richtung Olsons Annahme der institutionellen Sklerose durch Interessengruppen verschoben. Martin Höpner[7] untersucht die Wirkungsgeschichte von *Rise and Decline* im deutschsprachigen Raum. Er kommt zu dem Befund, dass der anfangs prominente Korporatismusansatz durch Olsons Auffassung von Interessengruppen verdrängt wurde. Der Korporatismus sieht in der Kompromissfähigkeit umfassender Interessengruppen ein Komplement zum Staat, indem diese eigene gesellschaftliche Steuerungsleistungen erbringen, die der Staat so nicht leisten könnte. Die Auffassung einer komplementären Funktion von Interessengruppen im Sinne des Korporatismus wird laut Höpner heute so gut wie nicht mehr vertreten.

Dieser Perspektivenwechsel zugunsten Olsons Standpunkt vollzog sich insgesamt in der Politikwissenschaft, was sich auch im Bereich der IPÖ zeigt. So baut die Theorie endogener Handelsprotektion auf *Logic of Collective Action* auf. Beiträge zur politischen Ökonomie von Handelspolitik gehen auf die Rolle partikularistischer Interessengruppen ein, die im Sinne von *Logic of Collective Action* als Reformblockierer modelliert werden. Als komplementäre Steuerungskraft von Handelsöffnung und Globalisierung im Sinne der Korporatisten werden Interessengruppen nicht gesehen. Die Heuristik von *Logic of Collective Action* ist somit fester Bestandteil der Analyse. Die einflussreichen Beiträge von Gene Grossman und Elhanan Helpman[8] sowie Dani Rodrik[9] und Helen Milner und Keiko Kubota[10] sind hierfür Beispiele. Die Rolle partikularistischer Interessengruppen ist dabei so sehr Allgemeingut geworden, dass der Name Mancur Olson und *Logic of Collective Action* meist gar nicht mehr erwähnt werden, wie in letzteren beiden Arbeiten. Aber Olsons Interessengruppentheorie leistet einen Beitrag auch in anderen Debatten. So bezieht sich der liberale

---

[7] Martin Höpner „Ist Politik gegen die Verbände möglich? 25 Jahre Mancur Olsons "The Rise and Decline of Nations"," *Leviathan* 35:3 (2007), 310–347.

[8] Gene Grossman und Elhanan Helpman "Protection for Sale," *The American Economic Review* 84:4 (1994), 833–850.

[9] Dani Rodrik "The Political Economy of Trade Policy," in *Handbook of International Economics* herausgegeben von Gene Grossman und Kenneth Rogoff (North Holland, 1995), 1457–1494.

[10] Helen Milner und Keiko Kubota "Why the Move to Free Trade? Democracy and Trade Policy in the Developing Countries," *International Organization* 59:1 (2005), 107–143.

Intergouvernmentalismus auf den ungleichen Einfluss von Interessengruppen, um die Entstehung von Präferenzen von Staaten in internationalen Verhandlungen zu erklären (siehe in Beitrag zu Andrew Moravcsik).
Für die IPÖ ist das Argument der *jurisdictional integration* jedoch ebenso relevant. Olson sah darin einen wichtigen *Policy*-Beitrag zur Überwindung der Macht von Sonderinteressen: „*The policy implication,* […], *is that there should be freer trade and fewer impediments to the free movement of factors of production and of firms*" (141). Freihandel führt zwar insgesamt zu einem stärkeren internationalen Wettbewerb, aber der Streitschlichtungsmechanismus der Welthandelsorganisation zeigt, dass Regierungen ihre heimischen Märkte immer wieder durch tarifäre und nicht-tarifäre Maßnahmen zu schützen suchen. Der Zusammenhang zwischen Freihandel und Macht heimischer Verteilungskoalitionen wurde mit Bezug auf Olson bislang aber kaum untersucht. In gängigen Lehrbüchern der IPÖ hat dieses Argument Olsons ebenfalls keinen Eingang gefunden. Bricht Freihandel die Macht etablierter Interessengruppen und Kartelle? Dies bleibt eine offene Frage der IPÖ.

Literaturverzeichnis

Dani Rodrik, "The Political Economy of Trade Policy," in *Handbook of International Economics* herausgegeben von Gene M. Grossman und Kenneth Rogoff (North Holland, 1995).
Gene Grossman und Elhanan Helpman, "Protection for Sale," *The American Economic Review* 84:4 (1994), 833–850.
Helen Milner und Keiko Kubota "Why the Move to Free Trade? Democracy and Trade Policy in the Developing Countries," *International Organization* 59:1 (2005), 107–143.
Jac C. Heckelman, "*Explaining the Rain: The Rise and Decline of Nations* after 25 Years," *Southern Economic Journal* 74:1 (2007), 18–33.
Mancur L. Olson, *The Logic of Collective Action. Public Goods and the Theory of Groups* (Cambridge: Harvard University Press, 1965).
Mancur L. Olson, *The Rise and Decline of Nations. Economic Growth, Stagflation, and Social Rigidities* (New Haven: Yale University Press, 1982).
Martin Höpner, „Ist Politik gegen die Verbände möglich? 25 Jahre Mancur Olsons „The Rise and Decline of Nations," *Leviathan* 35:3 (2007), 310–347.

Robert O. Keohane

Jens Hiller

Nach dem Zweiten Weltkrieg waren die Vereinigten Staaten die mit deutlichem Abstand führende Nation im Welthandel. Kein anderes Land konnte zu dieser Zeit eine vergleichbare Menge an machtpolitischen Ressourcen wie die Vereinigten Staaten vorweisen, zumindest nicht in den für die Etablierung einer hegemonialen Stellung notwendigen Kriterien der Produktivität, der Kontrolle über Kapital, Märkte und Rohstoffe. Die Vereinigten Staaten nutzten diese Ressourcen um ihre international dominierende Stellung weiter auszubauen und so ihre Position in der internationalen (Handels-)Politik zu festigen. Die durch ihre hegemoniale Stellung initiierten, US-zentrierten Regime, wie beispielsweise das *General Agreement on Tariffs and Trade* (GATT) oder der *International Monetary Fund* (IMF), brachten beitrittswilligen Handelspartnern Vorteile, die sich vornehmlich durch die Etablierungsziele eines stabilen internationalen Finanzsystems, eines freien Gütermarkts sowie durch einen Zugriff auf Öl zu stabilen Handelspreisen ergaben. Die Vereinigten Staaten fungierten hierbei nicht nur als Initiatoren der Regime, sondern übernahmen auch einen erheblichen Teil der dadurch anfallenden Kosten, zum Beispiel in Form der Gewährleistung einer ausreichenden internationalen Liquidität. Im Gegenzug akzeptierten die, vor allem europäischen, Handelspartner die dominierende Stellung der Vereinigten Staaten und bestätigten so den US-amerikanischen Führungsanspruch.

Erst mit zunehmendem Abstand zum Zweiten Weltkrieg, dem wirtschaftlichen Aufschwung der europäischen Staaten, allen voran Deutschlands, und, im asiatischen Raum, Japans, veränderte sich der Einfluss der Vereinigten Staaten

J. Hiller (✉)
Hochschule für Polizei und öffentliche Verwaltung NRW, Studienort Köln,
Köln, Deutschland
E-Mail: jens-hiller@web.de

auf die internationale Handelspolitik. Die immer größer werdende Komplexität des Welthandels sowie die ebenfalls immer stärker werdende Interdependenz, die der Welthandel mit sich brachte, führten zu einem verblassen der dominierenden Stellung der Vereinigten Staaten in der internationalen Handelspolitik. Vormals hegemonial induzierte Regime, wie der IMF, verloren ihre Bedeutung oder die Vereinigten Staaten verlor ihre bestimmende Rolle in diesen Institutionen. Spätestens mit der Gründung der *Organization of the Petroleum Exporting Countries* (OPEC) und deren maßgeblichen Einfluss auf den internationalen Handel mit Erdöl in den 1970er Jahren zeigte sich, dass internationale Regime und internationale Kooperation auch ohne den Einfluss hegemonialer (Handels-) Machtpolitik zustande kommen konnten. Insbesondere für die Vereinigten Staaten bedeutete dies überdies, dass etwaige Regime auch gegen die hegemonialen Interessen des Landes gerichtet sein konnten, wie im Zuge der Ölkrise anlässlich des Jom-Kippur-Kriegs 1973 offenbar wurde.

> "On the surface, the Realists would seem to have made the better forecast. Since the late 1960s there have been signs of decline in the extent and efficacy of efforts to cooperate in the world political economy. As American power eroded, so did international regimes. The erosion of these regimes after World War II certainly refutes a naive version of the Institutionalist faith in interdependence as a solvent of conflict and a creator of cooperation. But it does not prove that only the Realist emphasis on power as a creator of order is valid. It might be possible, after the decline of hegemonic regimes, for more symmetrical patterns of cooperation to evolve after a transitional period of discord. Indeed, the persistence of attempts at cooperation during the 1970s suggests that the decline of hegemony does not necessarily sound cooperation's death knell."[1]

Robert O. Keohane schrieb sein 1984 veröffentlichtes Werk *After Hegemony*[2] vor dem Hintergrund zweierlei Entwicklungen: Zum einen vor den historischen Entwicklungen wie sie im Absatz zuvor angerissen werden, in der nach einer kurzen Phase der hegemonialen Stellung der Vereinigten Staaten nach 1945 ein zunehmender Hegemonialverlust zu erkennen war, ohne das es dadurch zu einer Abnahme des Welthandels kam. Zum anderen vor dem Hintergrund der zu dieser Zeit die internationalen Beziehungen und die internationale politische Ökonomie beherrschenden realistischen Theorien in der Disziplin der Internationalen

---

[1] Robert O. Keohane, *After Hegemony. Cooperation and Discord in the World Political Economy* (Princeton, NJ: Princeton University Press, 1984), 8–9.
[2] Robert O. Keohane, *After Hegemony*.

Beziehungen. Keohane, der zu dieser Zeit Professor für Politikwissenschaft in der *Brandeis University* in Massachusetts war, erkennt hier, dass die bis dahin gängigen realistischen Erklärungsmodelle, die das Handeln von Staaten stets im Sinne eines *balancing* einordnen und Kooperation nur in einem engen Rahmen sicherheitspolitischer Erwägungen verstehen, für Phänomene internationaler Kooperation außerhalb hegemonial induzierter Kooperation und sicherheitspolitischem Kalkül wenig aussagekräftig sind. Stattdessen führt er internationale Kooperation auf ein System von formellen und informellen Institutionen auf internationaler Ebene zurück, die auch in einem ansonsten anarchischen System zu Kooperation führen können. Bereits zuvor hatte Keohane diesen Ansatz in mehreren Werken vorbereitet. So vertritt er, zusammen mit Joseph Nye, in dem bereits 1977 erschienenen Werk *Power and Interdependenz: World Politics in Tansition* einen interdependenztheoretischen Ansatz, der, zusammen mit der durch ihn vertretenden Regimetheorie, als sogenannter Neoliberaler Institutionalismus Einzug in die Betrachtung internationaler (Handels-)Politik gehalten hat.

Keohanes Betrachtung des internationalen Systems teilt einige Grundannahmen des Neo-/Realismus. So ist auch für Keohane das internationale System durch Anarchie geprägt. Anarchie bedeutet hierbei die Abwesenheit einer den Staaten übergeordneten Sanktionsinstanz. Demnach existiert kein „Weltstaat", der in einem hierarchischen System das Verhalten von Staaten kontrollieren könnte. Staaten sind vielmehr sich selbst verpflichtet und in ihrem Handeln nur durch ihre eigenen Ressourcen sowie durch das Handeln anderer Staaten beschränkt.

"Impressed with the difficulties of cooperation, observers have often compared world politics to a "state of war." In this conception, international politics is "a competition of units in the kind of state of nature that knows no restraints other than those which the changing necessities of the game and the shallow conveniences of the players impose" (...). It is anarchic in the sense that it lacks an authoritative government that can enact and enforce rules of behavior. States must rely on "the means they can generate and the arrangements they can make for themselves" (...). Conflict and war result, since each state is judge in its own cause and can use force to carry out its judgments (...). The discord that prevails is accounted for by fundamental conflicts of interest (...). Were this portrayal of world politics correct, any cooperation that occurs would be derivative from overall patterns of conflict. Alliance cooperation would be easy to explain as a result of the operation of a balance of power, but system-wide patterns of cooperation that benefit many countries without being tied to an alliance system directed against an adversary would not. If international politics were a state of war, institutionalized patterns of cooperation on the basis of shared purposes should not exist except as part of a larger struggle for power. The extensive patterns of international agreement that we observe on issues as diverse as trade, financial relations, health, telecommunications, and environmental protection would be absent."[3]

Anders als im Realismus stehen Staaten allerdings nicht als autarke Einheiten nebeneinander, sondern sind durch Interdependenzen miteinander verschränkt. Interdependenz bedeutet hierbei die wechselseitige Abhängigkeit. Diese Abhängigkeit kann sich in der Verschränkung verschiedener Dimensionen ergeben, zum Beispiel in einer politischen, ökonomischen oder sozialen Dimension. Somit wird, abermals in Abgrenzung zur realistischen Denkweise, die Zentrierung der Perspektive auf Staaten und auf staatliches Handeln zugunsten der Einbeziehungen nichtstaatlicher Akteure aufgelockert, wenngleich staatliches Handeln weiterhin als das relevanteste angesehen wird.

"At the other extreme from these "Realists" are writers who see cooperation as essential in a world of economic interdependence, and who argue that shared economic interests create a demand for international institutions and rules (...). Such an approach, which I refer to as "Institutionalist" because of its adherents' emphasis on the functions performed by international institutions, runs the risk of being naive about power and conflict. Too often its proponents incorporate in their theories excessively optimistic assumptions about the role of ideals in world politics, or about the ability of statesmen to learn what the theorist considers the "right lessons." But sophisticated students of institutions and rules have a good deal to teach us. They view institutions not simply as formal organizations with headquarters buildings and specialized staffs, but more broadly as "recognized patterns of practice around which expectations converge" (...). They regard these patterns of practice as significant because they affect state behavior. Sophisticated institutionalists do not expect cooperation always to prevail, but they are aware of the malleability of interests and they argue that interdependence creates interests in cooperation."[4]

Die sich durch die Interdependenz ergebene Verschränkung von Staaten impliziert wiederum, dass das Handeln eines Staates Auswirkungen auf einen anderen Staat besitzt. Diese Auswirkungen können dabei positiver oder negativer Natur sein. Der Grad der Auswirkungen ist abhängig von der Ausgestaltung der Interdependenz. Interdependenz kann einen symmetrischen oder asymmetrischen Charakter besitzen. Im letzteren Fall ist Staat B abhängiger von einer Kooperation als ein Staat A. Keohane unterscheiden hierbei zwischen Empfindlichkeit

---

[3]Keohane, *After Hegemony*, 7.
[4]Keohane, *After Hegemony*, 7–8.

(sensitivity) und Verwundbarkeit *(vulnerability)*, um den Grad der Abhängigkeit messen zu können. Während die Empfindlichkeit auf die unmittelbaren Auswirkungen hindeutet, die ein Staat durch ein verändertes Handeln eines anderen Staates erleidet, weißt die Verwundbarkeit auf die langfristigen Auswirkungen hin, die sich trotz politischer Anpassungen an die veränderte Situation ergeben[5].

Ausgehend von der im internationalen System vorherrschenden Interdependenz verlässt Keohane die *High-politics*-Perspektive der realistischen Schule, die das Überleben und die Sicherheitspolitik von Staaten in den Vordergrund rückt, und erweitert diese mit Blick auf die *low politics,* die den ökonomischen und sozialen Bereich mitbeinbezieht. Mit dieser erweiterten Perspektive verändert sich auch die Grundmotivation von Staaten. Bestand diese in der realistischen Perspektive noch in der Maximierung von Sicherheit, ist diese nun die Maximierung von Wohlstand. Dieser Perspektivenwechsel ergibt sich aus der Feststellung, dass Wohlstand eine essenzielle Voraussetzung für Macht, unabhängig davon, ob Macht für die Bereitstellung der eigenen Sicherheit oder für aggressive Expansionspolitik eingesetzt wird, sei. Die Wohlstandsmaximierung erreichen Staaten durch ökonomische Kooperation mit anderen Staaten. Die potenziell weitreichenden Auswirkungen der Interdependenz im internationalen (Handels-)System, machen allerdings die Berechenbarkeit von Kooperationspartnern notwendig, um den eigenen Wohlstand nicht zu gefährden. Keohane argumentiert hier, dass Staaten ein gemeinsames ökonomisches Interesse besitzen, das zu einer Nachfrage an internationalen Institutionen führt. Diese internationalen Institutionen stellen Verhaltensmuster dar, die im internationalen System die Kooperation und Interaktion zwischen Staaten koordinieren sollen. Damit erfüllen Institutionen eine klare Funktion: Sie geben international agierenden Akteuren Verhaltensstandards vor, senken Transaktionskosten, wie Informationsbeschaffungs- und -verarbeitungskosten und reduzieren somit die im anarchischen System herrschende Unsicherheit.

Die politikkoordinierende Funktion von internationalen Institutionen zeigt sich in konkreten bi- oder multilateralen Vereinbarungen, die zwischen Staaten geschlossen werden. Diese Vereinbarungen werden internationale Regime genannt und beinhalten Prinzipien, Normen, Regeln und politische Entscheidungsprozeduren. Die Etablierung und die Wirkung von internationalen Regimen stellen den Nukleus von Keohanes Überlegungen dar. Regime bieten Staaten Orientierung, da in ihnen bereits ein Set an Verhaltensvorgaben für

---

[5]Robert O. Keohane und Joseph S. Nye Jr., *Power and Interdependence: World Politics in Transition* (Boston, MA: Little, Brown and Company, 1977).

das eigene Handeln definiert ist; sie stellen aber auch Informationen über Kooperationspartner innerhalb der Regime zur Verfügung, wodurch das Handeln Anderer eingeschätzt und hinsichtlich der eigenen Empfindlichkeit und Verwundbarkeit bewertet werden kann. Letzteres, nämlich die Bereitstellung von Informationen, ergibt sich durch die Etablierung internationaler Organisationen, in denen die Regeln und Normen der Regime verankert sind und die ebenfalls Akteurscharakter besitzen können. Einer der bekanntesten internationalen Organisationen innerhalb des internationalen Handels, ist die *World Trade Organization* (WTO), in der das internationale (liberale) Freihandelsregime verankert ist.

> "Institutionalists could interpret the liberal international arrangements for trade and international finance as responses to the need for policy coordination created by the fact of interdependence. These arrangements, which we will call "international regimes," contained rules, norms, principles, and decision-making procedures. Realists could reply that these regimes were constructed on the basis of principles espoused by the United States, and that American power was essential for their construction and maintenance. For Realists, in other words, the early postwar regimes rested on the *political hegemony* of the United States. Thus Realists and Institutionalists could both regard early postwar developments as supporting their theories.
> After the mid-1960s, however, U.S. dominance in the world political economy was challenged by the economic recovery and increasing unity of Europe and by the rapid economic growth of Japan. Yet economic interdependence continued to grow, and the pace of increased U.S. involvement in the world economy even accelerated after 1970. At this point, therefore, the Institutionalist and Realist predictions began to diverge. From a strict Institutionalist standpoint, the increasing need for coordination of policy, created by interdependence, should have led to more cooperation. From a Realist perspective, by contrast, the diffusion of power should have undermined the ability of anyone to create order."[6]

Während die in Regimen festgelegten Prinzipien noch sehr weit formuliert sind, werden die in ihnen festgelegten Normen, Regeln und Verfahren immer spezifischer. Am Beispiel der WTO kann dies verdeutlicht werden: Die Prinzipien des in der WTO verankerten Freihandelsregimes beruhen auf Annahmen, wie sie bereits Adam Smith und David Ricardo (siehe entsprechenden Beitrag) formulieren. Hierzu gehört der Grundsatz, dass der Freihandel den Wohlstand aller fördert. Diese Perspektive der Wohlstandsmaximierung wird durch einen ausgeprägten Multilateralismus komplementiert, in dem kooperierende Staaten

---

[6]Keohane, *After Hegemony*, 8–9.

gleichberechtigt handeln. Dies führt zu verschiedenen, im Regime festgelegten Normen, wie die Nichtdiskriminierung und die Reziprozität. Während die Nichtdiskriminierung auf den Umstand verweist, dass Begünstigungen die von einem Mitgliedstaat A Mitgliedsstaat B gewährt werden, auch allen anderen Mitgliedsstaaten gewährt werden müssen, verweist die Reziprozität als Ergänzung zur Nichtdiskriminierung darauf, dass im Sinne einer Ausgleichsregel gleichwertige Zugeständnisse zwischen den Mitgliedstaaten gewährt werden müssen. Als konkrete Regeln lassen sich aus diesen Normen das Meistbegünstigungsprinzip sowie die Inländergleichbehandlung ableiten, die die Nichtdiskriminierungsnorm weiter spezifizieren. Einzige Ausnahmen von diesen Regelungen ist der Zusammenschluss von Mitgliedstaaten zu einer Freihandelszone oder zu einer Zollunion, wie es im Falle der europäischen Länder zur Europäischen Union geschehen ist. Diese Ausnahmeregelung ist in Artikel XXIV GATT festgeschrieben. Als Verfahren zur gemeinsamen Abstimmung und zur Durchsetzung des Regimes fungieren die sogenannten Welthandelsrunden, die ein politisches Instrument zur Reduzierung von internationalen Handelshemmnissen darstellen. In diesen Welthandelsrunden treffen sich die Mitglieder der WTO und beschließen per Einstimmigkeitsprinzip Maßnahmen zur Liberalisierung des internationalen Handels. Auch ein strukturiertes Streitschlichtungsverfahren gehört zu dem im Regime festgelegten Prozedere, falls ein Staat sich durch das Verhalten eines anderen Staates in seinen Rechten verletzt sieht. Das Streitschlichtungsverfahren der WTO gehört dabei zu den wirksamsten Mechanismen zur internationalen (ökonomischen) Disputbeilegung. Auch wenn die WTO als internationale Organisation als Träger des Freihandelsregimes fungiert, bedeutet dies nicht, dass jedes Regime nach einer internationalen Organisation verlangt. Tatsächlich lassen sich auch Regime identifizieren, die keine internationalen Organisationen ausgeprägt haben, wie im Falle des GATT als Vorgänger der WTO.

Keohanes These, dass die Bereitstellung von Prinzipien, Normen, Regeln und Verfahren durch internationale Regime zu der Möglichkeit einer langanhaltenden internationalen Kooperation führt, was wiederum zu einer Wohlstandsmaximierung der beteiligten Akteure beiträgt, werden von diesem durch einen spieltheoretischen Ansatz begründet. Abermals grenzt Keohane sich hierbei von der realistischen Schule ab. In dieser ist Kooperation nur in sehr begrenzten Bahnen möglich. Ohne die Existenz einer übergeordneten Sanktionsinstanz würden die Staaten hier nur ihren eigenen Vorteil berücksichtigen und im Zweifel jedwede Kooperationsvereinbarung zu ihren eigenen Gunsten brechen. Dies bedeutet, dass Staaten durch dieses Verhalten kurzfristig einen Gewinn verbuchen können. Da in einem Kooperationsspiel ein Staat A nicht genau weiß, ob sich ein Staat B an die Kooperationsvereinbarung halten wird oder nicht, er also keine Informationen über das geplante Verhalten besitzt, wird er einzig zu seinem eigenen Vorteil handeln. Diese spieltheoretische Situation ist als *Prisoners' Dilemma* bekannt. Obwohl für zwei Staaten eine Kooperation gewinnbringend wäre, kommt diese nicht zustande, da beide Staaten dem Gegenüber misstrauen und deshalb dazu tendieren sich unkooperativ zu verhalten. Das Ergebnis ist ein suboptimales Ergebnis. Staaten handeln hier, aufgrund fehlender Informationen, nur zu ihrem eigenen Vorteil ohne eine mittel- oder langfristige Perspektive einzunehmen. Gleichzeitig werden *relative gains* angestrebt, das heißt, ein Akteur versucht mehr Gewinne als sein Gegenüber zu erzielen. Wenn ein Akteur über eine Kooperation zwar Gewinne erzielt, diese aber geringer sind als die des Kooperationspartners, kommt eine Kooperation nicht zustande. Der Gewinn der einen Seite bedeutet den Verlust der Anderen. Ein Nullsummenspiel ist die Folge, da die eigene Macht immer relativ zum anderen gemessen wird.

Ein solches Verhalten ist allerdings nur dann möglich, wenn Staaten in einem internationalen System nicht „lernen", es sich also aus einer spieltheoretischen Perspektive heraus um ein *one-shot game* handelt. Permanent egoistisches Handeln wird in einem solchen System befördert. Wird Kooperation jedoch aufgrund von Interdependenz als eine langanhaltende Größe verstanden, wird also eine Spielsituation mehrfach hintereinander gespielt, so bedeutet dies, dass bei einem Bruch von Kooperationsvereinbarungen zukünftig überhaupt keine Kooperation mehr eingegangen wird. Mittel- und langfristig schmälert die Nichteinhaltung von Kooperationsvereinbarung also den Gewinn. Die Einhaltung von Regimen auf der anderen Seite bedeutet hingegen, dass die Wahrscheinlichkeit von Kooperation wächst, da die Kooperationspartner durch die Einhaltung der Regimevorgaben Vertrauen aufbauen. Dadurch wird Kooperation zu einem langanhaltenden Zustand, der vor allem einen langfristigen Wohlstandsgewinn bedeutet. Die Gewinnratio des Nullsummenspiels spielt hier also keine Rolle mehr, da nun *absolute gains,* also selbst minimale wohlstandsfördernde Gewinne, die Handlungen von Staaten bestimmen. Ob Staat B mehr gewinnt als Staat A, ist für Staat A nicht mehr von Relevanz, solange Staat A absolute Gewinne erzielt.

Vor dem Hintergrund der positiven Effekte durch Regime, ist die Etablierung dieser von zentraler Fragestellung für Keohane. Regime stellen keine Ad-hoc-Konstruktionen dar. Vielmehr sind Regime historisch gewachsen und auf einzelne Politikfelder ausgelegt. Dies bedeutet, dass internationale Regime zur gemeinsamen, interessensgeleiteten Koordinierung verschiedener Akteure in einem internationalen Handlungsfeld dienen. Hier ist jedoch die Initiation von Regimen entscheidend. Während klassische Ansätze, wie die realistische Schule, die Initiationsmacht durch einen Hegemonen betont, verweist Keohane darauf, dass internationale Kooperation durch Regimebildung auch ohne hegemoniale Staaten möglich ist. Hegemoniale Staaten können aufgrund ihrer machtpolitischen Stellung andere Staaten auf verschiedene Weise zu Kooperation veranlassen. Dies kann durch den direkten Einsatz von Zwang oder durch die Nutzung eines Anreizsystems geschehen. Im Falle von Zwang würde dies bedeuten, dass ein Hegemon durch Zwangsmaßnahmen, wie militärische Interventionen, oder durch die bloße Androhung von Zwang, andere Staaten zu einer Kooperation veranlasst. Ein solcher Modus wäre allerdings nur wenig stabil, da die permanente Bereitstellung eines Zwangsapparats dazu notwendig wäre und der Hegemon der ständigen Gefahr von Revolten ausgesetzt wäre. Die Regimeinitiierung durch ein Anreizsystem stellt einen weiteren Modus hegemonialer Kooperation dar. Hier verzichtet ein Hegemon auf direkten Zwang und übernimmt stattdessen den Großteil der anfallenden Kosten für etwaige Regime. Der Vorteil für andere Staaten liegt nun darin, dass die Teilnahme an einem Regime zuerst mit einer Kostenersparnis einhergeht. Auf der anderen Seite würden Regime, und demnach Kooperation, nur so lange bestehen, solange ein Hegemon die Kosten dafür tragen würde. Beide Maßnahmen setzen die Existenz eines kooperationsermöglichenden Hegemonen voraus. Verliert ein Hegemon seine dominierende Stellung, bedeutet dies das Ende eines Regimes und das Ende von internationaler Kooperation.

Hier setzt Keohanes Kritik ein. Er vertritt die These, dass internationale Kooperation auch ohne die Schirmherrschaft eines hegemonialen Staates zustande kommen kann; Kooperation also auch *after hegemony* stattfindet. Er begründet dies mit dem allgemeinen Nutzen, den internationale Institutionen, wie internationale Regime, den durch Interdependenz geprägten Staaten bringen. Gemeinsame ökonomische Interessen von Staaten können zu der Schaffung und Etablierung von Regimen führen. Dies ist vor allem dann der Fall, wenn ein gegebenes internationales Problem als so vernetzt angesehen wird, dass es nicht durch etwaige Maßnahmen eines einzigen Akteurs gelöst werden kann. Eine gemeinsame Koordinierung ist dann notwendig. Dabei muss der Nutzen von Regimen jedoch deutlich höher sein als die zur Aufrechterhaltung notwendigen Kosten. Ist dies der Fall, übersteigt also der Nutzen die Kosten, und ist ein ausreichendes Interesse an Koordinierung zwischen potenziellen Kooperationspartnern vorhanden, ist die Schaffung von Regimen wahrscheinlich. Kooperation kann also auch unabhängig der Steuerung durch einen Hegemonen existieren. Allerdings gibt sich Keohane hier keiner naiven Betrachtung internationaler Politik hin. Vielmehr verweist er darauf, dass die Schaffung von Regimen keine Leichtigkeit darstellt. Hierzu ist eine immense Koordinierung und Organisierung von staatlichen und nicht-staatlichen Akteuren im Vorfeld nötig, die die

Errichtung beliebig vieler Regime verhindert. Hier erkennt Keohane wiederum den Nutzen von hegemonial induzierten Regimen. So ist es für die Etablierung von Regimen durchaus vorteilhaft, dass ein dominierender Staat seine zur Verfügung stehenden Ressourcen einsetzt und die Regimeinitiierung übernimmt. Allerdings, und hier entfernt sich Keohane von der zentrierten Sicht auf hegemonial initiierte Kooperation, bedeutet das Verschwinden eines Hegemonen eben nicht automatisch das Ende von Regimen. Wurde der Nutzen eines Regimes erkannt und haben die beteiligten Kooperationspartner ein Interesse an der Weiterführung des Regimes, so ist die Wahrscheinlichkeit hoch, dass das vormals hegemonial induzierte Regime auch ohne den Hegemon weiter bestand hat. Dies ist dem Umstand geschuldet, dass die Aufrechterhaltung eines einmal etablierten Regimes weniger Anspruchsvoll ist als eine Neukonstituierung. Davon ausgehend begründet Keohane internationale Kooperation ohne den Einfluss hegemonialer Staaten. Er negiert zwar nicht die Rolle, die dominierende Staaten für die Konstituierung von Regimen einnehmen können, relativiert allerdings das Argument, dass internationale Kooperation nur durch diese zustande kommen kann.

Die Möglichkeit der Etablierung internationaler Regime ohne Beteiligung hegemonialer Staaten zeigt sich auch im Zeitgeschehen der 1960er und 1970er Jahre und wird so zu einem Exempel für Keohanes These. Die Vereinigten Staaten fungierten im Nachgang des Zweiten Weltkriegs als Schirmherren für mehrere internationale Regime, die sich vornehmlich auf den internationalen Finanzsektor und den Freihandel bezogen. Trotz des hegemonialen Status der Vereinigten Staaten, schafften diese allerdings kein formelles internationales Erdölregime. Zwar existierten zu diesem Zeitpunkt mehrere Versuche einer Initiierung, wie das noch gegen Ende des Zweiten Weltkriegs gescheiterte *Anglo-American Petroleum Agreement,* allerdings waren diese nicht von Erfolg gekrönt. Stattdessen bestand ein informelles internationales Regime, dass noch aus einer Zeit vor dem Ausbruch des Zweiten Weltkriegs stammte. Hier wurde der internationale Erdölmarkt durch eine kleine Anzahl internationaler Unternehmen beherrscht und beinhaltete explizite Vorschriften, unter welchen Bedingungen Unternehmen Erdöl fördern konnten und unter welchen Rahmenbedingungen dieses auf den internationalen Markt vertrieben werden sollte. Das Regime beinhaltete ein generelles Wettbewerbsverbot, da dieser als schädigend für den internationalen Ölmarkt angesehen wurde. Daraus ergab sich ein Kartell auf dem internationalen Erdölmarkt. Mit dem zunehmenden Mitbestimmungswillen durch ölfördernde Staaten und dem schlussendlichen drängen arabischer Erdölunternehmen auf den Weltmarkt, geriet dieses Kartell ins Schwanken und kollabierte schlussendlich. Die Abwesenheit eines starken Regimes und das Unvermögen der Vereinigten Staaten, ein neues, von allen Akteuren akzeptiertes

Regime zu bilden, führte schlussendlich zu einer „Selbsthilfe"-Mentalität aller Parteien. Während die ölfördernden Staaten in der Organisation der Erdöl exportierenden Länder ein produzentenbasierendes Regime gründeten, führten die ölkonsumierenden Staaten, bestehend aus nordamerikanischen und westeuropäischen Staaten, ein Verteilungsregime im Falle von Embargos ein. Ersteres erwies sich dabei als deutlich Einflussreicher, da die Regulierungsfähigkeit der ölfördernden Staaten und die generelle Abhängigkeit der Industriestaaten von Erdöl das produzentenbasierende Regime bevorteilten. Dies zeigte sich in der Schlussendlichen Empfindlichkeit und Verwundbarkeit nordamerikanischer und westeuropäischer Staaten während des Jom-Kippur-Kriegs. Die OPEC drosselte bewusst die Fördermenge von Erdöl, um vor dem Hintergrund des Krieges zwischen Israel, Ägyptens und Syriens, die westlichen Länder unter Druck zu setzen. Bilder von Fußgängern auf deutschen Autobahnen, wo aufgrund der Benzinknappheit ein bundesweites Fahrverbot ausgerufen wurde, versinnbildlichen hier die Auswirkungen des produzentenbasierten Regimes für ölimportierende Länder. Das in der OPEC verankerte Öl-Regime stellt somit ein Beispiel dar, wie abseits des hegemonialen Einflusses der Vereinigten Staaten sich ein internationales Regime etablieren konnte, das bis heute über großen Einfluss auf den internationalen Handel verfügt.

Keohanes bemerkenswerter Beitrag zur Betrachtung der internationalen Handelspolitik ist zweierlei. Zum einem liefert er Argumente gegen die Theorie der hegemonialen Stabilität. Nach dieser Theorie ist ein Hegemon der zentrale Akteur bei der Bereitstellung einer internationalen Wirtschaftsordnung und eines offenen Welthandelssystems. Dieser Ansatz wird beispielsweise von Charles P. Kindleberger und Stephen D. Krasner (siehe entsprechende Beiträge) verfolgt. Krasner vertritt beispielsweise die These, dass die Existenz eines Hegemonen den Freihandel befördert, während die Abwesenheit eines Hegemonen oder dessen Untergang zu einem Protektionismus unter den Staaten führen würde. Keohane negiert zwar nicht die Bedeutung von hegemonialen Staaten für den internationalen Handel, relativiert jedoch das Argument, dass internationaler Handel ausschließlich durch einen Hegemonen ermöglicht wird. Stattdessen sieht er internationale Regime, die ein Interessenskonzentrat mit einem international relevanten Problemlösungsansatz darstellen, als förderlich für internationale Kooperation.

In Abgrenzung zum Realismus, und damit zu Autorinnen und Autoren wie zum Beispiel Kenneth Walz und seinem 1979 erschienen Werk *Theory of international Politics*[7], betrachtet Keohane das internationale (Handels-)System

---

[7] Kenneth Waltz, *Theory of international Politics* (Reading, MA: Addison-Wesley, 1979).

nicht aus einer Perspektive des Mächtegleichgewichts, wie es gerade zur Zeit des Ost-West-Konfliktes Relevanz hatte, sondern erweitert die Perspektive über den Tellerrand bloßer sicherheitspolitischer Beweggründe auf ökonomische und soziale Interessen von Akteuren hinaus und legt den Fokus auf die Entstehung und Funktion internationaler Institutionen. Trotz gemeinsamer Annahmen, wie die Anarchie im internationalen System oder Staaten als zentrale und rationale Akteure, kommen der Neorealismus und der Neoliberale Institutionalismus aufgrund der unterschiedlichen Relevanzsetzung relativer und absoluter Gewinne, eines *shadow of the future* und der kooperationsfördernden Funktion von Regimen, zu unterschiedlichen Ergebnissen der Kooperationswahrscheinlichkeit. Die in der realistischen und liberalen Denkschule verankerten Sichtweise darauf, unter welchen Umständen Kooperation zu Stande kommt und wie diese ausgestaltet ist, zeigt sich auch in der vielbeachteten Neo-Neo-Debatte[8], in der sicherheits- und wohlstandsorientierte Betrachtungen der internationalen Handelspolitik gegenüberstehen.

Keohanes Werk gilt als zentrales Werk des Neoliberalen Institutionalismus und insbesondere der Regimetheorie. Ausgehend von seiner Perspektive hat sich ein Forschungsfeld eröffnet, dass die internationale (Handels-)Politik unter Berücksichtigung internationaler Institutionen und ihrer Strukturierungsfunktion analysiert. Keohanes Regimetheorie gilt bis heute als eine der relevantesten Theorien der Internationalen Beziehungen und der Internationalen Politischen Ökonomie und besitzt weiterhin einen großen Einfluss auf die Betrachtung internationaler Politik.

Ausgehend von Keohanes These formuliert Susan Strange (siehe entsprechenden Beitrag) allerdings auch Kritik an der Perspektive einer Kooperation *after hegemony*. Strange widerspricht Keohane, dass Ende der 1980er Jahre eine Phase nach der Hegemonie der Vereinigten Staaten eingeläutet ist, sondern argumentiert, dass die Vereinigten Staaten trotz Verlusten bei der relativen Macht (Zwang) immer noch über strukturelle Macht (geschaffene Institutionen) verfügt. Dies bedeutet, dass die Vereinigten Staaten die institutionellen Regeln im internationalen System bestimmt haben und deshalb trotz der Debatte über den *American decline* weiterhin der dominierende Staat sind.

---

[8]Näheres zur Neo-Neo-Debatte siehe David A. Baldwin, *Neorealism and Neoliberalism: The Contemporary Debate* (New York: Columbia University Press, 1993).

Literaturverzeichnis

David A. Baldwin, *Neorealism and Neoliberalism: The Contemporary Debate* (New York: Columbia University Press, 1993).
Kenneth Waltz, *Theory of international Politics* (Reading: Addison-Wesley, 1979).
Robert O. Keohane, *After Hegemony. Cooperation and Discord in the World Political Economy* (Princeton, NJ: Princeton University Press, 1984).
Robert O. Keohane und Joseph S. Nye Jr., *Power and Interdependence: World Politics in Transition* (Boston, MA: Little, Brown and Company, 1977).

Susan Strange

Maria A. Gwynn

Der wirtschaftliche Aufstieg einiger Industrieländer wie Japan oder Deutschland und die neuen Herausforderungen durch die Forderungen nach einer Neuen Weltwirtschaftsordnung *(New International Economic Order)* seitens der Entwicklungsländer in den 1970er und 1980er Jahre führte zu neuen Ansichten unter Wissenschaftlerinnen und Wissenschaftlern der Politikwissenschaft und Internationalen Politischen Ökonomie über einen Machtverlust der Vereinigten Staaten, dem sogenannten *American decline*. Susan Strange (1923–1998) hatte einen wirtschaftswissenschaftlichen Hintergrund. Ihre Arbeit als Journalistin eröffnete ihr Wege in akademische Kreise, wo sie sich anschließend der Vollzeitforschung widmete. 1974 hat sie zunächst eine leitende Position als wissenschaftliche Mitarbeiterin im Chatham House inne, später führte sie die Montague-Burton-Professur für Internationale Beziehungen an der *London School of Economics* (1978–1988). Als erste Frau in dieser leitenden Position entwickelt sie zu dieser Zeit den wichtigsten Teil ihres theoretischen Beitrags in diesem Gebiet. Stranges Theorie war eine Reaktion auf den in den 1970er Jahren entstandenen Stand der Forschung, der proklamierte, dass die Vereinigten Staaten ihre Hegemonialmacht verloren hätten. Theoretikerinnen und Theoretiker des Realismus argumentierten, dass der hegemoniale Niedergang im Zusammenhang mit dem Zerfall internationaler Regime stehe (siehe den Beitrag zu Stephen D. Krasner)[1]. Auf ähnliche

---

[1] Robert Gilpin, *U.S. Power and the Multinational Corporation: The Political Economy of Foreign Direct Investment* (New York: Basic Books, 1975).

M. A. Gwynn (✉)
Rheinische Friedrich-Wilhelms-Universität Bonn, Bonn, Deutschland
E-Mail: maria.gwynn@uni-bonn.de

Weise behaupten Vertreterinnen und Vertreter liberaler Ansätze, dass ohne US-amerikanische Führung neue Wege der Zusammenarbeit notwendig seien (siehe den Beitrag zu Robert O. Keohane). In ihrem Artikel *The Persistent Myth of Lost Hegemon*[2] stellt Strange die beiden Annahmen infrage, auf denen diese Ansichten beruhten: einerseits den Machtverlust der Vereinigten Staaten und andererseits, dass genau dieser der Grund für die Störung des internationalen Systems sei.

In ihrem Werk *States and Markets*[3] baut sie diese Argumentation weiter aus und führt eine Theorie an, die dem Annahme des *American decline* widerspricht. Strange argumentiert, dass die Vereinigten Staaten *„have not in fact lost structural power in and over the system"*,[4] da sie durch die vier Hauptstrukturen der internationalen politischen Ökonomie ihre Macht aufrechterhalten konnten. Diese vier von Strange identifizierten Strukturen und die daraus abgeleitete Machtquelle sind Sicherheit (welche die Kontrolle an jene überträgt, die Schutz vor Gewalt bieten können), Finanzen (welche die Kontrolle an jene überträgt, die Kredite bereitstellen können), Produktion (welche die Kontrolle an jene überträgt, die in der Lage sind, die Art und Weise der Produktion von Waren und Dienstleistungen zu bestimmen und zu steuern) und Wissen (welche die Kontrolle an jene überträgt, die Kommunikation steuern, Zugriff verweigern oder Wissen und Informationen erwerben oder entwickeln können).[5] Für ein tieferes Verständnis von Strange's Arbeiten ist es somit unabdinglich, ihre Definition von struktureller Macht zu kennen.

> "[T]here are two kinds of power exercised in a political economy – structural power and relational power – but that in the competitive games now being played out in the wold system between states and economic enterprises, it is increasingly structural power that counts far more than relational power. (…)
>
> Structural power (…) is the power to shape and determine the structure of the global political economy within which other states, their political institutions, their economic enterprises and (not least) their scientists and other professional people have to operate. (…) Structural power, in short, confers the power to decide how things shall be done, the power to shape the frameworks within which states relate to each other, relate to people, or relate to corporate enterprises."[6]

---

[2]Susan Strange, "The Persistent Myth of Lost Hegemony," *International Organization*, 41:4 (1987), 551–574.

[3]Susan Strange, *States and Markets* (London: Pinter Publishers Limited, 1988).

[4]Strange, *States and Markets*, 28.

[5]Strange, *States and Markets*, 26, 28.

[6]Strange, *States and Markets*, 24–25. In ihrer späteren Arbeit *Retreat of the States* definiert Strange Macht, wie folgt: "Power is simply the ability of a person or group of person so to affect outcomes that their preferences take precedence over the preferences of others." Siehe Susan Strange, *Retreat of the State* (Cambridge: Cambridge University Press, 1996), 17.

Ihr Beitrag zur strukturellen Macht war durchaus einer der einflussreichsten in der Disziplin der Internationalen Politischen Ökonomie.[7] Stefano Guzzini beschreibt Stranges *structural power* als den von ihr „*most important conceptual contribution*"[8].

In ihrem Paradigma berücksichtigt Strange auch den Handel. So fand die Handelsstruktur durchaus Erwähnung in *States and Markets* – Strange widmet sich letzterem aber eher zweitrangig, da Handel sich aus den soeben angeführten Hauptstrukturen ergibt. Obwohl Strange den Außenhandel nur als sekundäre Struktur bezeichnet, widmet sich dieser Beitrag intensiv den Ausführungen Stranges zum Außenhandel. Aufgrund der Fokussierung des Sammelbands auf die Handelspolitik und den Welthandel finden im vorliegenden Beitrag Aspekte, die eigentlich zentraler für Stranges Werke sind, weniger Beachtung. Für sie war der Handel ein ineinandergreifendes Netzwerk von Abkommen, eine Art Austauschstruktur, welcher das Wirtschaftliche und Politische inhärent ist.

"The result of this dependence on the primary power structures is that exchanges in international trade are not simply the outcome of market forces, of relative supply and demand. Rather, they are the result of a complex and interlocking network of bargains that are partly economic and partly political."[9]

Nach Strange beinhaltet die Außenhandelsstruktur Verhandlungen zwischen Handelspartnern (welche sich in ungleicher finanzieller als auch technologischer Position befinden), die geprägt sind durch den Ausgleich zwischen Sicherheits- und Geschäftsinteressen, innenpolitische Verhandlungsprozesse über den nationalen Markt und Unternehmensentscheidungen über Versorgungsquellen. Aufgrund der Relevanz, die sie diesen ineinandergreifenden Verhandlungen beimisst, lässt sie die Rolle internationaler Organisationen und Regime jedoch völlig außer Acht.[10] Sie lehnt die Idee, den Handel als ein Regime zu betrachten, ab

---

[7] Für eine Übersicht zu den zwei Machtkonzepten (relationale und strukturelle Macht) siehe Maria A. Gwynn, 'Structural Power and International Regimes,' *Journal of Political Power,* 12:2 (2019), 200–223.

[8] Stefano Guzzini, *Power, Realism and Constructivism* (Abingdon und Oxon: Routledge, 2013), 175.

[9] Strange, *States and Markets,* 161.

[10] Die klassische Definition von internationalen Regimen stammt von Stephen Krasner. Nach Krasner sind internationale Regime *"sets of implicit or explicit principles, norms, rules and decision-making procedures around which actors' expectations converge in a given area of international relations"*. Siehe Stephen D. Krasner, *International Regimes* (Ithaca, NY: Cornell University Press, 1983), 2.

und beschreibt ihn dahingegen als Interessenbild der mächtigsten Staaten. Sie begründet dies wie folgt:

> „In short, the common weakness of trade theories, whatever their ideological bias may be, is that they seek to explain and to treat trade in too great isolation. They do not sufficiently take into account the impact on exchange relations between states (as on exchange relations between people) of the four major structures of political economy. If such exchange relations are the result of variable influences coming from the four structures, it is not surprising that the search for a general theory to explain all trade links in the world economy proves unrewarding and unsatisfactory."[11]

Strange stellt heraus, dass sich die (polit-)ökonomische Literatur zum internationalen Handel auf die *Folgen* des Außenhandels in Hinblick auf politische Ergebnisse konzentriere. Sie betont, dass es wichtig sei, darüber hinaus Handel auch für sich selbst zu analysieren, wie er sich im System der Weltökonomie abspielt. Vor diesem Hintergrund betrachtet sie einige Fakten des Handels und analysiert einflussreiche Theorien. Strange formuliert folgende Erkenntnisse betreffend den Außenhandel:

1. Ungleichmäßiges Wachstum: Nach Strange beeinflusst die Sicherheitsstruktur den Handel. Sie führt den Kontrast von der Zeit vor dem Ersten Weltkrieg, in der Handel trotz protektionistischer Maßnahmen durch die Industrieländer rasch wuchs, und der Zwischenkriegszeit, in der sich der Handel nur langsam erholte, an. Auf diese Weise weist Strange auf die differierenden Schwankungen der Handelsstruktur hin, die von der Sicherheitsstruktur zu verschiedenen Zeitpunkten abhängig ist.
2. Inhaltliche Veränderung: Die Änderung der Produktionsstruktur hat ebenfalls Auswirkungen auf den Handel. Die Ansichten David Ricardos seien veraltet, da Handel nicht mehr als eine Form von Warenaustausch gesehen werden kann (siehe den Beitrag zu David Ricardo). Handel muss nach Strange als ein komplexer Austausch von verarbeitenden Erzeugnissen sowie elektronischen Produkten und Dienstleistungen gesehen werden. Sie argumentiert damit, dass Rohstoffe, insbesondere aus Entwicklungsländern, für den Handel nicht wichtig seien, da Fertigerzeugnisse relevanter für die Länder seien. Öl als Rohstoffprodukt bildet allerdings die alleinige Ausnahme.

---

[11]Strange, *States and Markets,* 179.

"International trade, in short, is a moving picture, never static in its composition form one year to the next, but always reflecting – just as it did in the ancient world, in the Middle Ages, in the eighteenth and nineteenth centuries – the purchasing power of the relatively rich and the relatively powerful."[12]

3. Ungleiche Partizipation: Nach Strange ist die Teilnahme der Länder am Welthandel einerseits aufgrund der Kaufkraftunterschiede, andererseits politisch bedingt aufgrund der unterschiedlichen Kapazitäten der einzelnen Ländern – Gebiet und Bevölkerung – wirtschaftlich ungleich. Strange meint darüber hinaus, dass in diesem Zusammenhang die Rolle der Sicherheitsstruktur ersichtlich werde. Sie führt als Beispiel einerseits die Politik der Vereinigten Staaten während des Kalten Krieges an, die Import und Handel mit Produkten der UdSSR und deren Verbündeten einschränkten; andererseits erwähnt sie, dass Zugeständnisse Großbritanniens im Rahmen der 1943 stattgefundenen Verhandlungen des Bretton-Woods-Abkommens für die US-Handelspolitik in der Nachkriegszeit eine wichtige Vorbedingung waren.[13]
4. Keine Standardregeln: Strange stellt fest, dass selbst wenn sowohl Industrie- als auch Entwicklungsländer die binnenländischen Tauschregeln über ihre Gesetze zum nationalen Marktsystem festgesetzt hätten, mit dem Ziel Sicherheit, Stabilität und Gerechtigkeit zu schaffen, würden ihre Eigeninteressen beim internationalen Austausch aufeinandertreffen. Der Grund dafür wäre nicht die unterschiedliche interne Aktivität der Länder, sondern vielmehr deren unterschiedlichen Kapazitäten. Die Bevorzugung jener, die sich in einer vorteilhaften Machtasymmetrie befinden, und die daraus folgende stärkere Position im Tauschverhältnis, stellen den soeben genannten Unterschied deutlich dar. Sie macht daher geltend, dass die Handelsstruktur stets Industrieländer begünstigen wird, da Machtasymmetrien unumgänglich seien (siehe den Beitrag zu Albert O. Hirschman).
5. Handelsbedingungen: Schließlich beschreibt Strange, dass Handelsbedingungen im internationalen Handel von Branche zu Branche, sowie zwischen inländischem und internationalem Handel variieren können (siehe den Beitrag zu Hans W. Singer & Raúl Prebisch). Einerseits unterscheiden sich die Staaten in ihrer Funktion als einerseits Rohstoffproduzenten, die sich ändernden Preisen ausgesetzt sind, und andererseits Produzenten von

---

[12]Strange, *States and Markets*, 168.
[13]Strange, *States and Markets*, 170.

Fertigwaren, die die Preise ihrer Güter festlegen können. In beiden Fällen werden die Preise somit unterschiedlich bestimmt. Sie betont ferner die Rolle der Internationalisierung der Produktion. Hier sind vor allem transnationale Unternehmen, die den Handel über politische Grenzen hinweg internalisieren, von zentraler Bedeutung.[14] Die gesamte Produktion erfordert somit vermehrt komplexe Verhandlungen in Bezug auf Steuervorteile, Gewerkschaften, Transportsysteme und marktwirtschaftliche Ziele.

In Anbetracht der obengenannten Erkenntnisse zum Außenhandel eröffnet sich hieraus für Strange die Revision der damals bestehenden Außenhandelstheorien. Sie diskutiert zuerst die liberale Theorie, die dahin gehend argumentiert, dass sich der Wohlstand zweier Länder maximiert, wenn Länder sich auf die Produktion der Güter spezialisieren, in denen sie einen komparativen Kostenvorteil aufweisen. Strange kritisiert hieran, dass der Fokus auf Waren für die Erklärung des Außenhandels nicht ausreichend sei. Statt die umfassende Literatur der neoklassischen Ökonomie zu beschreiben, verweist Strange auf zwei hieraus abgeleitete Argumente. So nimmt Strange Bezug auf die Theorie der Zollunion von Jacob Viner (siehe den entsprechenden Beitrag). Hiernach müssen die Nettowohlfahrtseffekte von Zollunionen (beziehungsweise regionale Freihandelsabkommen) berechnet werden, in dem die handelsschaffende Effekte zwischen den Mitgliedsländer einer Zollunion gegen die handelsumlenkenden Effekte abgewägt werden. Handelsumlenkende Effekte entstehen dadurch, dass der Handel von effizienteren Produzenten in Drittländern außerhalb einer Zollunion zugunsten der weniger effizienteren Produzenten innerhalb der Zollunion aufgeben wird, wobei letzere Produzenten nur aufgrund der wegfallenden Zölle günstiger exportieren können. Wenn die handelsschaffenden Effekte im Vergleich zu den handelsumlenkenden Effekten überwiegen, kann eine Zollunion basierend auf liberalen Prinzipen als zweitbeste Lösung verteidigt werden.[15] Darüber hinaus nimmt Strange auch Bezug auf das Heckscher-Ohlin-Theorem (siehe den Beitrag zu Eli F. Heckscher & Bertil G. Ohlin), wonach der komparative Vorteil von Ländern bei der Produktion verschiedener Güter abhängig ist von der Faktorenausstattung eines Landes mit Kapital und Arbeit. Demnach haben kapitalreiche Länder einen Kostenvorteil bei der Herstellung kapitalintensiver Güter. Umgekehrt besitzen arbeitsreiche Länder einen Kostenvorteil bei der Produktion arbeitsintensiver Güter. Der Handel zwischen Industrie- und Entwicklungsländern

---

[14]Strange, *States and Markets*, 173.
[15]Strange, *States and Markets*, 176.

könne demnach darüber erklärt werden, dass erstere reichlich mit Kapital und letztere mit Arbeit ausgestattet sind.[16] Strange widerspricht allerdings diesen Modellen und verweist auf empirische Studien zu den Vereinigten Staaten, in denen Arbeitskräfte einen knappen Produktionsfaktor darstellen, während Kapital günstig und reichlich vorhanden sei. Dennoch exportierten die Vereinigten Staaten mehr arbeitsintensive Güter als sie importieren. Sie kommt ferner zu dem Schluss, dass in den Theorien die Sicherheit und deren Bedeutung für die Staaten missachtet werden. Sicherheit sei für Staaten von wesentlicher Bedeutung, und es sei unwahrscheinlich, dass Staaten im Rahmen der Handelspolitik nicht auch Sicherheitsfragen ansprechen würden.

Strange lobt die Theorie des Realismus dafür, verstanden zu haben, dass Länder, die sich später als andere industrialisierten, Schwierigkeiten haben würden, im ökonomischen Wettbewerb aufzuholen. In einem solchen Wettbewerb seien staatliche Eingriffe und wirtschaftlicher Schutz unabdingbar. In Hinblick auf die Ansätze des Strukturalismus und der Dependenztheorien betont Strange deren Annahme, dass der Markt nicht neutral sei und eine systematische Benachteiligung gegenüber Entwicklungsländern kennzeichnet, die eine ungleiche wirtschaftliche Entwicklung verursache. Diese Benachteiligung sei dem kapitalistischen System inhärent. Daher sei eine Kompensationspolitik dieser Länder gerechtfertigt. In diesem Zusammenhang ist die Arbeit von Raul Prebisch (siehe den entsprechenden Beitrag) über den Rückgang der Primärgüter und die asymmetrischen Bedingungen des Marktes für die Dritte Welt erwähnenswert.

Bei der Überprüfung dieser Theorien behauptet Strange, dass keine die von ihr genannten Erkenntnisse zum Außenhandel erklären könne. Strange kritisiert, dass weder die strukturelle Konvergenz der Volkswirtschaften, die multinationale Produktion, die Abweichung politischer Stellungnahmen, noch die unterschiedliche Performanz der Entwicklungsländer in den Theorien Berücksichtigung finden. Sie macht daher geltend, dass es an einer Erklärung für die Unterschiede in den Handelsbeziehungen zwischen staatlichen Märkte mit verschiedenen Gütern und Dienstleistungen mangle. Diese Schwäche rühre von der Tatsacher, dass Handel stets isoliert betrachtet würde, ohne Berücksichtigung der Auswirkungen der vier Hauptstrukturen der politischen Ökonomie.[17]

Strange schließt ihre Vision zum Außenhandel mit der Feststellung, dass ihre angeführten Tatsachen der Handelspolitik mit den verschiedenen Sektoren und den sich daraus ergebenden unterschiedlichen Handelsmustern mehr Aufmerksamkeit

---

[16]Strange, *States and Markets*, 176.

[17]Strange, *States and Markets*, 179.

gewidmet werden sollte. Die Sicherheitsstruktur sorgt dafür, dass Allianzen und Konflikte die Außenhandelsbeziehungen zwischen Ländern intensivieren oder distanzieren können. Die Produktionsstruktur sorgt dafür, dass die kurze Lebensdauer von Produkten die Hersteller stets nach größeren Märkten suchen lässt. Die Finanzstruktur sorgt dafür, dass die Frage, ob der Handel in der Landeswährung erfolgt oder ob Kredite international geschaffen und vergeben werden, ebenfalls den Handel beeinflusst. Die Wissensstruktur sorgt dafür, dass die Beschleunigung des technologischen Fortschritts die Produkte und Produktionsprozesse als auch die Handelsmuster beeinflusst.

Strange versucht die Disziplin aus einer anderen Perspektive zu sehen, wird dabei aber teilweise zu polemisch. Obwohl sie dem entschieden widersprechen würde, weist ihre Arbeit Gemeinsamkeiten mit den theoretischen Ansätzen auf, die sie grundlegend kritisiert und deren Erklärungskraft sie infrage stellt. In ihrem Verständnis zum Außenhandel führt sie beispielsweise Überlegungen zu ineinandergreifenden Verhandlungen und Machtasymmetrien an und wie diese die Handelsbedingungen beeinflussen. Sie betont auch die Notwendigkeit, die jeweiligen Sektoren zu analysieren, da sich die Bedingungen zwischen ihnen unterscheiden würden. Diese Überlegungen stimmen sicherlich mit den Auswirkungen der asymmetrischen Interdependenzbeziehung und der von Keohane und Nye aufgedeckten Problembereiche überein[18]. Obwohl sie *strukturelle Macht* als besonders wichtig bezeichnete, erwähnt sie außerdem, wie sich die unterschiedlichen Kapazitäten der Staaten, insbesondere der Industrie- und Entwicklungsländer, auf den Austausch zwischen ihnen auswirken. Dies kann auch mit Theorien von Waltz, Keohane, Nye und Krasner (siehe die entsprechenden Beiträge) und deren strukturelle Kontexte in Zusammenhang gebracht werden, die die Verteilung von Kapazitäten zwischen den Einheiten (Staaten) anführen[19]. Die Missachtung internationaler Regime kritisieren vor allem die zuletzt genannten Theoretiker und Theoretikerinnen an Stranges Arbeiten[20]. Nichtsdestotrotz findet Stranges Ansatz in Gänze oder in Teilen in der Forschung weiterhin breiten Anklang.

---

[18]Robert O. Keohane und Joseph S. Nye, *Power and Interdependence: World Politics in Transition* (Boston, MA: Little, Brown and Company, 1977).

[19]Stephen D. Krasner, *Structural Conflict: The Third World Against Global Liberalism* (Berkeley und Los Angeles: University of California Press, 1985); Keohane und Nye, *Power and Interdependence*.

[20]Stephen D. Krasner, "Structural Causes and Regime Consequences: Regimes as Intervening Variables," in *International Regimes*, herausgegeben von Stephen D. Krasner (Ithaca, NY: Cornell University Press, 1983), 1–21; Robert O. Keohane, "Foreword" in *Strange Power. Shaping the parameters of international relations and international political economy*, herausgegeben von Thomas C. Lawton, James N. Rosenau und Amy C. Verdun (Aldershot: Ashgate Publishing Limited, 2000).

Dieser Beitrag schließt mit einer von Stranges Reflektionen zum Außenhandel, der Bezug zu den vier einflussreichsten Hauptstrukturen der Internationalen Politischen Ökonomie nimmt.

"But the net result is that because the impact of any one primary structure on the trade prospects of any one country at any one time will vary so much, the combined effects on that country of all four structures, some being favourable to it and other unfavourable, will vary even more. No two countries' prospects – its opportunities and its constrains, the costs and benefits – will be the same, and even the same country's prospects will change with changes in global structures."[21]

Strange betont hiermit, dass der Außenhandel nicht ohne die vielfältigen Strukturen des internationalen Systems – Sicherheit, Finanzen, Produktion und Wissen – betrachtet werden kann und monokausale Erklärungen, die liberale Außenhandelstheorien anbieten, zu kurz greifen, um die Komplexität des Außenhandels zu erklären.

Literaturverzeichnis

Maria A. Gwynn 'Structural Power and International Regimes' *Journal of Political Power*, 12:2 (2019), 200–223.
Robert Gilpin, *U.S. Power and the Multinational Corporation: The Political Economy of Foreign Direct Investment* (New York: Basic Books, 1975).
Robert O. Keohane, "Foreword" in *Strange Power. Shaping the parameters of international relations and international political economy*, herausgegeben von Thomas C. Lawton, James N. Rosenau und Amy C. Verdun (Aldershot: Ashgate Publishing Limited, 2000).
Robert O. Keohane und Joseph S. Nye, *Power and Interdependence: World Politics in Transition* (Boston, MA: Little, Brown and Company, 1977).
Stefano Guzzini, *Power, Realism and Constructivism* (Abingdon und Oxon: Routledge, 2013).
Stephen D. Krasner, *International Regimes* (Ithaca, NY: Cornell University Press, 1983).
Stephen D. Krasner, "Structural Causes and Regime Consequences: Regimes as Intervening Variables," in *International Regimes*, herausgegeben von Stephen D. Krasner (Ithaca, NY: Cornell University Press, 1983), 1–21.
Stephen D. Krasner, *Structural Conflict: The Third World Against Global Liberalism* (Berkeley und Los Angeles: University of California Press, 1985).
Susan Strange, "The Persistent Myth of Lost Hegemony," *International Organization*, 41:4 (1987), 551–574.
Susan Strange, *States and Markets* (Pinter Publishers Limited: London, 1988).
Susan Strange, *Retreat of the State* (Cambridge: Cambridge University Press, 1996).

---

[21]Strange, *States and Markets,* 181.

Die fortschreitende Globalisierung im Welthandel

Paul R. Krugman

Daniel Lorberg

Nach dem Zweiten Weltkrieg holte die Wirtschaft in Europa und etwas verzögert in Japan schnell gegenüber den Vereinigten Staaten auf, während die US-amerikanische Hegemonie, zumindest im Westen, noch ungebrochen war. Die internationalen Institutionen der Nachkriegsordnung boten in den Nachkriegsjahrzehnten ein recht stabiles Umfeld und erst 1971 gab es mit dem Kollaps des Weltwährungssystems und dann 1972/1973 mit der Reaktion der Organisation erdölexportierender Länder (OPEC) auf den Jom-Kippur-Krieg tiefere Verwerfungen. Ebenfalls um 1970 begann auch die Erosion des fordistischen Nachkriegskonsens, einer Struktur in der weitgehend unwidersprochen ansteigende Massenproduktion und -konsumption Wohlstand für alle nicht nur zu versprechen schien. Im Mai 1968 jedoch, als Paris zum Kulminationspunkt der 68er Bewegung wurde, brachen sich bisher unterschwellige Widersprüche Bahn. Es fielen Studenten- und landesweite Arbeiterproteste zusammen und die französische Wirtschaft stand zeitweise still. Nicht immer derart durchgreifend, aber deutlich vernehmbar, erklang gleichzeitig in vielen (westlichen) Ländern der Abgesang auf die Nachkriegswelt; von Washington über Berlin bis nach Turin und Mailand. Bisweilen erklang er sogar auf der anderen Seite des Eisernen Vorhangs und mit Rufen gegen den Vietnamkrieg im Vordergrund sogar in Tokio und Kopenhagen.

Weitgehend unbeeindruckt, auch von diesen einschneidenden Ereignissen und dem Ende des „Wirtschaftswunders" zeigte sich jedoch der Anstieg des Außenhandels, der schon bald nach Kriegsende einsetzte und bis heute fortdauert.

D. Lorberg (✉)
Bergische Universität Wuppertal, Wuppertal, Deutschland
E-Mail: lorberg@uni-wuppertal.de

Wissenschaftlich betrachtet, war nicht nur diese Entwicklung bemerkenswert, sondern besonders, dass es kein etabliertes und akzeptiertes Model gab, mit dem man diese theoretisch erklären konnte. Natürlich gab es Erklärungen à la Ricardo und Heckscher-Ohlin (siehe in Beiträge zu David Ricardo und Eli F. Heckscher & Bertil Ohlin), um Außenhandel zu erklären, die aber auf die Art des Handels wie er seinerzeit bereits dominant wurde, nicht zutrafen.

> "For some time now there has been considerable skepticism about the ability of comparative cost theory to explain the actual pattern of international trade. Neither the extensive trade among the industrial countries, nor the prevalence in this trade of two-way exchanges of differentiated products, make much sense in terms of standard theory."[1]

Diese Erklärungen fußen auf der unterschiedlichen Ausstattung von Ressourcen und Technik von Ländern, sie konnten also gut den Handel von Tuch gegen Wein, oder Autos gegen Bananen erklären (interindustrieller Handel). Die dominante Art des Handels, insbesondere zwischen den entwickelten Ländern, war jedoch der Handel von Maschinen gegen Maschinen und Autos gegen Autos (intraindustrieller Handel). Und eben diese Prozesse waren theoretisch unterbelichtet, bis zu den Arbeiten von Paul R. Krugman, für die er 2008 den Alfred-Nobel-Gedächtnispreis für Wirtschaftswissenschaften, der auch als Wirtschaftsnobelpreis bezeichnet wird, erhielt.

Heute ist der mittlerweile in New York lehrende Ökonom einer der bekanntesten öffentlichen Intellektuellen der Vereinigten Staaten. Besonders durch seine seit 1999 erscheinende Kolumne in der *New York Times* hat der 1953 geborene Krugman eine herausragende Popularität erlangt; *The Washington Monthly* nennt ihn sogar „*the most important political columnist in America*". Auch in vielen weiteren Publikationen mischt sich Krugman ins Tagesgeschehen ein und führt damit kein Leben im Elfenbeinturm. Gleichzeitig haben die grundlegenden Ideen von Krugman das Denken über den Zusammenhang von Handel und Geographie vorangetrieben; ein Zusammenhang der in Zeiten von paralleler Globalisierung und Urbanisierung nicht aktueller sein könnte. Und so erhielt er den Wirtschaftsnobelpreis letztendlich für die Beantwortung zweier Fragen auf der Basis gemeinsamer Überlegungen, die auch diesen Beitrag bestimmen: Wie lässt sich der größte Teil des Welthandels erklären, für den Ricardo keine Antwort hat? Und wie lässt sich die Ballung der Wertschöpfung an wenigen Orten erklären?

---

[1] Paul Krugman, "Scale Economies, Product Differentiation, and the Pattern of Trade," *The American Economic Review* 70:5 (1980), 950–959.

Um dem geneigten Leser den Ausflug in die Krugmanschen Ideen und Zusammenhänge zu erleichtern, verzichtet dieser Beitrag dabei auf die ökonomische Formalisierung und bleibt – so weit wie möglich – im politökonomischen Duktus dieses Sammelbandes. Dennoch sei ausdrücklich auch die Lektüre der recht kurzen und gut lesbaren Originalbeiträge empfohlen. Explizit bezieht sich dieser Beitrag auf die drei Schriften, die ihm auch den Wirtschaftsnobelpreis einbrachten. Die ersten beiden *Increasing Returns, Monopolistic Competition and International Trade* und *Scale Economies, Product Differentiation, and the Pattern of Trade*[2] beziehen sich dabei vor allem auf die *New Trade Theory* (im Folgenden Neue Handelstheorie). In diesen Schriften baute Krugman gleichzeitig den theoretischen Rahmen für die dritte, die *New Trade Theory* begründende, Schrift *Increasing Returns and Economic Geography*[3] (im Folgenden Neue Ökonomische Geographie). Und ebenso, wie das Preiskomitee den Wert von Krugmans Arbeiten vor allem in der Einheit begriff, so soll auch in diesem Beitrag diese Einheit betrachtet werden[4]. Dazu folgen nun zunächst einige Erläuterungen zu den verbindenden Kernelementen Skaleneffekte und monopolistischer Wettbewerb, bevor die Neue Handelstheorie und die Neue Ökonomische Geographie im Einzelnen beschrieben werden.

---

[2] Paul Krugman, "Scale Economies, Product Differentiation, and the Pattern of Trade"; Herbert G. Grubel: "Intra-industry specialization and the pattern of trade," *Canandian Journal Economics* 33 (1967), 374–388; Irving Kravis, "The Current Case for Import Limitations," in *United States Economic Policy in an Interdependent World, herausgegeben von Commission on International Trade and Investment Policy* (Washington: US Government Press Office, 1971).

[3] Paul Krugman, "Increasing Returns and Economic Geography," *Journal of Political Economy* 99:3 (1991), 483–499. Zitiert im Original von Johann Heinrich Thunen, *The Isolated State* (Hamburg: Perthes, 1826; trans. Oxford: Pergamon, 1966); W. Brian Arthur, "Competing Technologies, Increasing Returns, and Lockin by Historical Events," *The Economic Journal* 99 (March 1989), 116–31; W. Brian Arthur, "Positive Feedbacks in the Economy," *Scientific American* 262 (1990), 92–99; Paul David, "The Marshallian Dynamics of Industrialization: Chicago, 1850-1890," *Journal of Urban Economics (in Druck)*; Kevin M. Murphy, Andrei Shleifer und Robert W. Vishny, "Income Distribution, Market Size, and Industrialization," *Quarterly Journal of Economics* 104 (989): 537–564; Kevin M. Murphy, Andrei Shleifer und Robert W. Vishny, "Industrialization and the Big Push," *Journal of Political Economy* 97 (1989), 1003–1026.

[4] Dass Krugman es schafft über den Handel und die ökonomische Geographie einen gemeinsamen Rahmen zu ziehen, ist wohl auch der Grund, warum er sich den Nobelpreis nicht teilen musste. Denn in den je einzelnen Teilbereichen, hätten auch noch andere ausgezeichnet werden können: für den Handel zum Beispiel Avinash Dixit, der mit Joseph Stiglitz sogar Grundlagen für Krugmans Arbeiten lieferte, oder Elhanan Helpman; in der ökonomischen Geographie beispielsweise Masahisa Fujita oder Tony Venables.

Der Beitrag schließt mit einigen Anmerkungen zur Rezeption, aber auch zur Einbeziehung der Ideen Krugmans und verwandter Konzepte in die politökonomische Analyse der Gegenwart.

Um Krugman zu verstehen, müssen zunächst zwei Konzepte nachvollzogen werden, die die Krugman Welt über alle drei Beiträge verbinden: Skaleneffekte, in der Form ansteigender Skalenerträge, und monopolistischer Wettbewerb.

Ansteigende Skalenerträge bedeuten, dass eine Produktion umso effizienter wird, je größer der Maßstab ist, in dem sie ausgeführt wird. Das ist eine erhebliche Veränderung gegenüber der klassischen Perspektive, in der konstante Skalenerträge angenommen werden, wodurch die Dimension der Produktion weitgehend irrelevant wird. Besonders die Autoindustrie gilt als gutes Beispiel für steigende Skalenerträge. Am einfachsten lässt sich dabei sicher verstehen, dass viele Aufwendungen dieselben sind, egal ob ein Auto hergestellt wird oder eine Million: Der Entwurf des Modells, technische Neuentwicklungen, Tests, Zulassung, Konfiguration der Produktion, die notwendigen Maschinen und vieles mehr. Hinzu kommt, dass bei einer großen Produktionsmenge die Produktion an sich Lernkurveneffekte aufweist und die technische und räumliche Konfiguration des Produktionsablaufes, der Logistik und so weiter perfektioniert werden kann. Krugman modelliert diesen Aspekt durchgehend sehr simpel, indem er davon ausgeht, dass in der Produktion ein Block fixer Kosten besteht, der sich mit höherer Produktionsmenge auf immer mehr Produkte verteilt und diese so immer kostengünstiger produziert werden können.

Diese ansteigenden Skalenerträge sind die erste Annahme von Krugmans Theorie. Allerdings bedarf es einer zweiten Modifikation gegenüber dem klassischen Modell, das von homogenen Gütern und vollständiger Konkurrenz ausgeht, da sich sonst mit ansteigenden Skalenerträgen tendenziell die Struktur eines natürlichen Monopols ergeben müsste; auf dem Automarkt beispielsweise sehen wir allerdings kein Monopol. Die Erklärung dafür liefert die Struktur des monopolistischen Wettbewerbs. Der entscheidende Unterschied sind hier die Produkte selbst: diese sind hier nicht homogen, sondern differenziert und bilden füreinander nur unvollkommene Substitute. Krugman nimmt hier vereinfachend an, dass jedes Unternehmen eine bestimmte Varietät eines Gutes herstellt. Auch wenn die meisten Autohersteller Kleinwagen herstellen, so werden diese jedoch nicht als identisch wahrgenommen und gleichzeitig wird mit allerhand Marketing versucht, die Differenziertheit weiter herauszustellen. Mit der klassischen Außenhandelstheorie lässt sich nicht erklären, warum auch nur ein Peugeot in Deutschland verkauft wird, während gleichzeitig Volkswagen in Frankreich verkauft werden, wenn diese als homogene Güter betrachtet werden. In der neuen Außenhandelstheorie konkurrieren die (Klein-) Wagen dieser Marken miteinander, werden als Peugeot und VW wahrgenommen und nicht lediglich als Kleinwagen. Daraus folgt ein besonderes Konkurrenzverhältnis, in dem jeder Anbieter zwar einen Spielraum der Preissetzung hätte, innerhalb dessen die Nachfrager sein Gut noch kaufen würden, er sich allerdings auch an den Preisen seiner Konkurrenten orientieren muss, um nicht bei einem zu hohen Preis zu viele Nachfrager zu verlieren. Krugman lässt in seiner Modellierung den Marktzugang frei, so dass durch den Eintritt neuer Unternehmen die volkswirtschaftlichen Gewinne im Gleichgewicht null sind, die Spielräume der Preissetzung somit verschwinden. In dieser Welt ist somit eine größere Produktionsmenge immer effizienter, allerdings führt dies nicht zu einem Monopol.

Neue Handelstheorie In *Increasing Returns, Monopolistic Competition and International Trade* macht Krugman unmittelbar deutlich, worum es geht. Krugman entwickelt darin ein Modell, das auf Basis von ansteigenden Skalenerträgen und monopolistischem Wettbewerb – wie oben beschrieben – den intraindustriellen Handel zwischen Ländern mit ökonomisch gleichen Bedingungen erklärt. Was er damit etabliert ist eine zweite Möglichkeit, Außenhandel zu erklären. Neben die klassische Erklärung über Differenzen in Ressourcen und Technologie tritt nun die zweite Erklärung über Größenvorteile und die Nutzung zunehmender Skalenerträge. Für die Ökonomie als Modellwissenschaft war das Modell, das Krugman hier erschuf, der eigentliche Fortschritt seiner Arbeit im Vergleich zu anderen, die wesentlichen Gedanken bereits vorkommen. Demgegenüber sollen hier die Ideen im Vordergrund stehen.

Krugmans, für die Erklärung des Handels besonders relevantes, Gedankenexperiment beginnt – wie bei Ricardo – mit zwei geschlossenen Volkswirtschaften, die er dann unter Vernachlässigung von Transaktionskosten öffnet. Diese Volkswirtschaften haben jedoch als einzigen Produktionsfaktor die Arbeit, differenzieren sich also nicht über die Faktorausstattung und auch nicht über technologische Ausstattung und Geschmack, sondern nur über ihre Größe, die wiederum mit den verwirklichten Skaleneffekten korrespondiert. In der klassischen Außenhandelstheorie würde es hier nicht zum Handel kommen, da keine komparativen Kostenvorteile bestehen (siehe in Beitrag zu David Ricardo). Durch die Einbeziehung der Skaleneffekte zeigt sich in Krugmans Modell jedoch, dass letztendlich jedes differenzierte Gut nur in einem der Länder hergestellt würde. Dies ist ohne Transportkosten einfach zu verstehen, da jedes Unternehmen einen Skalenvorteil dadurch verwirklicht, dass es die gesamte Menge für den gemeinsamen Markt in einem Betrieb und nicht in zwei getrennten Betrieben in jedem Land produziert. Insgesamt ergeben sich somit je Land weniger produzierte Varianten und weniger Firmen mit je höherem Output. Dadurch steigt der Wohlstand insgesamt, da auf dem größeren Gesamtmarkt nun mehr Skalenerträge verwirklicht werden und eine höhere Produktvielfalt besteht.

Nimmt man jedoch anstelle von Handel Faktormobilität an, wie dies Krugman tut, verdient dies besondere Beachtung, da darin gleichzeitig der Ansatz für geographische Überlegungen liegt. Zunächst ist dafür eine Substitutionsbeziehung zwischen Faktormobilität und Handel anzunehmen, wie sie letztendlich auch im Heckscher-Ohlin-Modell postuliert wird. In diesem Modell ist die Substitutionsbeziehung vollständig und wie der Handel zuvor ist die Faktormobilität unbelastet von Transaktionskosten und sonstigen Hindernissen. Nehmen wir nun an, dass Handel unmöglich ist, aber Faktormobilität gegeben, in diesem Fall also Migration. So ergibt sich Folgendes: Da das größere Land skalenbasierte Wohlfahrtsvorteile bietet und die Menschen Interesse daran haben davon zu profitieren, werden sie migrieren. Denn ohne Handel könne sie nur von dem höheren Wohlstand profitieren, wenn sie sich in diesem Land befinden. Dadurch steigt jedoch auch der Wohlstandsabstand zwischen den Ländern, bis sich am Ende die gesamte Bevölkerung in einem Land befindet. Wenn die Länder in der Ausgangssituation auch als identisch groß angenommen werden, dann ist die Theorie indifferent gegenüber der Zuordnung des Schicksals, es kommt also auf die Ausgangsbedingungen an, oder wie Krugman pointiert schreibt: „(...) *in the presence of increasing returns history matters*" (1979, 478).

In *Scale Economies, Product Differentiation, and the Pattern of Trade* entwickelt Krugman seine Außenhandelstheorie weiter. Dabei startet er von einer leicht modifizierten Modellbasis und nimmt auch die Möglichkeit der Migration aus dem Modell heraus; diese wird erst in dem Modell des letzten der drei Artikel – *Increasing Returns and Economic Geography* – endogen bestimmbar. Die entscheidende Neuerung ist in Kurgmans zweiten Modell die Betrachtung der Transportkosten. Der Ausgangspunkt ist wie zuvor, nur dass der grenzüberschreitende Handel nun mit Kosten belastet ist. Bei dem landesinternen Kauf erhält also der Produzent den Preis, den der Konsument zahlt, beim grenzüberschreitenden Handel ergibt sich eine Differenz. Diese wird als „Eisbergkosten" modelliert: Durch die Transportkosten erhält der Konsument für eine bestimmte Summe nicht die gleiche Menge an Gütern, die er im Ursprungsland erhalten würde. Metaphorisch schmilzt also ein Teil des Eisbergs während des Transports. Aufgrund dieser Schlechterstellung der Importgüter verteilen die Konsumenten ihren Konsum mehr auf inländische als auf ausländische Güter.

Durch die Transportkosten werden verschiedene Lohnniveaus in beiden Ländern möglich: Das größere Land hätte ein höheres Reallohnniveau, aufgrund des größeren Heimatmarktes (mehr Varianten bei hohen Skalenerträgen ohne

Transportkosten). Daraus ergibt sich auch ein günstigeres Verhältnis der *Terms of Trade* (Realaustauschverhältnis, das größere Land erhält relativ mehr Waren des Auslands im Tausch für inländische Waren) gegenüber dem kleineren Land und damit ein zusätzlicher Wohlfahrtsgewinn (näheres zu den *Terms of Trade* siehe in Beitrag zu Hans Singer & Raúl Prebisch). Existiert ein solch größeres Land, so zieht dies weitere Effekte nach sich, die Krugman schließlich untersucht, indem er insbesondere die Ansiedlung der Unternehmen betrachtet.

"In a world characterized both by increasing returns and by transportation costs, there will obviously be an incentive to concentrate production of a good near its largest market, even if there is some demand for the good elsewhere." [5]

Bereits intuitiv ist nachzuvollziehen, dass in einer Welt mit Skalenvorteilen und Transportkosten eine Ansiedlung von Unternehmen optimal ist, die erstere maximiert und letztere minimiert. Beides wird durch eine Ansiedlung im größeren Land realisiert. Die Produktion im größeren Land ist also effizienter als im kleineren Land. Dies führt zu dem grundlegenden Argument des *home market effects,* der besagt, dass Länder diejenigen Güter exportieren, für die sie selbst einen relativ zu anderen Ländern größeren Absatzmarkt haben. Die Erklärung dafür ist die größere Verwirklichung von Skalenvorteilen, womit gleichzeitig eine neue einfache Begründung für intraindustriellen Handel gegeben ist.

"Each country will be a net exporter in the industry for whose goods it has a relatively larger demand. The difference is that wages will in general not be equal; in particular, smaller countries with absolutely smaller markets for both kinds of goods will have to compensate for this disadvantage with lower wages."[6]

Zur Erhellung dieses Sachverhaltes modifiziert Krugmann sein Modell, indem er annimmt, dass sich in jedem Land zwei Industrien befinden. Ohne den gesamten Weg der Herleitung und einige zusätzliche Annahmen hier nachvollziehen zu müssen, lässt sich im Ergebnis sagen, dass die Skaleneffekte bedingen, dass in den einzelnen Ländern eine vollständige Spezialisierung ihrer Produktion jeweils auf diejenigen Güter stattfinden kann, bei denen sie ex ante bereits den größeren Markt besaßen. Was sich wie bereits beschrieben aus der Optimierung von Transportkosten und Skalenerträgen ergibt. Diese vollständige Spezialisierung

---

[5]Krugman, "Scale Economies, Product Differentiation, and the Pattern of Trade," 955.
[6]Krugman, "Scale Economies, Product Differentiation, and the Pattern of Trade," 958.

ist jedoch nicht zwingend. Die Spezialisierung wird dabei immer weniger vollständig, je mehr Transportkosten gegeben sind und je geringer der Effekt von Skalenvorteilen ausfällt. Als interessantes Ergebnis erscheint weiterhin, dass bei unvollständiger Spezialisierung beide Länder Güter beider Industrien importieren und exportieren, obgleich der Nettoexport der Güter der jeweiligen Industrien dem beschriebenen *home market effekt* folgt, also von dem Land ausgeht, dass die größere Inlandsnachfrage vorweist.

Neue Ökonomische Geographie Die von Paul Krugman in den oben erwähnten Arbeiten zur Neuen Handelstheorie angelegten Perspektiven waren auch der Grundstein für die, vor allem in *Increasing Returns and Economic Geography* angelegte, Neue Ökonomische Geographie. Hier geht es um folgende Frage: *"Why and when does manufacturing become concentrated in a few regions, leaving others relatively undeveloped?"* (1991, 484).

Nachdem bereits in *Increasing Returns, Monopolistic Competition and International Trade* Akkumulationseffekte thematisiert wurden, die sich bei Faktormobilität ergaben, und in *Scale Economies, Product Differentiation, and the Pattern of Trade* bereits der ideale Ort der Produktion (und darauf folgend der Nettoexport) durch Marktgröße und Transportkosten bestimmbar wurde, befasst sich Krugman in *Increasing Returns and Economic Geography* nun ganz explizit mit der geographischen Frage nach der Ungleichverteilung der ökonomischen Aktivitäten im Raum.

"The facts of economic geography are surely among the most striking features of real-world economies, at least to laymen. For example, one of the most remarkable things about the United States is that in a generally sparsely populated country, much of whose land is fertile, the bulk of the population resides in a few clusters of metropolitan areas; a quarter of the inhabitants are crowded into a not especially inviting section of the East Coast. It has often been noted that nighttime satellite photos of Europe reveal little of political boundaries but clearly suggest a center-periphery pattern whose hub is somewhere in or near Belgium. A layman might have expected that these facts would play a key role in economic modeling. Yet the study of economic geography, at least within the economics profession, has lain largely dormant for the past generation (with a few notable exceptions, particularly Arthur [1989, 1990] and David [in press]). The purpose of this paper is to suggest that application of models and techniques derived from theoretical industrial organization now allows a reconsideration of economic geography, that it is now time to attempt to incorporate the insights of the long but informal tradition in this area into formal models. In order to make the point, the paper develops a simple illustrative model designed to shed light on one of the key questions of location: Why and when does manufacturing become concentrated in a few regions, leaving others relatively undeveloped? What we shall see is that it is possible to develop a very simple model of geographical concentration of manufacturing based on the interaction of economies of scale with transportation costs. This is perhaps not too surprising, given the kinds of results that have been emerging in recent literature (with Murphy, Shleifer, and Vishny [1989a, 1989b] perhaps the closest parallel). More interesting is the fact that this concentration of manufacturing in one location need not always happen and that whether it does depends in an interesting way on a few key parameters. (...) With lower transportation costs, a higher manufacturing share, or stronger economies of scale, circular causation sets in, and manufacturing will concentrate in whichever region gets a head start."[7]

In der Grundanlage bleibt Krugman weitgehend im selben Modellrahmen wie bei der Neuen Handelstheorie. Allerdings ist in dem neueren Modell nun auch beziehungsweise wieder Migration (zum Teil) möglich. So bestimmt es als Totalmodell endogen die Verteilung von Unternehmen und Arbeiterinnen und Arbeitern im Raum, was eine erhebliche Weiterentwicklung gegenüber klassischen Modellen der Standorttheorie bildet.

"This paper develops a simple model that shows how a country can endogenously become differentiated into an industrialized "core" and an agricultural "periphery." In order to realize scale economies while minimizing transport costs, manufacturing firms tend to locate in the region with larger demand, but the location of demand itself depends on the distribution of manufacturing. Emergence of a core-periphery pattern depends on transportation costs, economies of scale, and the share of manufacturing in national income."[8]

In diesem Modell existieren nun zwei Regionen sowie (je) zwei Arten von Produktionen: Eine Agrarproduktion mit konstanten Skalenerträgen und einer starken Abhängigkeit von Land als immobilem Produktionsfaktor sowie eine Industrieproduktion mit steigenden Skalenerträgen und einer Unabhängigkeit von immobilen Produktionsfaktoren. Daneben existieren auch zwei verschiedene Arten von Anbietern von Arbeitskraft: Bauern und Arbeiter. In Anlehnung an die Art der Produktion, die sie durchführen, wird angenommen, dass erstere vollständig immobil sind und letztere hingegen mobil. Für die Industrieprodukte werden Transportkosten angenommen, für die Agrargüter jedoch nicht.

Davon ausgehend analysiert er zunächst ein kurzfristiges Gleichgewicht, bei dem die Verteilung der Arbeiter zwischen den Regionen als gegeben angenommen wird. Dabei zeigt sich auch hier der *home market effect:* Auf dem

---

[7]Krugman, "Increasing Returns and Economic Geography," 483–484.
[8]Krugman, "Increasing Returns and Economic Geography," 483.

größeren Markt existieren höhere Reallöhne, da durch die höhere Nachfrage mehr Skaleneffekte verwirklicht werden. Gleichzeitig zeigt sich ein gegenläufiger Effekt: auf dem größeren Markt existiert mehr Wettbewerb um das Angebot der Bauern, wodurch die Preise der Agrarerzeugnisse hier tendenziell höher sind, was wiederum wohlstandsmindernd wirkt.

In der Betrachtung des langfristigen Gleichgewichts wird die Mobilität der Arbeiter hinzugezogen. Bei unterschiedlich großen Regionen ergeben sich dabei Wanderungsbewegungen der Arbeiter, da diese in der kleineren Region geringere Reallöhne erzielen (geringere regionale Nachfrage und Transportkosten in den größeren Markt). Entsprechend haben sie einen Anreiz in die größere Region zu immigrieren. In dieser langfristigen Betrachtung ergibt sich ein weiterer Effekt, der in die gleiche Richtung weis wie der *home market effect:* der *price index effect,* der hier gegenüber dem 1980er Artikel explizit herausgearbeitet wird. Dieser entsteht dadurch, dass in der größeren Region mehr verschiedene Varietäten von Gütern produziert werden und damit weniger Güter mit Transportkosten belastet werden. Dadurch ist dort der Preisindex für die Industriegüter geringer und somit die Reallöhne höher als in der kleineren Region. Es gibt also zwei Effekte (*home market effect* und *price index effect*), die in Richtung einer starken Ungleichverteilung der Arbeiter deuten, und ein Effekt (Preise der Agrargüter), der dieser entgegensteuert.

Krugman untersucht schließlich die Bedingungen für eine Ballung der Industrieproduktion näher. Dabei stellt er fest, dass die Ballung umso stärker wird, je geringer die Transportkosten sind,[9] je höher der Anteil von Industriegütern am Konsum ist und je stärker zunehmende Skalenerträge eine Rolle spielen. Dabei bilden die Effekte eine zirkuläre Kausalität aus, die die Ballung von Unternehmen und Arbeitern bei geringen Transportkosten immer weiter fortschreiten lässt.

In der Ökonomie wurden Krugmans Modelle der Neuen Außenhandelstheorie schon bald nach seiner Veröffentlichung das dominante Modell für die Erklärung von intraindustriellem Handel. Seine Mikrofundierung und klare formale Struktur begünstigten eine breite Rezeption und Fortführung sowie eine Aufnahme in viele Lehrbücher zur Internationalen Ökonomie und Wirtschaft. Auch wenn viele der von Krugman in seinem Modell umgesetzten Ideen nicht von ihm stammen, so setzte sich erst mit Krugmans Arbeiten ein zweiter komplementärer Erklärungsansatz durch, wodurch der Welthandel insgesamt theoretisch erfassbar wurde.

---

[9]Die Transportkosten müssen selbstverständlich über Null liegen, da sonst der Ort von Produktion und Konsumtion irrelevant wird.

Bei der Analyse von Handel und dessen Konsequenzen sind entsprechend die Ricardo-Welt und die Krugman-Welt parallel zu berücksichtigen, um das ganze Bild zu sehen. Gerade für Themen, die in der Politischen Ökonomie von besonderer Relevanz sind, wie die Verteilung von Wohlstand und Macht, bietet die Krugman- Welt einen neuen Zugang. So wird hier beispielsweise deutlich, dass Außenhandel nicht notwendigerweise immer wohlfahrtsfördernd sein muss. Natürlich existiert beispielsweise auch die Prebisch-Singer-These (siehe in Beitrag zu Hans Singer & Raúl Prebisch), die ähnliches postuliert; aber grundsätzlich nur in der Ricardo-Welt. Wird berücksichtigt, dass auch der Export aus Entwicklungsländern sich deutlich in Richtung der Industriegüter verschoben hat, so bedarf es auch hier einer neuen Perspektive. In diesem Sinne werden mit Krugman gleich mehrere Sachverhalte offenkundig: Größenbasierte Wohlfahrtsunterschiede können aufgrund von Skalenvorteilen permanent sein und sich sogar verstärken, auch Deindustrialisierung ist ein denkbares Ergebnis. Werden daneben die Ideen von Skaleneffekten und differenzierten Gütern weitergedacht – auch über den rigiden Modellrahmen hinaus – wäre beispielsweise bei homogenen Gütern ein Monopol die logische Folge, welches lokale Angebote verdrängt, damit jedoch unter Umständen auch die lokale Nachfrage. Auch ist fraglich, ob Krugmans Annahme des freien Markteintritts neuer Unternehmen beibehalten werden muss. Ebenso wenig ist plausibel, dass jedes Unternehmen nur eine Variante eines Gutes herstellt. Plausibel erscheint vielmehr, dass eine hohe Verwirklichung interner Skalenerträge hohe Markteintrittsbarrieren für neue (kleine) Unternehmen erzeugt, wonach ein Oligopol großer Unternehmen mit mehreren differenzierten Produkten die wahrscheinlichere Variante wäre. Bei geringen Transportkosten und sonstigen Barrieren ist diese Struktur tendenziell global und neue Unternehmen entstehen nur schwerlich in diesen Branchen, noch können kleine Unternehmen mit vergleichbaren Gütern dauerhaft bestehen.

Werden Krugmans Beiträge zur Neuen Ökonomischen Geographie in den Fokus gerückt, so waren diese ein Startpunkt für die intensivere Beschäftigung von Ökonomen mit Fragen der Ansiedlung und der Geographie im Allgemeinen. Sein Beitrag gilt auch hier als ein Standardmodell für die Erklärung von Agglomeration, erklärt er doch endogen Ansiedlung und Migration. Bereits mit Krugmans Modell lässt sich vieles davon plausibel machen; warum zum Beispiel der „Aufbau Ost" vielfach nicht zum Erfolg wurde, oder warum das Stadt-Land-Gefälle und Urbanisierung insgesamt weiter zunehmen.

Für eine politökonomische Analyse der Gegenwart sollten daher Skaleneffekte und monopolistischer Wettbewerb nicht unberücksichtigt bleiben, obgleich die engen Begrenzungen von Krugmans formalem Modell häufig abgestreift werden können. Dieser Beitrag schließt daher mit einigen Anregungen zu Analyseperspektiven über Krugman hinaus, entlang der Ideen von Skaleneffekten und Transportkosten. In den beschriebenen Artikeln nimmt Krugman interne Skaleneffekte in den Blick. Aber auch die zweite Form, die externen Skaleneffekte verdienen eine Betrachtung. Externe Skaleneffekte ergeben sich nicht aus der Produktionsmenge eines Betriebes, sondern aus der Größe einer Branche und lassen sich als Spezialisierung des Raumes verstehen, die jedem Betrieb dort eine höhere Produktivität ermöglicht. Externe Skaleneffekte drehen sich zumeist um die Trias: Spezialisierte Anbieter von nichthandelbaren Leistungen, Arbeitsmarkt-Pooling und Wissensexternalitäten. Deren geballtes Auftreten bildet das aus, was heute gemeinhin als *„Cluster"*, als der heilige Gral der Wirtschaftsförderung: dem Traum nach einem eigenen *Silicon Valley*, bezeichnet wird. Denn diese *Cluster* versprechen internationale Wettbewerbsfähigkeit abseits von Ressourcenwettbewerb. Diese branchenspezifischen Agglomerationskräfte ergänzen die branchenunspezifische Perspektive Krugmans und zeigen auf, dass sich Ballung vielfach selbstverstärkend intensiviert. Diese Perspektive die – deutlich dezidierter ausgeführt – auf Michael Everest Porter zurückgeht, war gleichzeitig die Inspiration für Paul Krugmans *Increasing Returns and Economic Geography*, was auch den historischen Bogen wieder schließt[10]. Dass mehrere theoretische Entwicklungen gleichzeitig Skaleneffekte in den Vordergrund stellen, um die sich wandelnde Empirie zu beschreiben, erscheint in gewisser Weise die Theorien selbst zu bestätigen. Denn Skaleneffekte gewinnen – wie Krugman zeigt – dann an Relevanz, wenn Transportkosten und Handelshemmnisse abnehmen, wie es massiv seit dem Zweiten Weltkrieg und noch mehr mit dem sich intensivierenden Neoliberalismus zu beobachten ist.

Weiterhin sollte berücksichtigt werden, dass die Produktion eines Gutes in der Gegenwart typischerweise nicht an einem Ort stattfindet, sondern sich über potenziell globale Wertschöpfungsketten vollzieht. Was bei Krugman nicht sichtbar wird, ist dabei die Trennung zwischen Unternehmen und Betrieb, da er beides als Einheit und letztendlich nur die Fixkostendegression in der Produktion berücksichtigt. Skaleneffekte auf Unternehmensebene, wie zum Beispiel bei Theoretikern des *International Business* wie Stephen Hymer oder John Dunning thematisiert, bestehen darin, dass Macht, Ressourcen und spezifische Fähigkeiten auf Unternehmensebene in der Nutzung steigende Skalenerträge aufweisen

---

[10]Steven Brakman, Harry Garretsen und Charles Van Marrewijk, *The New Introduction to Geographical Economics* (Cambridge: University Press, 2009).

und sich gleichzeitig dadurch anhäufen.[11] Besonders der marxistisch orientierte Stephen Hymer schloss daraus bekanntermaßen auf zwei Gesetze: dem *Law of Increasing Firm Size* und dem *Law of Uneven Development*, die vielleicht gerade heute einer erneuten Betrachtung bedürfen.[12] Der Grund dafür ist, dass sich beim Denken mit Skalenerträgen häufig – wie bei Krugman – zirkuläre Kausalitäten für die Ballung ergeben, deren Begrenzung letztendlich in Reibungsverlusten (zum Beispiel Transportkosten) zu suchen ist. Eine allgemeinere Form für diese Reibungsverluste als die relativ spezielleren Transportkosten sind Transaktionskosten; dass diese Nebenkosten jeder Transaktion vom technischen Wandel der letzten Jahrzehnte nicht unbeeindruckt geblieben sind, erscheint in Zeiten der „Digitalen Revolution" offensichtlich. Gleichzeitig erscheinen daher Krugmans Analysen, aber auch Skaleneffekte, Raumbezüge und Transaktionskosten fruchtbarer als je zuvor.

Literaturverzeichnis

Brakman, S., H. Garretsen und Ch. Van Marrewijk, *The New Introduction to Geographical Economics* (Cambridge: University Press, 2009).

Christos N. Pitelis und John Dunning, "The political economy of globalization: Revisiting Stephen Hymer 50 years on," *Transnational Corporations* 19 (2013), 1–29.

Herbert G. Grubel, "Intra-industry specialization and the pattern of trade," *Canandian Journal of Economics* 33 (1967), 374–388.

Irving Kravis, "The Current Case for Import Limitations," in *United States Economic Policy in an Interdependent World*, herausgegeben von Commission on International Trade and Investment Policy (Washington: US Government Press Office, 1971).

Johann Heinrich Thunen, *The Isolated State* (Hamburg: Perthes, 1826; trans. Oxford: Pergamon, 1966).

---

[11]Exemplarisch Stephen Herbert Hymer, "The multinational corporation: An analysis of some motives for international business integration," *Revue Economique* 19 (1968), 949–973; Christos N. Pitelis und John Dunning, "The political economy of globalization: Revisiting Stephen Hymer 50 years on," *Transnational Corporations* 19 (2013), 1–29; John H. Dunning, *American investment in British manufacturing industry* (London: Allen and Unwin, 1958); John H. Dunning, "The Eclectic (OLI) Paradigm of International Production: Past, Present and Future," *International Journal of the Economics of Business* 8 (2001), 173–190.

[12]Stephen Hymer, "The Multinational Corporation and the Law of Uneven Development," in *Introduction to the Sociology of "Developing Societies"*, herausgegeben von Hamza Alavi und Teodor Shanin (1982), 128–152.

John H. Dunning, *American investment in British manufacturing industry* (London: Allen and Unwin, 1958).

John H. Dunning, "The Eclectic (OLI) Paradigm of International Production: Past, Present and Future," *International Journal of the Economics of Business* 8 (2001), 173–190.

Kevin M. Murphy, Andrei Shleifer und Robert W. Vishny, "Income Distribution, Market Size, and Industrialization," *Quarterly Journal of Economics* 104 (989), 537–564.

Kevin M. Murphy, Andrei Shleifer und Robert W. Vishny, "Industrialization and the Big Push," *Journal of Political Economy* 97 (1989), 1003–1026.

Paul David, "The Marshallian Dynamics of Industrialization: Chicago, 1850-1890," *Journal of Urban Economics* (in Druck).

Paul Krugman, "Scale Economies, Product Differentiation, and the Pattern of Trade," *The American Economic Review* 70:5 (1980), 950–959.

Paul Krugman, "Increasing Returns and Economic Geography," *Journal of Political Economy* 99:3 (1991), 483–499.

Stephen Herbert Hymer, "The multinational corporation: An analysis of some motives for international business integration," *Revue Economique* 19 (1968), 949–973.

Stephen Hymer, "The Multinational Corporation and the Law of Uneven Development," in *Introduction to the Sociology of "Developing Societies"*, herausgegeben von Hamza Alavi und Teodor Shanin (London: MacMillan 1982), 128–152.

W. Brian Arthur, "Competing Technologies, Increasing Returns, and Lockin by Historical Events," *The Economic Journal* 99 (1989), 116–31.

W. Brian Arthur, "Positive Feedbacks in the Economy," *Scientific American* 262 (1990), 92–99.

Andrew Moravcsik

Kristina Kurze und Julia Schwanholz

Die 1990er Jahre, in denen der US-amerikanische Politikwissenschaftler Andrew Moravcsik die Theorie des Liberalen Intergouvernementalismus zur Erklärung der europäischen Integration entwickelte, waren von großen Umbrüchen und Veränderungen in der internationalen und der europäischen Politik geprägt. Nach dem Fall der Berliner Mauer und dem Ende des Ost-West-Konflikts wurde die Europäische Union (EU) mit dem Vertrag von Maastricht im Jahr 1992 gegründet. Einschneidende Veränderungen zeigten sich im Hinblick auf ihre Vertiefung (zum Beispiel die Ausweitung von Kompetenzen sowie neue Mitbestimmungsrechte des Europäischen Parlaments) wie auch in Bezug auf ihre Erweiterung, das heißt der verbindlichen Entscheidung für die Aufnahme mittel- und osteuropäischer Länder, die anschließend größtenteils 2004 beigetreten sind. Auch wirtschaftspolitisch zeichnen sich die 1990er Jahre durch fundamentale Transformationsprozesse, insbesondere in den ehemaligen Teilrepubliken der Sowjetunion, sowie in den Ländern Mittel- und Osteuropas aus. Hinzu kommt eine Beschleunigung der Globalisierung, abzulesen in einem boomenden Welthandel.

In diesem turbulenten politischen Kontext wurde auch die Europaforschung wieder en vogue, nachdem der stagnierende europäische Integrationsprozess der 1970er Jahre – die sogenannte „Eurosklerosis" – (politik-)wissenschaftliche

---

K. Kurze (✉)
DAAD-Langzeitdozentin für Internationale und Europäische Politik, Andrássy Universität Budapest, Budapest, Ungarn
E-Mail: kristina.kurze@andrassyuni.hu

J. Schwanholz
Georg-August-Universität Göttingen, Göttingen, Deutschland
E-Mail: julia.schwanholz@sowi.uni-goettingen.de

Aufmerksamkeit und Theoriebildung ausgebremst hatte. Andrew Moravcsik ist einer der Hauptprotagonisten dieser wiederbelebten Theoriedebatte der europäischen Integrationsforschung. Geboren 1958, studierte er Geschichte an der *Standford University* sowie Internationale Beziehungen an der *Johns Hopkins University*. Im Rahmen des *Fullbright-Fellowship*-Programms verbrachte er einen Forschungsaufenthalt in Deutschland und promovierte 1992 an der *Harvard University*, wo er dann auch als Professor für Regierungslehre tätig war. 2004 wechselte Andrew Moravcsik an die *Princeton University*. Er hat dort die Professur für *Politics and Public Affairs* inne und leitet das von ihm gegründete *European Union Program*. Moravcsik zählt zu den einflussreichsten Stimmen in der europäischen Integrationsforschung. Die von ihm entwickelte Theorie des Liberalen Intergouvernementalismus betont, dass nationale Regierungen den europäischen Integrationsprozess im Wesentlichen steuern und kontrollieren.

> "My central claim is that the broad lines of European integration since 1955 reflect three factors: patterns of commercial advantage, the relative bargaining power of important governments, and the incentives to enhance credibility of interstate commitments. Most fundamental of these was commercial interest. European integration resulted from a series of rational choices made by national leaders who consistently pursued economic interests – primarily the commercial interests of powerful economic producers and secondarily the macroeconomic preferences of ruling governmental coalitions – that evolved slowly in response to structural incentives in the global economy. When such interests converged, integration advanced."[1]

Der Liberale Intergouvernementalismus stellt damit einen staatszentrierten beziehungsweise intergouvernementalen Gegenentwurf zu supranationalen Erklärungsansätzen der europäischen Integration dar. Im Neofunktionalismus, der in der frühen Nachkriegszeit von Ernst B. Haas entwickelt wurde (siehe entsprechenden Beitrag in diesem Band), wird mit der europäischen Integration auch die Überwindung des Nationalstaats beziehungsweise die Schaffung einer neuen „politischen Gemeinschaft" verbunden. Demgegenüber betont der Liberale Intergouvernementalismus, dass die europäische Integration das Überleben von Nationalstaaten sichert.

> "European integration is not about replacing the nation state, but about ‚rescuing' and adapting it [...] to cope with globalization."[2]

---

[1] Andrew Moravcsik, *The Choice for Europe: Social Purpose and State Power from Messina to Maastricht* (London: UCL Press, 1999[1998]), 3.

[2] Andrew Moravcsik und Frank Schimmelfennig, „Liberal Intergovernmentalism," in *European Integration Theory*, herausgegeben von Antje Wiener und Thomas Diez (Oxford: Oxford University Press, 2009), 67–87, hier 73.

Nationalstaaten, die als rationale, nutzenmaximierende Akteure verstanden werden, haben somit unter bestimmten Bedingungen ein fundamentales Interesse an Kooperation, etwa um ihre Industrien gegen negative Auswirkungen der Globalisierung zu schützen. Dieses potenzielle Kooperationsinteresse wird nicht, wie in realistischen Ansätzen angenommen, primär durch die Stellung im internationalen System determiniert, sondern in innerstaatlichen Prozessen der Präferenzbildung definiert. Damit knüpft Moravcsik an liberale Ansätze der Internationalen Beziehungen an.

Die Vorstellung von Staaten, die als einheitliche Akteure agieren, wird in der Phase der Präferenzbildung aufgegeben. Zur Erklärung ihres außenpolitischen (Kooperations-)Verhaltens rücken stattdessen die spezifischen Präferenzen der verschiedenen Akteure im Staat in den Vordergrund. Staaten verfolgen mit ihrer Außenpolitik demnach keine übergeordneten nationalen Interessen, sondern vielmehr die spezifischen Interessen der einflussreichsten innenpolitischen Akteure. Moravcsiks Liberaler Intergouvernementalismus grenzt sich mit dieser *Bottom-up*-Perspektive vom Vorläufer des realistisch geprägten Intergouvernemtentalismus nach Stanley Hoffmann ab.[3]

Innerstaatliche Präferenzbildungsprozesse sind von vielfältigen nationalen Besonderheiten, wie dem jeweiligen politischen System sowie der Machtverteilung zwischen Interessengruppen und anderen politischen Akteuren, geprägt. Innerstaatliche Akteure bilden auf der Grundlage ihrer jeweiligen Interessen Präferenzen aus und speisen diese in die nationale Politik ein. Sie stehen dabei durchaus in Konkurrenz zueinander. Nicht alle Interessen werden gleichermaßen wahrgenommen und von der Politik berücksichtigt. Neben innerstaatlichen Besonderheiten werden die Präferenzbildungsprozesse zudem noch durch globale Veränderungen beeinflusst. Je stärker sich die Präferenzen der europäischen Staaten angesichts des Wandels in der Weltwirtschaft angleichen desto wahrscheinlicher ist es, dass Staaten kooperieren wollen (oder müssen). Tun sie dies und schaffen wie im Fall der europäischen Integration supranationale Institutionen, so geben sie auch ihre Souveränität in Teilen freiwillig auf. Eine zunehmende Konvergenz nationaler Präferenzen in wirtschaftlichen Fragen lässt sich in Europa seit den 1980er Jahren in einer marktliberalisierenden Haltung wie auch in der Gründung der Wirtschafts- und Währungsunion mit dem Vertrag von Maastricht ablesen.

---

[3]Stanley Hoffmann, „Obstinate or Obsolete? The Fate of the Nation State and the Case of Western Europe," *Daedalus* 95:3 (1966), 862–915.

> "Yet the EC was shaped by more than the convergence of national preferences in the face of economic change. There were important distributional conflicts not just within states but among them. These interstate conflicts were resolved only through hard interstate bargaining, in which credible threats to veto proposals, to withhold financial side-payments, and to form alternative alliances excluding recalcitrant governments carried the day. The outcomes reflected the relative power of states – more precisely, patterns of asymmetrical interdependence. Those who gained the most economically from integration compromised the most on the margin to realize it, whereas those who gained the least or for whom the costs of adaptation were highest imposed conditions."[4]

Das Phänomen der europäischen Integration lässt sich nach Moravcsik also nicht allein mit der Konvergenz (wirtschaftlicher) nationaler Präferenzen erklären. Neben dieser ersten Stufe der innerstaatlichen Präferenzbildung müssen hierzu in einem zweiten Schritt die zwischenstaatlichen Verhandlungen auf europäischer Ebene berücksichtigt werden. Konkret bedeutet dies, zu untersuchen, wie Staats- und Regierungschefs bzw. die zuständigen Fachminister versuchen, die Präferenzen der jeweils dominanten Interessengruppen ihres Landes in Brüssel durchzusetzen. Denn die nationalen Regierungen fungieren als die entscheidenden Brückenköpfe zwischen der nationalen und der europäischen Governence-Ebene. In dieser Phase der zwischenstaatlichen Verhandlungen treten die Staaten – repräsentiert durch die nationalen Regierungen – wieder als einheitliche, nutzenmaximierende Akteure auf. Kommt es zu einer Einigung, untersucht Moravcsik drittens, warum Staaten gemeinsame Institutionen schaffen und hierbei ihre Souveränität teilweise aufgeben.

Insgesamt entwickelt er somit ein dreistufiges rationalistisches Modell, um die europäische Integration und ihre Ausprägung zu erklären. Sein übergeordnetes Ziel ist es dabei auch, eine empirisch überprüfbare liberale Theorie vorzulegen, mit der internationale Kooperation über die europäische Integration hinaus erklärt werden kann. Für diesen weit gefassten Erklärungsanspruch formuliert Moravcsik eine bewusst „schlanke" Theorie, die mit wenigen Variablen auskommt und sich somit auch (leichter) empirisch testen lässt. Den Test führt er für sein dreistufiges rationalistisches Analysemodell in seinem Hauptwerk *The Choice for Europe*[5] anhand der großen Reformschritte des europäischen Integrationsprozesses durch. Zu den sogenannten *grand bargains* zählt er die Römischen

---

[4]Moravcsik, *The Choice for Europe*, 3.
[5]Moravcsik, *The Choice for Europe*.

Verträge (1955–1958), die Konsolidierung des Gemeinsamen Marktes und der Gemeinsamen Agrarpolitik (1958–1969), das Europäische Währungssystem (1969–1983), die Einheitliche Europäische Akte (1984–1988) und den Vertrag von Maastricht (1988–1991). Im Rahmen seiner Fallstudien analysiert Moravcsik entsprechend erstens die Prozesse der Präferenzbildung in Deutschland, Frankreich und Großbritannien, zweitens die zwischenstaatlichen Verhandlungen auf europäischer Ebene und drittens die Entscheidungen für ein institutionelles Arrangement.

In Bezug auf die innerstaatliche Präferenzbildung fragt Moravcsik dezidiert danach, ob ökonomische oder geopolitische Interessen die Präferenzen der nationalen Regierungen stärker prägen. Während geopolitische Interessen, wie eine Bedrohung durch die Sowjetunion oder die Sorge um das *German problem,* aus realistischer Perspektive insbesondere für die Anfänge der Integration benannt werden, sind es aus Sicht des Liberalen Intergouvernementalismus stets und vorrangig ökonomische Interessen gewesen. So war die Verschiebung der Handelsströme nach dem Zweiten Weltkrieg – vom Nord-Süd-Handel zum Handel zwischen Industrieländern – ein wesentlicher Kooperationsanreiz für europäische Staaten. Insbesondere Produzenten und Produzentinnen sowie Interessenvertreter und Interessenvertreterinnen aus der Industrie und der Landwirtschaft haben sich in den von Moravcsik untersuchten Fällen als besonders einflussreich herausgestellt. Er räumt allerdings ein, dass geopolitische bzw. ideologische Erwägungen und föderalistische Ideen – insbesondere aufseiten deutscher Regierungsvertreter, wie etwa bei Konrad Adenauer – für die Aushandlung der Römischen Verträge in den 1950er Jahren nicht zu vernachlässigen sind. Insgesamt gelangt Moravcsik dennoch zu dem Schluss, dass in der Phase der Präferenzbildung in allen Untersuchungsfällen ökonomische Interessen gegenüber geopolitischen und/oder föderalistischen Ideen letztlich ausschlaggebend gewesen sind. „*On not a single major issue did governments take a position openly opposed by a major peak industrial, financial, or agricultural interest group.*"[6] So wurden im Gegenteil wiederkehrend auch politische Positionen und Ziele von Staats- und Regierungschefs aufgegeben, um ökonomische Vorteile der einflussreichsten Interessengruppen abzusichern. General Charles de Gaulle etwa, der grundsätzlich für ein „Europa der Vaterländer" stand, setzte sich für eine Gemeinsame Agrarpolitik auf europäischer Ebene ein, um so die Interessen französischer Landwirte zu schützen.

---

[6]Moravcsik, *The Choice for Europe*, 475–476.

Aus Sicht der liberalen *Bottom-up*-Perspektive lässt sich schließlich gut nachvollziehen, dass nicht jedes Mitgliedsland in jedem Wirtschaftssektor das gleiche Ausmaß an Integration anstrebt. Die Integrationsbereitschaft variiert teils zwischen den Ländern, wie aus geopolitischer Perspektive zu erwarten ist, aber teils auch entlang von Themenbereichen. Während etwa Frankreich aufgrund einer besonders einflussreichen Agrarlobby traditionell an einem weitgehend geschützten Agrarmarkt festhält, setzt sich Deutschland als Exportnation stärker für Liberalisierung und den Abbau von Handelshemmnissen ein. Es gilt das Prinzip, dass je diffuser die Interessen beziehungsweise unsicherer die Kosten und Nutzen einer bestimmten europäischen Kooperationsinitiative sind, desto eher bilden Regierungen parteipolitische oder ideologisch begründete Präferenzen aus. Lassen sich umgekehrt eindeutige Interessen in bestimmten Branchen identifizieren, wie sie beispielsweise in der deutschen Automobilindustrie existieren, so sind die Handlungsspielräume der jeweiligen Regierungen eingeschränkt beziehungsweise sie repräsentieren die Präferenzen dieser spezifischen sektoralen Interessen. Die theoretischen Annahmen zur ersten Phase der innerstaatlichen Präferenzbildung basieren damit auch auf der Theorie des kollektiven Handelns (siehe den Beitrag zu Mancur L. Olson). Darin wird die These vertreten, dass kleine beziehungsweise klar definierbare homogene Gruppen (zum Beispiel Produzenten etwa Autohersteller) einen höheren Mobilisierungsgrad aufweisen und somit als Kollektiv besser und einflussreicher agieren können, als große heterogene Gruppen (zum Beispiel Konsumenten etwa Autokäufer). Die innerstaatlich gebildeten und oftmals durchaus divergierenden (wirtschaftlichen) Präferenzen dieser besonders einflussreichen (Produzenten-)Gruppen versuchen die nationalen Regierungen in den zwischenstaatlichen Verhandlungen auf europäischer Ebene möglichst weitgehend durchzusetzen.

Im Hinblick auf diese zweite Phase des Modells testet Moravcsik dezidiert, ob die relative Verhandlungsmacht der Mitgliedstaaten oder – wie es im Neofunktionalismus betont wird – der Einfluss supranationaler Akteure bedeutsamer für das Verhandlungsergebnis ist. Seine Fallstudien ergeben, dass Verhandlungsergebnisse die relative Machtverteilung unter den Mitgliedstaaten widerspiegeln und nicht etwa die Vorstellungen der Europäischen Kommission. Aus rationalistischer Perspektive des Liberalen Intergouvernementalismus hat dabei genau der Mitgliedstaat die größte Verhandlungsmacht, der am geringsten von einer bestimmten politischen Maßnahme profitieren würde. Denn die Regierungsvertreter und Regierungsvertreterinnen dieses Landes können glaubwürdig mit Blockaden oder einem Veto drohen, da ein Scheitern der Verhandlungen für sie keine Nachteile beziehungsweise nur geringe Kosten nach sich ziehen würde. Zudem können sie in den Verhandlungen hohe Ausgleichszahlungen *(side payments)* als Gegenleistung für eine Zustimmung einfordern. Auf der anderen Seite des Verhandlungstisches sitzen die Mitgliedstaaten, die von einer Einigung besonders profitieren. Sie treten daher als *policy entrepreneure* auf, das heißt, sie propagieren die Vorteile einer europäischen Regelung und sind zu großen Zugeständnissen bereit, um ein Scheitern der Verhandlungen zu verhindern. Je stärker also die nationale Präferenz für eine europäische Lösung ist, desto geringer ist die Verhandlungsmacht in Brüssel. Wie stark die jeweilige Präferenz ausgeprägt ist, hängt wiederum von der im ersten Schritt etablierten innerstaatlichen Präferenzordnung, das heißt der Intensität der heimischen Nachfrage nach Kooperation, ab.

Drittens stellt Moravcsik heraus, dass Staaten zur Absicherung der Kooperationsvereinbarungen gemeinsame Institutionen schaffen bzw. bereit sind, Souveränität partiell an supranationale Organe abzugeben *(delegation)* und sie gemeinsam auszuüben beispielweise in Form von Mehrheitsentscheidung *(pooling)*.

> "To secure the substantive bargains they had made, finally, governments delegated and pooled sovereignty in international institutions for the express purpose of committing one another to cooperate. Where joint gains were large, but each government faced a strong temptation to defect from agreements – as was the case for the Common Agricultural Policy and for Economic and Monetary Union – governments tended to establish qualified majority voting and delegate tasks to the Commission."[7]

Die getroffene institutionelle Wahl ist dabei keine Manifestation föderalistischer Ideen, sondern dient dazu, Kooperationsprobleme zu überwinden und gegenseitig glaubhafte Verpflichtungen eingehen zu können. Der Europäische Gerichtshof sorgt beispielsweise dafür, dass die Nichteinhaltung gemeinsam gesetzter Regeln und Vorgaben sanktioniert wird. Die supranationalen EU-Organe helfen Kooperationsprobleme zwischen Staaten zu überwinden, denn sie ermöglichen einen transparenten Informationsaustausch, senken Transaktionskosten und gewährleisten gegenseitige Überwachung und Sanktionierung. Der Aufbau gemeinsamer Institutionen und auch die damit potenziell verbundene Abgabe von Souveränität ist somit nicht idealistisch motiviert, sondern lässt sich vielmehr als rationales, nutzenmaximierendes Verhalten von Staaten verstehen. Dieses für den Liberalen Intergouvernementalismus zentrale Argument basiert insbesondere auf den einschlägigen Arbeiten von Robert O. Keohane zum neoliberalen Institutionalismus (siehe entsprechenden Beitrag in diesem Band). Die

---

[7]Moravcsik, *The Choice for Europe,* 3–4.

genannten Funktionen von Institutionen (zum Beispiel Senkung der Transaktionskosten) ermöglichen demnach absolute Kooperationsgewinne auch im Kontext der Anarchie und ohne einen Hegemon zu realisieren und langfristig abzusichern, wie es in der EU der Fall ist.

> "The revisionist quality of the argument in this book lies precisely in its effort to normalize the actions of European governments – to treat them as a subset of general tendencies among democratic states in modern world politics. Governments cooperated when induced or constrained to do so by economic self-interest, relative power, and strategically imposed commitments. Far from demonstrating the triumph of technocracy, the power of idealism, and the impotence or irrelevance of the modern nation-state, European integration exemplifies a distinctly modern form of power politics, peacefully pursued by democratic states for largely economic reasons through the exploitation of asymmetrical interdependence and the manipulation of institutional commitments."[8]

Abschließend kommt Moravcsik also mit Rückgriff auf grundlegende rationalistische Theorien des kollektiven Handelns, der Verhandlungstheorie und des neoliberalen Institutionalismus zu dem Ergebnis, dass die wesentlichen Reformschritte und damit die europäische Integration insgesamt keine Besonderheit darstellen, sondern das „normale" rationale Verhalten von Staaten, die sich in erster Linie an innerstaatlichen, ökomischen Interessen orientieren. Diese klare Positionierung, auch gegen eine Reihe von etablierten Erklärungsansätzen, sowie die bewusste Fokussierung auf wenige Variablen (besonders wirtschaftliche Interessen) hat viel Aufmerksamkeit in Fachkreisen und auch ein breites Spektrum an Kritik hervorgerufen.[9] An erster Stelle ist hier die oben erwähnte Gegenposition des Neofunktionalismus (siehe dazu den Beitrag über Ernst B. Haas) beziehungsweise Supranationalismus hervorzuheben. Ingeborg Tömmel sieht jedoch in dieser Gegenüberstellung von intergouvernementalen und supranationalen Positionen eine verfehlte Argumentation, die auch zum Zeitpunkt der Veröffentlichung von *The Choice for Europe* eigentlich bereits überholt gewesen sei.[10] Ein Großteil der Integrationsforschung untersucht vielmehr das Zusammenwirken von Regierungen

---

[8]Moravcsik, *The Choice for Europe,* 5.

[9]Hellen Wallace, James A. Caporaso, Fritz W. Scharpf und Andrew Moravcsik, "Review Section Symposium: The Choice for Europe: Social Purpose and State Power from Messina to Maastricht," *Journal of European Public Policy* 6:1 (1999), 155–179.

[10]Ingeborg Tömmel, "Andrew Moravcsik, The Choice for Europe. Social Purpose and State Power from Messina to Maastricht, Ithaca, 1998," in *Schlüsselwerke der Politikwissenschaft,* herausgegeben von Steffen Kailitz (Wiesbaden: VS Verlag für Sozialwissenschaften, 2007), 306–309, hier 308.

und supranationalen Akteuren. Diese Grundsatzkritik wird auch dadurch gestärkt, dass die Studie und speziell die Fallauswahl zu einer Verzerrung der Untersuchungsergebnisse beitragen. So konzentriert sich Moravcsik in der empirischen Analyse primär auf die großen Vertragsverhandlungen, in denen die Mitgliedstaaten per se eine hervorgehobene Stellung einnehmen und der geringere Einfluss von supranationalen Akteuren daher nicht überraschen kann. Wendet man sich jedoch den alltäglichen Politikprozessen auf europäischer Ebene zu, in denen es um die konkrete Ausgestaltung bestimmter Politikfelder geht, dann relativiert sich die von Moravcsik konstatierte Dominanz der Mitgliedstaaten. Das Initiativmonopol der Europäischen Kommission sowie das Mitbestimmungsrecht des Europäischen Parlaments sind Beispiele für institutionelle Rahmenbedingungen, die ein „Durchregieren" der Nationalstaaten auf europäischer Ebene (heute) in vielen Politikbereichen nicht zulassen.

Aber gerade aufgrund der rationalistisch-intergouvernementalistischen „Extremposition" markiert die Theorie des Liberalen Intergouvernementalismus einen zentralen Bezugspunkt in der europäischen Integrationsforschung. Sie dient meist als Ausgangspunkt für die Entwicklung alternativer und differenzierterer Perspektiven auf die europäische Integration. Zu nennen sind hier der *Multi-Level-Governance*-Ansatz oder auch sozialkonstruktivistische und postfunktionalistische Ansätze, die nicht nur eine Vielzahl von Akteuren, sondern zudem Ideen, Identitäten, Normen und Diskurse in ihren Analysen berücksichtigen. Die gegenwärtige Politisierung des europäischen Integrationsprozesses, die sich in den Wahlerfolgen europaskeptischer Parteien und nicht zuletzt im Brexit zeigt, lässt sich aus Sicht des Liberalen Intergouvernementalismus nur schwer erklären. So räumt Moravcsik in einem Interview selbst ein, der Brexit sei ein „*extremely unlikely occurrence*".[11] Während sich der Beitrittswunsch der Briten in den 1960er Jahren mit Verweis auf die ökonomischen Vorteile der Zollunion noch gut erklären lässt, passt der Brexit nicht zum rationalen Verhalten nationaler Regierungen, die sich primär an den Interessen einflussreicher Wirtschaftsakteure orientieren. Die Erklärungskraft des Liberalen Intergouvernementalismus stößt entsprechend dann an Grenzen, wenn die innerstaatlichen Präferenzen diffuser werden und die Verhandlungsgegenstände sich nicht einfach in eine sozioökonomische Kosten-Nutzen-Kalkulation übersetzen lassen.

---

[11]Moravcsik, "Moravcsik interview part I: Britain is the exception to the rule," Interview von Pavol Szalai, *EURAKTIV.sk,* 29. März 2017, https://www.euractiv.com/section/uk-europe/interview/moravcsik-interview-part-i-britain-is-the-exception-to-the-rule/ (20.05.2019).

Nichtsdestotrotz bleibt Moravcsiks großer Verdienst, dass er mit dem Liberalen Intergouvernementalismus eine kohärente, empirisch überprüfbare Theorie entwickelt hat, die wichtige Etappen der wirtschaftlichen Integration in Europa plausibel erklären kann, und dabei gleichzeitig zur Entwicklung neuer Theorien im Zuge einer kritischen Auseinandersetzung mit dem europäischen Integrationsprojekt anregt.

Literaturverzeichnis

Andrew Moravcsik und Frank Schimmelfenning, „Liberal Intergovernmentalism," in *European Integration Theory*, herausgegeben von Antje Wiener und Thomas Diez (Oxford: Oxford University Press, 2009), 67–87.

Andrew Moravcsik, *The Choice for Europe: Social Purpose and State Power from Messina to Maastricht* (London: UCL Press, 1999[1998]).

Andrew Moravcsik, "Moravcsik interview part I: Britain is the exception to the rule," Interview von Pavol Szalai, EURAKTIV.sk, 29. März 2017, https://www.euractiv.com/section/uk-europe/interview/moravcsik-interview-part-i-britain-is-the-exception-to-the-rule/ (20.05.2019).

Hellen Wallace, James A. Caporaso, Fritz W. Scharpf und Andrew Moravcsik, "Review Section Symposium: The Choice for Europe: Social Purpose and State Power from Messina to Maastricht," *Journal of European Public Policy* 6:1 (1999), 155–179.

Ingeborg Tömmel, "Andrew Moravcsik, The Choice for Europe. Social Purpose and State Power from Messina to Maastricht, Ithaca, 1998," in *Schlüsselwerke der Politikwissenschaft*, herausgegeben von Steffen Kailitz (Wiesebaden: VS Verlag für Sozialwissenschaften, 2007), 306–309.

Peter A. Hall und David Soskice

Michael Franke

Das Ende des Kalten Krieges, eingeläutet mit dem Fall der Berliner Mauer am 9. November 1989 und endgültig besiegelt mit der Auflösung der Sowjetunion am 26. Dezember 1991, bedeutete nicht nur das Ende des ideologiegetriebenen Systemkonflikts zwischen Ost und West, sondern auch eine Verlagerung des politik- und wirtschaftswissenschaftlichen Interesses. Die Frage, ob das sozialistische oder das kapitalistische Wirtschaftsmodell das erfolgreichere sei, schien zugunsten des Kapitalismus beantwortet. Damit wurde auch der Weg frei für eine stärkere Binnenbetrachtung der westlichen, kapitalistisch organisierten Gesellschaften, die bis dahin als weitgehend homogen interpretiert wurden. Mit dem Beginn der neuen Epoche richtete sich das Forschungsinteresse somit verstärkt auf die Erklärung von Unterschieden zwischen marktwirtschaftlich organisierten Ländern. Den Grundstein dieses neuen Forschungsstrangs legte Michel Albert mit seiner 1991 erschienenen Monographie *Capitalisme contre capitalisme,* in der er auf die Unterschiede zwischen „Rheinischem Kapitalismus" und „Angelsächsischem Kapitalismus" hinwies.[1] Wie der Titel bereits vermuten lässt, werden Rivalitäten nicht mehr zwischen den Systemen gesehen, sondern vielmehr innerhalb des kapitalistischen Systems selbst. Albert betrachtet dabei den Rheinischen Kapitalismus nach deutschem Vorbild als das objektiv überlegene Modell, da es sowohl auf ökonomische Nachhaltigkeit als auch auf die Ver-

---

[1]Michel Albert, *Capitalisme contre capitalisme* (Paris: Seuil, 1991).

M. Franke (✉)
Institut für Politikwissenschaft, Bergische Universität Wuppertal, Wuppertal, Deutschland
E-Mail: franke@uni-wuppertal.de

ringerung sozialer Unsicherheiten setze. Gleichwohl sagt er voraus, dass sich am Ende das angelsächsische Modell US-amerikanischer Prägung international durchsetzen werde. Zwar stehe es für eine höhere soziale Ungleichheit und begünstige im Zuge zunehmend globalisierter Kapitalmärkte in erster Linie kurzfristiges Gewinnstreben. Jedoch strahle es einen größeren Glanz aus als das rheinische Modell und sei vor allem für einflussreiche gesellschaftliche Kreise attraktiver.

Mit seiner Pionierarbeit trug Albert auch zur gleichzeitig in den 1990er Jahren geführten „Globalisierungsdebatte" bei, die sich mit der Frage auseinandersetzt, ob sich die marktwirtschaftlichen Modelle angesichts einer immer enger zusammenrückenden Welt angleichen würden oder ob nationale Spezifika weiterhin bestehen bleiben würden.[2] Im Zuge dieser Debatte vertraten einige Forscherinnen und Forscher die Position, dass der Globalisierungsdruck zu einer zunehmenden Marktliberalisierung führe, da die wirtschafts- und außenhandelspolitischen Entscheidungen der Regierungen maßgeblich von externen Kräften beeinflusst würden, die in Richtung Konvergenz drängen würden. Bei diesen auf neoklassischen Annahmen beruhenden Kräften handelt es sich um die komparativen Kostenvorteile bei Produktionsfaktoren, die Konkurrenz mit ausländischen Märkten, den Wettbewerb um den günstigsten Standort und den großen Einfluss des Finanzmarkts. Der Trend zur Konvergenz könne demnach zum einen mit der ökonomischen Außenhandelstheorie und zum anderen mit den Theorien zum Wettbewerb über Gebietskörperschaften ursächlich erklärt werden, so die Verfechter dieser Sichtweise.

Eine Gegenposition vertraten die Divergenztheoretiker, denen zufolge Marktwirtschaften auch unter dem Einfluss zunehmender Globalisierung ihre spezifisch nationalen Ausprägungen beibehalten würden. Entscheidend seien nicht die externen Kräfte, sondern endogene Faktoren, die zur Stabilisierung des jeweils bestehenden Systems führten. Zu diesen Faktoren zählten die Forscherinnen und Forscher Unterschiede hinsichtlich der Politikstile, beständigen institutionellen Arrangements sowie Pfadabhängigkeiten im Allgemeinen, die mit einmal getroffenen Entscheidungen einhergehen. Die Divergenztheorien begannen die Debatte spätestens von Beginn der 2000er Jahre an zu dominieren, wozu der im Jahr 2001 publizierte Sammelband *Varieties of Capitalism*[3] von Peter A. Hall und David Soskice maßgeblich beitrug. Ihr im Einführungskapitel ausformulierter

---

[2]Zur Vertiefung der folgenden Ausführungen zu Konvergenz und Divergenz siehe Andreas Busch, *Staat und Globalisierung: Das Politikfeld Bankenregulierung im internationalen Vergleich* (Wiesbaden: Westdeutscher Verlag, 2003), 25–30.

[3]Peter A. Hall und David Soskice, "An Introduction to Varieties of Capitalism," in *Varieties of Capitalism. The Institutional Foundations of Comparative Advantage*, herausgegeben von Peter A. Hall und David Soskice (Oxford: Oxford University Press, 2001).

neuer Ansatz hatte einen enormen Einfluss auf die politökonomische Forschungsgemeinde und ist Gegenstand der folgenden Ausführungen.

Der 1950 in Montréal, Kanada geborene Hall ist seit 1977 in unterschiedlichen Funktionen an der Universität Harvard tätig. Zu Beginn seiner Karriere befasste er sich vor allem mit staatlichen Eingriffen in die Wirtschaft, wandte sich Ende der 1980er Jahre der Bedeutung ökonomischer Ideen für die Politik zu und ist seit den 1990er Jahren im Bereich der institutionalistischen Forschung tätig. Soskice wurde als Sohn des britischen Innenministers Frank Soskice 1942 in London geboren und arbeitet seit 2012 an der *London School of Economics and Political Science*. Zuvor lehrte er von 1967 bis 1990 Makroökonomie am *University College*, Oxford und war nach dem Mauerfall von 1990 bis 2005 Forschungsdirektor und Professor am Wissenschaftszentrum Berlin. Im Zuge seiner wissenschaftlichen Laufbahn forschte er intensiv zur Arbeitsmarkt- und Ausbildungspolitik und befasste sich in den vergangenen Jahren verstärkt mit Fragen der gegenseitigen Beeinflussung von politischen und wirtschaftlichen Systemen.

Ihr im Rahmen eines mehrjährigen Kooperationsprojekts entstandener Sammelband und insbesondere das Einführungskapitel *An Introduction to Varieties of Capitalism* stellen den Kulminationspunkt des wissenschaftlichen Schaffens von Hall und Soskice dar. Ihre Kernthese lautet, dass Staaten auch in Zeiten wirtschaftlicher Globalisierung und internationalen Wettbewerbs trotz unterschiedlicher marktwirtschaftlicher Systeme gleichermaßen erfolgreich sein können. Unterschieden wird im Ansatz zwischen liberalen Marktwirtschaften (*liberal market economies*, LMEs) auf der einen Seite und koordinierten Marktwirtschaften (*coordinated market economies*, CMEs) auf der anderen Seite, auf deren genauen Unterschiede im Folgenden eingegangen wird. Ursächlich für den Erfolg beider Kapitalismusvarianten sind institutionelle Arrangements, die sowohl in LMEs als auch in CMEs in einem komplementären Verhältnis zueinander stehen und für die marktteilnehmenden Akteure spezifische Anreize bereitstellen. Bei den Akteuren handelt es sich neben Einzelpersonen und Unternehmen auch um Unternehmensverbände, Gewerkschaften, Nichtregierungsorganisationen (NGOs) und Regierungen. Besonders hervorzuheben ist Hall und Soskice zufolge in diesem Zusammenhang jedoch die zentrale Stellung von Unternehmen innerhalb kapitalistischer Ökonomien. Diese seien die Schlüsselakteure, wenn es um Fragen des technologischen Wandels, des globalen Wettbewerbs oder ganz allgemein der Wirtschaftskraft eines Landes gehe. Aus diesem Grund bezeichnen die Autoren die *Varieties of Capitalism* (VoC) auch als firmenzentrierten (*firm-centered*) Ansatz.

"This *varieties of capitalism* approach to the political economy is actor-centered, which is to say we see the political economy as a terrain populated by multiple actors, each of whom seeks to advance his interests in a rational way in strategic interaction with others. The relevant actors may be individuals, firms, producer groups, or governments. However, this is a firm-centered political economy that regards companies as the crucial actors in a capitalist economy. They are the key agents of adjustment in the face of technological change or international competition whose activities aggregate into overall levels of economic performance."[4]

Um langfristig erfolgreich und profitabel zu sein, agieren Unternehmen in einem überaus komplexen Beziehungsgeflecht mit anderen Akteuren. So muss eine Firma nicht nur intern die Beziehung zu den eigenen Angestellten regeln, sondern auch die externen Beziehungen mit ihren Kunden, Zulieferbetrieben, Aktionären, Banken, Gewerkschaften, Unternehmensverbänden und Regierungen. Aufgrund der damit einhergehenden Komplexität sind die koordinativen Herausforderungen von Unternehmen überaus hoch. Ihr Erfolg hängt nicht zuletzt auch von einer gelungenen Bewältigung der Koordinationsprobleme ab. Der VoC-Ansatz hebt fünf Koordinationssphären besonders hervor, die sie zu den Kernaufgaben eines jeden Unternehmens zählen.

Die erste Sphäre ist jene der industriellen Beziehungen *(industrial relations)* und umfasst die Verhandlungen zwischen Unternehmen und Arbeitnehmerinnen und Arbeitnehmer über Lohnhöhe und Arbeitsplatzbedingungen sowie Fragen der Arbeitnehmerrepräsentation. Die Ergebnisse dieses Koordinationsproblems haben direkten Einfluss auf die Produktivität und den Erfolg eines Unternehmens, aber auch auf die Zahl der Beschäftigten und die wirtschaftliche Entwicklung einer gesamten Volkswirtschaft. In der Sphäre Aus- und Weiterbildung *(vocational training and education)* stellt sich für Unternehmen die Frage, welche Qualifikationen sie für ihre Mitarbeiterinnen und Mitarbeiter als sinnvoll erachten. Arbeitnehmerinnen und Arbeitnehmer müssen ihrerseits entscheiden, wie viele Ressourcen sie zum Erreichen welcher Qualifikationen zu investieren bereit sind. Auch hier gilt, dass die Ergebnisse der daraus resultierenden Entscheidungen nicht nur die einzelne Firma oder den einzelnen Arbeitnehmenden betreffen, sondern die Ausbildungsstandards und Wettbewerbsfähigkeit eines gesamten Landes. Die dritte Sphäre betrifft die Unternehmensführung *(corporate governance)*. In ihr werden insbesondere Fragen zur Unternehmensfinanzierung und der Beziehungen zu den Anteilseignern behandelt. Die vierte Sphäre sind die Beziehungen einer Firma zu anderen Unternehmen *(inter-firm relations)*.

---

[4]Hall und Soskice, "An Introduction to Varieties of Capitalism," 6.

Die Koordination mit den Zulieferern und Kunden sichert einem Unternehmen den Zugang zu Vorprodukten und den Zugriff auf wichtige Technologien sowie letztlich einen sicheren Absatz der eigenen Produkte. Die fünfte und letzte Sphäre betrifft die Arbeitgeber-Arbeitnehmer-Beziehungen *(coordination problems vis-à-vis their own employees)*. Hier stehen die Unternehmen vor dem Koordinationsproblem, ihre Arbeitnehmerinnen und Arbeitnehmer mit genau jenen Befugnissen auszustatten und sie so zu motivieren, dass eine gute Zusammenarbeit mit den anderen Angestellten erreicht wird.

> "From this perspective, it follows that national political economies can be compared by reference to the way in which firms resolve the coordination problems they face in these five spheres. The core distinction we draw is between two types of political economies, liberal market economies and coordinated market economies, which constitute ideal types at the poles of a spectrum along which many nations can be arrayed.
>
> In *liberal market economies,* firms coordinate their activities primarily via hierarchies and competitive market arrangements. (…) In *coordinated market economies,* firms depend more heavily on non-market relationships to coordinate their endeavors with other actors and to construct their core competencies."[5]

Die von Hall und Soskice unterschiedenen liberalen und koordinierten Marktwirtschaften stellen somit zwei Idealtypen an den jeweiligen Enden eines Spektrums politischer Ökonomien dar. Marktwirtschaften, die sich keinem der beiden Idealtypen zuordnen lassen, gelten als *mixed markets economies* (MMEs).[6]

Unternehmen in *liberal market economies* wie den Vereinigten Staaten oder Großbritannien organisieren sich demnach in erster Linie hierarchisch und stark wettbewerbsorientiert. Ihre Ausbildungssysteme zielen auf die Vermittlung grundlegender Fähigkeiten *(general skills)* ab. Die Ausbildung erfolgt zumeist in Form eines *training on the job.* Im Vordergrund stehen Kompetenzen, die auch auf andere Unternehmen und Branchen übertragbar sind, wie etwa die Förderung von kommunikativen Fähigkeiten und Computerkenntnissen. Aufgrund des geringen Kündigungsschutzes und des weitverbreiteten *hire-and-fire*-Prinzips

---

[5]Hall und Soskice, "An Introduction to Varieties of Capitalism," 8.

[6]Der Terminus *mixed market economies* taucht im Einleitungskapitel von Hall und Soskice indes nicht auf und soll hier auch nicht weiter vertieft werden. Für nähere Einblicke in die Unterscheidung von MMEs im Vergleich zu den beiden Idealtypen siehe Peter A. Hall und Daniel W. Gingerich, "'Spielarten des Kapitalismus' und institutionelle Komplementaritäten in der Makroökonomie – Eine empirische Analyse," *Berliner Journal für Soziologie* 14:1 (2004), 5–31.

besteht zudem eine hohe Mitarbeiterinnen- und Mitarbeiterfluktuation. Ein System der Mitbestimmung durch Arbeitnehmerinnen und Arbeitnehmer ist in dieser Kapitalismusvariante nicht vorgesehen, wodurch die Topmanager unternehmensintern über eine nahezu uneingeschränkte Autorität verfügen. Die Entscheidungshoheit der Unternehmensführung in Kombination mit der geringen Mitarbeiterbindung verleiht dieser kapitalistischen Spielart eine überaus hohe Dynamik. Der nur schwach regulierte Arbeitsmarkt wird dabei flankiert von vergleichsweise strengen wettbewerbsrechtlichen Bestimmungen, die den Unternehmen untereinander enge und längerfristige Kooperationen erschweren. Ihre Beziehungen beruhen stattdessen auf den Prinzipien von Angebot und Nachfrage und sind geprägt von kurzfristigen und vertraglich festgelegten Vereinbarungen zum Austausch von Gütern und Dienstleistungen. Hauptziel ist dabei das Erzielen schneller Gewinne. Diesem Ziel kommt die Finanzierungs- und Eigentümerstruktur der Unternehmen entgegen. In LMEs wird die Liquidität von Unternehmen häufig über den Kapitalmarkt sichergestellt. Aktien sind frei handelbar und befinden sich zumeist in Streubesitz. Um Transparenz sicherzustellen, ist die Unternehmensführung zur regelmäßigen (zumeist vierteljährigen) Veröffentlichung von Geschäftsberichten verpflichtet und steht den Investoren gegenüber, die regelmäßige und möglichst hohe Profite erwarten, in der Rechenschaftspflicht. Allerdings liegt es auch im Eigeninteresse des Topmanagements, in den Quartalsberichten mit hohen Gewinnen zu überzeugen, da das Vergütungssystem eng an die Profitabilität des Unternehmens gekoppelt ist. Auch der Zugang zu weiterem Kapital hängt letztlich stark von der aktuellen Performance eines Unternehmens ab.

Die *coordinated market economies* wie Deutschland oder Österreich weisen demgegenüber zahlreiche Elemente nicht-marktbasierter Koordination auf. Das Beziehungsgeflecht zwischen Unternehmen und anderen Marktakteuren ist hier sehr viel enger ausgeprägt als in LMEs und geht über den reinen Wettbewerb oder vertragliche Vereinbarungen hinaus. Beispielhaft hierfür steht das Ausbildungssystem zur Vermittlung hochspezifischer auf die Erfordernisse des Betriebs beziehungsweise der Branche zugeschnittener Fähigkeiten *(specific skills),* in welches die Unternehmen viel Zeit und Geld investieren. Damit sich die dadurch entstandenen Kosten für die Unternehmen rentieren, streben sie in der Folge eine möglichst langfristige Mitarbeiterbindung an. Die Arbeitnehmerinnen und Arbeitnehmer sind ihrerseits ebenfalls an einem langfristigen Verbleib interessiert, da der Marktwert ihrer Qualifikationen außerhalb des Unternehmens oder gar der Branche geringer wäre. Die Anreize zum Verbleib werden dadurch verstärkt, dass in zahlreichen Fällen branchenweit gültige Flächentarifverträge bestehen, die zwischen den Arbeitnehmerinnen und Arbeitnehmern und

Arbeitgeberinnen und Arbeitgebern ausgehandelt wurden. Zudem haben die Arbeitnehmerinnen und Arbeitnehmer durch den Betriebsrat ein Mitspracherecht in der Unternehmensführung, wodurch die Entscheidungshoheit des Topmanagements zwar eingeschränkt wird, jedoch eine vertrauensbasierte Kultur der Kooperation entsteht, die für den langfristigen Erfolg eines Unternehmens entscheidend ist. Gegenseitiges Vertrauen spielt auch im bankenbasierten System der Unternehmensfinanzierung eine wesentliche Rolle. Dabei gewähren Unternehmen ihren Hausbanken Zugang zu unternehmensinternen Informationen, wodurch sich deren Bereitschaft zu einer langfristigen Kreditvergabe erhöht. Dies ermöglicht den Betrieben längerfristige strategische Planung, die nicht nur auf die Realisierung kurzfristiger Gewinne abzielt. Insgesamt begünstigt dieses längerfristige Denken auch die Kooperationsbereitschaft mit anderen Unternehmen. Auch in CMEs bleibt die marktwirtschaftliche Konkurrenz zwar bestehen, darüber hinaus arbeiten Unternehmen jedoch in bestimmten Bereichen zum gegenseitigen Nutzen zusammen und bündeln ihre Ressourcen. Industrie- und Chemieparks, in denen sich Unternehmen einer bestimmten Branche dieselbe Logistik teilen, um sich besser ihrem Kerngeschäft widmen zu können, liefern hierfür ein anschauliches Beispiel.

Nachdem Hall und Soskice auf diese Weise grundlegende Unterschiede zwischen LMEs und CMEs verdeutlicht haben, gehen sie der Frage auf den Grund, warum beide Spielarten des Kapitalismus sich trotz aller Divergenzen gleichermaßen im globalen Wettbewerb behaupten können. Ihre Antwort finden sie dabei in den Institutionen und den institutionellen Komplementaritäten.

> "The presence of *institutional complementarities* reinforces the differences between liberal and coordinated market economies. The concept of 'complementary goods' is a familiar one: two goods, such as bread and butter, are described as complementary if an increase in the price of one depresses demand for the other. However, complementarities may also exist among the operations of a firm: marketing arrangements that offer customized products, for instance, may offer higher returns when coupled to the use of flexible machine tools on the shop floor."[7]

Institutionen definieren sie als eine Menge formeller und informeller Regeln, nach denen die Akteure sich für gewöhnlich richten, sei es aus normativen, kognitiven oder wirtschaftlichen Gründen. Sind diese Institutionen wie im Falle der beiden Idealtypen optimal aufeinander abgestimmt, dann stehen sie in einem komplementären Verhältnis zueinander – sie ergänzen sich also zu ihrem

---

[7] Hall und Soskice, "An Introduction to Varieties of Capitalism," 17.

gegenseitigen Nutzen. Die Autoren veranschaulichen dies sinnbildlich am Beispiel der Alltagsgüter Brot und Butter. Eine wachsende Nachfrage nach Brot habe auch eine höhere Nachfrage nach Butter zur Folge. Für die Spielarten des Kapitalismus bedeutet dies: Ein in sich stimmiges System der industriellen Beziehungen würde aufgrund der institutionellen Komplementaritäten *(institutional complementarities)* auch zu einem besseren Funktionieren der *corporate governance* oder der Arbeitgeber-Arbeitnehmer-Beziehungen führen. Da sowohl LMEs als auch CMEs als Idealtypen gut aufeinander abgestimmte institutionelle Komplementaritäten aufweisen, werden auch beide Varianten auf dem globalen Markt langfristig bestehen und erfolgreich sein. Institutionelle Komplementaritäten haben darüber hinaus einen bedeutenden Effekt auf die nationale Politik. Hall und Soskice gehen davon aus, dass Unternehmen ihre Regierungen dazu drängen, bereits vorhandene institutionelle Komplementaritäten weiterzuentwickeln und zu stärken. Das Ziel ist dabei eine weitere Steigerung der Effizienz, von der die Unternehmen letztlich profitieren.

Die VoC treffen jedoch nicht nur die Aussage, *dass* die beiden Idealtypen erfolgreich sein werden. Sie beschäftigen sich auch mit der Frage, *in welchen Bereichen* Erfolge am ehesten zu erwarten sind. In Anlehnung an die von David Ricardo (siehe entsprechenden Beitrag) erstmalig erdachten komparativen Kostenvorteile entwickeln Hall und Soskice das Konzept der komparativen institutionellen Vorteile *(comparative institutional advantages)*.

> "We turn now to some of the issues to which this perspective can be applied, beginning with a question central to international economics, namely, how to construe comparative economic advantage. The theory of comparative economic advantage is important because it implies that freer trade will not impoverish nations by driving their production abroad but enrich them by allowing each to specialize in the goods it produces most efficiently and exchange them for even more goods from other nations. It can be used to explain both the expansion of world trade and the patterns of product specialization found across nations. (…)
>
> We still need a theory that explains why particular nations tend to specialize in specific types of production or products. We think that such a theory can be found in the concept of *comparative institutional advantage*. The basic idea is that the institutional structure of a particular political economy provides firms with advantages for engaging in specific types of activities there. Firms can perform some types of activities, which allow them to produce some kinds of goods, more efficiently than others because of the institutional support they receive for those activities in the political economy, and the institutions relevant to these activities are not distributed evenly across nations."[8]

---

[8]Hall und Soskice, "An Introduction to Varieties of Capitalism," 36–37.

Das Konzept des komparativen institutionellen Vorteils besagt also, dass beide idealtypischen Kapitalismusvarianten mit ihren jeweils unterschiedlichen institutionellen Komplementaritäten den Marktteilnehmern auch jeweils sehr spezifische Vorteile bieten. Diese liegen bei LMEs zum einen in der industriellen Massenfertigung wie etwa in der *Fast-Food*-Branche, die an ihre Beschäftigten nur geringe Qualifikationsanforderungen durch einfaches *on the job training* stellt. Weitere Vorteile liegen im Bereich radikalinnovativer Spitzentechnologien wie der Biotechnologie oder künstlichen Intelligenz und im Bereich komplexer Systeme, die sich durch rapiden technologischen Wandel auszeichnen, wie etwa der Informations- und Kommunikationstechnik, Softwareentwicklung sowie Luft- und Raumfahrt. Unternehmen aus diesen Sektoren werden begünstigt durch die Verfügbarkeit von Risikokapital, welches die Investoren in Erwartung hoher Gewinne bereitstellen, und dem daraus resultierenden Konkurrenzdruck. CMEs haben wiederum einen komparativen institutionellen Vorteil in der Produktion qualifikationsintensiver hochwertiger Güter. Der Fokus liegt auf der inkrementellen Weiterentwicklung bereits anwendungsreifer Technologien über einen längeren Zeitraum. Die erforderliche langfristige Finanzierung wird dabei durch die Kooperation mit den Hausbanken sichergestellt. Positiv für den langen Investitionshorizont wirken sich auch das auf langfristigen Verbleib ausgerichtete Ausbildungssystem und der regulierte und geschützte Arbeitsmarkt aus. Hiervon profitierende Wirtschaftsbranchen sind beispielsweise die Automobilindustrie, die chemische Industrie und der Maschinenbau. Die VoC behaupten somit zwar nicht, dass in LMEs und CMEs ausschließlich Unternehmen der jeweils besonders „begünstigten" Branche anzutreffen seien. Um auf dem globalen Markt zu bestehen, werden die rational handelnden Unternehmen jedoch bestrebt sein, die sich ihnen bietenden Wettbewerbsvorteile zu nutzen. Ein Spezialisierungseffekt ist Hall und Soskice zufolge also durchaus zu erwarten.

Die beiden Autoren griffen bei der Entwicklung ihres Ansatzes neben ihren eigenen Vorarbeiten auch Überlegungen der sogenannten *new institutionalisms* auf.[9] Zwar werden diese im Einführungskapitel von Hall und Soskice nicht immer explizit erwähnt, sie entfalteten dort jedoch einen deutlich erkennbaren Einfluss. Aus dem *rational choice institutionalism* unter besonderer Anlehnung

---

[9]Wie sinnvoll ein Ansatz sei, der alle drei dieser *new institutionalisms* integriert, betonte Hall bereits einige Jahre vor der Publikation der *Varieties of Capitalism* in einem gemeinsamen Beitrag mit Rosemary C. R. Taylor. Für weitere Ausführungen hierzu siehe Peter A. Hall und Rosemary C. R. Taylor, "Political Science and the Three New Institutionalisms," *Political Studies* 44:5 (1996), 936–957.

an Oliver Williamson und Elinor Ostrom berücksichtigt der VoC-Ansatz etwa die Annahme der Verringerung von Transaktionskosten durch Institutionen.[10] Auf den *historical institutionalism* geht die Pfadabhängigkeitsannahme zurück, die der Vermutung von Beständigkeit idealtypischer Kapitalismusvarianten zugrunde liegt. Außerdem nimmt der VoC-Ansatz Bezug auf den *sociological institutionalism*, welcher eine rein rationale Begründung von Institutionen ablehnt und sie demgegenüber als kulturspezifische Praktiken interpretiert. Hall und Soskice zufolge ist ein reibungsloses Funktionieren von Institutionen erst dann garantiert, wenn sich die auf sie bezogenen Handlungen durch ständige Wiederholung und erlebte Erfahrung im kulturellen Bewusstsein der Akteure niederschlagen. Ein weiterer wichtiger Einfluss bei der Entwicklung des VoC-Ansatzes stammt schließlich von Masahiko Aoki.[11] Dieser leistete mit seinen spieltheoretischen Analysen zur Firma einen wesentlichen Beitrag zur Entwicklung des Konzepts der institutionellen Komplementaritäten.

Neben den innerstaatlichen Faktoren erkennen Hall und Soskice auch den Einfluss der internationalen Sphäre auf nationale politische Ökonomien an. Wenn Staaten bestimmte Vorhaben auf nationalstaatlicher Ebene nicht umsetzen können, etwa aufgrund innenpolitischen Widerstands oder transnationaler Externalitäten, versuchen sie deren Verwirklichung oftmals auf dem Umweg über internationale Regime zu erreichen (siehe in Beitrag zu Robert O. Keohane). Dieses Vorgehen gewinnt laut Hall und Soskice in der heutigen Zeit zunehmend an Einfluss, wobei Europa besonders hervorsticht. Da die Regulierungen der Europäischen Union (EU) inzwischen nahezu genauso bedeutend sind wie die nationalstaatlichen, ist es wichtig die jeweiligen Mechanismen zu verstehen. Folgt man etwa der neofunktionalistischen Perspektive von Ernst B. Haas (siehe entsprechenden Beitrag), geht der wachsende Einfluss der EU in Regulierungsfragen von der supranationalen Ebene aus, welche durch technokratische Kooperation, verstärkt durch Lern- und *Spill-over*-Effekte, die weitere Integration vorantreibt. Eine andere Position vertritt Andrew Moravcsik (siehe entsprechenden Beitrag). Dieser sieht die EU primär als intergouvernementales Projekt, die supranationale Ebene spielt hingegen eine untergeordnete Rolle. Aus

---

[10]Oliver Williamson, *The Economic Institutions of Capitalism: Firms, Markets, Relational Contracting* (New York: Free Press, 1985); Elinor Ostrom, *Governing the Commons The Evolution of Institutions for Collective Action* (New York: Cambridge University Press, 1990).

[11]Masahiko Aoki, "The Japanese Firm as a System of Attributes: A Survey and Research Agenda," in *The Japanese Firm: Sources of Competitive Strength*, herausgegeben von Masahiko Aoki and Ronald Dore (Oxford: Clarendon Press, 1994), 11–40.

dieser Perspektive sind die Nationalstaaten die Treiber der Integration, wobei sie in erster Linie von wirtschaftlichen Interessen geleitet werden. Hall und Soskice zufolge hängt die Position von Nationalstaaten bezüglich neuer Regulierungsvorhaben jedoch vorrangig von deren Bedeutung für die komparativen institutionellen Vorteile ab. Eine Unterstützung solcher Vorhaben kommt ihnen zufolge nämlich nur dann zustande, wenn die bestehenden komparativen institutionellen Vorteile dadurch keinen Nachteil erleiden.

Mit den *Varieties of Capitalism* haben Hall und Soskice den wohl einflussreichsten und meistrezipierten Beitrag der vergleichenden Kapitalismusforschung geleistet.[12] Ihre Ausarbeitungen beeinflussten nicht nur die politökonomische und wirtschaftssoziologische Debatte, sondern trugen darüber hinaus zum betriebswirtschaftlichen, wirtschaftshistorischen und wirtschaftsgeografischen Diskurs bei. Insgesamt wurde der Ansatz kontrovers diskutiert. Von diversen Autorinnen und Autoren wurde etwa die Beschränkung auf zwei Idealtypen als zu eng und zu stark auf westliche Staaten zugeschnitten kritisiert. Über die Jahre kamen daher diverse Ergänzungsvorschläge zusammen. So spricht Vivien A. Schmidt mit besonderem Blick auf Frankreich von *State-Influenced Market Economies* (SMEs), Andreas Nölke et al. weiten den Blick der *Varieties of Capitalism* auf Transformations- und Schwellenländer aus und Gordon Redding sowie Michael A. Witt sprechen mit Blick auf China von einem Autoritären Kapitalismus.[13] Martin R. Schneider und Mihai Paunescu schauen demgegenüber ins Innenleben koordinierter Marktwirtschaften und stellen fest, dass einige – vor allem nordische – Länder dieses Idealtyps diverse Elemente liberaler Marktwirtschaften adaptiert haben und widersprechen folglich der Beständigkeitsbehauptung

---

[12]Neben dem bereits zitierten Michel Albert liefert Gøsta Esping-Andersens mit seinen *Worlds of Welfare Capitalism* zur Erklärung nationaler Unterschiede vor allem mit Blick auf das Parteiensystem und die Sozialpolitik einen wichtigen Beitrag zum Literaturkanon der vergleichenden Kapitalismusforschung. Vgl. hierzu Gøsta Esping-Andersen, *The Three Worlds of Welfare Capitalism* (Cambridge: Polity Press, 1990).

[13]Vivien A. Schmidt, "Putting the Political Back into Political Economy by Bringing the State Back in Yet Again," *World Politics* 61:3 (2009), 516–546; Andreas Nölke, Christian May und Tobias ten Brink, "Institutionelle Determinanten des Aufstiegs großer Schwellenländer: Eine globalpolitökonomische Erweiterung der 'Varieties of Capitalism'," *Politische Vierteljahresschrift* 54:Sonderheft 48 (2014), 67–94; Andreas Nölke und Arjan Vliegenthart, "Enlarging the Varieties of Capitalism. The Emergence of Dependent Market Economies in East Central Europe," *World Politics* 61:4 (2009), 670–702; Michael A. Witt und Gordon Redding, "China: Authoritarian Capitalism," in *The Oxford Handbook of Asian Business Systems*, herausgegeben von Michael A. Witt und Gordon Redding (Oxford: Oxford University Press, 2014), 11–32.

von Hall und Soskice.[14] Diese Beobachtung teilt auch Wolfgang Streeck, der den Ländern mit „rheinischem Kapitalismusmodell" in einer 2009 veröffentlichten Monographie eine bereits seit Jahren wachsende Annäherung an die angelsächsische Kapitalismusvariante attestiert.[15] Colin Crouch kritisiert an der theoretischen Konzeption der VoC eine funktionalistische Tendenz, welche der Realität der empirisch untersuchten Länder nicht gerecht werden könne.[16] Sowohl Streeck als auch Crouch sehen den Ansatz als insgesamt zu statisch an. Dies sei insbesondere dann problematisch, wenn es darum gehe, institutionellen Wandel zu erkennen und zu erklären.

Ohne die genannten Kritiken hier im Einzelnen zu bewerten, zeigen sie doch den Einfluss, den Hall und Soskice auf die politökonomische Debatte ausgeübt haben und nach wie vor ausüben. Ihre Relevanz wurde vor allem auch angesichts der jüngsten Weltfinanzkrise deutlich. In Anbetracht der enormen ökonomischen Verwerfungen, die diese größte Wirtschaftskrise der Nachkriegszeit verursachte, wären die Voraussetzungen für einen umfassenden institutionellen Wandel eigentlich günstig gewesen. Tatsächlich jedoch erwiesen sich die Kapitalismusvarianten – insbesondere auch die koordinierten Marktwirtschaften – als erstaunlich widerstandsfähig. Insbesondere Deutschland zeigte mit seinen automatischen Stabilisatoren eine sehr große Krisenresistenz, die nicht zuletzt von der eingespielten Kooperation von Unternehmen und Arbeitnehmerinnen und Arbeitnehmern ausging. So lässt sich trotz temporärer staatlicher Interventionen und punktueller institutioneller Anpassungen kein umfassender Wandel im institutionellen Gefüge der westlichen Länder feststellen. Die Aktualität der *Varieties of Capitalism* ist somit nach wie vor ungebrochen.

Literaturverzeichnis

Andreas Busch, *Staat und Globalisierung: Das Politikfeld Bankenregulierung im internationalen Vergleich* (Wiesbaden: Westdeutscher Verlag, 2003), 25–30.

Andreas Nölke und Arjan Vliegenthart, "Enlarging the Varieties of Capitalism. The Emergence of Dependent Market Economies in East Central Europe," *World Politics* 61:4 (2009), 670–702.

---

[14]Martin R. Schneider und Mihai Paunescu, "Changing varieties of capitalism and revealed comparative advantages from 1990 to 2005: a test of the Hall and Soskice claims," *Socio-Economic Review* 10:4 (2012), 731–753.

[15]Wolfgang Streeck, *Re-Forming Capitalism. Institutional Change in the German Political Economy* (Oxford: Oxford University Press, 2009).

[16]Colin Crouch, "Models of Capitalism," *New Political Economy* 10:4 (2005), 439–456.

Andreas Nölke, Christian May und Tobias ten Brink, "Institutionelle Determinanten des Aufstiegs großer Schwellenländer: Eine globalpolitökonomische Erweiterung der 'Varieties of Capitalism'," *Politische Vierteljahresschrift* 54:Sonderheft 48 (2014), 67–94.

Colin Crouch, "Models of Capitalism," *New Political Economy* 10:4 (2005), 439–456.

Elinor Ostrom, *Governing the Commons: The Evolution of Institutions for Collective Action* (New York: Cambridge University Press, 1990).

Gøsta Esping-Andersen, *The Three Worlds of Welfare Capitalism* (Cambridge: Polity Press, 1990).

Martin R. Schneider und Mihai Paunescu, "Changing varieties of capitalism and revealed comparative advantages from 1990 to 2005: a test of the Hall and Soskice claims," *Socio-Economic Review* 10:4 (2012), 731–753.

Masahiko Aoki, "The Japanese Firm as a System of Attributes: A Survey and Research Agenda," in *The Japanese Firm: Sources of Competitive Strength*, herausgegeben von Masahiko Aoki and Ronald Dore (Oxford: Clarendon Press, 1994), 11–40.

Michel Albert, *Capitalisme contre capitalisme* (Paris: Seuil, 1991).

Michael A. Witt und Gordon Redding, "China: Authoritarian Capitalism," in *The Oxford Handbook of Asian Business Systems*, herausgegeben von Michael A. Witt und Gordon Redding (Oxford: Oxford University Press, 2014), 11–32.

Oliver Williamson, *The Economic Institutions of Capitalism: Firms, Markets, Relational Contracting* (New York: Free Press, 1985).

Peter A. Hall und David Soskice, "An Introduction to Varieties of Capitalism," in *Varieties of Capitalism. The Institutional Foundations of Comparative Advantage*, herausgegeben von Peter A. Hall und David Soskice (Oxford: Oxford University Press, 2001).

Peter A. Hall und Daniel W. Gingerich, "'Spielarten des Kapitalismus' und institutionelle Komplementaritäten in der Makroökonomie – Eine empirische Analyse," *Berliner Journal für Soziologie* 14:1 (2004), 5–31.

Peter A. Hall und Rosemary C. R. Taylor, "Political Science and the Three New Institutionalisms," *Political Studies* 44:5 (1996), 936–957.

Review Section "Symposium: The Choice for Europe: Social Purpose and State Power from Messina to Maastricht," *Journal of European Public Policy* 6:1 (1999), 155–79.

Stanely Hoffmann, „Obsitnate or Obsole? The Fate of the Nation State and the Case of Western Europe," *Daedalus* 95:3 (1966), 862–915.

Vivien A. Schmidt, "Putting the Political Back into Political Economy by Bringing the State Back in Yet Again," *World Politics* 61:3 (2009), 516–546.

Wolfgang Streeck, *Re-Forming Capitalism. Institutional Change in the German Political Economy* (Oxford: Oxford University Press, 2009).

The manufacturer's authorised representative in the EU is Springer Nature Customer Service Centre GmbH, Europaplatz 3, 69115 Heidelberg, Germany. If you have any concerns regarding our products, please contact ProductSafety@springernature.com

Printed and bound by CPI Group (UK) Ltd, Croydon, CR0 4YY

23/03/2026

02076744-0008